Construction and Management of
Smart Chemical Industry Park

# 智慧化工园区
# 建设与管理

中国化工经济技术发展中心　组织编写
<br>
杨挺　主编
<br>
马从越　孙瑞华　刘厚周　副主编

化学工业出版社

·北京·

## 内容简介

本书系统探讨了智慧化工园区的构建路径与实践方向。全书共8章，以中国化工园区发展历程与智慧化转型必要性为切入点（第1章），结合价值链理论、循环经济理论及信息物理系统理论等跨学科理论（第2章），构建了智慧园区的理论框架。核心章节（第3～6章）聚焦规划设计与技术落地，详细解析了从顶层设计、信息基础设施（模块化机房、环境监测设备等）、支撑平台（大数据、物联网、地理信息系统）到业务应用系统（安全监管、能源管理、应急响应等）的全链条建设方案。第7章创新性地提出AI赋能的运维管理体系，通过园区案例，展现了智能运维技术的实践价值。第8章前瞻性地展望了5G、边缘计算、AR/VR等17项前沿技术在园区的应用潜力，强调安全管控与绿色低碳的深度融合趋势。

本书紧密结合《化工园区"十四五"发展指南及2035中长期发展展望》及"十四五"智慧化工园区标准体系，为化工园区数字化转型提供了从概念到实操的系统化指南，可供读者快速熟悉智慧化工园区的政策、标准、基本构架和应用场景，系统性构建智慧化工园区的体系化概念架构，初步掌握智慧化工园区建设管理的要点。本书可为化工园区智慧平台的建设者、管理者和使用者提供必要参考。

## 图书在版编目（CIP）数据

智慧化工园区建设与管理 ／ 中国化工经济技术发展中心组织编写；杨挺主编；马从越，孙瑞华，刘厚周副主编 . -- 北京 ： 化学工业出版社，2025. 7. -- ISBN 978-7-122-48112-2

Ⅰ．F407.7

中国国家版本馆CIP数据核字第2025E5V003号

---

责任编辑：高　宁　仇志刚
责任校对：边　涛
装帧设计：韩　飞

---

出版发行：化学工业出版社
　　　　　（北京市东城区青年湖南街 13 号　邮政编码 100011）
印　　装：北京瑞禾彩色印刷有限公司
710mm×1000mm　1/16　印张 27　字数 472 千字
2025 年 7 月北京第 1 版第 1 次印刷

---

购书咨询：010-64518888　　　　售后服务：010-64518899
网　　址：http://www.cip.com.cn
凡购买本书，如有缺损质量问题，本社销售中心负责调换。

---

定　　价：268.00 元

# 《智慧化工园区建设与管理》
# 编 写 人 员 名 单

**编写单位** 中国化工经济技术发展中心

**特约顾问** 傅向升

**主　　编** 杨　挺

**副 主 编** 马从越　孙瑞华　刘厚周

**编写人员**

| | | | | | | |
|---|---|---|---|---|---|---|
| 杨　挺 | 马从越 | 陈丽芳 | 冯媛媛 | 孙瑞华 | 刘厚周 | 胡景元 |
| 张　文 | 柏益尧 | 蔡尹楚 | 徐秀明 | 任　芳 | 李安妹 | 吴为国 |
| 江锡强 | 赵劲松 | 谭　涛 | 赵小行 | 龚晋晋 | 虞小卫 | 于　洋 |
| 厉明杰 | 吴晓辉 | 王　庆 | 刘秋勇 | 王三明 | 郑丰收 | 陈海波 |
| 陈东亮 | 卢朝辉 | 贺　玮 | 霍玲玲 | 张志强 | 季　韦 | 庞钟辉 |
| 史　丹 | 姜朝露 | | | | | |

**特别鸣谢**　南京江北新材料科技园
　　　　　　宁波石化经济技术开发区
　　　　　　国家东中西区域合作示范区（连云港徐圩新区）
　　　　　　惠州大亚湾经济技术开发区
　　　　　　中国化工新材料（嘉兴）园区
　　　　　　天津南港工业区
　　　　　　衢州智造新城
　　　　　　浙江杭州湾上虞经济开发区
　　　　　　烟台化工产业园
　　　　　　宁夏宁东能源化工基地

重庆长寿经济技术开发区

盘锦辽滨沿海经济技术开发区

中国石油化工（钦州）产业园

泰州医药高新区（高港区）滨江工业园

清华大学

华为技术有限公司

北京思路智园科技有限公司

匠人智慧（江苏）科技有限公司

北京雪迪龙科技股份有限公司

深圳市宏电技术股份有限公司

上海华谊信息技术有限公司

江苏海内软件科技有限公司

正元地理信息集团股份有限公司

北京百度网讯科技有限公司

安元科技股份有限公司

浙江航天恒嘉数据科技有限公司

宁夏宁东科技创业投资有限公司

浙江大华技术股份有限公司

江苏腾瑞智联数字科技有限公司

南京擎天科技有限公司

江苏东大金智信息系统有限公司

浙江智汇元数字技术有限公司

深圳市科皓信息技术有限公司

横河电机（中国）有限公司

清云智通(北京)科技有限公司

罗维智联（北京）科技有限公司

河北省交通科学研究院

　　站在"十四五"和"十五五"交汇的时间节点，面对全球新一轮科技革命与产业变革的时代浪潮，中国化工行业的数字化转型已成为必然。化工园区作为我国石油和化学工业的重要载体，贡献了全国化工产值的近 7 成，承担着行业升级、高质量发展的历史使命，其智慧化发展、数字化转型既是发展趋势，也是时代要求。在此背景下，中国化工经济技术发展中心精心组织、策划，推出《智慧化工园区建设与管理》一书，旨在汇聚行业智慧，为化工园区智慧化建设和管理提供系统性梳理和指导，为相关人员提供具有参考价值的实战案例。

　　当前，我国化工园区发展面临三重挑战：安全环保压力持续加大，能源资源约束日益凸显，传统管理手段与现代化发展需求脱节。与此同时，5G、物联网、大数据、人工智能等新一代信息技术蓬勃发展，为破解这些难题提供了全新可能。我们通过调研全国多家化工园区发现，智慧化建设和管理对园区是一个全新的课题，如何建好、如何管好智慧平台，让智慧化手段切实提升园区的管理和运营效率，对于化工园区普遍是一个难题，理论指导缺失与实践经验碎片化成为制约发展的主要瓶颈。本书正是基于这样的现实需求应运而生。

　　中国化工经济技术发展中心作为行业标准《化工园区智慧化评价导则》（HG/T 6313—2024）的主要编制单位，拥有涵盖化工园区、化工企业、智慧平台设计与建设、科研院所等单位的智慧化工园区技术支撑专业团队。

为使本书更贴合化工园区智慧建设实际需要，我们精心组织 30 余名长期奋战在化工园区智慧化建设一线、拥有丰富实战经验的专业人员组成编写组，历时两年深入调研，几易其稿，为读者全面梳理了智慧化工园区建设管理的全流程。

本书是我国智慧化工园区建设与管理类的第一本专业书籍，全面介绍了我国智慧化工园区的发展历史、现状、当前管理政策，系统梳理了智慧化工园区从规划设计到技术应用的要点难点，为增强实践指导价值，本书收录了南京江北新材料科技园、宁波石化经济技术开发区等 33 个精选案例，通过案例实战，详细介绍了智慧化工园区信息基础设施建设、支撑平台技术、业务应用的方方面面，对化工园区智慧化建设具有重要参考价值和指导意义。

在本书历时近两年的编制过程中，不断有相关的政策、文件、标准出台，本书恐无法一一收纳，后续我们将通过微信公众号"中国化工园区"及时解读最新政策及标准要求，欢迎读者关注。需要特别说明的是，智慧化工园区建设绝非简单的技术改造，而是涉及理念革新、流程再造、组织变革的系统工程，由于水平所限，书中难免存在疏漏之处，恳请读者批评指正。

我们期待本书能够成为不同专业背景、不同领域，但有志于化工园区智慧化的建设者、管理者的"案头书"。谨以此书献给所有为中国化工行业转型、为中国化工园区智慧化升级奋斗的同行者。让我们共同携手，以智慧化建设为支点，撬动化工园区高质量发展的新未来。

**目录**
C o n t e n t s

## 第 3 章
## 智慧化工园区规划设计与建设

## 第6章
## 智慧化工园区业务应用实例

## 第7章
## 智慧化工园区管理与运维

# 第 8 章
## 智慧化工园区发展趋势展望

392

## 附录　410

## 参考文献　418

# 第 1 章
# 智慧化工园区的形成与发展

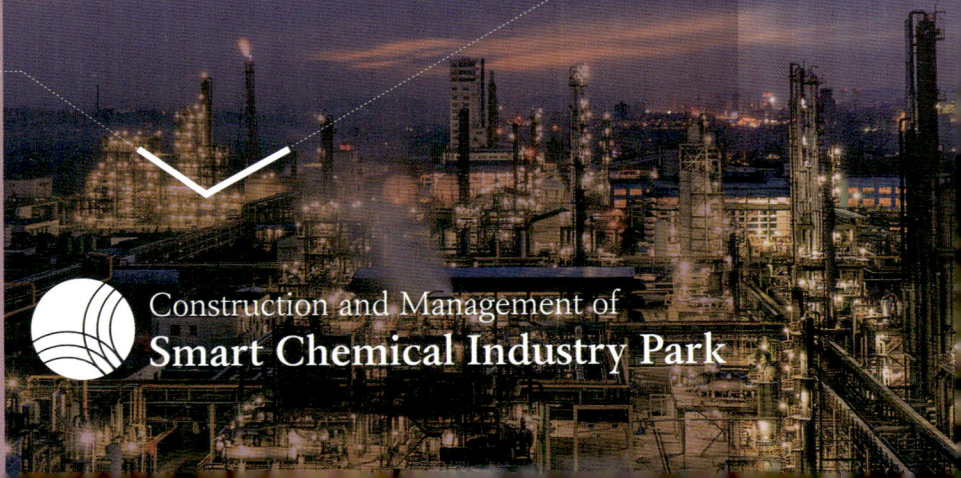

Construction and Management of
**Smart Chemical Industry Park**

# 1.1 中国化工园区发展状况

## 1.1.1 化工园区发展历程

随着我国石油和化学工业退城入园的加速，化工园区自身建设和管理水平不断提高，其作为行业载体的地位越发重要。工业和信息化部、国家发展和改革委员会、科学技术部、生态环境部、应急管理部、国家能源局在《关于"十四五"推动石化化工行业高质量发展的指导意见》（下称《意见》）中提出了到"2025 年化工园区产值占行业总产值 70% 以上"的目标，化工园区的行业地位进一步凸显。

我国石化化工园区起步于 20 世纪 80 年代，2000 年以后开始快速发展。从发展过程看，我国石化化工园区的发展主要经历了：探索起步、高速发展、规范调整、高质量发展四大阶段。

### （1）第一阶段（1984—2000 年）：探索起步阶段

1984—1988 年，国务院批准在沿海 12 个城市建立了 14 个国家级开发区（表 1-1）。1992 年，邓小平同志南方谈话后，对外开放步伐进一步加大，开放城市从沿海城市扩大到沿江、沿边和内陆省会，国家级开发区由最初的 14 个增加到 32 个。这一阶段开发区的特点为：国家级开发区成为外商投资的热点，开发区建设已成为区域经济增长的一种模式并起到示范作用，迅速得到推广；跨国公司开始进入开发区，并大规模投资于轻工和电子行业，如摩托罗拉、三星电子和宝洁公司；化工和炼化行业也开始有外资进入，中国石油与法国合资的大连西太平洋石化是第一家也是当时唯一进入国内炼化行业的合资企业；国内园区开始在引进项目的同时重视先进技术的引进。这一阶段的国家级开发区后来部分设立了专门的化工园区，所以目前一些部门所统计的化工园区，会包括这些早期的国家级开发区。

### （2）第二阶段（2001—2014 年）：高速发展阶段

截至 2009 年底，国务院已先后批准了 88 个国家级经济技术开发、57 个国家级高新技术产业开发区、1568 个省级开发区，开发区无论从区域空间分布上还是产业规模上都实现了快速增长。与此同时，重化工业的跨国公司大量进入园区，并形成中下游完整的产业链和在中国的地区布局。以赛科

表 1-1　1988 年前批准的国家级经济技术开发区

| 序号 | 名称 | 批准时间 |
|---|---|---|
| 1 | 大连经济技术开发区 | 1984.09 |
| 2 | 秦皇岛经济技术开发区 | 1984.10 |
| 3 | 烟台经济技术开发区 | 1984.10 |
| 4 | 青岛经济技术开发区 | 1984.10 |
| 5 | 宁波经济技术开发区 | 1984.10 |
| 6 | 湛江经济技术开发区 | 1984.11 |
| 7 | 天津经济技术开发区 | 1984.12 |
| 8 | 连云港经济技术开发区 | 1984.12 |
| 9 | 南通经济技术开发区 | 1984.12 |
| 10 | 广州经济技术开发区 | 1984.12 |
| 11 | 福州经济技术开发区 | 1985.01 |
| 12 | 闵行经济技术开发区 | 1986.08 |
| 13 | 虹桥经济技术开发区 | 1986.08 |
| 14 | 漕河泾新兴技术开发区 | 1988.06 |

资料来源：商务部外资司

（中石化 -BP）为龙头的上海化学工业经济技术开发区，以扬子石化 - 巴斯夫（简称扬巴）为龙头的南京江北新材料科技园，以中海壳牌为龙头的惠州大亚湾经济技术开发区，以道康宁、瓦克有机硅为重点的江苏扬子江国际化学工业园，由国际氟化工企业聚集形成的江苏常熟新材料产业园（江苏高科技氟化学工业园），以及江浙地区众多以精细化工和新材料为主的化工园区大多在这一时期发展成熟。

　　"十二五"时期，化工园区进入规模不断壮大、产值显著提高的多样发展阶段，全国产值超过千亿元的超大型园区达到 8 家。同时，化工园区在我国石油和化学工业中的重要作用日益彰显，其发展情况开始受到高度关注。国家强调危险化学品生产、储存企业进区入园，首次提出了"化工园区"的具体概念。《国务院安委会办公室关于进一步加强危险化学品安全生产工作的指导意见》（安委办〔2008〕26 号）指出：从 2010 年起，危险化学品生产、储存建设项目必须在依法规划的专门区域内建设，负责固定资产投资管理部门和安全监管部门不再受理没有划定危险化学品生产、储存专门区域的地区提出的立项申请和安全审查申请。新的化工建设项目必须进入产业集中区或化工园区，逐步推动现有化工企业进区入园。

生态环境部也在持续推进化工产业园区化、专业化发展。自 2011 年 9 月 15 日起，各级环保部门暂停受理在工业园区外新建、改建、扩建危险化学品生产、储存项目的各类申请（节能减排的技术改造项目除外）。

### （3）第三阶段（2015—2020 年）：规范调整阶段

经过近 15 年的高速发展，我国化工园区在茁壮成长的同时，也出现了分布过多、鱼龙混杂的局面，存在较大的安全风险和隐患。全国当时主要有四类化工园区并存：第一类是以化工为单一主导产业，属于专业化工园区；第二类是在开发区／高新区内设立化工园（区），属于开发区／高新区的一个专业功能区；第三类是在开发区／高新区内拥有部分化工生产企业，但与其他类型企业混杂分布，没有划分出明确的化工企业集中区；第四类是一些所谓的化工集中区，化工企业较为分散，相互之间没有直接联系，也没有统一集中的公用工程体系作为支撑。为此，工业和信息化部原材料工业司在 2015 年发布了《工业和信息化部关于促进化工园区规范发展的指导意见》（工信部原〔2015〕433 号），首次明确了化工园区要规范发展。该意见指出要加强化工园区的规划建设，科学布局化工园区，建立化工园区规范建设评价标准体系，开展现有化工园区的清理整顿，对不符合规范要求的化工园区实施改造提升或依法退出。

2016 年《国务院办公厅关于石化产业调结构促转型增效益的指导意见》（国办发〔2016〕57 号）再次明确提出：全面启动城镇人口密集区和环境敏感区域的危险化学品生产企业搬迁入园或转产关闭工作。新建炼化项目全部进入石化基地，新建化工项目全部进入化工园区，形成一批具有国际竞争力的大型企业集团和化工园区。

我国化工园区抓住企业搬迁入园的机会，一方面在行业供给侧结构性改革中发挥了重要作用，推动淘汰了一批无效产能，改造了一批低端和落后产能，引进建设了一批先进产能；另一方面，化工企业"进区入园"的需求也催生了对化工园区规范发展的迫切要求。2017 年 10 月，山东省在全国率先开展了对化工园区的认定工作。2019 年江苏响水"3·21"特别重大爆炸事故后，国家对化工园区规范化工作的重视程度进一步提高，加快了对化工园区重新认定、评价的工作。从 2019 年下半年起各部委相继针对化工园区和危化品行业管理出台系列文件。2019 年 8 月，应急管理部印发《化工园区安全风险排查治理导则（试行）》（应急〔2019〕78 号），首次对化工园区提出了安全评价、分级的要求，并制订了较为详细的评价办法。2020 年 2 月 26 日，中共中央办公厅、国务院办公厅印发的《关于全面加强危险化学品安全生产工作的意见》（下面简称"两办文件"）中提出，"制定化工园区建设标准、认定条件和管理办法""对现有化工园区全面开展评估和达标认定"等内容。这是化工园区认定工作第一次出现在两办文件要求当中。各省以国家相关法律法规和标准规范为依据，结合本地区经济发展水平、产业发展基础及资源禀赋等生产要素，研究出台了符合本地区实际的化工园区认定和评价办法，全国化工园区规范认定工作快速推进，多个省份陆续出台化工园区认定办法，对化工园区进行了重新评价、分级，不少省份园区数量减至半数。

### （4）第四阶段（2021年至今）：高质量发展阶段

化工园区的认定、分级和复核是一项长期且不断更新的工作，国家、地方相关部门也在不断完善这项工作。2021年底，工信部、自然资源部、生态环境部、应急管理部等六部门联合发布了《化工园区建设标准和认定管理办法（试行）》（工信部原联〔2021〕220号），从国家层面对化工园区的建设标准提出了要求，该办法在规范化基础上，还对化工园区绿色化、智慧化提出了要求，标志着我国化工园区建设从规范化转向高标准化。

针对已认定化工园区，应急管理部提出了风险管控的具体要求。2022年2月，应急管理部印发了《化工园区安全风险评估表》《化工园区安全整治提升"十有两禁"释义》；2023年11月，应急管理部修订并发布了《化工园区安全风险排查治理导则》，在前期化工园区安全风险治理工作基础上，进一步细化和强化安全治理要求，提升了安全整治工作的可操作性。此外，应急管理部在《"十四五"危险化学品安全生产规划方案》中明确提出了"到2025年，90%的化工园区达到D级（较低安全风险）"的目标。

在化工园区管理方面，2023年底，江苏省率先发布了国内首个化工园区的管理办法——《江苏省化工园区管理办法》，该办法通过规范园区管理职责分工，为理顺管理及职能部门的关系提供了示范，对全国化工园区规范化建设具有引领意义。

与此同时，化工园区标准体系建设同步推进。截至2024年底，中国石油和化学工业联合会化工园区工作委员会（以下简称"园区委"）已牵头编制并发布5项国家标准、3项行业标准、23项团体标准，共计31项标准。其中5项国家标准分别是：GB/T 36762—2018《化工园区公共管廊管理规程》、GB/T 39217—2020《化工园区综合评价导则》、GB/T 39218—2020《智慧化工园区建设指南》、GB/T 42078—2022《化工园区开发建设导则》、GB/T 44710—2024《化工园区中试基地建设导则》。另有3项国家标准进入报批阶段，13项团体标准在研。目前，化工园区标准体系已基本建成并持续完善，成为石油和化工行业标准体系的关键组成部分。

在协会组织制定标准的同时，国家和地方层面也通过政策文件、技术指南、建设导则等形式发布了多项园区急需的建设规范。例如，应急管理部2022年2月发布的《化工园区安全风险智能化管控平台建设指南（试行）》，以及江苏省发布的《化工园区安全技能实训基地建设导则（试行）》《省级安全生产应急救援基地建设基本条件》等文件，均为化工园区建设和升级提供了技术依据。这些举措标志着化工园区标准体系的日趋完善，为高水平建设和高质量发展奠定了技术基础。

随着化工园区的规范化建设和管理的深入推进，我国化工园区已进入高质量发展阶段，本质安全和绿色发展水平显著提升。

# 1.1.2　化工园区发展现状

经过多年发展，我国化工园区不断完善软硬件设施，在智能化、绿色化上都有了较大的提升，逐步形成规模化、集群化、特色化的发展格局。

## （1）规模化发展趋势明显

根据园区委所做的全国性调研数据统计，截至2024年底，由各省公布的已认定化工园区总数为702家（上海、西藏未公布名单，不包括台湾地区），其中国家级化工园区（含国家级经济技术开发区、高新区、保税区、新区中的园中园）58家。化工园区产值规模持续扩大，从2022年起，全国首次出现年产值超3000亿元的化工园区，超千亿级产值园区增至21家。

从区域分布来看（表1-2），东部地区（北京、天津、河北、江苏、浙江、福建、山东、广东、海南）250家，占比35.6%（未含上海）；中部地区（山西、安徽、江西、河南、湖北、湖南）191家，占比27.2%；西部地区（内蒙古、广西、重庆、四川、贵州、云南、西藏、陕西、甘肃、青海、宁夏、新疆）197家，占比28.1%；东北地区（辽宁、吉林、黑龙江）64家，占比9.1%。

表1-2　化工园区区域分布情况

| 序号 | 地区 | 园区数量/家 | 区域占比/% |
| --- | --- | --- | --- |
| 1 | 东部地区 | 250 | 35.6 |
| 2 | 中部地区 | 191 | 27.2 |
| 3 | 西部地区 | 197 | 28.1 |
| 4 | 东北地区 | 64 | 9.1 |

### （2）规范化发展步入正轨

随着各地加快推动新建化工项目入园，在政策与标准引导下，"化工产业在化工园区才能得到良好、健康、可持续发展"的观念已成为行业共识。同时，全国化工园区通过持续开展认定与风险分级工作，不断加大投入力度，基础设施、公用设施水平以及管理、运营、安全化和绿色化水平均显著提升。例如，江苏省自2020年起实施多轮对化工园区认定及风险分级评估，截至2023年，全省化工园区在智慧化建设、应急管理整治提升等方面累计投入资金近200亿元。

化工园区安全整治提升工作持续推进。按照应急管理部的要求，全国已认定化工园区需于2024年底全部达到"C级"（一般安全风险）标准，并计划到2025年实现90%的园区达到"D级"（较低安全风险）标准。

### （3）绿色化水平明显提高

我国将绿色低碳作为生态文明建设的核心战略方向，石化行业的绿色发展已成为必然趋势。化工园区作为产业载体，肩负着推动企业减污降碳、协同增效的关键任务。中国石油和化学工业联合会（以下简称石化联合会）长期将绿色化工园区创建列为重点工作，并在《化工园区"十四五"发展指南及2035中长期发展展望》（以下简称《指南》）中提出了"到2025年，创建50家绿色化工园区"的目标。

为深入贯彻落实《国家发展改革委　工业和信息化部关于促进石化产业绿色发展的指导意见》精神，自2019年起，在国家发展改革委、工业和信息化部的指导下，石化联合会连续5年开展了《绿色化工园区名录》的发布工作，截至2024年底，全国已有37家化工园区入选《绿色化工园区名录》，另有16家化工园区处于建设期。通过绿色化工园区的创建与建设，园区的资源与能源循环利用效率持续提升，"三废"排放量稳步减少，其中，上海化学工业经济技术开发区、南京江北新材料科技园、惠州大亚湾经济技术开发区、东营港经济开发区、江苏高科技氟化学工业园等，在产业链循环化、资源利用高效化、污染治理集中化方面走在了全国前列。

### （4）智慧化水平大幅提升

智慧化工园区的创建是石化产业数字化转型的重要内容和重点领域。化工园区的智慧化建设对于提升化工园区管理能力、本质安全水平以及运营效率等方面，都发挥着重要作用。特别是智能化风险管控平台，作为智慧园区的核心，在园区安全、应急管理上效果显著。近年来，应急管理部、工信部等政府部门相继出台了《"工业互联网＋安全生产"行动计划（2021—2023年）》《化工园区安全风险排查治理导则》等文件，将智慧平台建设作为化工园区安全整治提升的重点工作之一。六部委《意见》与石化联合会《指南》也共同提出了"2025年，形成50家左右智慧化工园区"的目标。这些政策、文件的出台，极大地推进了化工园区的智慧化进程。

在工业和信息化部的支持下，中国石油和化学工业联合会自2016年开展智慧化工园区创建工作以来，全国已累计有200余家次化工园区先后提出智慧化工园区创建申请。截至2024年底，有46家化工园区正式列入《智慧化工园区名录》，另有77家园区处于建设期，这些园区代表了全国智慧化工园区建设的最新成果。实践证明，大多数开展智慧化建设的园区，都在整合信息化资源以及园区内资源配置、能效优化、安全生产管控、环境生态监测等方面取得了明显成效。

### （5）技术创新能力显著增强

创新是引领发展的第一动力，科技创新能力已经成为综合国力竞争的决定性因素，创新已经成为世界主要国家发展的战略重心。实施创新驱动发展战略是适应和引领我国经济高质量发展的现实需要。化工园区作为行业的重要载体，同时承担着建设行业创新平台、提升产业自主创新能力的历史责任。石化联合会《指南》提出"到2025年建成50个园区科创中心"的目标。当前化工行业科创中心建设的难点在于中试阶段，经过中试的科技成果产业化成功率可达80%；而未经过中试的产业化成功率仅为30%。因此，加快中试基地建设成为园区科创中心的核心任务。

"十四五"以来，全国化工园区加快推进创新中心建设，依托于园区集聚优势，吸引众多国家级、省市级科创中心入驻，承担行业创新的重任。如上海国际化工新材料创新中心、宁东中试基地、浙江大学衢州研究院中试实验实训基地、榆横综合中试及示范基地等，这些平台承接了国家级和省级的创新或中试示范项目，将显著提升行业创新能力。

### （6）集群化效应初具规模

经过多年的布局与发展，目前我国化工园区已经呈现出集群化发展态势。中国石油和化学工业联合会在其发布的《指南》中提出，"到2025年，五大世界级石化产业集群初具轮廓"的发展目标。总体来看，经过整治各地化工园区的建设水平实现显著提升。依托自身资源优势与产业基础，一批具有区域特色的化工园区逐步涌现，已初步形成了五大石化产业集群，分别是：以上海、南京、宁波、舟山、嘉兴和绍兴上虞等为主体的杭州湾石化产业集群，该地区是我国石油化学工业最发达的地区，其化工产业链完整、化工园区综合实力较强、园区差异化互补化特色化较明显；以惠州大亚湾为核心，北接揭阳，南联茂名、湛江、钦州、儋州洋浦的泛大湾区石化产业集群，该地区作为后起之秀，依托大湾区经济圈，布局了多个大型炼化一体化项目；以大连长兴岛、盘锦辽东湾、天津南港、沧州临港以及山东滨州、东营、潍坊和烟台等为主体的环渤海湾石化产业集群，该地区作为我国的早期工业基地，拥有较强的产业基础和人才实力，石化产业发展稳健；以漳州古雷及泉州泉港、泉惠为依托，涵盖福州江阴、莆田等为主体的海西石化产业集群，依托深水岸线资源和特色自然资源优势，在基础化工、氟化工领域有着较好的基础优势，拥有较强的发展后劲；以银州宁东、榆林、鄂尔多斯为依托的"能源金三角"现代煤化工产业集群，凭借当地丰富的煤炭、石油、天然气、盐等资源，加大自主创新力度，已形成全球现代煤化工创新、集聚发展高地。

这五大区域已具备打造世界级石化产业集群的综合实力。下一步，将深化区域比较优势，推进高端化、差异化协同发展；优化化工园区空间布局；以产业链升级和产品结构优化为导向，强化园区品牌体系建设；集中力量建设专业特色鲜明的化工园区，形成有国际品牌影响力和市场竞争力的化工园区。

# 1.2 　中国智慧化工园区发展状况

## 1.2.1 　智慧化工园区发展历程

化工园区的发展历程伴随着工业互联网技术的飞速崛起，工业化和信息化的两化融合为化工行业的发展创造了新的发展契机。两化融合推动化工行业走上了新型工业化道路，其本质是通过自动化、信息化、网络化、智能化等技术手段，激发生产力，优化资源配置，改造提升传统动能，培育新动能，追求可持续发展，最终重构工业产业格局。

在智能制造与工业互联网快速发展的时代背景下，作为石化产业重要载体的化工园区，其智慧化是提升化工园区安全、环保管理水平，提升化工园区能源管理、交通管理和政务办公等工作效率，促进化工园区高质量发展的重要手段，其重要性不言而喻。从我国智慧化工园区当前发展现状及全球发达国家智慧化工园区发展经验来看，智慧化工园区发展大致可以分为四个阶段：

**（1）萌芽起步阶段（2015年之前）**

从近半个世纪的发展来看，信息技术和工业技术都在各自的轨道上不断发展、不断融合，每一次信息技术的突破都带来工业生产的进步。随着信息化技术的发展，互联网浪潮席卷全球，我国的信息化革命也从互联网向工业领域进军。2002年，我国提出"以信息化带动工业化，以工业化促进信息化"的战略思想，这正是两化融合战略的雏形。2007年，我国进一步提出"发展现代产业体系，大力推进信息化与工业化融合，促进工业由大变强"的战略思想；2010年，提出"推动信息化与工业化深度融合，加快经济社会各领域信息化"的战略思想。经过长期发展和完善，尤其是在党的十六大和十七大后，两化融合的理论逐渐成熟；在科学发展观的指导下，两化融合不断深入。2013年，《信息化和工业化深度融合专项行动计划（2013—2018年）》提出了"两化融合管理体系贯标"的要求，进一步促进了两化融合发展。

与此同时，2001—2014年正是我国化工园区的高速发展阶段。除基本的生产制造外，企业逐渐开始在科技研发、商务办公等更多领域运用信息化、智能化手段。产业园区呈现精细化发展趋势，衍生出物流、金融、商务等生产性服务业，在销售、采购、研发、品牌塑造、信息管理、融资等生产性服务领域为企业提供助力，以实现降低经营成本，提高利润空间的目标，进而催生了信息化服务需求。

**（2）高速发展阶段（2015—2019年）**

2015年5月，国务院印发了《中国制造2025》，将推进信息化与工业化深度融合作为9项战略任务和重点之一；同年7月1日，国务院印发《国务院关于积极推进"互联网+"行动的指导意见》（国发〔2015〕40号），强调借助"互联网+"行动，将创新成果同社会中各个领域的经济过程深度融合，形成以互联网为基础设施和创新要素的经济社会发展新模式。同年，工业和信息化部印发《工业和信息化部关于印发贯彻落实〈国务院关于积极推进"互联网+"行动的指导意见〉行动计划（2015—2018年）的通知》，明确指出将互联网广泛融入生产制造全过程、全产业链和产品全生命周期，培育发展开放式研发设计模式、加快开发和应用工业大数据。

与此同时，经历了高速发展的化工园区，进入了规范化、提质升级的新阶段。这一时期的化工园区，更加注重规范化建设和品质化提升，信息化技术作为提升安全管理水平、实现高效管理的利器，在化工园区建设中地位日益重要，智慧化工园区建设迎来了全面发展的新阶段。2015年，工信部发布了《工业和信息化部关于促进化工园区规范发展的指导意见》，其中提出"鼓励有条件的化工园区全面整合园区信息化资源，以提升园区本质安全和环境保护水平为目的建设智慧园区，建立安全、环保、应急救援和公共服务一体化信息管理平台"。政策引导下，化工园区信息化平台建设呈现快速发展的新面貌。

此时，全国智慧化工园区建设尚处于探索、创新阶段，亟需榜样示范。2015年9月，园区委在北京举办了"智慧化工园区工作"启动会，标志着智慧化工园区建设标杆树立工作正式启动，化工园区智慧化工作进入全速发展阶段。同年，中国石油和化学工业联合会开展了《智慧化工园区创建》课题研究工作，旨在推动树立智慧化工园区标杆，促进全国化工园区规范开展智慧化信息平台建设，实现化工园区高质量发展。

自2016年起，中国石油和化学工业联合会在工业和信息化部指导下，开展了"智慧化工园区"名录发布工作，拟通过示范效应，推进化工园区建设数字平台、促使智慧化场景实现基本打通和场景联动服务等，形成可供学习、推广的智慧化工园区建设经验，实现数据支持园区高效运营、安全管理、服务共享等。此后，该项工作每年进行，各地化工园区纷纷开展相关工作，全国智慧化工园区建设全面提速。这些行业先驱者通过不断探索技术应用场景、突破技术瓶颈、改进数据分析、创新工作机制等，为全国化工园区开展智慧化建设奠定了坚实的基础，并引领、带动了周边地区化工园区智慧建设工作的兴起。

### （3）规范发展阶段（2020—2022年）

在智慧化建设过程中，行业亟须标准规范来指导化工园区智慧建设。受工业和信息化部原材料工业司委托，中国石油和化学工业联合会开展了《智慧化工园区建设指南》国家标准的编制工作。2020年10月，国标《智慧化工园区建设指南》（GB/T 39218—2020）正式发布，并于2021年5月起正式施行。该标准是国内首个智慧化工园区标准，填补了国内空白，明确了智慧化工园区建设的主要模块。该标准提出，智慧化工园区应以信息与通信技术为支撑，围绕安全生产、环境管理、应急管理、封闭化管理、运输管理、能源管理、办公管理、公共服务和保障体系等领域，通过数据整合与信息平台建设实现智慧化管理与高效运行。这些建设理念、模块设置被后续多个国家和地方化工园区信息化政策引用，为全国化工园区开展信息化平台建设工作提供了依据。

随着化工园区规范化进程的加快，国家部委对化工园区的智慧建设提出了诸多要求。2021 年 3 月，应急管理部办公厅印发《"工业互联网＋危化安全生产"试点建设方案》的通知（应急厅〔2021〕27 号），提出"在工业互联网的环境下，支持化工园区及企业加快部署大范围速扫监测预警装备，快速监测化工园区危险气体浓度、反演重构危险区域复杂危险气体泄漏空间场分布，实现园区危险气体浓度场数据的远程、大范围、快速监测和传输。"

化工园区的智慧化除了安全外，还囊括环保、节能、物流等多项功能，相关部门也持续推进相关工作。2020 年 4 月，生态环境部办公厅印发《关于推进生态环境监测体系与监测能力现代化的若干意见》（环办监测〔2020〕9 号），文件中提到"强化高架源、涉挥发性有机物排放、涉工业窑炉等重点污染源自动监测，推动重点工业园区、产业集群建立挥发性有机物、颗粒物监测体系，开展排污单位用能监控与污染排放监测一体化试点，拓展污染源排放遥感监测"。应急管理部和生态环境部相关政策的出台，对化工园区智慧平台的信息化水平和监测专业化提出了要求，为智慧化工园区安全、环保板块的建设提供了政策依据。

2021 年起，工业和信息化部、应急管理部和生态环境部等多个部委出台智慧化工园区相关政策，极大地推进了化工园区的智慧化进程，促进了智慧化工园区建设向规范化、专业化方向发展。2021 年 12 月，工业和信息化部、自然资源部、生态环境部、住房和城乡建设部、交通运输部、应急管理部六部委联合印发《化工园区建设标准和认定管理办法（试行）》（工信部联原〔2021〕220 号），要求化工园区应按照"分类控制、分级管理、分步实施"要求，结合产业结构、产业链特点、安全风险类型等实际情况，分区实行封闭化管理，建立门禁系统和视频监控系统，对易燃易爆、有毒有害化学品等物料、人员、车辆进出实施全过程监管。化工园区应根据自身规模和产业结构需要，建立完善的安全生产和生态环境的监测监控和风险预警体系，相关监测监控数据应接入地方监测预警系统。至此，智慧平台建设正式列入化工园区认定项目。之后，相关部门又出台了系列文件，进一步加强化工园区信息平台建设工作。

2022 年 2 月，应急管理部印发《化工园区安全风险智能化管控平台建设指南（试行）》，明确了平台建设安全风险的主要模块。2022 年，应急管理部印发《化工园区安全风险评估表》和《化工园区安全整治提升"十有两禁"释义》（下称"十有两禁"），将"有信息化平台"作为"十有"工作之一，并提出化工园区要按照《指南》要求建设安全风险智能管控平台，具备安全基础管理、重大危险源管理、双重预防机制、特殊作业管理、封闭化管理、应急管理六大功能。"十有两禁"对于化工园区的规范发展起到了重要的推进作用，其与化工园区安全风险分级工作密切相关，关系到化工园区的存续。推进几年来，化工园区的信息化平台建设工作取得了巨大进展。目前，全国已通过认定的化工园区均已建设了信息化平台，尽管水平参差不齐，特别是西部地区仍处于较初级阶段，但全国化工园区的安全智能化工作实现了智慧平台从无到有的巨大进步。

### （4）高质量发展阶段（2023年至今）

从建设水平上来看，目前我国大多数化工园区的智慧化建设仍处于初级阶段，仅实现了基础设施、部分场景的信息化，部分单场景如人车识别、安防监控等有智能化体验，但园区内组织、应用系统间没有实现数据共享和风险准确预测预警。推进园区总体智能化和数据分析，促进化工园区智慧化向高质量方向发展，一直是我国政策引导的方向。

中国石油和化学工业联合会化工园区工作委员会在《化工园区"十四五"发展指南及2035中长期发展展望》中提出了我国化工园区的智慧建设目标，即"到2025年，新建50家'智慧化工园区'"，30%的省级及以上重点化工园区开展智慧化工园区创建工作，重点石化基地和化工园区实现重大安全风险可控、重大危险源和风险点可监测、可预警、可防控，并提出了"十四五"末化工园区智慧化管理水平显著提高所需开展的重点任务，以及在2035年前实现全部化工园区建成智慧化工园区的目标，以推动石化产业高质量发展。

工业和信息化部、国家发展和改革委员会、科学技术部、生态环境部、应急管理部、国家能源局六部门印发的《关于"十四五"推动石化化工行业高质量发展的指导意见》中也提出，"石化、煤化工等重点领域企业主要生产装置自控率达到95%以上，建成30个左右智能制造示范工厂、50个左右智慧化工示范园区"。

为了更好地推进化工园区智慧化建设，相关部门出台了具体的办法、标准，作为化工园区信息化、智慧化建设的依据。2023年8月，应急管理部办公厅和财政部办公厅印发《关于加强重点化工产业集聚区重大安全风险防控项目建设管理的通知》，提供共计50亿元的中央补助资金支持化工园区安全风险智能化管控平台建设，同时对系统架构、网络架构、数据体系、安全基础管理、重大危险源安全管理、双重预防机制、运维保障体系等规定了详细的技术验收评分要求，指导平台建设。此外，2023年11月，应急管理部还发布了新修订的《化工园区安全风险排查治理导则》（应急〔2023〕123 号），进一步明确要建设符合《化工园区安全风险智能化管控平台建设指南（试行）》（应急厅〔2022〕5 号）要求的化工园区安全风险智能化管控平台并有效运行。

2024 年初，工信部发布了《化工园区智慧化评价导则》（HG/T 6313—2024），该标准由中国化学工程集团、中国化工经济技术发展中心和中国工业互联网研究院等技术单位联合编制，历时两年完成。文件规定了化工园区智慧化评价的评价组织和流程、评价体系和方法、评价结论和报告等，特别是评价体系和方法，囊括了规划与设计、园区企业、支撑平台、信息基础设施及资源、业务应用、运输管理六大模块的 46 项指标，内容涵盖安全监管、环境管理、应急管理、能源管理、企业、产业等，是目前最为全面的评价方法，为未来化工园区智慧化高质量发展指明了方向。

2024 年 1 月 21 日，国务院安委会发布《安全生产治本攻坚三年行动方案 2024—2026 年》，该方案实施作业安全专项治理，强化重大危险源等安全风险防控，推进高危工艺企业全流程自动化改造，推进安全工艺技术设备更新升级，推进化工园区安全提质工程等，促进化工园区智慧化建设与安全生产的深度融合。

2024 年 2 月 22 日，应急管理部办公厅发布了《关于 2024 年危险化学品安全监管工作要点及有关工作方案的通知》（应急厅函〔2024〕81 号），内容包括化工园区安全整治提升、高危细分领域安全风险专项治理、重大危险源企业双重预防机制数字化应用提升等多项工作方案，推动化工园区利用数字化手段实现对重大危险源、作业环节等的实时监测和风险预警。

智慧化工园区发展历程中的关键政策、文件和标准详见表 1-3。

表 1-3 智慧化工园区发展历程中的关键政策、文件和标准

| 时间 | 印发 / 编制部门 | 文件 / 资料名称 |
|---|---|---|
| 2015 年 11 月 | 工业和信息化部 | 《工业和信息化部关于促进化工园区规范发展的指导意见》（工信部原〔2015〕433 号） |
| 2019 年 | 应急管理部 | 《化工园区安全风险排查治理导则（试行）》（应急〔2019〕78 号） |
| 2020 年 4 月 | 生态环境部 | 《关于推进生态环境监测体系与监测能力现代化的若干意见》（环保监测〔2020〕9 号） |
| 2020 年 10 月 | 工业和信息化部委托中国石油和化学工业联合会化工园区工作委员会牵头，中国化工经济技术发展中心等单位编制 | 《智慧化工园区建设指南》（GB/T 39218—2020） |

| 时间 | 印发／编制部门 | 文件／资料名称 |
|---|---|---|
| 2020 年 12 月 | 中国石油和化学工业联合会化工园区工作委员会 | 《化工园区"十四五"发展指南及 2035 中长期发展展望》 |
| 2021 年 3 月 | 应急管理部办公厅 | 《"工业互联网＋危化安全生产"试点建设方案》（应急厅〔2021〕27 号） |
| 2021 年 12 月 | 工业和信息化部、自然资源部、生态环境部、住房和城乡建设部、交通运输部、应急管理部六部委 | 《化工园区建设标准和认定管理办法（试行）的通知》（工信部联原〔2021〕220 号） |
| 2022 年 2 月 | 应急管理部 | 《化工园区安全风险智能化管控平台建设指南（试行）》（应急厅〔2022〕5 号） |
| 2022 年 2 月 | 应急管理部 | 关于印发《化工园区安全风险评估表》和《化工园区安全整治提升"十有两禁"释义》的通知 |
| 2022 年 3 月 | 工业和信息化部、国家发展和改革委员会、科学技术部、生态环境部、应急管理部、国家能源局 | 《关于"十四五"推动石化化工行业高质量发展的指导意见》（工信部联原〔2022〕34 号） |
| 2023 年 8 月 | 应急管理部办公厅、财政部办公厅 | 《关于加强重点化工产业集聚区重大安全风险防控项目建设管理的通知》 |
| 2023 年 11 月 | 应急管理部 | 《化工园区安全风险排查治理导则》（应急〔2023〕123 号） |
| 2024 年 1 月 | 工业和信息化部委托中国石油和化学工业联合会化工园区工作委员会牵头，中国化工经济技术发展中心等单位编制 | 《化工园区智慧化评价导则》（HG/T 6313—2024） |
| 2024 年 1 月 | 工业和信息化部、国家发展和改革委员会、财政部、自然资源部、生态环境部、国务院国有资产监督管理委员会、国家市场监督管理总局、中国科学院、中国工程院 | 《原材料工业数字化转型工作方案（2024—2026 年）》（工信部联原〔2024〕18 号） |
| 2024 年 1 月 | 国务院安委会 | 《安全生产治本攻坚三年行动方案 2024—2026 年》（安委〔2024〕2 号） |
| 2024 年 2 月 | 应急管理部办公厅 | 《2024 年危险化学品安全监管工作要点及有关工作方案的通知》（应急厅函〔2024〕81 号） |

目前，为推动国家政策落地，有些省份还出台了地方性智慧化工园区建设标准，全国智慧化工园区建设逐步进入规范化、专业化、普及化阶段，部分领先园区已率先举起了智慧园区高质量发展的大旗。随着全国化工园区智慧化平台的不断完善，智慧化工园区的高质量发展正当其时。

# 1.2.2 智慧化工园区发展现状

在政策推进和数字技术发展的双重驱动下，我国智慧化工园区建设水平不断提升，在建设水平、应用技术、行业标准等方面均取得了可喜的成绩。

## （1）智慧化工园区建设取得阶段性成果

"十三五"以来，在政策引导以及化工园区规范化发展需求的推动下，全国化工园区的信息化、智慧化建设进程不断加快。特别是在应急管理部"十有两禁"政策的推动下，目前全国已认定化工园区均已规划、在建或建成了信息化平台。

中国石油和化学工业联合会化工园区工作委员会自 2018 年起开展"智慧化工园区（建设期）单位"评审工作，对我国化工园区智慧化建设起到了推动和示范引领作用。截至 2024 年底，46 家化工园区经过基础情况打分、专家评审、公示等流程，正式列入"智慧化工园区名录"（详见表 1-4）。这一工作为智慧化工园区建设积蓄了力量，为这一新生事物探索了技术和应用路线。特别是东部沿海地区的园区，率先投入大量资金，在智慧安全、智慧环保、封闭管理等领域初步建成了各具特色且实用的智慧化管理系统。这些系统在提升园区本质安全与环境保障水平、加强应急处置和循环经济建设、促进能源管理和高效物流服务以及园区公共服务平台建设等方面，均展现出显著的应用效果和辅助功能，为全国性推广起到了很好的引领示范作用。

表 1-4　智慧化工园区名录

（按时间排序，截至 2024 年底）

| 序号 | 名称 | 省份 |
|---|---|---|
| 1 | 中国化工新材料（嘉兴）园区 | 浙江 |
| 2 | 中国化工新材料（聊城）产业园 | 山东 |
| 3 | 上海化学工业经济技术开发区 | 上海 |
| 4 | 江苏如东沿海经济开发区 | 江苏 |
| 5 | 杭州湾上虞经济技术开发区 | 浙江 |
| 6 | 镇江新区新材料产业园 | 江苏 |
| 7 | 江苏省扬州化学工业园区 | 江苏 |
| 8 | 江苏省泰兴经济开发区 | 江苏 |
| 9 | 泰州滨江工业园区 | 江苏 |
| 10 | 衢州国家高新技术产业开发区 | 浙江 |
| 11 | 东营港经济开发区 | 山东 |
| 12 | 济宁新材料产业园区 | 山东 |

| 序号 | 名称 | 省份 |
|---|---|---|
| 13 | 烟台化工产业园 | 山东 |
| 14 | 江苏滨海经济开发区沿海工业园 | 江苏 |
| 15 | 国家东中西区域合作示范区（连云港徐圩新区） | 江苏 |
| 16 | 乐陵循环经济示范园 | 山东 |
| 17 | 河北石家庄循环化工园区 | 河北 |
| 18 | 南京江北新材料科技园 | 江苏 |
| 19 | 江苏扬子江国际化学工业园 | 江苏 |
| 20 | 江苏高科技氟化学工业园 | 江苏 |
| 21 | 浙江省杭州市滨江区经济开发区新材料产业园 | 江苏 |
| 22 | 盘锦辽滨沿海经济技术开发区 | 辽宁 |
| 23 | 长寿经济技术开发区 | 重庆 |
| 24 | 沧州临港经济技术开发区 | 河北 |
| 25 | 惠州大亚湾石油化学工业区 | 广东 |
| 26 | 大丰港石化新材料产业园 | 江苏 |
| 27 | 天津南港工业区 | 天津 |
| 28 | 东营区化工产业园 | 山东 |
| 29 | 博兴化工产业园 | 山东 |
| 30 | 青岛董家口化工产业园 | 山东 |
| 31 | 锡山经济技术开发区新材料产业园 | 江苏 |
| 32 | 江阴临港化工园区 | 江苏 |
| 33 | 浙江省湖州市长兴县岛（西中岛）石化产业基地 | 辽宁 |
| 34 | 武汉化学工业区 | 湖北 |
| 35 | 台州湾经济技术开发区医化园区 | 浙江 |
| 36 | 河北省邢台市新河县生态化工科技产业基地 | 山东 |
| 37 | 广饶化工产业园 | 山东 |
| 38 | 江苏淮安工业园区 | 江苏 |
| 39 | 宿迁生态化工科技产业园 | 江苏 |
| 40 | 宁波石化经济技术开发区 | 浙江 |
| 41 | 宁东能源化工基地 | 宁夏 |
| 42 | 宜兴市新材料产业园 | 江苏 |
| 43 | 邵武经济开发区金塘产业园 | 福建 |
| 44 | 河口蓝色经济产业园 | 山东 |
| 45 | 云南安宁产业园区 | 云南 |
| 46 | 泉惠石化工业园区 | 福建 |

其中，上海化学工业经济技术开发区（简称上海化工区）是中国改革开放以来第一个以石油和精细化工为主的专业开发区。针对区域内危化装置集聚、传送管廊遍布、化学品数量庞大、环保监控难度大的现状，上海化工区以智慧园区建设为引领，全面提升公共管理精细化、智能化水平，推动治理模式从事后应急处置为主向事前风险管控为主转变，为大型化工园区管理提供"上海方案"。形成了智慧安全应急、智慧绿色环保、智慧产业运营、智慧公用工程、智慧管理服务、智慧责任关怀"六位一体"的智慧应用体系。

江苏省扬州化学工业园区智慧园区项目现已建成涵盖环境质量、污染源、安全风险源、能耗等监管对象的在线监测监控网络，打造了集智慧环保、智慧安监、智慧应急、智慧能源、封闭化管控平台、智慧办公、公众服务、移动应用平台等系统于一体的综合型智慧园区平台。该平台接入企业 2000 多个点位的可燃、有毒等报警信息，可实现对企业重大危险源的有效监控，落实企业对重大危险源的合理监管。通过大数据分析手段，一方面实现重大危险源风险分析的精准化，另一方面挖掘出影响安全生产的主要因素，从而采取有针对性的调控措施。

江苏省泰兴经济开发区以大数据技术为创新基础，以化工产业管理与改造升级为服务核心，以建立信息化、工业化、智能化的化工产业集群为产业发展特色。积极引进先进基础设施，学习先进技术，相继在政务服务、产业服务、交通服务、生态服务、工业服务等方面，构建了一套以大数据产业技术为基础的，数据化、信息化、高度智能化的智慧园区应用体系。在保护环境、促进经济发展、提高产业效率、降低产业能耗、改善民生等方面均取得了不错的成效。

衢州国家高新技术产业开发区通过航空摄影、地下探测多种数据获取手段，动态获取园区全景真三维地理信息数据，构建园区地上地下"一张图"，形成园区内各要素空间节点定位的底图。汇聚分散在安监、环保、城管、市政、交通、环卫、公安等各单位的已有信息资源，并进行空间化定位。根据高新园区化工企业密集的产业结构特点，按照"分类控制、分级管理、分步实施"的要求，实现园区人、事、物全程跟踪，打造"封闭管理"模式，构建"市、园区、街道、企业"四级联动智慧应急体系。

大丰港石化新材料产业园已建成管控一体化平台、地理信息系统、智慧安监、智慧环保、智慧应急、封闭化管理、智慧能源、气象在线监测、消防火灾在线监测和移动通信系统等软件平台。通过智慧化工园区建设，园区在安全应急、环境保护以及封闭化管理方面得到显著提升，实现了园区一级平台和企业二级平台的联网互动、实时监测、动态监控，为园区安全生产、环境保护、节能低碳、物流交通和人员管理等提供了技术支撑，发挥了重要作用。

江苏滨海经济开发区沿海工业园一是实现了一、二级平台联动管理；二是实现了危险废弃物全生命周期管理；三是通过采取一系列封闭化管理措施，实现对园区车、物、人的全面监管；四是实现了企业综合评价。该园区为中小园区的智慧化建设树立了良好的标杆。

宜兴市新材料产业园园区信息基础设施配套齐全，建设了统一的底层业务应用支撑平台，安全监管、环境管理、应急指挥、封闭化管理、能源管理和数据大脑等业务应用功能持续完善。通过智慧化工园区建设，园区在安全监管方面实现了从"看不见、不可控"到"可视化、可预警"的转变，建立实时动态安全风险评估系统，提升了园区安全监管水平和风险预警能力；在环保方面构建了三级防控体系，实施了全面的环境管理和防控措施，智能治理成效明显。

目前，全国各省化工园区对智慧化工园区创建申报表现出巨大热情，智慧化工园区建设由东部沿海地区向内陆扩展的趋势明显加快。这些已入选"智慧化工园区名录"（详见表1-4）、在智慧化建设方面领先一步的化工园区，无私地向全国同行分享经验，成为中西部地区化工园区建设信息化平台时调研、考察的首要目标，为其他园区开展智能化建设、提升园区专业化监管能力提供了借鉴，对各地化工园区的规范建设与系统科学管理起到了积极的带动作用。

### （2）智慧化工园区标准体系初步构成

随着化工园区智慧化建设的兴起，智慧园区"如何建、怎么建"成为业内关注焦点，构建建设标准体系的呼声日益高涨。为推进智慧化工园区建设工作，中国石油和化学工业联合会牵头完成了《智慧化工园区建设指南》（GB/T 39218—2020）的编制工作。该文件首次提出了智慧化工园区建设的信息基础设施、支撑平台、业务应用和保障体系等方面的模块概念，并给出指导和建议，填补了国内智慧化工园区建设标准的空白。

智慧化工园区的建设涉及园区建设的各个方面，是一项较为庞杂的系统工程，需要多个标准支撑。中国石油和化学工业联合会化工园区工作委员会结合化工园区智慧化建设的实际需求，在国家标准的基础上，牵头制定了"十四五"智慧化工园区系列标准体系。该智慧标准体系将标准分为规划建设、运行管理、评价和其他四大类，然后进一步细分为信息基础设施、支撑平台、业务应用、基础设施和公用工程信息化、运维管理、信息安全和化工园区智慧化评价七个小类，详见图1-1。

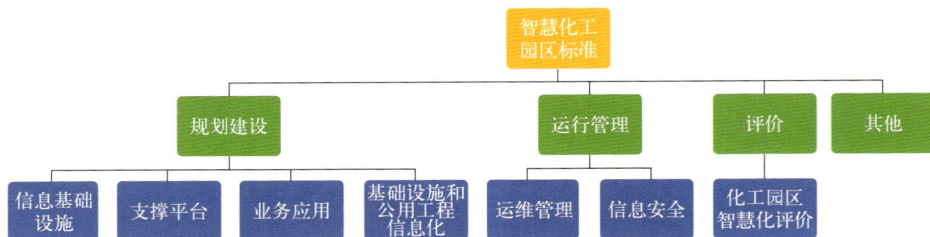

图 1-1　智慧化工园区标准分类架构图

"十四五"期间，园区委根据全国智慧化工园区建设进程和实际需求情况，按紧要程度不断推进标准制定工作。2024年，园区委牵头组织技术单位，广泛听取广大化工园区意见，经多轮修订，正式发布了《智慧化工园区建设导则》系列团体标准和《智慧化工园区系统运维管理要求》，共9项团体标准。这9项团体标准全面总结了近几年智慧化工园区建设的经验与成果，内容涵盖了智慧园区建设中的大数据中心、空间数据库、安全管理系统、环境管理系统、应急管理系统、能源管理系统、物流（道路运输）管理系统等方面，并为智慧化工园区运维提供了技术依据，是具有极强指导性和操作性的系列标准，为智慧化工园区建设提供了强有力的技术保障。2024年3月29日，《化工园区智慧化评价导则》（HG/T 6313—2024）行业标准正式发布，标志着我国智慧化工园区评价有了坚实的技术支撑。

截至2024年底，园区委关于智慧化工园区已发布或在研的标准共17项（表1-5）。此外，地方也在积极构建适合区域发展的智慧平台建设标准，如江苏、山东、河南等地参考国家标准制定了地方标准和团体标准。这些已发布或在研的标准将细化、深化并补充国标各项内容要求，更好地为化工园区智慧化平台规划建设和运行管理提供标准依据。

### （3）智慧化工园区适用技术层出不穷

为帮助化工园区更好地选择成熟适用的技术，为智慧化工园区建设提供助力，自2021年起，中国石油和化学工业联合会化工园区工作委员会面向智慧化工园区建设领域的技术支撑单位，开展了智慧化工园区适用技术申报工作。四年来，经自愿申报、园区推荐、文件审查、专家评审、网上公示等程序，共计113项技术最终入选"智慧化工园区适用技术目录"。这些技术涉及安全、环保、应急等多个应用场景，涵盖了基础层、平台层、应用层三

表 1-5　智慧化工园区已发布或在研标准情况统计

| 序号 | 类别 | | 类型 | 标准名称 | 编制状态 |
|---|---|---|---|---|---|
| 1 | 规划建设 | 综合 | 国家标准 | 智慧化工园区建设指南（GB/T 39218—2020） | 已发布 |
| 2 | | 支撑平台 | 团体标准 | 智慧化工园区建设导则　第1部分：支撑平台（T/CPCIF 0365.1—2024） | 已发布 |
| 3 | | | | 智慧化工园区建设导则　第2部分：大数据中心（T/CPCIF 0365.2—2024） | 已发布 |
| 4 | | | | 智慧化工园区建设导则　第3部分：空间数据库（T/CPCIF 0365.3—2024） | 已发布 |
| 5 | | 业务应用 | | 智慧化工园区建设导则　第4部分：安全管理系统（T/CPCIF 0365.4—2024） | 已发布 |
| 6 | | | | 智慧化工园区建设导则　第5部分：环境管理系统（T/CPCIF 0365.5—2024） | 已发布 |
| 7 | | | | 智慧化工园区建设导则　第6部分：应急管理系统（T/CPCIF 0365.6—2024） | 已发布 |
| 8 | | | | 智慧化工园区建设导则　第7部分：能源管理系统（T/CPCIF 0365.7—2024） | 已发布 |
| 9 | | | | 智慧化工园区建设导则　第8部分：物流（道路运输）管理系统（T/CPCIF 0365.8—2024） | 已发布 |
| 10 | | | | 化工园区双碳管理信息技术要求 | 送审 |
| 11 | | | | 化工园区与企业信息化融合建设技术要求 | 在研 |
| 12 | | | | 化工园区气体泄漏安全风险红外成像智慧化在线检测技术规范 | 在研 |
| 13 | | | | 化工园区易燃易爆有毒有害气体泄漏探测系统技术规范 | 在研 |
| 14 | | 基础设施和公用工程信息化 | 国家标准 | 化工园区封闭管理系统技术要求（GB/T 45227—2025） | 已发布 |
| | | | 团体标准 | 化工园区智慧公共管廊信息化系统建设指南 | 送审 |
| 15 | | | | 化工园区地下公共管线数字化建设指南 | 在研 |
| 16 | | — | 地方标准 | 智慧化工园区建设规范（DB 32/T 4454—2023） | 已发布 |
| 17 | | — | 团体标准 | 智慧化工园区设计、建设、验收规范（T/HNPCIA 27—2022） | 已发布 |
| 18 | 运行管理 | 运维管理 | | 智慧化工园区系统运维管理要求 | 已发布 |
| 19 | 评价 | 智慧化评价 | | 化工园区智能化水平评估规范（T/SDHCIA 017—2021） | 已发布 |
| 20 | | | 行业标准 | 化工园区智慧化评价导则（HG/T 6313—2024） | 已发布 |

大层级，在成熟性、稳定性、应用效果、经济合理性等方面综合评议优秀，是智慧化工园区建设的良好支撑。

在智慧化工园区适用技术的基础层、平台层、应用层三大层级中，发展最为迅速的是应用层系统。这得益于智慧化工园区平台的多年建设和发展。江苏、浙江、山东、上海等沿海省份经过多年化工园区认定、复核和安全风险评估政策要求，已完成包括安全生产、环境管理、敏捷应急管理、封闭管理、运输管理、能源管理、智慧消防、智慧管网、园区办公、地理信息、公共服务、保障体系、企业服务、运维服务等多领域多业务智慧园区管理平台的建设，大大提升了全域化、实时化的综合监控和管理能力。经过化工园区和平台建设方的不断尝试和探索，许多互联网成熟技术和新技术跨领域应用到化工园区，提供了非常便捷的管理体验。西部省份由于经济、信息化水平等条件制约，还处于智慧化工园区建设初级阶段，初步实现了预警预测、风险管控、隐患治理、辅助决策的管理目标，与全面信息化、智能化、智慧化的管理要求还有一定的差距。

平台层技术为智慧化工园区物联网上层应用和下层硬件连接提供了中间平台。智慧化工园区经过多年的建设，已形成如数据集成、数据模型、数据治理、视频云、物联网（IoT）、大数据、集成平台模块、地理信息系统（GIS）、单点登录（SSO）、基于位置的服务（LBS）等一整套的解决方案。国内如江苏、浙江、山东、上海等沿海区域的平台层建设比较成熟，这些地区在信息技术和通信领域的发展比较快速，拥有较为完善技术设施和技术力量，并且拥有大量的软件研发单位和专业研究机构不断投资研发和开发新应用，取得了一定的成果。

智慧化工园区基础层适用技术，如 IT 硬件、网络、通信设施等基本在化工园区均有建设，为管理信息化建设奠定了物理基础。从全国化工园区建设投入来看，基础设施建设占智慧化工园区总投入的 60% ~ 80%，尤其是安全监管、环保监测、封闭管理的硬件投入。许多化工园区因资金不足，无法布设充足的数据采集点位，因而难以支撑系统采集充足的数据。另外，因基础层设备设施的种类较多，即使采集目标相同，但工作原理不同也可能直接影响数据的采集精度、使用条件、采集范围和采集难度。开发低成本、应用便捷、高采集精度、适用范围和使用条件更广泛的硬件设施是化工园区和技术单位需要持续研究的课题。

"十四五"期间，适用技术的发布，对智慧化工园区建设起到了较好的支撑作用。

### （4）智慧化工园区发展任重道远

尽管我国智慧化工园区建设取得了初步成就，在示范引领、标准体系、适用技术等方面都取得了长足进步，但仍存在东西部发展差异大、建设资金投入不足、技术创新不足、场景应用单一、重建设轻运维等问题。智慧化工园区建设还有很长的路要走，特别是实现高质量发展任重道远。

① 全国化工园区智慧化建设东西部差异巨大，总体数量占比仍不高。

尽管当前智慧化工园区建设与发展水平进步明显，总体数量不断上升，但地域差别显著。截至 2024 年底，全国 32 个省、自治区和直辖市已发布认定名单的化工园区有 702 家，其中列入"智慧化工园区名录"的园区只有 46 家，占已发布名单的 6.55%。同时，智慧化工园区建设水平的东西部差异巨大。在已进入"智慧化工园区名录"的 46 家园区中，东部地区（包括北京、天津、河北、江苏、浙江、福建、山东、广东、海南）的化工园区占比较多，有 39 家，占全国总数的 84.7%；中部地区（包括山西、安徽、江西、河南、湖北、湖南）1 家；西部地区（包括内蒙古、广西、重庆、四川、贵州、云南、西藏、陕西、甘肃、青海、宁夏、新疆）2 家；东北地区（包括辽宁、吉林、黑龙江）2 家。东部地区中，江苏省有 17 家，山东省有 11 家，两省列入"智慧化工园区名录"的单位数量占总数的 60.9%。

"智慧化工园区（建设期）单位"的分布情况类似。虽然这些单位遍布我国东部、中部、西部和东北地区，覆盖 22 个省（自治区、直辖市），但东部区域的化工园区占比较多，建设期单位数量为 38 家，占全国建设期单位数量的 49.4%。中部地区、西部地区和东北地区建设期单位数量分别为 17 家、14 家和 7 家。东部地区山东省建设期单位最多，共有 24 家；其次是江苏省，有 8 家，两省建设期单位数量占全国建设期单位数量的 41.6%。

由此可见，中西部地区在智慧化建设上更需加快步伐。只有全国化工园区智慧化建设全面提速，才能推动化工行业实现整体的绿色、安全、智能化高质量发展目标。

② 化工园区智慧化建设整体仍处于初级阶段。

智慧化工园区按照建设水平大致可分为三个阶段：

a. 智慧园区 1.0 阶段　特点是单点智能、单场景智慧化。园区基础设施信息化基本完成，单场景垂直打通并实现智能化体验，如人脸识别闸机通行、摄像头安防监控等。但园区内组织、应用系统间未实现数据共享，整个园区呈现多个信息孤岛。

b. 智慧园区 2.0 阶段　特点是平台支撑、场景联动。智慧园区通过建设数字平台，实现智慧化场景基本打通和场景联动服务，同时更重视数据融合和数据价值挖掘，以数据支持园区精益运营，实现园区数据和服务共享。

c. 智慧园区 3.0 阶段　特点是全要素聚合、全场景智慧。在人工智能、深度学习、数字孪生等技术加持下，智慧园区成为基于数据自动控制、自主学习、自我净化、自主决策的有机生命体，实现全要素聚合和全场景智慧，最终使园区达到最优运行状态，实现经济价值和社会价值最大化。

总体来看，我国大部分化工园区，特别是西部地区的化工园区，智慧化工作仍处于 1.0 阶段，仅少数领先园区进入 2.0 阶段。大部分化工园区的智慧平台仅实现了业务数据的采集，部分园区可直接采集的数据非常有限。同时，国内大部分化工园区尚未建立与企业、上级主管部门之间共享数据的统一沟通协调机制和通用数据接口规范，各业务部门间的数据横向打通也不彻底，这既不利于园区提升管理效率、减少重复建设，也增加了企业数据填报的工作量。

现阶段的智慧化工园区数字化产品，更多只是实现了园区各领域数据的采集、汇聚、存储和统计，智能化应用非常有限，仅能满足基础的监管要求，尚未达到智慧化管理水平。例如，在安全生产方面，仅实现了双重预防、风险监测、特殊作业、人员定位等数据的汇总和简单监测，无法有效实现动态预警；在环境保护方面，虽实现了污染物排放和环境质量的监测预警，但在污染物排放总量控制与核算、园区水平衡评估测算等方面仍有缺失；在节能减排领域，无法准确核算园区及内部各企业的碳排放总量。

③ 统筹能力仍待提高，技术落地问题突出。

化工园区智慧化建设是一项大体量、长周期、高投入的系统性工程，涉及化工园区建设运营的各个方面。尽管近年来智慧化工园区建设持续升温，但各地实践中暴露出一些共性问题，尤其需要引起重视。例如，具有统筹全局作用的智慧化工园区顶层规划设计难以落地，无法实现规划建设一体化协同，技术统筹缺失易形成信息孤岛；在智慧化工园区平台建设过程中，承建方对园区基本条件和化工行业特殊性认识不足，对现状需求挖掘不充分，导致建设方案缺乏针对性和实用性，需求变更频繁造成延误和浪费；数据要素治理不规范，数据分散、多源异构现象突出，难以形成统一兼容的数据底座，进而影响综合数据分析效果和最终应用效果；智慧化工园区平台建设缺乏细化指导，建设路径和水平参差不齐。园区不同部门在数字化转型过程中可能采用不同的标准和技术，缺乏整体性和协调性，增加了智慧园区建设的试错成本和风险；智慧化工园区建设的配套体制机制不完善，难以摆脱重建设、轻运营的误区，导致信息化设备和资产无法实时监控、运行效率低下，智慧系统无法充分发挥作用。

④ 资金投入不到位，化工园区所在地区经济基础存在差异。

目前，很多化工园区仍处于发展阶段。智慧化工园区的建设和改造是一项技术要求高、资金需求大、后期维护成本高昂的工程，一次性投入难以解决园区的所有问题。同时，智慧化建设和改造对增加园区收益的效果并非十分迅速和显著，当地财政很难投入大量资金用于购买和运行维护日常监测监控设备，从而导致监测监控质量和平台运行效果不佳。

⑤ 智慧化工园区重建设轻运营，更新迭代不及时。

现有的智慧化工园区建设基本采用前期需求调研、系统开发、验收上线的模式。业主需在前期明确阐述业务需求，交付实施工作完成后，智慧化工园区承建商通常会协助园区管理单位处理系统故障，但一般不会对系统进行升级优化。然而，随着行业技术的不断进步、使用者经验的积累以及国家法律规范的调整完善，交付后的智慧园区系统仍有较大的改进空间，如应用适用性和功能完备性有待加强，业务覆盖范围仍需扩大。但由于系统硬件老化、软件功能固化，很难及时进行迭代升级以满足园区管理的需要。重建设轻运营现象普遍存在，导致已有系统无法得到很好的运维，甚至影响园区日常管理工作的开展。许多园区不得不重新开展新一轮的智慧化工园区建设工作，这不仅增加了不必要的工作量，还造成了资金浪费。

此外，智慧化工园区平台建设完成后，需要专业的团队进行管理和维护。管理人员既要懂管理业务，还要具备一定的计算机软件知识，同时还需要接受系统的专业培训，目前国内大部分园区尚不具备这些条件。

综上，目前我国智慧园区系统的智能化水平仍有较大提升空间，应用场景也需要在运维过程中不断挖掘。

# 1.3 智慧化建设与化工园区高质量发展

智慧化建设是化工园区精细化管理的内在要求，是推进产业转型升级、实现高质量发展的有效路径，对园区安全统一监管、环境集中治理、资源集约化利用、低碳园区建设以及提升园区管理效率具有重要的促进作用。

基于大数据、人工智能、5G、物联网等新一代信息技术，通过对园区和企业数据的收集、整理和分析，实现信息共享、科学决策，可为各级化工园区（产业）高质量发展提供支撑。

① 充分挖掘数据价值，呈现园区内化工产业态势，从产业升级、安全安监、环保节能等方面为园区管理决策提供参考。

② 打造园区化工产业生产、经营、仓储、运输、废弃全过程的安全环保管理链条，实现安全环保管理全过程可追溯。

③ 完善园区基础数据，实时掌握生产动态，为指导园内企业发展提供数据支撑。

④ 加强园区管理，客观公正评价园区工作，引导园区提升服务效能。

⑤ 生成园区和行业分析报告，识别安全环保风险隐患，为园区和企业发展提供诊断分析和管理咨询服务。

# 1.3.1 智慧化建设与园区安全

智慧化工园区可为安全生产管理工作赋能。安全生产是化工园区最重要的底线，也是化工园区高质量发展的核心内涵之一。

化工园区作为化工行业高质量发展的重要载体和平台，化工企业聚集，危险化学品安全风险集中，安全风险隐患较大。采用先进技术手段，通过智能化手段精准把控安全隐患，增强监管能力，提升预警报警的精确度，是实现化工园区本质安全的有效手段。

综合危险因素来看，与其他产业园区的安全风险类似，设备设施的不正常维护和运行、人的不安全行为会对化工园区的安全生产造成巨大威胁。而且叠加到化工园区特定的本质风险上，这些人的不安全行为和物的不安全状态所造成的风险以及潜在的影响和损失更为巨大。在传统管理模式下，对这些风险因素的管理通常依赖于人的安全意识和规范行为（包括但不仅限于巡查巡检、维保维修、安全检查等），而人本身的差异性和行为的不确定性，导致化工园区的风险长期难以准确把控。此外，企业是安全生产的主体责任方，园区及监管部门是安全生产的监管、服务和属地责任方，企业和园区间的信息不对称，给安全生产规范化和监管带来了巨大障碍。随着传感器、物联网和智慧化技术的进步，信息化、智慧化建设可在很大程度上弥补和提升企业和园区的安全生产管控及应对能力。

**（1）全面掌握重大危险源安全状态，感知识别安全风险**

现代传感器、物联网和人工智能（AI）技术，具备对重大危险源危险因素实时在线监测监控的能力，包括温度、压力、液位和安全连锁等安全附件和工况的监测监控，以及可燃 / 有毒有害泄漏气体监测（可见光、红外光谱等监测技术）。高清视频监控及 AI 分析可识别人员的不安全行为（如禁区闯入、吸烟等）、物的不安全状态（异常工况、烟火），极大地增强了对重大危险源异常情况的监控识别能力。辅以一定的智能分析算法和管理工具，可实现对重大危险源安全状态的全时段、全视角监控监管，并及时提供预警报警信息和相应的应急对策，精准控制相关风险。

### （2）分类分区封闭化管控，实现移动风险源全流程监管

现代智慧管控技术还具备园区封闭化和移动风险源（主要是危险化学品运输车辆）全流程管理的能力。结合物理封闭、电子围栏、道路卡口和周界防入侵系统，以及基于三维地图的分区分级监测监控管理，可实现园区的封闭化管理，防范无关人员、车辆、设备进出园区。结合北斗定位、视觉识别、雷达测速、电子围栏等技术，可全流程跟踪危险化学品车辆进出园区和在园区内通行的全过程，规范其按车道、限速和约定目标、停留时间的行为。结合电子运单及出入园区申报审核机制，可实时统计进出园区的化学品的种类、数量和在园区内的储存、使用状态，有序管控重点管控危险化学品这一化工园区最大的风险因素。

### （3）安全生产主体责任落实系统化督导

安全生产是企业的主体责任，也是一个复杂的系统工程。企业安全生产的全流程信息化智慧化管理，有助于企业全面掌握自身安全生产主体责任的履行情况，动态识别工作中的不足与差距，引导企业及时整改完善；同时，也有利于监管部门、园区服务部门及时掌握企业安全生产方面存在的共性问题和风险，及时提供针对性的技术服务和管理服务，必要时进行精准执法，有助于及时压降园区安全生产风险。智慧化双重预防体系可及时全面地反映企业隐患排查、识别、治理、消除的全过程，有利于监管部门有针对性地督导企业全面履行安全生产主体责任；部分企业和部门还利用智能化技术，实现 AI 设备的自动化无人巡检和广泛的非现场执法，在全面履行安全生产主体责任和监管责任的同时，极大地提高了人员效率和时间效能。

### （4）强化风险应急前置化管理和应急实施的技术支持

在应急方面，智能化技术可在应急准备、应急培训和演练、应急指挥和辅助决策等领域提供技术支持。

在应急准备阶段，除了对风险源的监测监控外，可提供应急预案、应急物资和装备、应急队伍和专家等应急资源的完备性、有效性跟踪管理，及时

识别与提示应急准备工作中的薄弱环节，提醒企业和园区予以完善，为应急工作提供最为完善和可靠的保障。

在应急培训和演练阶段，可结合智慧管控平台，针对性地培训不同岗位、不同风险特征的应急知识、技术和能力，开展各种不同事故场景下的应急演练，提升培训和演练的针对性，有利于解决应急培训和演练的模式化、套路化和走过场等问题。

在应急指挥和辅助决策方面，智慧化建设结合融合通信、视频监控、事故模拟、任务跟踪和反馈、智能单兵和智能消防搜救装备（如机器人、无人机）等，可更加高效和全面地为应急指挥提供丰富和完善的事故态势感知和现场控制、人员及车辆疏散，应急物资、装备和人员的调度，事故场所及周边风险因素控制和人员搜救，应急指令下达及跟踪反馈等。

此外，智能化技术有助于全过程记录应急主要过程和节点，快速形成应急过程报告，有助于应急总结和评估，为后续风险防控治理和应急能力提升提供更丰富的资料和依据。

# 1.3.2　智慧化建设与园区环保

智慧化工园区可为园区的生态环境管理工作赋能。绿色环保是化工园区高质量发展的核心内涵之一，也是重点和难点之一。化工园区环境保护的难点在于各种化学过程排放的组分复杂、毒害性显著、治理难度较大的污染物，污染源排放与环境质量之间的非线性关联关系，以及化工园区绿色发展环境保护治理工作的系统性、复杂性。智慧化环境管理体系的建设通过应用现代在线监测技术、视频识别技术和数据挖掘与分析技术，可以很好地解决环境管理的信息获取、传递、保存与综合分析的难题，为环境管理从末端问题解决型向全过程长效监管转变提供技术支撑与管理模式。

### （1）全面掌握园区污染源动态

通过建设污染源工况监控、排放监控、能耗监控体系等，结合企业自测自报、监督性监测和走航巡测数据，可以实现全时段动态监管企业规范履行环保主体责任、规范落实达标排放（或按协议达标接管）的情况；结合生产和污控设施能耗、关键工况协同性分析，可有效实现不规范运行环保设施行为的监管，严格落实"三同时"制度，并可有效支持重污染天气条件下的重点项目限停产管控；结合"三废"污染物排放协同性分析、污染排放与原辅料和能水消耗协同性分析，建立企业生产与排污的大数据关联关系，可有效监管水汽超总量排放、偷排漏排、固体废弃物（尤其是危险固废）的不规范处理处置等违法违规行为，强化园区重点环境风险设施和单元的动态监管。

### （2）污染源与环境质量的协同监控

通过建设大气、水环境质量监测监控体系，结合土壤、地下水监测监控，形成一体化监测网络，可以全面动态地掌握园区大气、水环境质量状况，评估园区产业发展对周边敏感目标和水体的影响。出现异常情况时，结合溯源分析模型，可对相关责任方进行有针对性的管控，对重要敏感目标采取必要的保护措施。

尤其是对于化工园区的重点环境风险源，如污水处理厂、重大危险源储罐区域等，结合可燃、有毒有害气体在线监测监控、污染源监测监控、厂界特征污染物监测监控、走航巡测等，辅以毒害气体环境风险预警、污染溯源、视觉识别等模型算法，可同步防控有毒有害气体环境风险和安全生产风险，并将异常信息同步分享给责任企业和监管部门，建立跨部门、跨企业的协同处置与联动机制。当发生环境问题时，可以迅速调动各方资源进行处置，确保问题得到及时解决，形成对重大环境风险的双重监控和防范体系，最大限度地实现全时段覆盖的重大环境风险有效管控与应急。同时，根据实际运行情况和监测数据，不断优化监控系统，提高其准确性和可靠性，并定期进行技术升级和设备更新，以适应不断变化的环境和污染源状况。

### （3）引导监管力量精准投放，提高环保督导效能

化工园区的环境污染通常存在成因复杂、责任不清、发现不及时等问题。通过建设上述污染源和环境监测监控系统，结合企业生产及污控设施工况监控，可以开展企业环保主体责任规范化履行动态评估，严格监管环保手续履行、排污许可管理、污控设施正常运行和达标排放、特种人员持证上岗、固体废弃物全流程管理等；可以通过企业主要原辅料消耗、能源消耗、水耗和水汽污染物排放等数据的关联分析，动态评估企业固废尤其是危险废弃物产生、暂存、转移、资源化利用和处理处置全流程的规范性；结合环境监测监控，动态掌握园区内企业环保主体责任履行的综合概况，及时发现污染源、环境质量及企业主体责任履行的问题与不足，引导监管力量精准投放，有效管控园区生态环保和安全生产的重大风险，并可动态跟踪事件的处理处置全流程，督导风险管理及时闭环。此外，智慧化建设还可挖掘出园区企业的共性、急迫性问题和需求，有助于园区统筹各类资源服务企业和园区的绿色高质量发展。

#### （4）强化园区环境风险监管，严格防范突发环境事件

通过信息化手段实现化工园区环境风险管理是一个系统性、持续性的过程。结合化工园区的实际情况和需求，综合运用多种信息技术手段，可以全面提升环境风险管理的效能和水平，保障园区的可持续发展。

数据采集与监控：利用传感器、监控设备等数据采集终端，实时监测化工园区内的环境参数，实现实时监测和数据同步。

数据处理与分析：利用云计算和大数据技术，对采集到的环境数据进行处理、分析和挖掘。通过分析数据间的关联性和变化规律，可以发现潜在的环境风险因素，预测未来环境状况，为决策提供科学依据。

风险评估与预警：基于处理后的数据，构建环境风险评估模型。通过模型分析，可以对化工园区内的环境风险进行评估和分级，根据风险级别发出预警信息。预警信息可以通过智慧化监管平台、手机 App 等方式及时传递给相关人员。

突发环境事件应急响应与处置：针对预警信息，制定相应的应急响应预案。通过智慧化建设，建立应急指挥系统，实现快速响应和高效处置。在应急处置过程中，可以利用信息技术实时跟踪事故发展态势，为应急决策提供支持。

持续改进与优化：通过对环境风险管理的实践经验进行总结，不断优化信息化系统的功能和性能。结合实际需求和技术发展，持续改进环境风险管理流程和方法，提高管理效率和准确性。

跨部门协同与信息共享：加强与环保、安全等相关部门的沟通与协作，实现信息共享和协同工作。利用信息化手段打破信息孤岛，提高各部门之间的信息传递效率和响应速度。

建立完整的环境风险管理档案：利用信息化手段建立化工园区环境风险管理档案，将所有相关的数据、文件、记录等信息进行整理和归档。这有助于追溯历史数据、总结经验教训和提高管理效率。

定期评估与审计：定期对化工园区的环境风险管理进行评估和审计，检查各项措施的落实情况和工作效果。利用信息化手段进行数据分析和趋势预测，为评估和审计提供科学依据。

# 1.3.3  智慧化建设与园区低碳

智慧化工园区可为化工园区的低碳工作赋能。在传统模式下，企业的碳排放核算主要依靠专家或专业咨询机构进行测算，缺乏动态跟踪、分析和优

化的能力，园区存在碳排放底数不清，可核减空间不明、低碳园区建设成效难以评估等问题，需要借助智慧化手段推动低碳园区建设。

**（1）分步规划，精准实施**

当前我国化工园区数量众多，产业规模、发展和管理水平参差不齐。在化工园区广泛实施"零碳园区"建设的条件尚不成熟，但通过技术和管理手段，实现化工园区运行"达峰""中和"和"低碳化运行"是可行的。综合考虑经济性和实施难易度，在2030年达峰前，主要的减排途径是节能（提高能源使用效率）和发展新能源；达峰后的主要减排途径是CCS（碳捕集与封存）、核能和新能源。

化工园区碳达峰、碳中和工作按实施阶段可划分为四个阶段："准备阶段"，应进行碳达峰碳中和的策划和组织，开展碳排放核算并制定碳达峰碳中和方案；"实施阶段"，应构建碳排放管理信息平台，按要求执行碳达峰和碳中和方案；"评价阶段"，应对园区经济发展和碳排放强度进行评价，记录碳减排成果，进行碳抵消认定，随后进行第三方验证；"声明阶段"，可对园区碳中和碳减排成果进行声明，进而应用于社会碳交易中。

**（2）全面掌握园区碳排放情况**

化工园区应组织对企业和园区公共设施进行碳排放核查和标注，为智慧平台的低碳管理模块做好充足的数据准备。

智慧化建设可通过建立园区能碳平台，汇集各主要能耗企业的各类能耗动态数据，甚至重点能耗设备工况稳定性数据，并进行能效分析和优化，明确园区各企业、各主要能耗单元、各类能源在总体能源消耗中的占比和效能。据此，可进一步挖掘园区能耗结构及节能降碳的空间和方向。在智慧能源数据归集的基础上，智慧平台可自动动态开展园区及重点企业的碳排放核算和碳资产盘查。有条件的园区和企业，还可以开展主要温室气体排放的动态监测监控或核算（可结合工况、物料等进行关联分析），进一步丰富协同节能减污降碳增效的内涵。通过动态的碳盘查、碳核算，企业可以建立碳排放基准线数据，并以此确定具体的减排目标和措施。通过多次的碳盘查，能够衡量各项节能减排活动的实施效果，建立配套的碳排放数据库，为低碳园区发展提供决策依据。

**（3）建立碳排放信息化管理平台**

碳排放信息化管理平台应基于园区和企业碳排放活动数据采集来构建。碳排放活动数据的采集对象包括园区内重点用能企业及其他具备条件并自愿接入的企业，采集指标包括化石燃料消耗量、外购电力、外购热力消耗、工业生产过程中的原材料使用量、产品产量等。采集范围可涵盖企业管理信息系统、生产监控系统、生产过程控制系统和现场仪表，采集频率应符合在线信息管理的频率要求。不具备在线数据采集条件的企业，可以通过在线录入的方式，将企业相关数据录入到平台中。所有采集的碳排放数据，均应保证其真实性、准确性、完整性和可追溯性，且与报送统计部门的数据保持一致。

**（4）基于数据结果，对园区能源结构进行调整**

完成碳排放活动数据采集后，可使用信息化管理平台对园区和企业的碳排放进行分析和预测。包括对园区内能源消耗与碳排放情况的总量、结构、强度等类型的指标数据进行统计，构建园区碳分布分析视图，具备从不同维度进行分析比较的功能，对碳排放量进行排名，以可视化方式显示不同行业经济发展和碳排放的特征，对生产总值和碳排放量进行脱钩分析，识别减排机会，评估减排潜力与成本等。

基于碳排放数据的核算结果和在线监测数据，可对园区能源结构进行调整，逐步将可再生能源作为满足园区新增能源需求的主要来源，优化和改造园区能源系统、公用工程及辅助设施，引导园区企业开展能源替代工作。优化园区内企业、产业和基础设施的空间布局，发挥产业集聚和循环链接效应，积极推广集中供气供热供水，实现土地的节约集约高效利用，促进产业循环链接。建设和引进关键项目，合理延伸产业链，推动产业循环式组合、企业循环式生产，提高资源产出率，推进资源高效利用和综合利用。园区重点企业应全面推行清洁生产，促进原材料和废弃物源头减量。加强资源深度加工、伴生产品加工利用、副产物综合利用，推动产业废弃物回收及资源化利用，降低废水、废气、废渣等废弃物中温室气体排放。

总之，通过智慧园区平台的数据收集和监测功能，实现分析并为园区提供产业链延链、补链、强链建议，促进和优化园区循环产业体系构建，在产业体系优化方面进一步提升园区综合协同增效降碳能力，推动低碳园区建设。

# 1.3.4 智慧化建设与园区效率

智慧化工园区建设有助于提升园区运营效率。化工园区智慧化建设对提升园区效率具有重要的促进作用。通过智慧化建设，化工园区可以提升资源配置效率、能源利用效率、劳动生产效率和技术进步效率。

### （1）提升资源配置效率

提升化工园区的资源利用效率是提高整体效率的关键。涉及对园区内各种资源的合理配置和优化利用，如水、土地、能耗总量、排污总量、碳排放权等。通过技术创新和管理优化，降低资源消耗，实现资源利用的最大化。

### （2）提升劳动生产效率

① 产业结构优化　结合现代信息技术和智能化手段，对园区的功能布局、产业定位、基础设施建设、产业结构进行优化，实现园区的可持续发展和高效运营。

② 产业数字化转型　加快 5G、大数据、人工智能等新一代信息技术与石化化工行业的融合，不断增强化工过程数据获取能力，丰富企业生产管理、工艺控制、产品流向等方面的数据，打通生产运行信息数据"孤岛"，构建生产经营、市场和供应链等分析模型，强化全过程一体化管控，推进数字孪生创新应用，加快数字化转型。

③ 整合供应链　通过整合园区内各企业的供应链资源，实现资源共享和优化配置，加强供应链的协同合作，降低物流成本，提高物流效率，提升整个园区的竞争力。

### （3）提升技术进步效率

① 生产流程的优化　通过对生产流程进行科学的分析和改进，提高生产效率，降低生产成本，利用先进的技术和管理方法，实现生产流程的持续改进和升级。

② 促进企业合作与创新　鼓励园区内企业加强合作，共同开展技术研究和产品创新，提高整体技术水平和创新能力。通过建立产学研合作机制，推动科技成果的转化和应用，促进园区的产业升级和发展。

③ 信息共享与协同　通过建立信息共享平台，促进园区内各企业之间的信息交流和协同合作，提高整体运营效率。同时，还可以优化管理流程，提高决策效率和准确性。

# 第2章

# 智慧化工园区
# 理论体系

Construction and Management of
**Smart Chemical Industry Park**

我国化工园区运营管理涉及领域广泛、工作量大，同时受人员编制有限、专业人才不足等影响，迫切需要借助新的管理手段来指导化工园区高效运营，智慧化工园区建设理念由此应运而生。作为智慧城市的重要组成单元与表现形态，智慧化工园区通过推动新一代信息技术与化工制造业的深度融合，为化工园区的高效运转提供了新的方向和手段，也是实现化工园区现代化及科技创新的重要战略途径。

# 2.1　智慧化工园区的定义

根据《智慧化工园区建设指南》（GB/T 39218—2020）和《化工园区智慧化评价导则》（HG/T 6313—2024）的定义，智慧化工园区是指以规划与设计为蓝本，以信息与通信技术为支撑，围绕安全监管、环境管理、敏捷应急管理、封闭化管理、物流管理、能源管理、产业管理、综合管理和运维管理等领域，通过数据采集整合与信息平台建设，实现智慧化管理与高效运行的化工园区。

基于大量调研，整体而言，智慧化工园区是将新一代数字技术和先进制造技术与化工产业深度融合，推动园区成为具备高效协同、绿色低碳、安全韧性、创新建设等能力特征的产业可持续发展载体（图2-1）。

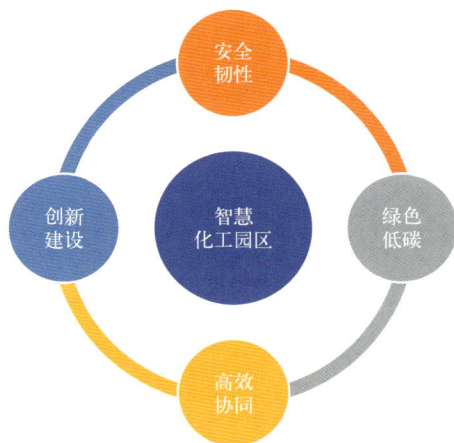

图2-1　智慧化工园区

智慧化工园区应具有如下能力特征：
① 高效协同发展　化工园区的竞争力不仅依赖单个企业的表现，更在

于园区内企业的高效协同与资源共享。根据迈克尔·波特的价值链理论，园区的竞争优势来源于优化各企业间的基本活动和辅助活动，如供应链管理、生产流程、物流等。通过数字化和信息化手段，园区内企业可以共享资源和信息，形成强大的产业生态系统，提升整体竞争力。这种协同作用不仅提高了生产效率，还促进了创新和资源的最优配置，使园区在全球化竞争中占据优势。本书将通过"2.2　价值链理论"，具体介绍"介绍如何通过价值链理论优化智慧化工园区的协同发展"。

② 安全韧性与绿色低碳发展　绿色化、安全化、低碳化发展既是世界经济发展的大势，也是化工园区可持续发展的内在要求。园区的绿色发展绝不仅仅是安全环保的问题，它是一个涵盖了规划建设、工艺管控、过程安全、节能减排、循环发展、责任关怀、一体化管理等的系统工程。化工园区的绿色化是对本质安全和高质量发展的不懈追求。要推进化工园区绿色建设，须有体系化理论指导，本书将在"2.3　循环经济理论""2.4　复杂适应系统理论"中具体阐述"理论如何指导园区打造绿色、安全的发展平台"。

③ 创新建设　建设具有市场竞争力的园区需要有一批具有自主知识产权，并占据行业技术制高点的核心技术。化工园区自身在战略、组织、体制上具有天然的创新优势，创新驱动发展战略是化工园区"十四五"发展的重点工作，也是体现化工园区建设管理水平的重要指标。本书将通过"2.5　信息物理系统理论"，具体介绍"先进技术如何赋能园区创新建设"。

# 2.2　价值链理论

## 2.2.1　价值链理论定义

迈克尔·波特在 1985 年的《竞争优势》一书中首次提出了价值链的概念。波特价值链侧重于从企业的角度分析企业的价值活动，认为企业的价值创造包括两类活动，即基本活动和辅助活动，两类活动紧密相关，共同为企业创造价值。其中基本活动包括制造产品、销售、运输和售后服务等；辅助活动包括企业基础设施、人力资源管理、技术开发和采购等，是指公司为了能正常生产而进行的支持性活动。上述相关联而又并不相同的生产经营活动构成了一个动态过程以创造价值，即价值链。

## 2.2.2　价值链理论特征

在价值链理论中，各个环节的活动构成一条链条，这些活动虽相互独立，但其实相互影响。通过内部价值链分析，可以识别某一项活动是否增值，若为增值活动，则增强此项活动，以充分发挥企业优势；若为非增值活动，则改善此项活动或减少此项活动的发生。通过价值链的分析，以提高价值为目标，进行各项价值活动的改善及优化，进而提升企业的竞争力。

智慧化工园区借助于数字化转型，能够实现生产流程的精细管理和优化，强化供应链协同，提升产品和服务的质量与效率。同时，园区内企业间的信息共享与合作，能够促进创新资源的集聚，形成强大的产业创新生态，提升园区在全球化工产业中的竞争力。

## 2.2.3　对智慧化工园区建设的指导意义

在智慧化工园区的构建中，价值链理论强调基本活动和辅助活动的协同发展。基本活动包括原料及产品供应、生产活动、基础设施管理等，辅助活动包括环境监督、安全管理、应急能力、共享服务等。

### （1）基本活动在智慧化工园区建设中的指导意义

原料及产品供应：化工园区作为典型的产业链聚集区域，原料及产品的稳定供应是保障化工园区生产活动正常开展的前提。通过建设高度智能化仓储数字化平台，实现原材料、中间产品和成品的集中存储及科学管理，提高仓储作业效率的同时减少每家企业单独建设和维护仓库的运行成本。此外，通过建设高效智慧物流数字化平台，共享园区物流资源，提高物流配送效率，减少库存货物的周转时间，更加快速响应市场需求。

生产活动：生产活动是化工园区价值链中核心的物质和能量转化过程，以生产活动为核心的价值链优化应遵循以"企业内部优化为主，园区全局优化为辅"的原则。在企业侧优化层面，园区作为运营主体，可以通过资金、招商等方面的政策支持，鼓励企业开展智慧工厂建设，推动企业内部价值链优化，提高能源利用率及产品价值；在园区侧优化层面，在实现园区能源集中供应的前提下，建设分布式能源在线监测系统，利用控制优化、实时协同优化、管网集成优化等信息技术，实现综合能源的协同优化，降低园区整体用能成本。

基础设施管理：化工园区作为产业聚集区域，确保园区基础设施的高效运转尤为重要，也是智慧化工园区建设的重点方向，如采用先进的综合管廊管理系统，实时监控园区内部的物质流、能源流和信息流，保障园区内部物质流、能量流的稳定供应。同时，建立智能化封闭管理系统和危险化学品停车场，利用大数据和物联网技术进行实时监控和预警，不仅提升了园区的应急响应速度，还有效预防了安全事故的发生。

### （2）辅助活动在智慧化工园区建设中的指导意义

环境监督和安全管理：园区发展不仅需符合环境和安全法规，还要积极采用智能技术降低风险和成本，提升运维效率。例如，通过构建数字化的环境监测系统，可实时监控污染物排放，确保"三废"处理达标。同时，智能安全管理平台的应用能够进行实时风险评估和预警，从而预防事故的发生。此外，敏捷的应急管理平台能够集成不同系统和资源，保障在紧急情况下快速、有效地响应与处置。园区内的辅助活动通过智慧化手段的整合与优化，不仅提高了整个园区的管理水平，也促进了可持续发展和竞争力的提升。

共享服务：共享服务对于促进产业链高效运作具有深远影响。这些活动包括但不限于技术支持、人力资源管理、采购物流以及基础设施建设等。它们虽非直接产出产品，却为园区创建了一个有利于创新和高效运营的环境。

通过建立共享服务中心，智慧化工园区能够充分利用信息化手段，为企业提供综合性服务。这些服务有助于降低各企业的运营成本、提高响应市场变化的速度，并最终实现资源的最优配置。例如，人才招聘平台整合了园区所有企业的人力资源需求，提供系统化的人才搜索、筛选与匹配服务，加速了人才流动与优化配置。电子商务平台则通过在线交易系统，实现了产品销售与采购的数字化管理，提高了交易的透明度和效率。而客服服务平台统一了园区的服务接口，提升了对外服务质量，强化了园区企业的品牌形象。

通过这样的共享服务，智慧化工园区能够形成一个互助共赢的生态系统，促进园区内外的协同发展。

# 2.3 循环经济理论

## 2.3.1 循环经济理论定义

循环经济本质上是一种生态经济，它要求运用生态学规律而非机械论规律来指导人类社会的经济活动。与传统经济相比，循环经济具有其独特性。

传统经济是一种"资源—产品—污染排放"单向流动的线性经济，而循环经济倡导的是一种与环境和谐共生的经济发展模式。它要求把经济活动组织成一个"资源—产品—再生资源"的反馈式流程，遵循生态规律和经济规律，合理利用自然资源并优化环境，在物质不断循环利用的基础上发展经济，使生态经济原则体现在不同层次的循环经济形式中。循环经济既是一种新的经济增长方式，也是一种新的污染治理模式，同时还是经济发展、资源节约与环境保护的一体化战略。

在新型智慧化工园区建设中，践行循环经济理念，能够将经济效益最大化和环境效益最优化有机结合，实现从原有的线性经济发展模式向更高端、资源和能量消耗低、环境与经济和谐发展的循环经济模式转变（图 2-2）。

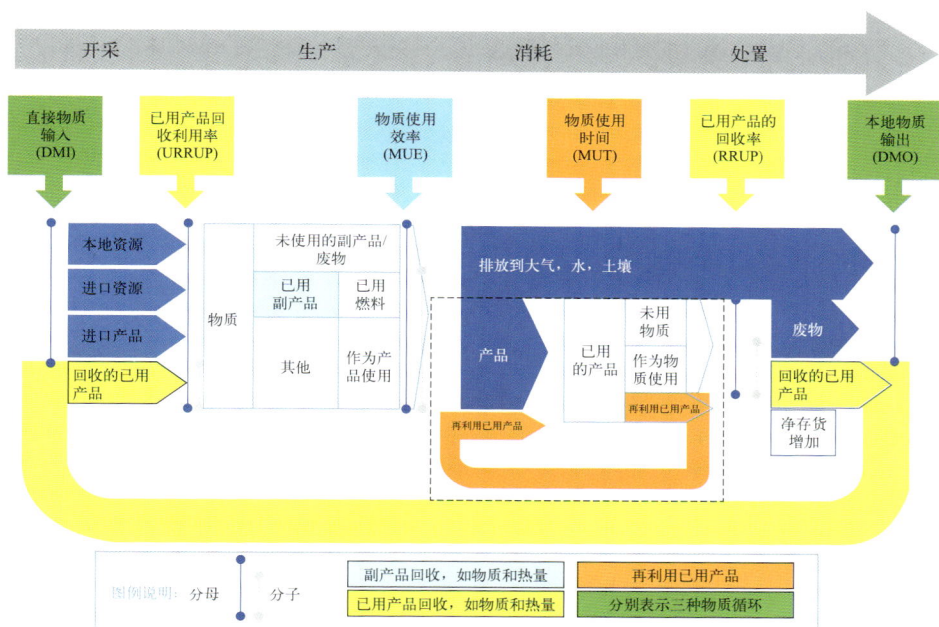

图 2-2　循环经济—物质流分析及效率指标

## 2.3.2　循环经济理论层次与特征

结合循环经济的基本内涵和国外发展循环经济的实践经验，循环经济的发展主要可以从小、中、大循环三个层面来看，即企业层面、园区层面和社会层面（图 2-3），由小及大依次递进。

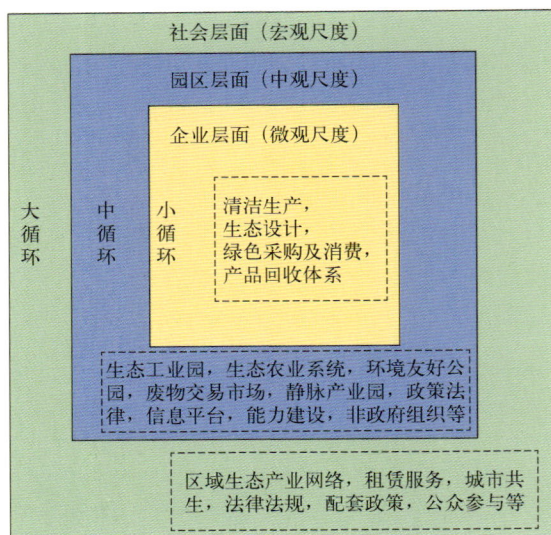

図のテキスト:

社会层面（宏观尺度）

园区层面（中观尺度）

企业层面（微观尺度）

大循环　中循环　小循环

清洁生产，
生态设计，
绿色采购及消费，
产品回收体系

生态工业园，生态农业系统，环境友好公园，废物交易市场，静脉产业园，政策法律，信息平台，能力建设，非政府组织等

区域生态产业网络，租赁服务，城市共生，法律法规，配套政策，公众参与等

图 2-3　循环经济实施途径的三个层面

### （1）小循环

主要是从企业层面来看，指的是单个企业内部物料和能量的循环经济模式。该模式以清洁生产为主要导向，以循环经济理念为原则，对企业内的工艺过程进行优化设计，同时规划企业内部各种资源的循环利用和能源的逐级利用。要求企业节约原材料和能源，不使用有毒原料，采用高效的工艺和设备，进行简便实用的操作，建立完善的管理体系，以生产环境友好型产品，减少废弃物的排放量，充分利用二次资源，强化企业内资源循环利用，实现降低环境污染的集约型经营，从而最大化企业效益。国外最为典型的企业层面的循环经济模式就是美国杜邦化学公司的实践。

### （2）中循环

主要从园区（企业间）层面来看，它是对单个企业清洁生产的有效补充，能从更大层面上推进循环经济，是一种园区企业物料循环共享的经济共生体系。生态工业园利用企业之间的物质和能量流动将企业串联起来，把上游企业的"废弃物"转化为下游企业的资源，形成自然共生的工业生态网络，实现在闭路循环中进行物质流动，并逐级利用能量，减少废弃物的产生。循环经济的实施往往要依托生态工业园的发展，丹麦卡伦堡生态工业园区是世界生态工业园系统实施的典范。

### （3）大循环

主要是从社会层面来看，宏观上是指通过政策导向和法律约束，实现全社会范围内资源和能源的循环利用，以及信息和基础设施的高度共享。将"自然资源—生产—消费—再生资源"的闭路循环模式应用到整个社会，从而构建起可持续性发展的循环型社会。可持续发展的循环型经济社会是循环经济模式的终极目标，要以社会和经济的可持续性发展为目的，以减少废弃物的产生、排放以及对产品实行综合利用和循环利用为手段，实现社会、经济和自然生态的和谐发展模式，从根本上避免资源耗竭、生态破坏和环境污染问题。在社会层面发展循环经济的突出代表是德国建立的双轨制回收系统和日本的一系列循环经济立法。

## 2.3.3　对智慧化工园区建设的指导意义

循环经济理论强调最大限度地减少资源输入、废弃物产生以及能源消耗。对于化工园区产业集群而言，其实践途径着重于"小循环、中循环"层面。

### （1）资源高效利用

循环经济理论强调资源高效利用。从"中循环"角度看，化工园区可借助物联网、大数据分析和云计算等智慧化技术，实现对园区原料资源购入、产出、资源回收利用率等指标的实时监控与管理，并与国内外领先园区进行指标对标分析，为园区整体的原材料资源高效利用指明优化方向。从"小循环"角度看，应鼓励园区企业引入先进信息技术和物联网技术，实现生产全过程的智能化管理。通过建立智能库存管理系统，实时监控原料使用情况，采用大数据分析，依据历史数据和市场趋势，优化原料采购策略，预测和规划未来原料需求，降低成本，优化资源配置，提高资源利用率，避免资源浪费和过度存储。

### （2）生产过程优化

循环经济理论倡导生产过程优化，以减少能源和原料消耗。从"中循环"角度，化工园区可通过政策扶持或资金补贴，提高新建企业工厂建设标准，引入智能化生产线和高自动化控制系统，实现精益生产管理，减少生产过程中的资源浪费和环境污染。从"小循环"角度，应鼓励园区企业主动引入智能控制系统和过程控制技术，进行工艺技术改造，优化生产过程，实施精准化生产。通过实时监测和在线调节生产参数，确保化学反应和物料转化高效进行，降低副产品和废弃物生成，改进生产工艺，提高原料转化率，减少不必要的原料消耗和能源使用。

### （3）废弃物循环利用

循环经济理论强调废弃物循环利用。从"中循环"角度，可通过建立化工园区废弃物管理信息系统，收集和整理园区企业的废弃物数据，实现废弃物的全过程监控和管理，实时监测废弃物的产生、收集、运输、处理和处置情况。利用大数据分析和人工智能技术，优化废弃物管理策略，减少废弃物处理成本，提高废弃物管理的透明度和处置效率。从"小循环"角度，应鼓励园区企业进行工艺技术改造或采用控制优化技术，以减少废弃物的产生量。

### （4）能源高效集成优化

能源的循环利用和节约是化工园区智慧化建设的另一个重要方面。化工园区的能源流动复杂，存在大量的能源交换和转换过程。从"中循环"角度，化工园区可利用物联网技术及工业余热回收、太阳能、风能等可再生能源技术，建设分布式能源监测管理系统，实现园区内的热网、电网及水网等智能在线监测。通过系统收集的能源使用数据，实时监控和分析园区内的能源使用情况，结合大数据分析技术，分析能源使用效率，发现能源浪费环节，及时调整能源使用策略，实现能源的集中供应和有效分配，减少能源消耗，提高能源利用率。从"小循环"角度，应鼓励园区企业利用物联网技术，对生产运行过程的能源消耗进行在线持续跟踪，结合管网优化模型、夹点优化技术、高耗能设备能耗评估模型等技术，进行装置能耗精细化管理及高效优化，提高企业内部的能源利用效率。

# 2.4 复杂适应系统理论

智慧化工园区作为一种新兴的工业组织形态，其核心在于利用创新技术进行资源优化、高效协同、安全环保和决策支持。因此，智慧化工园区并非仅仅是技术应用的集合，而是一个包含技术、人员、流程、政策和环境等因素相互作用与适应的生态系统。

在这种背景下，传统的线性管理模式已不再适用，需要一种能够描述复杂系统特性的理论框架。而复杂适应系统理论则提供了一个深刻的理解框架。复杂适应系统理论作为广泛应用于经济学、社会学、管理学等多个领域，用于解释个体与系统之间行为关系的重要理论，能够帮助我们更好地理解化工园区这种复杂性的本质，并指导我们通过整体性思考来处理系统内部和外部的复杂问题。将复杂适应系统理论应用于智慧化工园区的规划、建设和管理中，我们可以更科学地分析预判这些复杂的相互作用，更好地应对园区发展过程中的不确定性和风险，提高园区的韧性和适应性，从而实现可持续发展的目标，帮助园区在不断变化的全球化工市场中保持竞争力和可持续性。

## 2.4.1　复杂适应系统理论定义

复杂适应系统（complex adaptive system,CAS）最早起源于生物学和生态学，后来迅速应用于经济学、社会学、拓扑学等多个领域。在社会科学领域，通常采用 CAS 来理解社会行为和组织结构。例如，在经济学中，市场被视为一个复杂适应系统，个体和公司作为主体通过交易和竞争，推动市场的演化和创新；在技术领域，CAS 理论对于分析和设计复杂网络系统（如互联网、交通网络等）也具有重要价值。它帮助研究人员了解如何构建更高效、更稳定的网络结构，并应对潜在的攻击或故障。

复杂适应系统理论是一个跨学科领域的理论。该理论认为，复杂适应系统由许多自治的、相互作用的个体组成，个体间的相互作用产生了系统层面的行为和结构，而这些行为和结构又反过来影响个体的行为。如果将个体抽象成相互作用的元素，这些元素能够根据环境变化和相互间的交互自我组织、学习和进化，从而使整个系统展现出不可预测和非线性的行为特征。该理论的核心在于强调系统内部的动态性和开放性，认为系统不是静态的，而是在不断地演化。通过研究系统中各个相互作用的自治主体（agents），包括它们如何通过局部交互产生全局行为，以及如何通过反馈循环影响自身的行为和环境，来帮助我们理解系统的本质，抓住关键矛盾并解决问题。因此，CAS 理论提供了一种强有力的分析工具和概念框架，帮助科学家和决策者理解和应对各种复杂系统中的挑战和机遇。

## 2.4.2　复杂适应系统理论特征

复杂适应系统作为分析复杂现象的工具，用于解释复杂系统中的自组织、适应性和演化行为，其核心特征总结如下。

自组织（self-organization）：自组织是复杂适应理论中的一个关键概念，它描述了系统成员之间基于简单规则互动，无须外部指导或控制，就能产生复杂结构、模式和行为能力的现象。

反馈循环（feedback loops）：复杂适应系统的另一个基本特征是存在反馈循环。反馈循环是系统中输出反作用于输入的动态过程，包含正反馈和负反馈。

非线性（nonlinearity）：非线性是复杂适应系统的另一重要特征。非线性表明输入和输出之间缺乏简单、直接的比例关系，在复杂适应系统中，微小变化可能引起大的或不成比例的效应。

边缘混沌（edge of chaos）：边缘混沌这一概念指系统处于有序与混乱边缘的状态，这种状态被认为是系统创新和适应的最佳状态。

## 2.4.3　对智慧化工园区建设的指导意义

智慧化工园区是一个典型的复杂适应系统。它由多个相互依赖、互相作用的子系统组成，这些子系统包括供应链网络、生产单元、废弃物处理设施、能源管理系统等。每个子系统都由众多决策者、工艺流程和技术组件构成，它们之间的相互作用使整个园区系统表现出自组织、非线性和学习适应的特性。

CAS 理论为我们提供了一个理解这些动态交互和行为模式的框架。它强调系统中个体或组件的局部行为和规则如何通过自组织过程产生大规模、不可预测的全局模式和行为。借助于 CAS 理论的分析框架，我们可以更好地识别系统中的关键要素，预测系统行为，并设计出能够适应环境变化和内部扰动的管理策略，以及基于大数据、物联网等信息化技术构建的数据流应用。这些管理策略及数据应用不仅能帮助智慧化工园区优化现有的运营和管理流程，还能提高其对未来不确定因素的适应能力和整体韧性。

首先，借鉴 CAS 理论，智慧化工园区的管理策略应重视自组织能力。在园区管理中，这意味着鼓励跨部门和不同层级之间的沟通与合作，使信息流和决策过程更加流畅和分散。这种自下而上的决策模式增强了园区在面对未知挑战时的灵活性和创新能力。

其次，CAS 理论强调系统内多元反馈机制的作用。对于智慧化工园区而言，构建一个全面的反馈系统对提高决策质量至关重要。这包括从产能产值、能源供给、安全监控等各个环节收集实时数据，并将这些数据反馈给相关决策者。通过利用大数据分析和人工智能技术，管理者可以根据实时反馈迅速调整策略，实现更加精细化和个性化的管理。

再次，智慧化工园区应当促进边缘探索，即鼓励在园区的边缘领域开展创新实验和探索活动。这样的探索不仅能成为变革的催化剂，还能通过不断试错积累经验，增强园区的适应能力和系统韧性。管理层应建立支持创新的文化和政策，为寻求突破的个体和团队提供资源与空间。

最后，CAS 理论倡导管理策略的动态性和迭代性。智慧化工园区的管理者必须认识到，策略和规划并非一成不变，而应随外部环境和内部条件的变化不断调整。这就要求园区建立灵活的管理框架和可调整的运营机制，以确保在复杂多变的市场和技术环境中保持竞争力。

综上所述，CAS 理论为智慧化工园区的管理实践提供了全新的视角和方法。通过推动自组织、建立多元反馈机制、促进创新探索以及实施动态迭代的管理策略，智慧化工园区能够更好地适应环境变化，提升整体运营效率和系统韧性。

# 2.5　信息物理系统理论

## 2.5.1　信息物理系统定义

信息物理系统（CPS）最早于 1992 年由美国国家航空航天局提出，但是直到 2006 年美国国家自然基金委员会的研讨会上才对 CPS 的概念进行详细描述。随着工业化和信息化的深度融合，在云计算、新型传感、通信、智能控制等新一代信息技术的快速发展推动下，CPS 得到了迅猛发展。德国《工业4.0 实施建议》将 CPS 作为"工业 4.0"的核心技术，强调 CPS 在制造业和嵌入式领域的应用，提出建设"全新的基于服务和实时保障的 CPS 平台"，并在标准制定、技术研发、验证测试平台建设等方面作出了一系列战略部署。

中国《信息物理系统白皮书（2017）》将 CPS 定义为：CPS 通过集成先进的感知、计算、通信、控制等信息技术和自动控制技术，构建了物理空间与信息空间中人员（人）、机器（机）、物料（物）、环境（环）、信息等要素相互映射、实时交互、高效协同的复杂系统，实现系统内资源配置和运行的按需响应、快速迭代、动态优化。

信息物理系统，作为构建起一个能够将物理实体和环境精准映射到信息空间并进行实时反馈的工程系统，作用于生产制造全过程、全产业链以及产品全生命周期，是重构制造业模式、实现人机协同和高效生产等新生产模式的关键技术。其本质是构建数据流动、管理和利用的运行体系，即将正确的数据（承载信息、知识、模型参数等）在正确的时间传递给正确的人和机器，通过信息流、技术流、资金流和人才流，不断优化制造资源效率。构建能够合理配置信息流、准确自动且高效运转的机制是 CPS 的核心目标。建设信息物理系统能为园区化工企业的智慧化转型升级提供有效途径，也是实现化工园区与园区企业之间数据融合、高效协同的重要理论。

## 2.5.2 信息物理系统层次与特征

CPS 具有显著的层次性和系统性。一个工厂可能包括多个生产装置，一个生产装置又由多个操作单元组成。因此，CPS 通常可分为单元级、系统级、系统之系统级（SoS）三个层次。单元级 CPS 具有不可分割性，其内部一般不能分割出更小 CPS 单元。单元级 CPS 能够通过物理硬件、自身嵌入式软件系统及通信模块，构成"感知—分析—决策—执行"的基本闭环，实现设备工作能力范围内的资源优化配置。在单元级 CPS 的基础上，通过引入网络，多个单元级 CPS 及非 CPS 单元设备集成构成系统级 CPS。多个系统 CPS 构成系统之系统级，实现系统级 CPS 之间的协同优化，达成产品生命周期全程及企业全系统的整合，如图 2-4 所示。

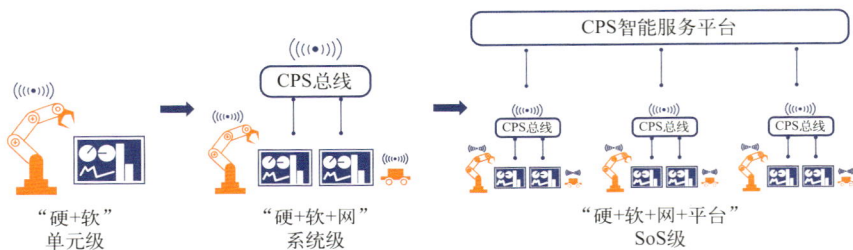

图 2-4 物理信息系统的"三层次"

CPS 在运行过程中，通过数据自动流动对物理空间中的物理实体逐渐"赋能"，实现对特定目标资源的优化，表现出如下基本特征。

### （1）数据驱动

CPS 将数据源源不断地从物理空间中的隐性形态转化为信息空间中的显性形态，并不断迭代优化形成知识库。数据是 CPS 的核心所在，数据在自动生成、自动传输、自动分析、自动执行以及迭代优化中不断累积、螺旋上升，不断产生更为优化的数据，能够通过量变引起质变，实现资源优化配置。

### （2）软件定义

CPS 应用于研发设计、生产制造、管理服务等各个方面，通过对人、机、物、环全面感知和控制，实现各类资源的优化配置。这一过程需要广泛利用工业技术的模块化、代码化、数字化以及软件化。CPS可以实时展现产品和装备的运行状态，通过分析、优化，作用于产品、装备的运行，甚至设计环节，实现迭代优化。

### （3）泛在连接

网络通信是CPS的基础保障，能够实现CPS内部单元之间以及与其他CPS之间的互联互通。构成CPS的各器件、模块、单元、企业等实体都要具备泛在连接能力，并实现跨网络、跨行业、异构多技术的融合与协同，以保障数据在系统内的自由流动。泛在连接通过对物理世界状态的实时采集、传输，以及信息世界控制指令的实时反馈下达，提供无处不在的优化决策。

### （4）虚实映射

CPS构筑信息空间与物理空间数据交互的闭环通道，能够实现信息虚体与物理实体之间的交互联动。以物理实体建模产生的静态模型为基础，通过实时数据采集、数据集成和监控，动态跟踪物理实体的工作状态和工作进展（如采集测量结果、追溯信息等），将物理空间中的物理实体在信息空间进行全要素重建，形成具有感知、分析、决策、执行能力的数字孪生（亦称为数字化映射、数字镜像、数字双胞胎）。同时借助信息空间对数据综合分析处理的能力，形成对外部复杂环境变化的有效决策，并通过以虚控实的方式作用于物理实体。

### （5）异构集成

CPS通过集成CISC CPU（复杂指令集计算机中央处理器）、RISC CPU（精简指令集计算机中央处理器）、FPGA（现场可编程门阵列）等异构硬件，PLM（产品生命周期管理）软件、MES（生产执行管理）软件、PDM（产品数据管理）软件等异构软件，模拟量、数字量、开关量、音频、视频、特定格式文件等异构数据，以及现场总线、工业以太网等异构网络，实现数据在信息空间与物理空间不同环节的自动流动，实现信息技术与工业技术的深度融合。因此，CPS必定是一个对多方异构环节集成的综合体。

### （6）系统自治

CPS能够根据感知到的环境变化信息，在信息空间进行处理分析，自适应地对外部变化做出有效响应。同时在更高层级（即系统级、系统之系统级），多个CPS之间通过网络平台互联实现自组织。多个单元级CPS统一调度、编组协作；多个系统级CPS通过统一的智能平台连接在一起，在企业级层面实现生产运营调配、企业经营高效管理、供应链变化响应等更大范围的系统自治。在自优化自配置的过程中，大量现场运行数据及控制参数被固化在系统中，形成知识库、模型库、资源库，使得系统能够不断自我演进与学习提升，提高应对复杂环境变化的能力。

## 2.5.3　信息物理系统核心要素

### （1）数据

石化及化工企业数据来源主要有三个方面：一是从采购、制造、销售到配送的企业供应链全流程数据；二是从设计到运营的工厂全生命周期数据；三是从经营管理、生产管理到自动化控制的企业管控一体化数据。石化及化工企业的生产大数据具有数据体量大、类型多、数据处理时效性强、误差大等特点，数据中包含了丰富的能够反映运营规律和运营状态的重要信息，因此数据是石化及化工企业的核心所在。石化及化工企业的 CPS 建设要在不同组件、系统之间进行准确、实时的数据交换，采集、传输、存储、处理这些数据，并通过决策算法、机器学习发现数据信息的价值，真正形成智能决策。这种智能决策表现为通过分析、挖掘数据实现设备更加智能，自主应对异常工况；员工更加智能，能够设计、掌控和维护越来越多的智能装备；企业更加智能，人机协作，扩大、延伸和部分取代人类专家在智能制造中的脑力劳动等。

### （2）模型

石化及化工企业的 CPS 须具有的模型库可以保存生产过程、决策、优化操作以及控制等环节的机理模型和数据驱动模型。通过优化模型及特殊生产工况出现时的参数，将成熟的生产管理流程、专家经验、成熟的制造技术固化在制造管理系统中，支撑产品制造管理，使制造活动具有更高的技术水平。将数据驱动和模型驱动相结合，信息流无缝接入，利用数据支撑建模工具和决策支持系统，保证数据的解读符合客观的物理规律，并从机理上反映对象的状态变化，确保参数维持在控制范围内。

## 2.5.4　信息物理系统应用——数字孪生

数字孪生技术的本质是利用数字化技术对现实世界中的物理系统进行虚

拟建模和仿真，以实现对实际系统的模拟、监控和优化。相比于 CPS 侧重于实时数据采集、分析和控制，数字孪生更加强调对实际物理系统的数字建模，并通过各类算法进行模拟分析、仿真建模和预测分析，以辅助决策和优化。由此可见，数字孪生技术作为 CPS 的上层应用，CPS 作为数字孪生技术的基础底座，两者相辅相成。其中，通过数字孪生对物理系统进行数字化建模和仿真，得到系统的基础模型和行为规律，利用数字建模和仿真分析为 CPS 提供优化方案和预测模型，帮助 CPS 制定更加智能化的控制策略。其次，CPS 可以通过实时数据采集和反馈控制为数字孪生提供真实的运行数据，验证数字孪生的预测和优化结果，帮助数字孪生对物理系统进行准确的建模和仿真，从而更好地反映实际系统的运行状态。因此，数字孪生和 CPS 可以相互促进，共同为实际系统的智能化监控和优化提供支持，从而实现对物理系统的全面、智能化的管理和控制。

数字孪生概念最早应用于航空航天产品的仿真模型，随后拓展到设计制造、交通运输、智慧城市等领域。但根据应用领域的差异，数字孪生应用的目标与功能也有较大差异。与其他行业相比，化学工业行业具有装置复杂、生产连续、高温高压等特点，所以在安全、绿色、高效等方面要求较高（图 2-5）。因此，面向化学工业行业进行数字孪生应用的目标及功能与其他行业有所区别，需要改进信息系统与物理系统的融合方法，精确且及时地模拟、分析、优化、预测及监控相关装置的生产运行过程，以优化多时空、多尺度模型下的参数求解性能，提升关键生产指标的预测优化能力，实现装置的安稳长满优运行以及生产运行过程的绿色化、环保化、智能化、低碳化。首先，通过模拟实际装置的运行过程，获得其性能 / 工艺 / 环境参数；其次，

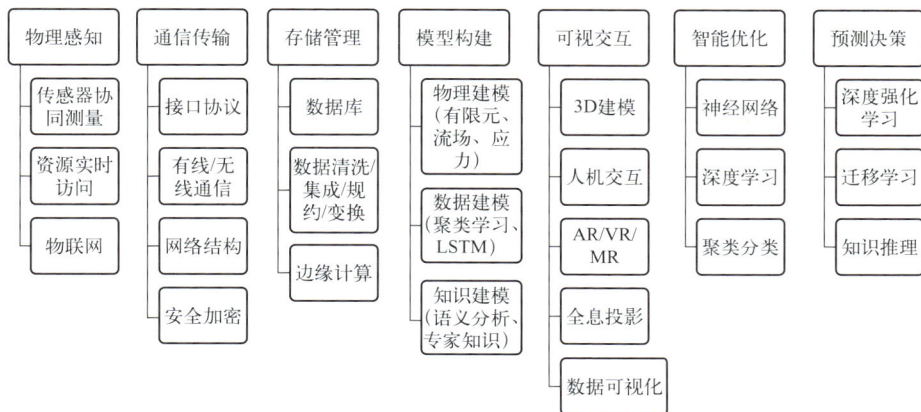

图 2-5　数字孪生概念应用示意

基于历史参数构建数字孪生模型，并利用该模型分析实时参数，以优化或预测装置的关键工艺指标；最后，通过从物理空间映射到数字空间的实时监控，对生产运行过程进行高效的展示以及必要的调整，以更好地满足该行业实现高质量发展的需求。

作为前沿技术，数字孪生的技术体系在持续进化中。结合领域理论和实践应用，基本涵盖物理感知、通信传输、存储管理、模型构建、可视交互、智能优化、预测决策等七个方面。其中，物理感知技术包括传感器协同测量、资源实时访问、物联网等。数字孪生与传感网络的核心区别之一在于其高效、可靠、实时的通信传输，涉及接口协议、有线/无线通信、网络结构、安全加密等技术。存储管理是对海量多维数据进行高效管理的过程，起着底层支撑的作用，主要运用数据库、数据清洗/集成/规约/变换、边缘计算等技术。作为整个技术体系的核心，模型构建直接决定了最终应用的效果，常见方法有物理建模（有限元、流场、应力）、数据建模（聚类学习、长短期记忆网络 LSTM）、知识建模（语义分析、专家知识）以及多种方法融合的模式。可视交互是数字孪生系统的交互展示界面，涵盖 3D 建模、人机交互、增强现实/虚拟现实/混合现实（AR/VR/MR）、全息投影、数据可视化等技术。智能优化包含各种神经网络、深度学习、聚类分类等机器学习算法，目的是实现自主迭代和控制优化。预测决策是数字孪生作用于物理实体的映射，这也是当前数字孪生技术体系的薄弱环节，包括深度强化学习、迁移学习、知识推理等人工智能算法。

# 2.5.5　对智慧化工园区建设的指导意义

化工行业智能化的根本目标之一，是通过网络化构建和程序数字化安排，协同优化运营管控，并与外界环境相结合，在一定规则指引下，构成一个包括原料采购、单元/过程设计、化工生产、运营管理、储运销售、售后服务在内的智能化动态运行系统。以信息技术为核心的新一轮科技革命，正在加快推进化工行业制造智能化进程。

基于化工企业物质流、能量流、信息流的关联和协同集成，将新一代信息通信（ICT）技术（物联网、大数据、云计算等）与化工生产过程的资源、工艺、设备和环境以及人的制造活动进行深度融合，构建一个以泛在感知和泛在智能服务为特征的新一代化工生产环境。将无处不在的传感器、智能硬件、控制系统、计算设施、信息终端通过 CPS 连接成一个智能网络，使企业、人、设备、服务之间能够互联互通，最大限度地开发、整合和利用各类信息资源、知识和智慧，从而实现深度感知、预测预警、协同优化、科学决策、精准执行的目标。因此，CPS 作为化工园区及园区企业智慧化转型的核心，具有重要的指导意义。

近些年，大部分化工园区均单方面进行数字化改造，但效果不佳，核心原因在于缺乏可靠数据支撑，难以实现真正意义上以"安全发展、绿色发展、循环发展、高效协同"为目标的智慧化工园区建设。因此，若要实现建设目标，必须推动园区化工企业完成智能化转型。而化工企业开展智慧工厂建设需结合 CPS 基本理论及化工企业生产装置的特点，坚持以人为中心，紧扣数据和模型两个核心，推动园区化工企业智能化转型，并在更高层级——系统之系统级，与化工园区智慧管理平台进行高效协同。

# 2.6　智能智慧数据一体化理论

## 2.6.1　智能智慧数据一体化定义

智能智慧数据一体化是指通过整合大数据、人工智能、物联网等新兴技术，将化工园区内的数据进行系统化采集、处理、分析和决策支持，建立一个高度协同、动态优化的管理框架。该技术不仅实现了各类数据的无缝流动，还通过智能算法提升园区的运行效率和安全性，从而支持园区的全面智慧化管理。

智能智慧数据一体化技术能够助力石油化工行业和化工园区的智能化转型发展，为绿色、安全、高效的生产模式提供技术保障，同时为园区的未来创新和可持续发展打下坚实基础。

## 2.6.2　智能智慧数据一体化在园区的应用

智能智慧数据一体化技术是智慧化工园区的核心支撑框架，可以看作是智慧化工园区的"数字底座"。它在数据的采集与处理层面提供基础设施支持，使园区内各个环节之间实现有效的信息共享与资源协同，推动运营模式从传统的手动管理向数据驱动、自动化运营转型。

在园区智慧运营管理方面，智能智慧数据一体化通过构建一个统一的数据平台，可实现园区内生产、物流、安全、环保等各环节的高效协同与实时监控。它将原本分散的数据汇集于统一管理中心，利用人工智能、大数据分析等技术手段，对生产流程、设备运行、能源消耗等进行动态监测与预警，保障园区的安全与高效运营。同时，通过数据建模与预测，运营管理中心能够实现对园区资源的最优配置和决策支撑，提升整体运营效率。

在智慧化工园区应用建设方面，智能智慧数据一体化可进一步发挥其优势，将数据与生产、物流、能源管理、应急响应等多领域的智慧化应用有机结合。通过数据的实时采集与处理，智慧化工园区能够实现对生产工艺、设备运行、环境状态等全方位的智能监测与优化。例如，在能源管理方面，系统能够实时分析能源使用效率，提出优化方案，实现节能减排目标；在安全环保方面，利用数据一体化技术，能够对有害物质的排放、设备故障等进行精准监控与预警，提高园区的安全韧性与环保水平。

## 2.6.3　智能智慧数据一体化促进新技术融合发展

智能智慧数据一体化技术的应用不仅极大推动了智慧化工园区的发展，还为新技术的融合提供了关键的基础支持，见图 2-6。

基于数字孪生的智能园区，通过数据实时采集和虚实映射，实现了物理系统与数字空间的紧密联动。这一技术能够构建出园区的精确数字模型，从而使管理者能够对园区运行状况进行全方位的监控和预测，大幅提升管理效能。在德国工业 4.0 中，数字孪生技术已经广泛应用于化工园区，帮助企业优化生产流程并降低运营成本，未来它将在全球范围内推广，进一步推动园区的智能化管理。

云边协同和边缘计算的应用，显著增强了智慧园区的监管覆盖面和实时处理能力。边缘计算通过将计算资源部署在靠近数据源的位置，使园区可以在现场实时处理海量数据，大大缩短了数据的响应时间，提高了管理的效率与安全性。例如，国内某些先进化工园区已经开始在关键节点部署边缘计算设备，使得园区的安全监控、设备管理和应急响应速度大幅提升。同时，云边协同将各节点的数据汇集于云端，形成了更为广泛的联动机制，进一步提升了园区管理的深度和广度。

智能化能力组件作为智慧化工园区的核心支撑，能够为上层应用提供统一的技术基础。这些能力组件包括人工智能算法、数据分析模块和物联网平台等，支持园区的安全、环保、能效管理等多个应用场景。例如，美国某化工巨头通过搭建智能化能力组件平台，极大优化了其能源调度和安全管理系

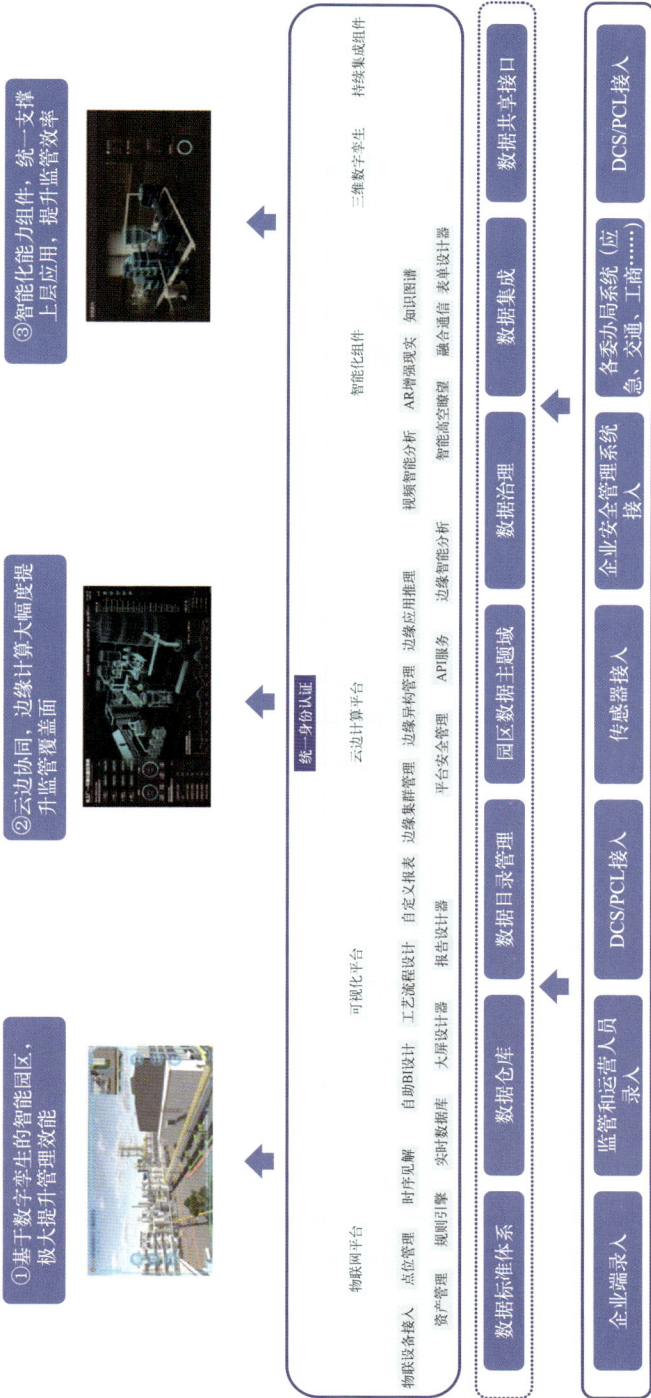

图2-6 智能智慧数据一体化促进新技术融合发展

①基于数字孪生的智能园区，极大提升管理效能

②云边协同，边缘计算大幅度提升监管覆盖面

③智能化能力组件，统一支撑上层应用，提升监管效率

统一身份认证

物联网平台　　可视化平台　　云边计算平台　　智能化组件

物联设备接入　点位管理　时序见解　自助BI设计　工艺流程设计　自定义报表　视频智能分析　三维数字孪生　持续集成组件

资产管理　规则归集　实时数据库　大屏设计器　报告设计器　边缘集群管理　边缘异构管理　AP服务　边缘智能分析　AR增强现实　知识图谱

边缘应用推理　平台安全管理　智能航空瞰望　融合通信　表单设计器

数据标准体系　数据仓库　数据目录管理　园区数据主题域　数据治理　数据集成　数据共享接口

企业端录入　监管和运营人员录入　DCS/PCL接入　传感器接入　企业安全管理系统接入　各委办局系统（应急、交通、工商……）　DCS/PCL接入

统，使得整体能效提升了 15% 以上。智能化能力组件的标准化与模块化设计，也使其成为未来化工园区技术升级的基础底座，为全球化工园区的智能化、集成化发展提供了可持续的技术支持。

化工园区的智慧化发展是为了应对现代化工园区日益复杂的运营环境和市场需求而实施的一项重要战略。在智慧化工园区建设之初，就应遵循智能智慧数据一体化的建设原则，运用价值链理论、循环经济理论、复杂适应系统理论和信息物理系统理论作为支撑，优化企业间的协同与资源共享，促进资源的高效利用，提升企业运营效率。通过数字化手段，提高园区管理部门的监督、管理和服务效率，将园区内安全环境风险降至最低，实现资源的最优配置，提升创新能力，进而增强园区整体的竞争力，提高运营效率。

智慧化工园区的建设是一个持续优化与创新的过程。随着信息技术的不断进步以及相关理论的深入应用，智慧化工园区将逐步转型为更安全、更绿色、更高效且更具创新能力的现代化产业集群。园区管理者应在这些理论的指导下，积极探索和实践，借助数字化手段推动园区的智慧化转型，确保园区在未来的全球竞争中占据领先地位。

# 第3章

# 智慧化工园区规划设计与建设

Construction and Management of
**Smart Chemical Industry Park**

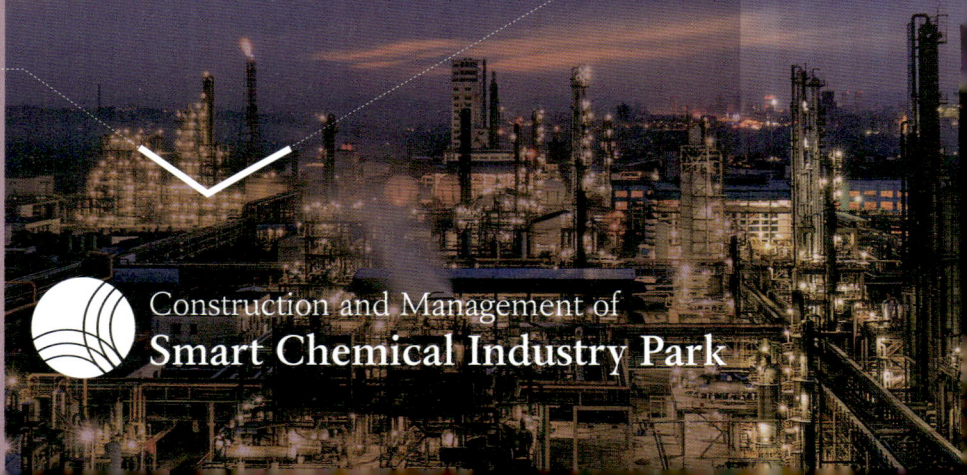

# 3.1 化工园区智慧化规划

## 3.1.1 规划目标

### （1）固安全优环境

为确保化工园区的可持续发展，对安全和环保进行科学管控是顶层规划的基本目标。在安全管理方面，要建立全面的风险评估和管控体系，对园区内各类化工企业的生产工艺、储存设施等进行安全风险评估，系统地识别潜在风险，制定风险预防和控制措施，并建立高效的预警及报警机制，确保在异常状态下能及时处置。在环境保护方面，要提升环境监测与污染物溯源能力，建立完善的环境监测网络，对园区内的大气、水、土壤等环境要素进行实时监测，确保能及时发现和处理环境污染问题。将智能化作为推动园区安全监管和环境保护的核心手段，抓住安全生产和环境保护责任这个"牛鼻子"，这不仅是化工园区转型升级的必然要求，也是助力化工行业实现可持续发展目标的重要途径。

### （2）高效智慧运营

合理进行顶层设计规划，广泛运用智慧化手段，推动化工园区的数字化转型，是实现园区智慧化管理和持续运营服务的重要举措。通过集成自动化控制系统、物联网设备、大数据分析等技术，园区能够实时监控生产过程，管理出入的人员、车辆和物资，管控潜在风险，优化资源配置，实现化工园区运营过程中的智能感知、自动适应、智慧优化、一体化管控，从而显著提高化工园区的运营效率。同时，数字化转型能够优化园区的服务流程，提高服务效率。通过建设智慧化服务平台，园区可以通过线上平台为企业提供一站式服务，包括政策咨询、项目申报、物流运输、"固危废"管理等，大大提高了服务的便捷性和效率，为园区内的企业创造了更加优越的营商环境。

### （3）赋能高质量发展

智慧园区顶层规划需着眼于持续推动园区绿色、高质量发展。一方面，要平衡本地经济增长与环境保护的双重需求，通过智慧化手段促进生产过程中能源的高效集成和废弃物的循环利用，实现资源的高效利用和循环再生，推动园区向低碳化、能源清洁化、产业绿色化方向发展；另一方面，要通过促进园区内企业智能化改造和数字化转型，提升生产效率和供应链管理水平，实现生产信息的纵向集成和产业链的横向集成。不断优化产业结构，聚焦园区现有产业，推动其向高端化、智能化方向发展，以智能化促进新兴产业建设，构建多元化的产业体系，进一步促进化工园区循环经济的发展，提高园区的竞争力和可持续发展能力。

# 3.1.2　规划原则

## （1）统筹规划、技术领先

智慧化工园区作为一个典型的复杂适应系统，在顶层规划阶段必须进行统筹规划、深入设计，从战略高度进行引领，充分融入国家、地方和园区整体发展战略，与数字中国、智慧城市、园区产业规划等宏观政策导向和园区实际需求保持一致，从而开展科学系统的全局规划，以指导园区智慧化建设。顶层规划应基于全面调研，确保规划方案既遵循现行的法律法规和行业标准规范，又能预见并适应未来科技发展趋势，保持适度超前，为园区的可持续发展预留充足的空间和灵活性。在技术应用方面，应融合最新科技趋势，鼓励工业互联网、物联网、大数据、人工智能、大模型等各类新技术在不同应用场景下的积极探索，确保平台先进、技术领先，为园区的数字化转型与长期高质量发展奠定坚实基础。规划应具有前瞻性，考虑未来技术的发展趋势和园区发展的长期需求，确保园区能够适应未来的变化。

## （2）贴合实际、彰显特色

智慧化工园区的顶层规划作为园区未来发展的指导蓝图，应精准把握园区的实际现状和真实需求，不能简单地追求大而全、一刀切的模式，而应深入调研、细致分析，确保规划内容符合园区的具体实际。在规划过程中，要全面了解园区的总体规划、产业规划、特色资源、企业特点、监管现状等基本情况，以及园区内各企业的生产工艺、技术水平、管理模式等具体细节。通过对这些信息的综合分析和评估，能更加准确地把握园区的优势和不足，为后续的规划提供有力支撑。在规划应用方面，要充分考虑园区管理需求和企业特点，规划具有一定特色的应用。例如，在安全管理方面，充分利用物联网、大数据分析等技术，实现安全风险闭环管控，并引导企业级智慧化平台建设，推动园企协同、一体化管控，提高监管效率和监管水平。同时，应鼓励企业采用新技术、新工艺，推动产业升级和转型发展，增强园区的整体竞争力。

### （3）底线思维、创新突破

在构建现代化智慧化工园区的过程中，安全监管、环境保护以及能源管控是不可或缺的核心要素，它们不仅是园区的底线需求，更是实现可持续发展、促进绿色循环经济的重要基石。因此，在园区的规划阶段，这些诉求应明确、细化并贯穿整个设计流程。可以通过引入先进的生产监测设备、数据分析系统以及应急响应机制，实现对园区内各个环节的实时监控和预警，确保生产过程中的安全风险得到及时发现和有效处理。通过引进先进的环保监测设备，完善环境管理体系，减少污染物的排放。同时，加强环境监测和信息公开，增强公众对园区环保工作的信任度和参与度。通过构建智能化的能源管理系统，实现能源数据的实时采集、分析和优化，提高能源利用效率，降低能源消耗和成本，推动清洁能源和可再生能源的应用，减少对传统能源的依赖，降低碳排放强度，助力园区实现绿色、低碳的发展目标。

在满足这些底线诉求的基础上，还需结合园区实际情况，进行科学创新，拓展不同场景下的智慧应用。例如，在园区内推广物联网、大数据等先进技术，提升生产效率和管理水平；在公共服务领域打造智慧服务平台，提供便捷、高效的服务体验等。这些智慧应用的拓展不仅能提升园区的日常运营管理水平，还能推动产业转型升级，为园区的可持续发展注入新的动力。

### （4）协同建设、长期发展

智慧化工园区建设是一个长期探索和深入实践的过程，不可能一蹴而就。因此，在规划阶段，确立一个先进的系统架构和技术路线至关重要。基于统一的工业互联网平台架构，能够构建一个智慧、开放、共享、协同的园区信息化体系。这一体系能够整合园区内各类资源，实现信息的快速流通和高效利用。同时，通过统一的平台，各个技术支撑单位可以充分发挥自身专长、形成合力，共同推动园区的智慧化进程。

在构建这一体系时，还需充分考虑未来技术的变化趋势。随着人工智能、大数据、物联网、大模型等技术的不断发展，未来的智慧化工园区建设将拥有更多的可能性。因此，需要进行科学的规划设计，确保系统的可扩展性和兼容性，为未来的发展预留接口、为未来的扩容预留空间，确保技术栈能够满足长期演进的需求，以便在未来能够轻松应对技术变革带来的挑战，满足园区长期稳定发展的需要。

# 3.1.3 顶层规划的方法研究

智慧化工园区的顶层规划是确保园区未来发展方向、管理模式和技术应用的关键过程。不同类型、不同级别的园区在规划时会面临不同的挑战和要求，因此需要采取相应的规划方法论。下文将详细描述智慧化工园区顶层规划的具体方法，以及不同类型、不同级别园区在规划时的差异。

**（1）摸清规划背景**

在开展顶层规划前，为确保规划的精准性与时效性，必须秉持严谨细致的态度，从四个关键方面展开深入而全面的调研工作，摸清规划设计基础。

① 园区发展基础 主要包括园区所处的区位优势，如地理位置、交通便利性、经济发展水平、自然资源、基础设施等；园区的产业链布局和特色产业情况，识别主导产业的规模、上下游配套、核心竞争力及其在行业内的地位，评估潜在的产业集群效应；以及园区总体规划、产业规划等，确保智慧化工园区顶层规划与之紧密衔接，形成有序的发展脉络。

② 园区当前现状 主要包括公用工程建设，如交通网络、供水、供电、供气、排污等基础设施的完善程度及运行状况；信息基础设施，如宽带网络接入、无线通信覆盖、数据中心建设、指挥中心场所、智能设备应用等方面，评估其是否能满足未来智慧化发展的需求；园内企业现状，如企业分布、"两重点一重大"分布、厂界污染监测分布等；信息化系统建设现状，如园区和企业在安全监管、封闭化管理、环境管理、能源管理等各个方面的系统建设，以及新一代信息技术的应用情况。

③ 园区政策环境 主要包括国家和地方政府针对园区建设发展的政策法规，如产业政策，关注对化工行业的产业政策导向，包括鼓励发展的领域、限制或禁止的项目等；区域发展战略，园区规划需与区域经济发展战略相协调，符合地方政府的产业发展规划，以获得更多的政策支持和资源倾斜；安全生产和环保监管政策，严格遵守相关政策要求和法律法规，建立健全的安全管理体系、环境管理体系和应急管理体系；奖补优惠政策，对园区入驻企业的税收优惠政策，对新技术、新工艺、新设备应用的奖补政策。

④ 园区建设需求 主要包括当地政府、园区、企业等利益相关者的需求和期望，涵盖信息基础设施建设需求、安全管理需求、环境保护与生态建设需求、交通运输与物流需求、封闭化管理需求、产业发展与科研创新需求、社会与民生需求等。不同类型、不同级别的园区，具体需求存在差异。例如，大型园区通常产业定位更明确，涵盖多个产业链环节，已形成较为完

整的产业集群，更注重产业链的完整性以及上下游企业的协同发展；而中小型园区可能更专注于某一细分领域或产业链环节，规模相对较小，设计时应更注重资源的集约利用和效率提升。

（2）设定规划目标

应结合园区的发展基础、当前现状、政策环境和建设需求，分析化工园区面临的各类挑战，识别园区在智慧化、数字化方面的现状与不足，合理规划智慧化工园区的建设目标。

规划过程中，要避免目标过高或过低的问题。目标过高可能导致设计无法顺利落地实施或预算超标，而过低则可能无法满足园区未来发展的需求。因此，需平衡好实际基础和未来发展，制定合理的目标，同时满足未来产业升级和科技创新的需求，确保园区的智慧化建设能够稳步推进并取得实效。

目标应是可分解、可达成的，既要有宏观长远的设定，为整个规划指明方向，也要有一系列具体、可量化的指标，覆盖智慧化工园区建设的关键领域。部分目标可进一步细化为短期、中期、长期的阶段性目标，每个阶段的目标都应是可实现的，且相互衔接，形成递进关系。

一般来说，智慧化工园区的总体目标主要包括：强化安全环保管理体系，严格遵守国家及地方的安全环保法规，确保满足监管底线要求；优化交通运输与物流效能，实现园区内交通运输的精准调度与高效流通，加强封闭化管理，对人、车、物实施全方位管控；深化能源管理与生态建设，构建绿色低碳的能源利用体系，减少能源消耗与排放，加强园区生态建设，推进园区绿色可持续发展；提升应急管理与响应能力，建立健全的应急管理体系，确保在突发事件发生时能够迅速、有效地进行应对和处置；推动产业转型升级与经济发展，促进园区内传统产业的转型升级，鼓励新兴产业的培育与发展，提升综合竞争力；强化数字化与智能化技术应用，推动先进技术在园区管理、生产运营、安全环保等各个环节的深度融合，实现园区的全面智能化升级；强化社会责任与可持续发展，关注园区的长期发展和社会责任，推动园区与社会的和谐共生。

以上目标还可进一步分解，转化为具体、可操作的任务和指标，包括规划建设、运营管理、技术创新等多方面的指标要求，便于顶层规划内容的制定和后期实施效果的评估，也让园区管理者、企业及相关部门能清晰了解各自的责任和任务。分解后的目标应覆盖需要完成的具体任务、时间节点和预期成果，设定可量化的指标，如提升效率的百分比要求、减少能源消耗的数量要求等，确保规划目标可量化、可操作。

**（3）梳理规划内容**

基于设定的规划目标，应进一步明确不同应用场景下的规划内容，例如工业互联网平台能力体系、安全环保应急一体化能力体系、交通与物流管理体系、封闭化与安防管理体系、双碳与绿色发展能力体系、企业公共服务能力体系等。这些内容是顶层规划的核心，基于总体规划目标制定且可再次拆解，需详细阐述各个模块的规划内容、工作重点，所涉及的建设内容应具备持续更新、长期维护能力，能有效提高化工园区工作效率。

工业互联网平台能力体系：实现园区内设备、系统、数据的互联互通，为园区的生产运营、管理决策等各类应用提供能力支撑，是智慧化工园区建设的基石。

安全环保应急一体化能力体系：建设全面的安全管理系统、环保监测系统和应急管理系统，通过实时监测和数据分析，及时发现并处理安全隐患和环保问题，预防事故的发生，并能迅速有效地进行处置。

交通与物流管理体系：优化园区的交通流和物流链，实现供应链各环节的信息共享和协同作业，提高运输效率，降低物流成本，同时确保运输安全。

封闭化与安防管理体系：利用视频监控、人脸识别、入侵报警等安防技术，对园区进行全方位、全天候的监控，合理安排车辆进出时间和路线，实现出入园区人、车、物的管控。

双碳与绿色发展能力体系：通过引入先进的节能减排技术、推广清洁能源利用、实施碳排放管理等措施，降低园区的能耗和碳排放。

企业公共服务能力体系：通过建设完善的企业服务平台，为园区内企业提供政策咨询、人才培训、技术创新、市场开拓等全方位服务。

此外，高速网络、数据中心、指挥中心等信息基础设施为园区内各种智能设备、系统和应用的互联互通提供了必要的物理和技术支持，应全面考量其完备性、可扩展性和可维护性，以满足园区未来发展的需求。

针对以上规划内容，要充分考虑其应用场景的多样性，确保规划设计既符合应用场景的实际需求，又具备前瞻性和可持续性，内容全面，可行性强。在规划过程中，需充分考虑技术难度、施工条件、资金状况等因素，确保规划方案能够顺利实施。为此，应合理评估技术难度，针对不同类型园区，选择适宜的技术方案，并进行充分的技术论证和风险评估。同时，应充分考虑园区的规模、需求、技术选型等因素，提出与规划目标和园区规模相匹配的预算规划，确保预算规划既能满足园区建设的需求，又不至于造成浪费，保证资金的合理分配和高效利用。

### （4）夯实保障措施

结合不同阶段的目标规划，应清晰制定合理的实施路径和保障措施，主要包括组织保障、技术保障、人员保障、运维保障、资金保障等。

① 组织保障　应建立高层级项目管理机构，负责整个智慧化工园区建设的规划、协调与监督，完善管理、技术、安全、环保多部门的协作机制，确保规划的全面性和执行的一致性。

② 技术保障　应规划各阶段采用的技术框架、标准协议和系统架构，形成统一的技术底座，广泛邀请优质供应商和技术支撑单位，保证技术实施的质量。

③ 人员保障　建立长期的人才培养计划，提升团队对新技术、新管理理念的认知与应用能力。制定合理的激励政策，激发团队积极性和创新精神，保障项目高效推进。

④ 运维保障　建议规划第三方专业运营与服务体系，支持灵活调整服务内容和规模，快速响应技术升级和业务扩张需求，提供更为专业、高效的运维服务，提升运维效率和服务质量。

⑤ 资金保障　制定详细的项目预算，实施严格的财务管理和审计，确保资金合理高效使用。合理评估项目风险和投入产出比，确保投资效益，为后续阶段的资金筹措与分配提供依据。

# 3.1.4　顶层规划的主要内容

整体规划是一个复杂的系统性工程，需要从全局的角度出发，全面准确地把握园区的发展需求，同时突出亮点和重点，以确保园区的可持续发展和高效运营。依照上文提及的顶层规划方法论，可对智慧化工园区展开更为详尽的顶层规划设计，规划核心内容主要包括以下五个方面。

### （1）牢靠的信息基础设施

牢靠的信息基础设施是智慧化工园区的基石，涵盖通信网络、指挥中心、数据中心以及感知监控等多个层面，为智慧化工园区的建设奠定了坚实的基础。这些基础设施的建设和完善不仅显著提升了园区的智能化水平，还极大地提高了园区的管理效率。

通信网络：由有线和无线两部分组成，构建了一个覆盖广泛、高速且可靠的园区内部通信体系，保障带宽充足且可灵活扩展、组网结构稳固，为园区内各种设备和系统的数据交换提供了稳定的数据传输通道。

指挥中心：具备大屏幕显示系统和坐席管理系统，能够支撑园区的日常值班监控，并在紧急情况下进行监测预警、应急响应和指挥救援。

数据中心：为支撑平台和智慧管理系统提供业务运行所依赖的软硬件环境，包括必要的计算、存储和网络资源。园区可以选择自建数据中心，或者采用政务云或公有云等云端解决方案来满足业务运行所必需的软硬件资源。

感知监控系统：实现了对园区环境、设备状态及人员活动的实时监测监控，为安全管理、环境监测等智慧管理系统提供了必要的基础数据支持。

### （2）统一的技术支撑底座

统一的技术支撑底座是顶层规划的重点，应充分利用工业互联网底座平台的能力，涵盖边缘计算能力、通用 PaaS（平台即服务）能力、工业大数据分析能力、工业机理模型、工业应用开发等方面。

边缘计算能力：作为工业互联网底座平台的重要组成部分，可实现对海量数据的快速处理和分析。在设备端直接进行数据分析和决策，能够减少数据传输延迟，提升实时响应能力，进而确保生产过程的连续性和稳定性。

通用 PaaS 能力：为园区应用提供了灵活且可扩展的开发和运行环境。通过提供标准化的服务接口和工具，PaaS 平台能够降低应用开发的复杂度和成本，加快应用的迭代速度，有利于园区平台实现快捷高效的运维。

工业大数据分析能力：是工业互联网底座平台的另一重要功能，通过对工业数据进行采集、存储、处理和分析，能够挖掘出隐藏在数据背后的价值，为园区决策提供辅助支撑。

工业机理模型：广泛应用于事故后果模拟、园区风险预警、环境质量评估等各个场景，体现了对园区系统运行规律和内在机制的深入理解与准确把握。

工业应用开发：可利用底座平台提供的各种能力和工具，快速开发出满足园区监管和运营需求的各类应用程序，这些应用程序可覆盖安全生产、环境管理、封闭化管理、能源管理、敏捷应急管理等多个方面，为园区数字化转型提供有力保障。

### （3）完善的业务管理系统

在智慧化工园区顶层规划设计过程中，需要认真梳理园区各应用场景现有的管理模式，明确园区管理的痛点、难点以及潜在的改进空间，设计包含感知、监测、预警、处置和评估的闭环管理流程，实现园区管控系统从人工到自动再到智能的跨越式发展。

感知层借助物联网技术实时采集园区内各类数据，如气体浓度、温度、湿度、压力等，以及生产设备的运行状态、能耗等信息。监测层负责对这些数据进行处理和分析，识别潜在的风险和异常。预警层在监测层的基础上，通过预设的阈值和算法，对可能发生的危险事件进行提前预警，有助于园区管理人员及时采取应对措施，避免或减少事故的发生。处置层是应对危险事件的具体行动，包括紧急停机、疏散人员、启动应急预案等。最后，评估层对整个管理流程进行回顾和总结，评估管理效果，并提出改进建议。通过不断地评估和优化，园区的管理流程将逐渐完善，形成一套闭环、高效、智能的管理体系。

基于对不同业务场景下管理模式和管控方式的理解，需要设计完善的业务管理系统，包括安全监管系统、环境管理系统、敏捷应急管理系统、封闭化管理系统、物流管理系统、能源管理系统、产业管理系统、综合管理系统等。

### （4）智能的分析决策能力

顶层规划的另一个核心内容是为园区管理者构建全面智能的分析决策能力。在安全生产、环境管理、应急管理、能源管理等多个关键场景中，这一系统的作用尤为显著。为确保园区的稳定运营和可持续发展，需充分利用现代科技手段，特别是大数据分析、大模型技术以及工业机理模型，以实现精准、高效地分析决策。

在安全生产方面，通过大数据分析，可以实时监控园区的各项安全指标，如设备运行状态、人员活动情况等，及时发现潜在的安全隐患。同时，结合大模型和工业机理模型，可以深入分析安全态势，预测可能发生的安全预警，并提前制定应对措施。在环境管理方面，大数据分析有助于我们收集和分析园区的环境数据，如空气质量、噪声水平、废水排放等。通过大模型，可以对这些数据进行深度挖掘，找出影响环境质量的关键因素，并制定相应的改善措施。此外，工业机理模型还有助于理解各种环境现象背后的机理，从而更科学地指导环境管理工作。在应急管理方面，大数据分析可提供实时的应急信息，如突发事件的位置、规模、影响范围等。借助工业机理模型，可以快速研判事件的发展趋势，制定科学合理的应急预案，并指导救援力量迅速展开行动。此外，通过对历史应急事件的大数据分析，还能总结出应对各种突发事件的最佳策略和方法，提高应急管理的水平和效率。

### （5）科学的运维管理体系

在传统信息化系统建设过程中，"重建设轻运维"的弊端已广为人知。

为确保智慧化工园区平台能够得到良好的使用和管理，需要为园区构建一个全面、高效、科学的运维管理体系。这一体系应涵盖多个方面，包括运维团队建设、运维制度建设、运维服务模式、应急响应机制等，以保障平台能够持续、稳定、高效地运行。

在运维团队建设方面，需要组建专业的运维组织或运维部门，负责园区平台的日常运维工作。团队成员应具备丰富的信息化、自动化和安全环保等领域的知识和技能。在运维制度建设方面，需要明确运维工作的目标和要求，确保运维工作的标准化和规范化，并制定初步的绩效考核指标，以便对运维团队的工作进行定期评估。在运维服务模式方面，需要设计具体的服务机制，如远程监控、现场服务、定期巡检等，以满足不同场景下的运维需求。鼓励使用自动化运维工具、大模型、数字人等先进技术，提升运维工作的智能化水平。在应急响应机制方面，需要设计应急响应流程，明确应急响应时间要求，确保针对可能发生的各种突发事件（如设备故障、网络攻击等），能够快速进行处置和恢复。

# 3.2 智慧化工园区整体设计

基于前述的顶层规划方法论，为助力智慧化工园区高效、安全且可持续地运作和发展，有必要进行详细且周密的智慧化工园区设计。整体设计是一项系统工程，这一设计过程不仅要涵盖园区的技术架构，还需综合考虑技术、经济、社会、环境等多方面因素。在确立目标蓝图后，需对重点场景进行设计，以保障目标效果的实施落地。作为顶层规划层面的场景设计，应更注重效果的呈现，而非具体系统功能的梳理；更注重场景逻辑的串联，而非多系统平台的操作搭建。

## 3.2.1 整体架构设计

通过研究分析可知，智慧化工园区系统结构较为复杂，承载的业务丰富多样。智慧化工园区整体架构图如图 3-1 所示，有助于明确智慧化工园区的建设思路和设计。

整体设计依据工业互联网平台架构开展，总体架构层级涵盖边缘层、网络层、IaaS（基础设施即服务）层、DaaS（数据即服务）层、PaaS（平台即服务）层、SaaS（软件即服务）层六个层次，同时建立统一的标准规范体系

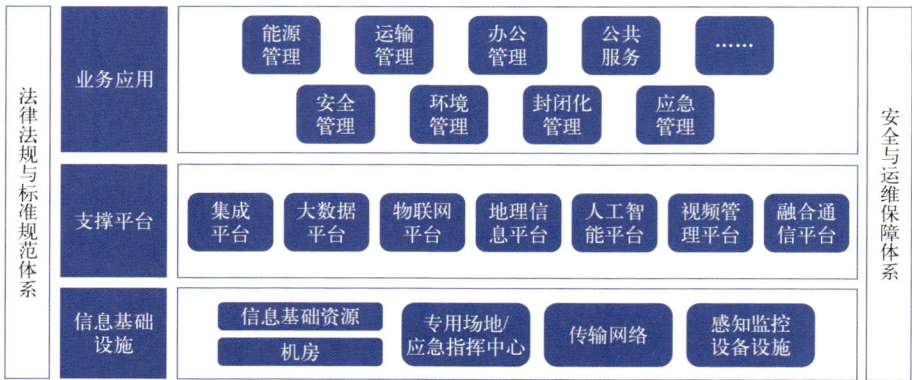

图 3-1　智慧化工园区整体架构图

和安全运维保障体系。系统严格遵循工业互联网平台的先进架构理念，精心规划了六个核心层次，从底层物理世界的数据采集到上层业务应用系统的提供，实现了数据价值的深度挖掘与高效利用，构建起一个高效、灵活且可扩展的数字化生态系统。

信息基础设施涵盖边缘层、网络层和 IaaS 层。边缘层作为整个架构的最底层，负责连接并管理各类设备、传感器和智能感知监控终端。通过对化工园区公共区域及企业重点区域的监测监控设备与遥测设备等进行网络化改造，或加装网络化智能化监控设备，构建精准、实时、高效的现场数据采集与分析体系，能及时掌握企业及园区公共设备设施的运行状况和环境动态变化，实现化工园区及企业各类数据的实时采集、边缘处理与初步分析。借助边缘计算技术，可有效降低数据传输延迟，提高数据处理效率，为后续层次提供高质量的数据源。网络层构建于边缘层之上，负责搭建安全、可靠、高速的数据传输通道，确保边缘层收集的数据能准确无误地传输至云端或其他处理中心。该层次集成了多种通信协议和技术，如 F5G、5G、NB-IoT、LoRa、Wi-Fi6、UWB、TSN 等新一代通信技术，助力园区建立覆盖范围更广、连接更多、带宽更大的基础网络，以满足化工园区和企业不同应用场景下的数据传输需求。IaaS 层作为云计算服务的基础，通过对计算、网络、存储、安全等资源进行虚拟化，实现信息基础设施的资源池化，为上层平台和应用提供强大的硬件支撑。IaaS 层提供智慧化工园区平台所需的所有信息基础资源，可根据上层的运算需求部署和运行相应的软件，包括操作系统和应用程序等。通过虚拟化技术，实现资源的动态分配与弹性扩展，以满足不同业务场景下的资源需求。

支撑平台包含 DaaS 层和 PaaS 层。DaaS 层专注于数据的整合、清洗、存储与管理，为上层应用提供统一、标准化的数据服务。通过汇聚、整合、清洗、关联和比对等数据处理手段，实现对数据资源全生命周期的规划设计、过程控制和质量监督，进一步盘活数据，提高数据质量，提升数据价值。建设统一的数据资源池，建立数据模型，以不同方式组装基础数据信息块，满足各类应用的需求，为数据分析、挖掘与可视化奠定坚实基础。PaaS层作为工业互联网平台的核心，提供一系列开发工具、中间件和微服务，支持开发者快速构建、部署和运维智慧化工园区应用。通过提供丰富的 API 接口、开发框架和云服务，降低了应用开发门槛，加速了应用创新与发展。同时，利用 IaaS 层和 DaaS 层的数据处理能力，对通过边缘层采集、网络层传输与汇聚的异常环境数据、安全管理数据、人员位置数据、实时通信数据、标识数据、各系统产生的数据等进行统一调度和应用，结合园区运营各环节实际数据和运行流程，构建行业机理模型和数据驱动模型，助力智慧化工园区高效管理。

业务应用作为 SaaS 层，是智慧化工园区建设的重点，是园区的"智慧大脑"。它是通过调用和封装 PaaS 层的开发工具、行业机理模型、数据驱动模型等服务开发形成的应用服务，包括安全管理、环境管理、封闭化管理、敏捷应急管理、能源管理、运输管理、办公管理、公共服务等业务系统。这些高可靠、可扩展的应用是园区日常运营的重要保障，更是确保园区高发展的关键所在。

安全管理系统是园区建设的基石，它通过实时监控、预警和处置响应，确保生产过程中的每个环节都符合安全标准，有效防范和减少事故的发生。环境管理系统能够实时监测园区的环境质量，涵盖空气质量、水质、噪声等方面，确保园区的生产活动不会对周边环境造成负面影响。封闭化管理系统实时监控园区内的人员和车辆流动情况，实现园区人、车、物的全过程管控，确保园区内的安全秩序，及时发现并处理异常情况。敏捷应急管理系统是园区在面临突发事件时的保护伞，它通过建立完善的应急预案和应急响应机制，确保在发生紧急情况时能够迅速、有效地进行处置，最大程度地减少损失。能源管理系统致力于提高园区的能源利用效率，通过实时监测能源使用情况，系统能够优化能源分配、降低能耗，帮助园区和企业降本增效。运输管理系统通过优化运输路线、提高运输效率，确保园区内的物资流通畅通无阻，为园区的生产活动提供有力保障。办公管理系统打破信息孤岛，整合人、物、事的数据流程，促进信息流与业务流程的高度集成，将园区办公活动转化为数字形式，实现办公环境的智能化管理。公共服务系统为园区内的企业和员工提供全方位的服务支持，提高园区的服务质量和效率。

## 3.2.2　信息基础设施设计

　　信息基础设施包括机房、信息基础资源、专用场地、传输网络和感知监控设备设施等。

　　机房是信息基础设施中至关重要的一环，它直接关系到园区的信息化水平、数据安全以及整体运营效率。在机房设计过程中，需要遵循四个原则：一是高可用性与稳定性，确保机房能够持续稳定运行，避免因单点故障导致整个系统瘫痪；二是安全性，保障机房内各类设备、数据以及物理环境的安全，防止非法入侵、数据泄露等安全事件；三是可扩展性，随着化工园区业务应用场景需求的增长，机房应能够灵活扩展，以满足未来发展的需要；四是节能环保，采用节能技术和设备，降低机房运行能耗，减少对环境的影响。遵循上述目标和要求，应做好机房环境、数据中心机柜、供配电系统、制冷系统、智能监控系统、综合布线系统、消防系统等的详细设计，确保机房稳定运行。

　　信息基础资源是智慧化工园区建设的根本，主要包括计算资源、存储资源、网络资源和安全资源。在智慧化工园区的规划与设计阶段，需要从园区整体发展和内在需求等角度出发，对信息基础资源进行一体化规划与布局，确保各系统间无缝兼容、高效协同。设计内容包括各类资源的数量规模、性能指标及功能参数等核心要素，要求各类资源能够灵活配置和动态扩展，以应对园区业务的快速发展和长期变化。同时，结合园区实际运营场景，深入细化资源管理服务策略与部署模式，例如根据业务需求动态调整资源配额，避免资源浪费；采用虚拟化技术提高资源利用率；通过负载均衡技术优化网络性能等。

　　专用场地是智慧化工园区不可或缺的核心枢纽，它不仅承担着实时监控、高效指挥与精准调度的重任，更是保障园区业务连续性运行的关键所在。这里既是日常值班人员进行日常值守、实时监测园区各类风险态势的总调度中心，也是园区多个业务主管部门协同会商、指挥决策的重要平台。因此，在智慧化工园区的规划与设计阶段，专用场地的科学规划与细致设计尤为重要，需要明确专用场地的选址策略、确定其占地面积、合理划分功能区域、界定各区域的核心职能、依据实际需求进行设备选型，从而助力园区高效、安全、可持续运营。

　　传输网络是智慧化工园区各类业务数据交换的通道，是园区信息化和智慧化的基石，须具备高带宽、高可靠、高可用、易于管理维护等关键能力，以确保数据传输的连续性和稳定性，为园区的信息化和智慧化提供有力支

Construction and Management of
**Smart Chemical Industry Park**

撑。在有线网络设计方面，需要提供足够高的带宽和速率，以满足传感器、监控摄像头等各类型数据传输的需求。采用高可用性架构，对核心交换机、路由器等关键设备进行冗余配置，实现主备切换，保证服务的连续性。在无线网络设计方面，需要实现广覆盖，增强室内覆盖，确保园区内各个角落都能接收到稳定的无线信号。移动设备在不同无线接入点之间移动时，需要实现无缝切换，保证数据传输的连续性。鼓励利用5G技术的高速率、广覆盖和低时延特性，深入探索5G在园区内的应用创新，提高生产效率和管理效能。

感知监控设备设施作为智慧化工园区神经末梢的感知体系，可进一步细分为企业智能感知和园区智能感知，共同构建起一张全方位、全空间的信息感知网络。在企业级智能感知层面，无缝接入企业现场的海量数据资源，包括安全生产监测监控数据、消防预警数据、环境监测监控数据、能源管理数据等，通过对这些数据的集成与分析，进一步深化国企数据协同、业务联动。在园区级智能感知方面，包括园区公共区域的智能感知，如对出入园区的人、车、物的管控，车辆过程和行为追踪；园区空气质量、地表水、土壤、地下水等环境质量监测，公共区域视频监控，水电气热等公用工程在线监测，公共管廊监测监控等。

# 3.2.3　支撑平台设计

作为工业互联网平台架构的核心与中枢，支撑平台不仅集成了众多关键技术能力，还通过高度集成与智能化管理，为智慧化工园区业务系统构建了全方位、高效能的服务能力。这些服务能力主要包括但不限于集成平台、大数据平台、物联网平台、地理信息平台、人工智能平台、视频管理平台、融合通信平台等，它们协同工作，共同驱动化工园区的智慧化转型与升级。

集成平台作为连接各系统、应用与数据的桥梁，通过标准化接口和协议，实现跨平台、跨系统的无缝对接与数据交换，确保园区内各子系统间信息流通顺畅，为统一管理和决策提供坚实基础。这种集成能力主要包括数据集成、信息集成和应用集成三个方面。数据集成主要解决园区内各种数据源之间的互联互通问题，通过数据接口实现园区内不同系统之间的数据共享和交换，确保数据的一致性和准确性；信息集成是确保园区内各种系统之间能够顺畅通信和协作的关键，使得园区内的各个系统能够像一个整体一样协同工作；应用集成主要负责将各种应用系统集成到一个统一的平台上，使得园区管理者能够统一管理和控制园区内的各种业务流程和应用系统。

大数据平台作为智慧化工园区平台不可或缺的数据基石，构建了坚实统一的数据底座，深度融入数据治理，确保数据的准确性、完整性、一致性。它支持数据仓库、数据湖，提供统一的数据模型设计，能与业务应用领域数据模型无缝接入。支持数据开放和共享，通过构建统一、通用且安全的共享机制提供对外数据服务，打破数据孤岛，促进跨部门、跨领域、跨业务的数据流通与协作，确保数据流转的顺畅与高效。同时，支持可视化数据探索分析，提供丰富的可视化组件，包括常用的数据图表、图形、控件等，支持通过拖拽完成组件自由配置与布局、所见即所得，帮助用户轻松搭建可视化数据分析报表和大屏。

物联网平台作为园区和企业各类数据集成接入与管理的核心组件，必须支持广泛的工业标准协议及细分行业的专用协议，确保能够动态、实时地采集各类智能设备、仪器仪表以及自控系统的海量数据。平台内置强大的边缘计算能力，以实现数据即时解析、高效计算，从而减轻云端处理压力，提升数据处理速度与响应灵敏度。此外，平台应提供涵盖从设备注册、配置、监控到维护的设备全生命周期管理服务，支持设备精准建模，并具备对物联网事件和告警的有效管理能力。同时，平台还应支持云边协同配置计算资源，根据业务需求灵活调度云端与边缘端的计算能力，实现资源的最优配置与高效利用。

地理信息平台作为园区各种业务应用系统的重要数据呈现载体，发挥着不可或缺的作用。平台集成百度、高德、天地图、谷歌等主流互联网地图瓦片数据，并且能够管理地图测量与标绘成果数据，为业务应用系统提供统一的地图服务接口。园区管理者可以轻松访问和利用多样化的地理信息资源，实现资源的整合、查找、管理，以及数据的统一展现。平台支持二/三维地图服务，支持多种类型的时空数据进行叠加融合展示，包括倾斜摄影、激光扫描、手工建模等各类三维模型数据，可以提供地图标绘、空间测量、漫游管理、空间分析等二/三维 GIS 工具，甚至添加场景特效，以增强视觉体验和信息传达的效果。

人工智能平台作为智慧化工园区平台的核心公共服务能力之一，通过与工业机理模型紧密结合，并深度融合园区的实际管理场景，最大程度提升管理效能。平台应能提供一系列成熟的算法服务，包括但不限于 OCR（光学字符识别）、图像识别、视频分析、自然语言处理、知识图谱等，覆盖从企业安全生产、园区封闭化管理到客户服务等多领域的 AI（人工智能）能力，满足园区内不同业务场景的算法服务需求。平台还需具备算法模型管理功能，可针对不同场景、不同需求、不同对象，灵活配置和调整算法类型和参数，提高智能分析的精准性和适应性，这不仅包括对现有模型的优化，还涵盖新模型的开发与迭代，确保算法服务能随业务需求的变化不断发展。鼓励运用大模型相关技术，在行业知识库建设、智能问答、数字人仿真、CV（视觉）大模型等领域开展深入探索，为园区提供更智能、更具个性化的服务。

视频管理平台作为智慧化工园区平台视频管理的核心模块，承担着园区内所有视频资源的集中管理和调度任务。该平台应具备多项关键功能，包括但不限于标准协议接入、视频流转码、视频数据存储、视频无插件播放、视频回放、云台控制、语音对讲、国标级联等功能。平台需支持 GB/T 28181、RTSP、HLS、RTMP、Onvif 以及 JT/T1078 等行业标准协议，以实现各类型摄像头、NVR、智能设备的视频图像信息采集，以及主流视频平台的接入和管理。视频流接入平台后，系统能自动将其转换为适合网络传输的格式，如HLS、FLV 等实时视频流格式，并支持无插件 H5 预览，使用户无须安装额外插件即可流畅观看视频。鼓励提供视频结构化分析和预处理服务，对实时视频、涉事视频图像、违规抓拍图像等进行智能解析处理。平台应具备高度兼容性，支持 PC、手机 App、浏览器等多终端的视频实时查看、录像回放等功能。

融合通信平台作为智慧化工园区综合指挥调度体系的重要组成部分，充分体现了"统一指挥、平战结合"的设计理念。平台将音频、视频、会议、业务数据等多源信息高度融合，为园区提供一个统一的信息交互平台，确保信息实时共享与高效流转，既能满足日常运营管理需求，也能在应急指挥救援时发挥集中调度作用。在应急情况下，平台可迅速转变为应急指挥中枢，集中调度现场单兵设备、应急指挥终端等，实现音视频实时回传，为指挥部提供第一手现场情况。在设计时，应选择支持多种通信协议和技术标准的融合通信平台，设计高可用、高冗余的网络架构，确保系统兼容性，并预留未来扩展空间。

# 3.2.4 业务应用设计

业务应用系统的设计是智慧化工园区的核心所在，包括但不限于安全管理、环境管理、封闭化管理、敏捷应急管理、能源管理、运输管理、办公管理、公共服务等业务系统，下文将介绍几个核心业务系统以供参考。

安全管理系统立足于体系化管控建设理念，以风险管控为核心，着力构建全方位、全时空、全要素、全流程的安全监管新模式，有效防范化解园区系统性安全风险问题。这一系统不仅在技术层面上实现了对园区安全的全面覆盖，更在管理理念上推动了从被动响应向主动预防转变，确保园区内各项活动的安全有序进行。需要构建园区和企业安全管理基本信息库，建立详尽的企业档案、设备信息、安全生产记录等数据库。同时，加强重大危险源的管理，确保对潜在风险点进行重点监控，结合行业专业算法模型，实现对各类风险的规范化、标准化、智能化管控。这样一来，不仅能够及时发现隐患，还能提前采取措施进行治理，从根本上减少安全事故的发生。通过部署各类传感器、监控设备等物联网技术，系统能够实时采集园区内的环境参数、设备状态、人员活动等信息，实现在线实时动态监管、态势研判和超前预警。这种体系化、智能化的安全管理模式，不仅为园区的安全运行提供了坚实的保障，也为智慧化工园区的可持续发展注入了新的动力。

环境管理系统整合环保数据档案、业务流程以及前端监测设备，形成以物联网、大数据及功能应用为核心的园区环保监管系统，实现了园区环境管理从传统的结果型管控向过程型管理的全面升级。系统通过前端监测设备，如空气质量传感器、水质监测仪、噪声检测器等，实时采集园区内的环境数据。基于大数据分析的结果，系统能够为管理者提供有关园区环境质量的详细报告，涵盖空气、水质、土壤等各个方面的情况，帮助他们做出科学合理的决策。除实时监测外，环境管理系统还具备园区污染源清单、企业特征因子分析、环境质量监控、污染源监控、固体废弃物和危险废弃物全程管控等功能。通过这些功能，系统能够精准定位园区内的主要污染源，并追踪其排放行为，从而实现对污染物排放的全过程管理。此外，系统还具备污染溯源功能，当发生环境污染事件时，能够快速定位污染源头，为后续治理提供依据。

封闭化管理通过对园区中通行的人、车、物进行三位一体的防控，为园区管理者提供了安全封闭板块的管理手段。首先，系统有效防控无关人员和车辆进入园区的问题。通过设置智能门禁系统，结合人脸识别、车牌识别、门禁卡、二维码等多种认证方式，确保只有授权人员和车辆能够进入园区。这不仅提升了园区的安全性，还减少了因未经授权人员和车辆闯入可能引发的各类安全隐患。其次，系统解决了人车混道、车车混道的问题。通过优化园区内的交通规划，合理划分行人通道与车辆通道，确保行人与车辆各行其道，避免交叉干扰。此外，通过设置智能交通信号灯和指示标志，引导车辆按指定路线行驶，提高了园区内部交通的秩序性和安全性。对于危化品车辆专用停车场的规范使用，封闭化管理系统同样发挥着重要作用。系统支持车辆安全检查和引导，能自动记录车辆进出时间，实现车位的智能分配与管理。

敏捷应急管理具备事前、事发、事中、事后全流程、全场景的应用能力，可实现跨领域、跨层级的统一调度指挥，能有效支撑园区各类突发事件的应急管理处置工作。系统以应急处置为重点，以应急资源数据为支撑，汇聚突发事件、视频感知、综合态势、应急预案、救援资源等数据，打通横向、纵向的应急处置信息传递通道，提升多灾种、全流程突发事件的应急处置能力。在事发阶段，系统能够迅速调用相关预案，借助集成的视频监控系统、传感器数据等实时信息，快速掌握现场情况，为指挥决策提供第一手资料。同时，系统支持多部门协同作战，通过统一的指挥平台，实现资源的快速调配与信息的高效共享。在事中处置阶段，敏捷应急管理平台利用先进的数据分析技术，对现场情况进行综合研判，提供事故专题研判分析模型等辅助决策手段，确保决策的专业性和可靠性。通过可视化指挥平台，各级指挥员可以实时查看现场态势，进行科学调度，提升应急响应效率。真正做到"战时敢用，智慧决策"，确保在关键时刻能够迅速、有效地应对各种突发事件。

能源管理以能耗监测、能耗预警、能耗分析等功能为核心，建立起园区能源生产供应网络中各种能源介质的计量、监控与管理机制，帮助园区了解自身能源结构，识别能耗较高的环节，找准可压缩的能耗区间，增强企业节能减排意识。能耗监测实时采集园区内各单位的能耗数据，如智能电表、水表、气表等的数据。能耗预警功能基于历史能耗数据，通过算法分析设定合理的能耗阈值，一旦实际能耗超出预期范围，系统便会自动触发预警机制，提醒相关部门进行检查和调整。这种预警机制不仅能及时发现异常能耗情况，还能预防因能源过度消耗导致的设备损坏或其他安全隐患。能耗分析功能通过对大量历史数据的深度挖掘，帮助园区找出能耗较高的环节，并提出针对性的改进建议。例如，系统可以识别出哪些时段或设备处于能耗高峰期，进而建议企业调整生产计划或进行技术改造，以实现节能减排的目标。此外，系统还能提供能耗趋势分析，帮助企业预测未来的能耗变化，提前做好准备。

# 3.3　信息基础设施

智慧化工园区的信息基础设施建设涵盖机房、传输网络、感知监控设备设施以及专用场地。

## 3.3.1　机房

园区数据中心机房的设计与建造质量，对承载业务的稳定可靠运行起着至关重要的作用。一方面，要保障机房设备安全可靠地运行，满足温度、湿度、洁净度、场强强度、安全防护、空调制冷、电源配电和防雷接地等要求，以延长计算机系统的使用寿命；另一方面，要为系统管理员营造一个舒适的工作环境。因此，现代化的机房应具备高度可靠、舒适实用、节能高效和可灵活扩展的特性。为适应高性能计算、虚拟化、集中化、高密化等计算与存储服务器的发展趋势，机房设计还应更多地考虑数据中心的运营效率、降低能耗以及快速扩容的需求。机房设计有传统机柜设计和模块化机房设计等形式。智慧化工园区的数据中心，可根据园区规模、业务需求和数据规模进行设计，也可分为中大型机房（15～30个机柜或更多）和小型机房（小于15个机柜）。

一般而言，数据中心机房应与园区指挥中心专用场地处于同一建筑物中，以便于取电、各类线路敷设以及日常的运行维护。数据中心机房通常应包含主机房、配电间、电池间等空间分区，主要设备有计算机柜、UPS机柜、空调机柜、配电柜、电池柜等。机房的空间和面积应考虑冗余和容灾设计，以及园区未来数字化业务的需求，预留足够的柜位空间、电源容量和网络带宽。机房内的制冷通道、综合布线、供配电、机房环境控制等设施，也应按需进行可扩展性设计（图3-2）。

图3-2　智慧化工园区数据机房

## （1）机房环境

在进行机房设计时，应遵循国家电子信息机房标准《数据中心设计规范》（GB 50174—2017）、《计算机场地技术条件》（GB 2887—2000）、《计算机场地安全要求》（GB 9361—2011），确保机房环境能够满足该化工园区智慧化建设项目的要求，例如（参考值）：

① 温度、湿度：干球温度计显示，冷通道内温度为 18 ～ 27℃；辅助区温度为 18 ～ 28℃；冷通道露点温度宜为 5.5 ～ 15℃，同时相对湿度不宜大于 60%。

② 噪声：在总控中心内，于长期固定工作位置测量，噪声应小于 60dB。

③ 照度：计算机机房在距地 0.8m 处，照度不应低于 300lx。

④ 无线电干扰场强：在频率为 0.15 ～ 1000MHz 时，不大于 126dB。

⑤ 磁场干扰：磁场干扰场强不大于 30A/m。

⑥ 地板振动加速值：在计算机系统停机条件下，主机房地板表面垂直及水平向的振动加速度值不应大于 500mm/s²；

⑦ 静电：主机房内绝缘体的静电电位不应大于 1kV；

有条件的园区可在机房部署智能监控系统，实时监控机房内温湿度、照度、噪声、振动、功率、水浸等指标。当任一传感器检测到的数值超过设定值时，监控系统将发出相应报警。

### （2）数据中心机柜

机柜尺寸尽量选用宽 600mm× 深 1200mm× 高 2000mm、空间为 42U 的标准机柜。该机柜应符合 IEC 60297-1 标准，前后方空调之间的距离可支持按照 25mm 步距灵活调节，采用拼装架构，以满足便于扩展的要求。机柜要求在长期承重情况下各部件不变形、不弯曲，静态承载能力不小于 1800kg。采用 1 ～ 2mm 厚的高强度优质碳素冷轧钢板和镀锌板，表面喷粉厚度不小于 60μm，需满足防腐、防锈、防火、光洁、色泽均匀、无流挂、不露底、无起泡、无裂纹、金属件无毛刺锈蚀要求。表面涂层应满足不低于 GB/T 4054—2008 中规定外观等级的二级要求。按照《电信设备抗地震性能检测规范》（YD 5083—2005）要求，带载 500kg 测试时应连续通过 8、9 级烈度结构抗地震考核。机柜非承重部件板厚度不小于 1.0mm，承重部件板厚度不小于 1.5mm。

如果采用模块化机房设计，则需考虑机柜和密闭通道的设计、矩阵数量（单矩阵、双矩阵、多矩阵）、电源和 UPS、电池等设施的模块化设计，以及热插拔能力和可扩展性。

### （3）供配电系统

建议数据中心采用集成化配电架构，使用一体化配电柜，将 UPS 及配电系统集成在一个柜内，以节约占地面积，简化运维，实现统一管理。根据机房设备负载设计 UPS 和电池容量，并考虑冗余和可扩展性。按要求设计功率模块、旁路模块、控制模块等，输入功率不低于 0.99。建议具备 110% 负载 60min、125% 负载 10min 后转旁路、150% 负载 1min 后转旁路的过载能力。UPS 系统应具备 RS485 或 SNMP 通信口，并提供与通信接口配套使用的通信线缆和各种告警信号输出端子，通信协议应符合 YD/T 1363.3 的要求。

### （4）制冷系统

数据中心采用行级水平送风空调进行制冷，该空调为前送风后回风，其电气性能应符合 IEC 标准。

总冷量 ≥ 45kW，风量 ≥ 8800m³/h，加湿量 ≥ 3kg/h，加热量 ≥ 6kW。

精密空调应能按要求自动调节室内温、湿度，具有制冷、加热、加湿、除湿等功能。

精密空调控制器应采用 7 英寸及以上的 LCD 触摸真彩屏，人机交互好，界面生动，可一步到位进行界面切换，操作简单灵活，且具有图形显示机组内各组件运行状态的功能。

空调应具有 RS485 或 FE 通信接口，可对系统进行远程巡检和参数设置，并提供 Modbus 或 SNMP 开放协议，以便接入机房环境监控系统，降低服务成本。

精密空调室内机应安装在列间，采用水平送风方式。为保持美观度，空调室内机的尺寸（WDH）应与机柜保持一致，即 600mm×1200mm×2000mm。

精密空调室内机应可前后维护，且可在距前、后门 600mm 的空间内维护，部署灵活，维护方便。

### （5）智能监控系统

监控系统主要针对模块化数据中心基础设施层的各组成系统，如配电、制冷、安防及环境等系统，对系统内各组成设备或部件的运行状态进行实时监控。

### （6）综合布线系统

模块化数据中心在顶部安装走线槽，以实现线缆的有序管理。走线槽分为信号线走线槽和电源线走线槽，分别用于铺设信号线和电源线。

### （7）消防系统

数据中心机房的消防系统主要采用气体消防灭火系统。在模块化数据中心的密闭通道内安装温感和烟感报警器，一旦有告警，将上报至机房的消防系统。消防系统应与机房监控系统联动，发生火灾告警后，将释放七氟丙烷气体进入模块内进行灭火。

# 3.3.2 传输网络

传输网络作为化工园区智慧化建设的关键基础设施，要确保在智慧化建设项目中各种设备、传感器、业务系统、数据中心之间实现互联互通，需根据园区基础网络状况、业务数据类型、流量、信息安全等要素进行设计。要对园区设备信息化网络进行整体规划，统筹考虑并综合部署所有有线网络线路。依托设备网，合理规划、设计和部署各种信息化系统，并在指挥中心机房进行融合，实现多业务的融会贯通。

园区传输网络可采用 IP 网络、光网络或者二者融合的 IP+ 光模式，传输网络应进行分层、分域、分级设计。一般来说，从分层角度看，可分为核心层、汇聚层、接入层网络；在 IP+ 光模式下，可将三层简化为两层网络。从分区角度看，园区网络可分为互联网出口区、数据中心区、指挥中心区、安全运维管理区、核心交换区以及多个接入网络区等。从分级角度来看，一般以业务类型划分，可分为核心网、生产网、办公网、视频专网、互联网等。建设一套安全稳定、模块化、有层次、有冗余、可管理和可维护的网络系统，就如同为园区业务搭建了一条能够稳定运行的"高速公路"。

在网络系统设计中，应始终坚持先进性、可靠性、安全性、可扩展性、开放性、适用性和可维护性的原则。

数据中心区作为整个园区网络的核心，连接着内部安全区、管理区、园区专网区、互联网出口区等各个功能分区，是整个园区的数据总线。它需要能够实现 10 GE/40 GE 乃至更高的高密端口接入和无阻塞大容量交换。数据中心主要部署核心交换机、防火墙、汇聚交换机、接入交换机、服务器等网络设备。

接入区用于完成化工园区各类业务子系统、设备、仪表和传感器的数据采集、接入与分发等任务。接入区可根据不同的业务分级和类型，划分为多个子网，各子网之间互不影响，以确保网络连接的安全和高效。例如，在面向园内企业的生产网络进行数据采集时，要设置单向网闸，以保证企业数据安全，同时实现反向指令下发，并将其与园区办公网络、视频网络等子网分开。园区网络的汇聚层和接入层都可视为接入区的一部分，主要部署汇聚交换机、接入交换机、网关 / 网闸等设备；若涉及光网络，还可部署 ONU（光网络单元）、OLT（光线路终端）等设备。

安全区是承载园区访问互联网业务的缓冲区，由于这部分网络经常遭受外部网络攻击，可设置安全区和互联网出口区共同承担整个园区网络的安全防护，按照安全等保 2.0 的标准进行建设。安全区主要部署 DMZ、接入交换机、Web 防火墙、日志审计、数据库审计等网络设备并进行相应配置。

网络管理区用于对园区网络进行运维和管理，在设备管理方面，能支持对网络设备、计算/存储设备、IT 应用的管理，还能够支持对多厂商设备的管理。它可以准确、快捷地为运维人员提供所需要信息，大大减轻运维人员的工作量。通过网络管理系统丰富的管理功能和灵活多样的维护手段，可轻松实现网络的日常维护。

互联网出口区主要用于实现需要进行业务交互的外联单位的网络连通性，是整个园区对外访问的唯一出口，因此对安全要求极高，需要与安全区共同承担整个园区的安全控制。互联网区通过出口路由器汇聚外联专线，出于安全考虑，专线需设置接入路由器和防火墙，在外联区各网络设备上对各单位流量实现安全隔离，以提升网络分区的业务可扩展性。从扩展性和提高资源利用率考虑，对 DMZ 分区划分逻辑子分区，子分区边界设置子分区专用的虚拟防火墙，互联网区的出口防火墙和子分区专用的虚拟防火墙构成两层异构防火墙架构，以保障业务系统的安全。

## 3.3.3　感知监控设备设施

化工园区应采用传感器、摄像机和手持终端等方式，建设对化工园区内安全监管、环境管理、敏捷应急管理、封闭化管理、物流管理、能源管理、产业管理和综合管理等信息进行感知、采集和监视的一体化感知监控系统。

### （1）企业智能感知

园区应推进企业自动化改造和信息化改造升级。企业应具备安全风险监测、环境监测、能耗监测、消防自动化监控和视频监控能力。园区企业应根据智慧化工园区建设需求，将智能感知数据接入智慧化工园区平台。

① 企业自动化改造　园区应推动企业自动化改造，确保涉及重点监管的危险化工工艺、重点监管的危险化学品和重大危险源（简称"两重点一重大"）的生产装置、储存设施的自动化控制系统装备投用率达到 100%。涉及毒性气体、液化气体、剧毒液体的一级或者二级重大危险源，应配备独立的安全

仪表系统，并定期开展危险与可操作性分析（HAZOP）。

② 企业信息化提升　园区应推动企业信息化改造升级，完善数据获取渠道，增强智慧化工园区平台的数据支撑能力。企业应建立生产过程的数据采集与监视控制系统，实现生产过程工艺数据的自动采集。企业应建立制造执行系统，实现生产过程、装置运行工况、物料消耗等数据的实时上传。企业应建立企业资源计划系统，实现对订单、物料库存、产品库存及出入库信息等业务数据的实时上传。

③ 环境监测　企业应具备污染源在线监测监控能力，包括但不限于产污设备、企业废气排口、污水排口、雨水排口、治污设备等的监测监控。

企业建有废水污染源、废气污染源及大气污染物无组织排放在线监测的，监测数据应上传至园区系统，监测监控须满足但不限于 HJ 353、HJ 354、HJ 355、HJ 356、HJ 75、HJ 76、GB 37822、HJ/T 55 等要求；企业废水自动监测设备应具备自动留样备查及自动校准功能；企业宜设置特征污染物在线监测；企业可在雨水排放口设置在线监测及远程控制阀，在关键用排水环节单独安装使用排水计量装置。

企业宜将废气、废水、固废等污染治理设施运行校验关键数据上传至园区。

有条件的企业可推行视频监控、电子标签等监控手段实现危险废弃物监控。

有条件的企业可开展地下水、土壤、噪声在线监测。

企业宜在污染治理设施、监测站房、排放口等位置安装视频监控设施。

④ 能源消耗监测　企业对主要耗能设备应具备能源消耗实时监测能力，包括但不限于煤、水、电、气、汽等能源或载能工质；鼓励有条件的企业增加对油以及物料的实时监测。

⑤ 消防自动化监控　企业应具备消防自动化监控能力，包括但不限于火灾报警信息监测、电气隐患监测、灭火设备监测、室内消防栓及喷淋系统监测、室外消防栓监测、消防水池监测等。

⑥ 视频监控　企业应具备全域视频监控能力，监控范围包括但不限于生产区域、储罐区、二道门、物流门、中控室、仓库、装卸站台等。

### （2）园区智能感知

① 园区封闭管理风险监测　园区应具备封闭管理风险监测能力，涵盖出入园区的人、车、物的管控，以及危险化学品运输车辆、危险废弃物运输车辆的过程和行为追踪；鼓励有条件的园区实现入园人员定位和行为追踪。

② 园区公用工程监测　园区应具备公用工程智能感知能力，实现水、电、气、热等公用工程关键参数和风险的实时在线监测。

园区应具备公共管廊监测监控能力，包括但不限于管道流量监测、泄漏监测等。

③ 园区环境质量监测　园区应具备环境质量监测能力，包括但不限于园区环境空气质量、园区地表水的在线监测，以及园区土壤、地下水质量的检测。

园区环境空气质量监测应根据园区地形、主导风向、园区边界、环境敏感目标和周边环境情况合理布设环境空气质量监测站点。宜在重点企业厂界、园区边界、园区内和园区周边敏感目标处建设自动监测站，监测站应符合 HJ 2.2、HJ 653、HJ 654、HJ 1010 的要求；同步监测气象参数，气象站应符合 GB/T 33703 的要求；有条件的可配备视频监控，视频监控应符合 GB 50395 的要求。

园区地表水环境监测宜在流经园区的地表水体、园区及企业雨水排放受纳水体、集中式污水处理厂总排口及其受纳水体的控制断面处设置在线监测站点，监测站应符合 GB 3838、HJ 2.3、HJ 91.2 的要求；同步监测水文参数，水文站应符合 HJ 2.3 的要求；有条件的可配备视频监控。

园区应建立地下水、土壤环境和近岸海域监测体系，有条件的可实现在线监测，相关监测应符合 HJ 730、HJ 731、HJ 164 的要求。

园区可采用噪声自动监测系统，监测应符合 GB 3096 的要求。

园区可配备无人机、移动监测车，配置车载式移动监测设备及便携式监测设备，开展移动走航分析及现场定点监测。

园区可配备水质移动监测车作为固定式水质在线监测站点的扩展和补充。

④ 公共区域视频监控　园区应具备公共区域视频监控能力，包括高空瞭望、道路视频监控等。

⑤ 气体探测和大范围速扫　园区应在重点区域部署气体泄漏探测系统，用于实时监测园区易燃易爆、有毒有害气体浓度，探测技术可采用单点式气体传感器检测或扫描式气体探测。

鼓励有条件的园区部署基于可调谐半导体激光吸收光谱（TDLAS）技术的测量设备和光谱气云成像气体检测设备等，实现全方位、无死角的泄漏气体立体探测。

⑥ 园区消防自动化监测　园区应具备消防自动化监测能力，包括但不限于园区水泵水压监测等。

## 3.3.4　专用场地

化工园区智慧化建设离不开统一的运营和管理。因此，适度建设一个运营指挥中心（或应急指挥中心）是必要的。宜根据园区规模、业务定位、园区布局，选址专用场地和合适的业务用房进行建设。有条件的园区，可考虑建设专门建筑作为指挥中心使用。

从化工园区应急管理和指挥的角度来看，指挥中心不宜选址建设在园区内。专用场地选址应避开各类自然灾害风险隐患区、各类事故灾难危险源（如各类生产安全危险源、放射源等环境污染危险源）以及公共卫生危险源。可考虑在园区周边选址建设（一般距离园区 3～8km 为宜）。

专用场地主要组成部分宜包括应急指挥大厅、会商室、值班室等。应急指挥大厅应具备在突发事件发生时，为指挥人员提供掌握现场情况、发布指令和实时指挥决策的功能，宜安装具备图像显示、有线调度、视频会议、音响扩声、动态信息发布等功能的系统或设备（图 3-3）。会商室宜具备在紧急事件发生时，供人员进行会商、决策、研判以及开展日常会议讨论的功能，宜安装具备图像显示、信号推送、音响扩声、视频会议、无纸化会议等功能的系统或设备（图 3-4）。值班室应具备供值班人员日常值班、收发传真及接报突发事件信息的功能，应安装具备图像显示、有线调度及传真打印等功能的系统或设备，且宜具备必要的休息空间和生活保障条件。

图 3-3　智慧化工园区应急指挥大厅日常值守

图 3-4　智慧化工园区应急指挥会商室

# 3.4　支撑平台

在化工行业的 IT 系统建设中，数字化技术已逐步从 IT 部门单轮驱动向 IT+ 业务部门多轮驱动发展。平台化是应对数字时代业务快速变化、构建竞争力的必然选择。智慧化工园区支撑平台已成为园区智慧化建设的核心，它提供业务融合、数据融合、高效开发的能力，以支撑未来一系列联动化的业务应用建设。

智慧化工园区的支撑平台建设主要包括信息基础资源、通用支撑平台和应用支撑服务等内容。支撑平台应具备统一集成、统一物联、融合指挥、视频统一管理和 AI 分析、地图和定位服务、统一权限等通用的公共服务能力。通过一体化的支撑平台，向下能够实现园区和企业各类设备、传感器、业务子系统的数据和业务接入；对内支撑园区建设各类场景应用，如安全生产、环境管理、敏捷应急管理、能源管理、智慧办公和公共服务等；对外可以面向上级监管部门提供统一接口，实现数据上报和交换，确保风险可控。

以智慧化工园区支撑平台为核心，不仅仅是搭建一套平台和建设一套系统，重点在于通过平台，实现一整套开放的业务架构、数据架构、应用架构、开发架构理念，使其成为化工园区智慧化建设和业务应用系统扩展的基础。未来新的业务、系统都可以在支撑平台上拓展，存量系统也都可以平滑迁移到平台上来。当园区需要新增一个业务应用系统时，数据、地图、权限、通信接口都已准备就绪，厂商仅需进行极少的开发便能实现增量系统的部署，实际上节省了未来发展的大量投资。

# 3.4.1　信息基础资源

信息基础资源为支撑平台和业务应用提供运行所依赖的软硬件环境，应支持公有云、私有云、混合云等部署模式，屏蔽底层硬件异构性和组网复杂性，提供计算资源、存储资源、网络资源、安全资源以及资源管理服务，实现计算、存储、网络等物理资源和虚拟资源的统一管理、调度及维护。

**（1）计算资源**

化工园区智慧化建设所需的计算资源应能支持对多种计算资源的虚拟化使用。将 CPU（中央处理器）/GPU（图形处理器）、内存等物理资源虚拟化成为逻辑资源，并具备分布式、弹性伸缩、负载均衡、资源动态分配和调整、安全组隔离、热迁移等功能，为园区构建按需申请和分配的计算资源池。计算资源池可根据化工园区业务场景按需规划，并预留一定空间。计算资源池包括但不限于通用计算型资源池、高 I/O（输入 / 输出）型资源池、高密度资源池、高性能资源池、分布式资源池等。

**（2）存储资源**

化工园区智慧化建设所需的存储资源应能支持对多种存储资源的虚拟化和容器化，具备快照、克隆、数据冗余、亚健康隔离等功能，为园区构建按需申请和分配的存储资源池。存储资源根据化工园区业务场景按需规划，并预留一定空间。支持分布式存储、集中式存储、云存储等多种存储架构；支持存储容量的弹性伸缩，且在存储容量调整过程中不应影响业务；支持数据冗余保护能力，提供跨节点数据冗余存储、迁移、恢复能力；支持数据备份和恢复服务，按需提供云容灾和备份能力。

**（3）网络资源**

化工园区智慧化建设所需的网络资源应满足核心网络支持网络资源虚拟化和容器化管理，具备主控模块冗余、虚拟私有云、虚拟负载均衡、弹性 IP 服务以及 SDN（软件定义网络）等相关技术。支持网络配置和监控自动化管理，可动态配置接入的网络设备，自动打通物理网络设备配置；支持多租户和集群网络，并对不同租户之间进行网络隔离。接入层网络应具备高密度以太网接口或光传输接口，具备网络堆叠和节能功能，应支持基础二层安全特性和 802.1 X 认证，支持广播风暴抑制。

智慧化工园区应采用 IP 网络、光网络或 IP+ 光网络的组合，能够支持跨数据中心网络、数据中心网络以及云接入网络的融合，网络资源设计应满足化工园区业务管理和带宽要求，包括但不限于物联网络、通信网络、视频网络、政务内网 / 外网等。

（4）安全资源

化工园区智慧化建设所需的安全资源应确保智慧化工园区信息安全体系建设贯彻落实国家网络安全等级保护制度的各项要求，遵循 GB/T 22239 的标准。信息安全资源池应与云平台资源解耦，并支持将第三方信息安全设备纳入信息安全资源池进行管理。要提供终端安全、网络安全、平台安全、数据安全、密码安全、运维体系安全等服务，采用硬件或软件资源池的方式向平台的租户提供安全服务。

（5）资源管理服务

化工园区智慧化建设应具备云（混合云 / 私有云）服务能力，能够对计算、存储、网络等基础设施进行虚拟化，实现计算、存储、网络等虚拟资源和物理资源的统一管理、调度及展现。化工园区各级用户可以通过自建或租用云服务的方式，按需使用和释放计算、存储、网络等资源。该服务支持模块化体系架构，可在不影响现有化工园区业务的情况下增加云服务，以满足业务系统平滑迁移、软硬件资源升级和扩展等需求。要兼容主流操作系统和主流数据库管理系统，为数据库提供基础资源运行环境，且宜具备一定的自恢复能力。同时，支持应用的容器化部署，具备应用的编排、部署与删除能力。

（6）部署模式

应根据化工园区的规模、业务内容、数据流量等因素，合理选择信息基础资源的部署模式，通常包括：私有云模式，云平台提供本地部署的物理资源；混合云模式，部分资源和服务部署在云上，另一部分部署在本地；公有云模式，以云服务的方式向园区用户提供关键业务服务，应用部署在云上，数据和业务以服务的形式推送到本地。

# 3.4.2　通用支撑平台

通用支撑平台主要包括集成平台、大数据平台、物联网平台、地理信息平台、人工智能平台、视频管理平台、融合通信平台，可根据化工园区业务需求选择部署，也可在此技术架构下纳入新技术平台。

### 3.4.2.1 集成平台

集成平台旨在为园区的业务子系统、数据和各种智能化应用提供通用核心能力，打破平台、云、网络、地域的边界，连接孤立的应用，打破信息孤岛，打通业务流程，实现业务数字化的全连接协同。

集成平台应支持化工园区数据、信息和应用的集成，完成多源异构数据的汇聚整合、实时消息的接入查询，并对外提供统一的数据访问接口和应用系统接口，以实现数据的共享与交换。

**（1）数据集成**

数据集成应支持对文件、数据库等对象的结构化和非结构化数据进行集成，需满足以下要求：

① 应支持多源数据的集成，集成过程涵盖数据同步、读写、任务监控等集成步骤。

② 应支持常见异构数据源的读取和写入，如 Oracle、MySQL、SQL Server、PostgreSQL、MongoDB、MPPDB、Kafka、Hive、文本文件、LDAP、Redis 等。

③ 应支持对集成任务进行管理，包括集成任务的创建、启动、停止、修改、调度（按时间、按数据量）、监控等操作。

**（2）消息集成**

消息集成应支持多种主流消息中间件接入，需满足以下要求：

① 应支持消息的发布与订阅，即消息生产者发布消息，消息消费者订阅并接收消息。

② 应支持消息队列多协议接入，如 AMQP（高级消息队列协议）、STOMP（流文本定向消息协议）、XMPP（可扩展的信息和呈现协议）等。

③ 应支持消息查询，提供查询消息偏移量、消息内容以及历史消息查询的功能。

④ 应支持消息轨迹在线查询，记录消息从生产端到消费端的流转过程，并以消息轨迹的形式呈现。

⑤ 应支持以可视化形式查询消费者状态，包括在线情况、IP 地址信息、消费 TPS（成功、失败）、消费堆积量、消费业务延迟时间等，以保障消息集成效果。

### （3）应用集成

应用集成应涵盖 API（应用程序接口）网关、API 开发和 API 发布等功能，实现从 API 设计、开发、管理到发布的全生命周期管理，需满足以下要求：

① 应支持统一协议，通过 API 网关向应用端提供统一协议的 API。

② 应支持统一接入，提供 API 注册、授权、测试等管理功能，能够进行 API 访问控制，允许第三方系统接入。

③ 应支持 API 协议适配、安全防护和访问控制，能够通过服务编排完成 API 服务的编排封装。

④ 应支持 API 生命周期管理，具备 API 创建、部署、发布、测试、监控、下线的全生命周期管理能力。

⑤ 应支持对 API 流量控制、路由管理、监控统计、日志分析等管理，确保 API 集成和使用效果。

## 3.4.2.2 大数据平台

大数据平台作为化工园区智慧化升级的基础支撑，其设计既要满足各类数据的集成，又要实现统一接入、标准化和智能化处理。既要能支撑存量信息化系统的开发和接入，又要能适应未来的发展和变化需求。

为解决系统烟囱化、数据碎片化、业务应用离散化等问题，应考虑借助大数据平台的数据底座、实时数据仓库、数据治理、数据开放共享等能力，结合数据集成和低代码应用开发的能力，通过灵活、开放、智能的解决方案，帮助化工园区快速实现智能化升级。

大数据平台的建设应做好底座选型，对于大部分化工园区来说，可考虑相对轻量化的大数据底座，以满足园区业务需求为主。

① 数据平台底座应能在虚拟化平台、容器平台部署，具备分布式块存储特性。在实现设备集群统一配置和监控、虚拟机统一发放和服务统一鉴权等能力的同时，提高存储空间利用率和可扩展性，使系统快速达到负载均衡状态。

② 数据接入层应能借助 IoT 平台、集成平台提供丰富的 IoT 设备数据接入和 API、数据库数据接入能力，例如支持 MQTT、CoAP、Modbus、OPC UA 等协议，以及对非标私有协议的集成验证和接入能力，以满足各种实时监控、业务管理、设备控制等需求。

③ 实时数据仓库应能提供基于实时数据存储和数据分析后存储能力，能够满足实时的高并发需求，同时支持容器化部署，实现低资源需求，满足

缓存高频度查询要求，提升查询读写体验。

④ 大数据平台应能提供数据治理能力，包括元数据管理、数据血缘、数据安全、数据开发、数据资产可视等能力，将高可靠、高准确性的数据提供给业务应用使用。

⑤ 数据开放和共享是必不可少的需求，为最大化发挥数据价值，大数据平台应能提供数据 API、JDBC 访问等丰富的数据访问能力，通过统一、通用的共享方式，提供与总部、政府以及其他对象的交互体验。

### 3.4.2.3 物联网平台

化工园区的关键监管数据大多存在于各类设备和子系统中，这些子系统既包括化工园区历史建设的存量业务管理系统，也涵盖企业自建的管理系统和生产控制系统。在园区底层数据实现统一管理时，难以挖掘和发挥数据作为园区重要资产的价值。每次新建应用系统，都需要单独从现有系统中采集所需数据，数据采集工作量大，且接口和标准的不同容易导致数据时效性不足、准确性差，还可能使被接入的子系统通信负荷过大而运行不稳定。这种现象若发生在生产系统中，极易造成安全风险和隐患。

物联网平台是对园区各类设备、仪表、自控系统进行数据集成接入的工具。通过物联网平台建设，采集园区内各层级业务管理系统、DCS/PLC（可编程逻辑控制器）、公用工程系统、园区计量等子系统/设备的数据，及时感知园区运行情况，并将数据通过集成平台共享给园区智能化应用系统，实现多业务系统间的协调联动，提升园区的管理效率。

#### （1）物联网接入服务

物联网接入服务应满足以下要求：

① 支持设备直接接入、边缘网关接入、第三方子系统接入等多种接入方式。

② 平台应确保接入设备和系统的入网安全。对于企业的生产工艺控制系统，应能通过安全栅、单向网闸等方式进行安全隔离，不向此类工控系统下发数据，避免对企业生产网络造成安全风险。对于园区公共管理类的设备、设施，如车辆道闸、摄像机云台等，在下发操作指令时也应充分考虑系统安全。

③ 支持多种网络接入方式，包括但不限于以太网、光网络、双绞线、电力载波、无线通信等。

④ 提供适用于化工行业的常用标准协议栈，协议栈应具有开放性和可

管理性，包括但不限于 OPC/OPC UA、Modbus 等通用工业传输协议，DL/T 645—2007、IEC 60870-5-101/102/103/104 等电力传输协议，MQTT、CoAP、HTTP（s）等网络通信协议。

⑤ 提供非标通信协议的开发对接能力，针对非标协议所开发的协议包，可以插件形式在物联网平台上灵活部署。

### （2）物联网基础服务

① 提供设备管理功能　支持接入设备的注册/注销、设备查询和配置、设备模型建模、状态监控等全流程管理；支持单一设备或批量设备的注册/注销操作；支持单一设备或批量设备的查询和参数配置，以及对设备信息的维护；支持对接入设备在线、离线、阻塞等状态的查询和监控。对具有空间位置属性的设备，宜提供基于地图服务的空间查询和监控；支持对设备进行建模，为接入设备建立共享的信息模型，用于实现对同类设备的标准化描述，为园区提供数据采集和调用服务。模型应包含设备属性、设备状态和控制信息、设备关系信息等。支持对设备模型进行定义、编辑和更新；提供可视化的管理界面，支持对接入物联网平台的数据按设备、时间、数据项、信道等条件进行查询和查看。

② 提供告警管理功能　具备对事件和告警规则的配置功能，可对告警来源、告警级别、告警类型、告警值等指标进行编辑和配置；具备一定的数据（预）处理能力，对设备和子系统上送的事件和告警数据，根据平台提供的事件和告警规则，进行分级、筛选、过滤和合并，再通过集成平台和大数据平台，将事件和告警提供给 SaaS 层应用系统；根据事件和告警规则，对采集的数据进行过滤，并主动生成一部分告警数据，作为园区现场设备和子系统上送事件和告警的补充；对终端设备连接异常或服务调用异常，应进行监控并生成告警记录。

③ 提供数据开放和共享功能　支持对所采集的数据进行导出和共享，支持支撑平台或 SaaS 层应用的访问和订阅；在确保控制安全的前提下，支持对物联设备进行控制指令下发、参数设置等操作；在进行数据传输时，应提供有效的安全传输机制，对传输过程进行加密，保障数据传输安全；外部系统调用平台的数据共享服务时，需经过安全授权。

### （3）物联网平台管理

物联网平台管理是平台自身的基础管理要求，应能支持公有云、私有云、混合云等多种部署方式，支持边缘数据采集网关设备与物联网平台的云边协同连接；在平台侧和边缘侧提供一定周期的数据存储备份能力，用于支持在通信中断时的断点续传；支持内置数据库的双机热备和集群部署，确保数据安全；在发生故障时，提供故障类型判断、故障位置定位、故障原因分析等功能，帮助园区用户快速处理和恢复；对平台运行过程中发生的事件、故障、操作通过日志进行记录。

### 3.4.2.4　地理信息平台

地理信息系统（GIS）作为化工园区智慧化建设的重要组成部分，既是不可或缺的基础性信息资源，又是与其他信息交换共享与协同应用的载体，能够实现基于统一时空基础下的规划、布局、分析和决策。地理信息系统以统一的空间基础、时间基础和定位基础，将历史信息、现状信息、实时信息乃至未来规划信息，在物联网和云计算机环境下，进行集成、整合、运行和服务，通过数字化再现联系现实世界，并影响和作用于现实世界，为化工园区提供强有力的空间支撑。地理信息系统应具备以下能力。

（1）GIS 基础能力

① 数据管理　提供对地图测量、标绘成果数据的导入／导出、格式转换、接边、审核和版本管理能力；支持地理信息数据建库、数据编辑、导入、坐标转换等多种数据入库方式，能够提供地图数据添加、删除、移动、修改数据属性的能力；支持地理信息元数据的创建、查询、更新和导入导出；支持历史数据的管理、浏览和追溯，能够实现 GIS 数据的无损备份和恢复。

② 数据交换能力　数据交换功能用于空间数据的交换与服务，GIS 平台应提供 GIS 数据抽取、数据转换、数据加载及数据导出功能；提供空间数据导入、分发、访问管理的方式，以及数据交换接口。

③ 数据应用能力　支持空间信息与属性信息间的双向查询；支持对各类空间数据的分类和统计，并实现显示和输出；支持叠加分析、缓冲区分析、邻近分析、统计分析和最佳路径分析。

④ 数据可视化能力　支持对矢量图、影像图、地图服务、地上二／三维模型、地下管线模型等进行加载、无缝拼接和浏览；支持空间数据的展示、查询、浏览。

（2）二维 GIS 能力

具备图层控制、场景控制等功能，实现园区空间数据基于二维底图的融合与展示。

### （3）三维 GIS 能力

提供三维数据模型加载能力，能够提供包括倾斜摄影、激光扫描、手工建模等多种技术路线，并支持三维模型的无缝融合；具备二/三维数据展示、图层控制、场景控制、场景漫游、实景量测、视图切换等功能；支持园区地上/地下空间数据的三维展示。

### （4）地图联动

支持二维平面范围与三维视野的同步功能，对于二维标注、数据修改等事件可以在三维中进行同步，二/三维功能可无缝切换与反向同步。

### （5）GIS 工具和接口服务

GIS 工具和接口服务应提供与物联网平台及其他智慧化工园区相关系统的数据外部接口，实现与其无缝衔接，具备以下功能。

① 空间量测：具备对模型本身、模型之间、不规则区域的二/三维空间量算能力，支持多种测量方式，包括水平距离、直线距离、地表距离、高度、投影面积、地表面积周长、立面面积周长、体积等。

② 三维空间分析：具备可视域分析、限高分析等能力。

③ 空间标绘：支持对特定二/三维场景的区域、模型等以不同的颜色、图标、文字等进行动态标绘，如对不同地图对象或模型的信息标注。

④ 漫游管理：支持对二/三维场景进行旋转、缩放、拖曳等操作，支持对三维模型进行旋转、缩放、轴线移动等多种操作，也可以在场景中通过路线设置、参数配置（速度、高度、俯仰角、语音、文字等）进行漫游线路的自定义，并可实现漫游路线的自动播放，从而实现不同视角的三维地图呈现。

⑤ 支持爆炸模拟、火灾模拟、瞬时泄漏、连续泄漏、疏散模拟、烟雾扩散等可视化展示。

⑥ 提供兼容多种地图引擎的能力，支持园区地图数据的叠加展示，还能够提供相应工具，对园区业务应用系统或企业应用系统中使用的第三方地图数据进行融合。

## 3.4.2.5　人工智能平台

在化工园区中，安全、环保类事件频发，对园区监管和应急处置的要求越来越高，对人、物、事等要素的识别管理和响应也提出了更高要求。只有推动人工智能技术与园区的各类管理场景深度融合，才能最大限度提高管理效率，将原先难以管理的大量问题、隐患、事件纳入管理范畴。智慧化工园区支撑平台应能提供 AI 模块，基于化工园区内大量使用的视频、图表、文档等素材进行场景化的分析，快速将结果提供给园区管理人员，以便其迅速响应和处置。助力园区向数字化、智能化提档升级，提升管理效率。

**（1）场景化的 AI 算法服务**

根据化工园区监管服务特点和企业人工智能计算需求，人工智能平台提供 AI 算法管理和服务能力，实现统一建设、统一管理、按需调用，使 AI 能力实现公共服务化。

从视频 AI 场景来看，人工智能平台应能提供人脸、体态等基础视频和图像分析能力，用于化工园区内人员身份和通行权限识别；能够提供基础行为分析能力，用于入侵识别、工帽识别、工作服识别、人员倒地识别、徘徊识别、吸烟检测、人流统计和密度分析、关键岗位离岗睡岗识别、烟雾明火识别、遗留物检测、目标移除检测等；能够提供人员、车辆基本信息分析能力，用于化工园区内车辆违停 / 掉头 / 逆行 / 超速等识别，对人员和车辆进行布控。

从自然语音语义 AI 识别场景来看，人工智能平台应能支持表格、文档、图片内文本等文字信息的自动化识别，在纸质文件电子化、快速填单、内容审核等场景下，提高园区管理工作效率；具备自然语言处理能力，为化工园区监管、服务提供智能问答、语音交互、会议记录、人机对话、舆情分析、内容推荐等服务能力；具备针对"图"和"关系"的查询、分析服务能力，为化工园区提供溯源、知识图谱、路网或管网分析等能力。

应能支持对各类 AI 算法的计算和分析结果进行结构化描述，并以 API、MQTT 等方式，通过集成平台进行统一集成，按需提供给各类 SaaS 层业务应用调用。

**（2）AI 管理服务**

人工智能平台对接信息基础资源管理服务，为人工智能业务提供计算、存储、网络等异构资源的统筹管理、任务调度、资源调度能力；在媒体转码、深度学习等场景下，提供大规模并行批处理作业的分布式人工智能计算服务能力；提供算法效能评估能力，对各类 AI 算法的准确性指标、性能指标、范围指标、统计指标、整体指标等进行定义和衡量；对 AI 算法计算结果进行存储，并支持查询和调用；应能构建多算法仓服务，为化工园区引入不同厂商、不同类型的算法提供统一的运行环境，支持第三方算法以插件形式快速上下架；支持算法性能在线测试比较。

### （3）AI 基础资源

在进行智慧化工园区整体规划设计时，应充分考虑人工智能平台及其智能分析所需的计算、存储、网络资源，以及专用软硬件设备，如计算加速类设备、AI 专用芯片等的需求，并提前进行规划。

在应用层面，人工智能平台所需的计算、存储和网络资源可从智慧化工园区统一的信息基础设施资源池中申请使用。

## 3.4.2.6 视频管理平台

在传统化工园区信息化建设中，视频监控系统建设的目标是建立一个以视频图像为主的管理和服务体系。通过对大量化工园区视频业务的梳理发现，传统视频安防架构仅为单一业务设计，在灵活性、共享性、可服务性、可运营性等方面存在不足。而基于云形态（混合云／私有云）的视频共享架构更能满足未来园区业务发展的需求。将视频监控系统中对人员、车辆、物体、事件等数据进行整合和汇聚、解析加工后，可进行轨迹查询、布控告警、以图搜图等基本应用，以支撑事件的处理和研判。

通过视频管理平台整合和集中园区内所有 IP 摄像机，集管理、存储、视频分析、媒体转发于一体，所有视频设备运行在云端，资源可弹性扩展，让园区视频监控实现换代升级。这使得园区的管理与工作人员可以获得实时、细微、全面的信息，达到事前可预防、事中可布控、事后可回溯的高效、便捷管理效果，从而实现安全、绿色、高效的园区管理目标。

### （1）智能视频监控采集系统

视频图像信息采集作为园区智能视频监控应用系统的重要环节，依托人员、车辆活动规律，在周界、园区内主要位置建立各类视频监控站点，同时接入企业重点监控部位视频，并进行有效识别和布控预警，拓宽防控覆盖面，全方位采集信息，实现园区主干道路、公共区域及周边要害部位视频监控无死角、智能化覆盖。

### （2）视频图像信息解析系统

作为人工智能平台的上游环节，通过基于 AI 的前端视频图像处理与分析引擎，提供视频结构化分析和预处理服务，方便各类用户在基本的看视频、调录像之外，可通过智能分析和处理工具对实时视频、涉事视频图像、违规抓拍图像等进行智能解析处理。

### （3）视频存储

视频存储按照《公安视频图像信息应用系统》（GA/T 1400—2017）标准要求，存储视频图像结构化数据，支撑园区视频图像信息应用和相关基础服务，可根据园区实际情况选择分布式存储方式或集中存储方式。视频图像信息数据库是"视频图像智能应用平台"的数据存储与管理中心，为视频图像智能应用提供调阅、分析、处理等数据服务。

### （4）视频网络传输与安全系统建设

化工园区视频监控系统建议以专网形式建设，满足资源整合与共享要求，同时通过接入园区整体信息安全平台，对视频资源进行分级授权共享，强化视频公共安全服务能力。

### （5）视频综合管理平台

针对当前大部分化工园区的视频监控系统在应用层仍集中于简单的视频查看和调阅的现状，智慧化工园区视频管理平台应解决视频资源不能与各类园区管理业务和数据进行关联的痛点，围绕基于视频和图像的深度智能化应用展开，在一些高频高发的场景上，提供人脸比对、车辆分析、布控预警、特征检索、轨迹分析、行为分析等技术手段，全面应用后，将能够解决以往覆盖面窄、无法全时段监控、难以精准预警的问题。

## 3.4.2.7 融合通信平台

融合通信平台基于互联网、软交换技术，为管理者提供业务系统、人员、物资的统一指挥调度管理平台，将音频、视频、会议、业务系统、数据进行高度融合，构建"平战结合"的指挥调度模式。该模式既满足平时的日常办公、会议会商、应急培训、应急演练需求，也能应对战时的应急指挥、应急救援、应急决策等要求，达到统一指挥、联合行动的目的，为化工园区管理提供有效支撑，最大限度提高应急处置效率。

融合通信平台可以多种形式呈现，如触摸屏一体机、PC、服务器、便携式平板等应用终端，以及大屏、桌面指挥终端、智能手持单兵等移动应用终端。平台功能应包含语音调度、会议会商、短信调度、GIS调度、移动指挥、桌面指挥、预案应用、智能通讯录、视频调度、传真调度、录音录像、大屏呈现等。该平台能够支持各类通信传输网络的接入融合，可实现与卫星通信、3G/4G/5G/1.4G、GSM/CDMA、有线 IP 网络、PSTN、Wi-Fi 等各类有线 / 无线通信网络的融合接入。接入终端能够覆盖车载台、对讲机、单兵、手机、电话、广播、卫星电话、应急通信车、PBX/IPPBX、视频监控、可视话机、智能终端、穿戴式单兵、视频会议、无人机、短信、传真等，可直接对接入终端进行统一调度，提高工作效率，节省运营开支。

# 3.4.3　应用支撑服务

应用支撑服务提供统一的事件服务、位置定位服务、文件服务、消息服务、身份认证服务、标识解析服务、开发支撑服务，将通用支撑平台的能力以服务化的形式提供给化工园区业务应用。

**（1）事件服务**

支撑平台基于对园区数据和业务的分析，针对运营过程中发生的事件和告警，提供统一的事件推送和处置能力。构建园区统一的事件中心，围绕园区场景预定义事件/告警模型，提供事件定义、查询、接入、可视、处置等全流程服务化能力，须满足以下要求。

① 支持将化工园区内的安全管理、环境管理、敏捷应急管理、封闭化管理等系统产生的事件或告警信息，通过消息队列、API 等方式统一上报至事件中心进行处置。

② 宜支持对事件、告警和业务联动规则进行配置，根据配置规则可实现自动去重、多因素组合告警、触发业务联动等能力。

③ 支持事件订阅和通知机制，应用系统可针对事件类型、触发指标进行订阅，触发后立即通知应用系统。

④ 支持基于事件列表、事件详情、地图和位置信息等要素进行可视化呈现。

**（2）位置定位服务**

位置定位服务为园区内特殊作业安全、移动危险源管理、环境污染溯源等业务场景提供位置信息支撑。基于园区地理信息平台对化工园区内的人员、车辆、物体进行精确定位，定位精度需满足业务需要，应满足以下要求。

① 支持与多种定位技术融合。

② 支持化工园区室内、室外定位。

③ 支持与移动终端整合，提供标准 API 或消息服务接口，实现定位数据共享。

**（3）文件服务**

文件服务提供文件的存储、共享、交换及文件管理能力，支撑日常文件流转和办公，需满足以下要求。

① 提供文件上传、下载、存储、共享、交换等各类管理能力。

② 支撑软件业务文件流转和日常办公，提供文件管理、权限管理、文件操作服务、在线公文处理等功能。

③ 支持权限加密、文件备份等功能，为园区及企业用户提供文件的安全服务。

### （4）消息服务

消息服务为业务应用提供消息认证、消息监控、统一消息格式、消息持久化、报文传输等功能，需满足以下要求。

① 支持消息队列配置能力，以满足不同的应用场景。

② 支持并发访问，多个消息生产者和消费者可并发访问同一个消息队列。

③ 支持消息投递保障，在消息有效期内，确保消息至少能被成功消费一次。

④ 支持通知消息，服务端能够主动将消息发送给用户指定的地址。

⑤ 支持一对多广播消息，支持多种投递方式，如电子邮件、短信息、移动 App 消息等。

### （5）身份认证服务

身份认证服务提供统一身份管理、统一认证管理、统一权限管理和用户合规审计等功能，应满足以下要求。

① 统一身份管理提供用户、机构、角色、应用、账号、密码等管理能力，能够提供密码策略、数据同步、自维护/自服务等机制，实现多系统之间的单点登录，方便系统间对账号的管理。

② 统一权限管理提供权限对象、应用权限、授权方式、权限合规等应用或界面级的管理能力。

③ 统一认证管理提供认证方式、认证授予、认证溯源、认证协议、认证策略等管理能力，实现全系统的身份认证。

④ 用户合规审计提供认证日志、访问日志、操作日志、同步日志、系统日志等功能以供查询、跟踪和审计，及时排查和追溯合规审计问题。

### （6）标识解析服务

支撑平台应提供标识编码注册和标识解析服务，并满足以下要求：

① 标识注册按照编码的分层结构采用分级注册管理机制，由二级节点向园区（企业）节点提供园区（企业）代码注册服务。

② 园区（企业）节点支持 VAA、DID、GS1、Handle、OID、Ecode 等标识体系中的一种或多种。

③ 园区（企业）节点提供所分配标识编码的网络定位及其对应标识对象的信息查询。

④ 园区（企业）节点标识解析支持接入认证，保证解析过程安全可信。

### （7）开发支持服务

支撑平台宜提供适配于化工园区应用特点的开发支持服务。能够提供以低代码开发和业务、数据资产沉淀为主要特征的前后端开发支持框架和工具，用于保障化工园区业务应用的快速开发和迭代。

开发支持服务宜具备前后端对象构建、流程编排、脚本编译、动作编排、数据绑定等服务化能力，支持园区业务应用开发模式创新。

# 3.5　业务应用

按照现行的智慧化工园区标准体系，智慧化工园区业务应用一般包含安全监管、环境管理、敏捷应急管理、封闭化管理、物流管理、能源管理、产业管理、综合管理和办公管理等内容，园区可以结合自身管理需求和发展需求进行调整优化。

# 3.5.1　安全监管

化工园区立足于体系化管控建设理念，安全生产系统建设以风险管控为核心，着力构建全方位、全时空、全要素、全流程安全管理新模式，有效防范化解园区系统性安全风险问题。依托行业专业算法模型，实现各类风险规范化、标准化、智能化管控。建立物联网感知"一张网"，实现在线实时动态监管、态势研判和超前预警。平台数据互联互通，业务协同共享。强化体系化安全管控能力，减少人力成本投入，助力园区安全管理数字化转型，最终实现园区安全管理科学化、智能化。

## 3.5.1.1　安全基础管理

安全基础管理功能包含但不限于以下内容：园区基础信息管理、安全生产行政许可管理、装置开停车和大检修管理、第三方单位管理、执法管理等。

**（1）园区基础信息数据**

对园区规划信息进行管理，包括园区总体规划、产业规划、整体性安全风险评价、产业定位等相关信息。提供园区规划文件的上传和录入，包括园区认定文件、土地规划文件、园区整体安全评价报告、区域评价报告、上级主管部门的相关批复、园区高清平面图等。系统支持与园区 GIS 的联动，可以按照规划文件要求，在园区三维/二维地图上以不同色块和线条标注园区四至范围和各区域的规划用途，也可以对园区重要基础设施在三维地图上进行标注。

对园区安全管理体系相关信息进行维护，包括安监部门、负责人、联系电话、安全组织架构等。对园区各类安全管理制度文件进行在线管理。

对园区已制定的"禁限控"目录进行在线维护和应用，包括类别、名称、CAS 号等信息，支持信息的新增、修改、删除和查看。

汇总园区企业的安全相关信息，包括企业名称、重大危险源数量、重点监管危化工艺数量、重点监管危化品种类、标准化等级、安全负责人、联系电话等。可快速筛选和查询相关数据。

汇总园区企业重点监管的危险化工工艺信息，包括企业名称、工艺名称、工艺类型、区域名称、安全负责人、联系电话等。可通过企业、类型、名称进行快速筛选查询，可进一步查看工艺的详细信息。

汇总园区企业重点监管的危险化学品信息，包括企业名称、化学品名称、CAS 号、化学品作用、存储量、是否重点监管、是否优先控制等。可通过企业、类型、化学品作用、名称或 CAS 号进行快速筛选查询，可进一步查看化学品的详细信息。

汇总园区企业重大危险源信息，包括企业名称、危险源名称、危险源级别、重大危险源分类、主要负责人、联系电话等。可通过企业、级别、重大危险源分类、名称进行快速筛选查询，并进一步查看重大危险源的详细信息。能够基于 GIS 平台，实现各级重大危险源分类展示，并可查看单元类型及关联的应急预案。

汇总园区企业的事故事件信息，包括企业名称、事故名称、事故类型、事故等级、事故时间、事故地点、事故人员伤亡及财产损失情况等。可通过企业、时间、事故类型和名称进行快速筛选查询，并进一步查看事故事件的详细信息。

**（2）安全生产行政许可管理**

实现危险化学品安全生产许可证、危险化学品登记证、安全生产标准化证书、安全评价报告、安全"三同时"等相关材料按统一格式录入信息并定期更新；实现对录入信息的自动／人工审核，将不符合要求的数据退回，对符合要求的数据进行维护管理。企业数据可按要求同步至园区管理平台。对于提报、审核过的材料，以列表形式显示园区企业所有的安全生产许可管理信息，列表信息包括企业名称、证书编号、证书类型、许可类型、有效期、证书状态等。也可输入企业名称、证书编号、有效期等进行查询，还可进一步查看安全生产许可的详细信息。

与上级主管部门的许可证审批系统对接，实现企业各类型许可证信息的获取，包括许可证名称、发证机构、有效期等。

### （3）装置开停车和大检修管理

支持园区企业装置设施（含重大危险源）开停车和大检修线上备案，备案内容包括开停车方案和时间、大检修方案和时间等。支持备案信息维护、查询等功能。对装置开停车和大检修行为进行动态更新。园区监管部门可通过系统查看园区企业装置开停车和大检修管理工作的具体信息。

### （4）第三方单位管理

建立入园／驻园服务商管理单位信息库，包括但不限于第三方单位基本信息、资质、安全教育培训记录、服务记录、违规记录等，以实现第三方单位诚信监管。建立园区服务商诚信档案，供园区企业在选择园区服务商时参考。系统自动根据评价规则对企业进行动态评价，输出 AA/A/B/C 不同级别的评价结果，并自动按权重继承上一年度的评价结果，保证评价结果的延续性。

园区管理人员可根据园区服务商的资质情况、项目服务记录、企业意见反馈等内容，建立诚信评价规则，系统会依据信用评价规则对第三方机构企业的诚信进行自动评价。工作人员可根据实际情况需要，遵循公平、公正、公开、及时的原则对评价规则进行配置和调整，当规则发生变化后，园区服务商当前的信用评价结果将会相应变化。

### （5）执法管理

按照应急管理部"互联网＋执法"系统建设要求，实现生成执法计划、记录执法内容、生成和下发执法文书、跟踪企业整改闭环的全流程管理。支持移动终端执法留痕、相关法律法规标准规范数据库关键字检索、执法案例智能推送，以及执法信息的快速查询、统计分析和可视化展示。

### 3.5.1.2 重大危险源安全管理

#### （1）重大危险源安全包保责任落实监督

由企业工作人员以园区各企业重大危险源为单位，登记录入各危险源的三级责任人。本功能与从业人员档案相关联，在选择具体的责任人时，可自动带入其从业信息。信息录入完成后，可生成园区重大危险源及其责任人列表。系统可对未填报负责人的重大危险源进行主动筛选，由园区工作人员提醒企业尽快落实对应的责任人。

企业用户针对企业三级包保责任人履职情况进行平台备案，支持上传文字、图片、音视频等格式的数据，确保记录可查询、可追溯。系统可对履职记录上传的时间进行分析，自动生成重大危险源三级包保责任人履职记录列表，并可筛选近期未上传履职信息的重大危险源及其责任人，提示园区工作人员予以关注。

以列表形式展示所有企业的履职记录，数据根据企业端录入情况进行动态更新，系统自动根据履职内容判断履职完成情况。列表包括企业名称、总排查任务、主要负责人、技术负责人、操作负责人相关完成任务数、完成率，以及隐患数量（发现隐患数量、完成整改数量）等信息，并自动进行汇总。

支持对包保责任人安全包保履职情况记录进行检查，支持个性化设置检查内容，例如企业未按照相关要求对重大危险源安全进行监测监控，未明确重大危险源中关键装置、重点部位的责任人，未对重大危险源的安全生产状况进行定期检查并采取措施消除事故隐患，或存在其他违法违规行为等。支持对相应检查结果进行在线维护、查询和统计。根据国家重大危险源安全包保责任检查频次要求，定期提醒未进行检查的企业。

#### （2）在线监测预警

通过对接企业安全生产数据采集前置机，或直接对接 DCS 等系统，设置采集频率，获取各类重大危险源的在线监测、监控数据，并实时推送报警数据。支持基于 GIS 地图浏览重大危险源，查看储罐、装置、危险化学品库等处的液位、温度、压力和可燃有毒气体浓度的实时监测数据、报警数据。通过汇聚视频监控画面信息，接入仓库、中控室、重大危险源现场等重点部位的监控视频数据。支持实时查看这些重点部位的监控视频。

汇聚现有重大危险源监测监控数据，实现对重大危险源安全的在线抽查，查询历史数据并进行对比分析。结合系统中实际上传的数据，分析数据完整性。对罐区温度、压力、液位、可燃及有毒气体浓度数据进行对比分析，判断监测数据的真实性。

实现企业重大危险源的可视化分析及报警分析，包括企业重大危险源数量、生产单元、储存单元的统计，重大危险源报警趋势分析，监测监控报警状态及处置状态的展示与详情查看。

分类分区对罐区储存装置等实现温度、压力、液位、有毒气体、可燃气体的监测参数阈值、监测实时数据、历史数据的在线巡查。支持在线抽查，自动抓取被抽查企业的安全承诺、设备在线、视频在线等数据，形成清单，并对未及时处置项发起督办。

实现对企业端的监控主机设备、传感器等关键设备的日常运行状态进行查询，包括设备运行状态、上报频率、最后上报时间等信息。

汇聚视频监控画面信息，利用算法包（结合智能摄像头）实现对仓库、中控室、重大危险源现场等重点部位的监控视频智能分析，支持对火灾、烟雾、人员违章（如中控室脱岗）等进行全方位的识别和预警。

### （3）重大风险管控

构建风险预警模型，自动生成实时预警结果信息 [分为重大风险（红）、较大风险（橙）、一般风险（黄）、低风险（蓝）四个级别]，字段包括但不限于企业名称、预警时间、预警等级、责任人等信息。按照风险等级颜色对园区企业的重大危险源进行标注，当某个重大危险源的风险等级发生变化时，标注图形的颜色也会随之改变。

支持根据预警级别，按照《危险化学品安全生产风险监测预警系统预警信息处置管理办法（试行）》，即时自动完成预警信息的发送、核查、反馈和督办。

设置各级预警推送触发机制，系统自动生成预警报告，并按照设定推送至相关人员，同时通过短信、电话提醒等方式，向有关危化品企业安全负责人及监管部门快速、精确推送重大危险源及区域风险预警情况。根据预警推送信息，由相关企业及时处理并反馈处理结果，形成闭环。同时设置提醒功能，通过短信、电话等方式向企业及相关人员进行提醒。

### （4）评价／评估报告及隐患管理

实现安全评价报告、安全完整性等级（SIL）评估报告等的上传，支持对重要内容自动进行摘录。支持对评价／评估报告进行汇总以及多维度的统计分析展示。

支持企业重大危险源安全评价报告的上传，并对其中重要内容予以摘录，摘录内容可包括：重大危险源基础信息、辨识及分级结果、主要危险因素分析结果、主要有害因素分析结果。周边主要危险和有害因素分析结果、自然灾害危险和有害因素分析结果等。

支持企业重大危险源 SIL 评估报告的上传，并对其中重要内容予以摘录。评估报告及摘录信息由企业工作人员自行上传并维护，摘录内容为报告中发现的问题隐患，如关键传感器、阀门损坏失效等。

汇聚双重预防机制模块重大危险源隐患信息，可查看隐患、整改情况、督办提醒情况，支持多维度查询包括企业、重大危险源、时间、隐患分级（一般、重大）、是否整改等，对重大危险源隐患管理进行统计分析。

**（5）重大危险源企业分类监管**

结合安全承诺公告、实时监测数据、安全包保责任人履职、"三录入"（企业自查问题录入、市级交叉检查问题录入、部省抽查问题录入）、评价 /评估报告等数据信息，基于危险化学品重大危险源企业安全管理现状综合评价体系，设置评价规则，评价出特别管控、重点关注和一般监管三类企业，实现对这三类企业的分类监督管理。支持记录危险化学品重大危险源企业分类监管历史数据，支持基于 GIS 地图进行分类标注、多维度统计分析及可视化展示。

### 3.5.1.3　双重预防机制

双重预防机制系统可在园区管辖范围内，对企业实施安全风险分级管控和隐患排查治理双重预防机制，同时对接企业双重预防机制信息系统，对企业双重预防机制建设及运行效果进行抽查检查，对隐患整改情况进行督办提醒等，推动园区和企业有效运行双重预防机制，提升安全风险防控水平。

**（1）企业双重预防机制对接**

通过数据链路，层层穿透到企业端双重预防机制信息系统。支持查看企业双重预防机制数据，实现对企业生产装置 / 罐区、风险事件数量、隐患数量等基本信息的查看，并可查询企业风险分级管控清单和隐患排查清单。

**（2）隐患整改情况督办提醒**

对企业上报或园区检查发现的重大隐患进行督办，对于未整改的重大隐患支持整改期限临期提醒和一般隐患超期警示功能。针对企业存在的重大隐患或超期未整改的一般隐患，支持对企业进行督办，由企业填写上报整改信息，监管整改隐患治理的全流程。

企业在收到整改通知后，须在第一时间确认收到督办通知，然后在督办规定的时间内完成整改要求，并对整改结果拍照上传，经园区确认后方可关闭流程，从而实现从企业隐患排查到园区督查整改的闭环管理。

实现对重大隐患线上督办、整改临期提醒及一般隐患超期警示功能，支持线上下发督办通知书、通过短信向有关人员发送提醒警示信息等功能，确保实现隐患闭环处置，以及不同行业、不同关键装置隐患多维度统计分析和可视化展示。

### （3）企业双重预防机制建设及运行效果抽查检查

支持对单个企业风险分析完成率、排查任务完成率、隐患整改完成率、未整改数量、已整改数量等信息的查询，并通过系统、短信等方式定期推送给有关人员，为线下精准执法检查提供支撑。

构建双重预防机制运行效果评估模型，定期自动根据相关指标评估企业双重预防机制运行效果，根据不同得分评估出优、良、中、差四个等级。支持根据用户需求，个性化定制双重预防机制运行效果模型指标信息。构建双重预防机制运行效果评估报告模型，评估报告分为月度、季度、年度报告。根据用户需求，定期输出运行评估报告，报告内容包括风险分析完成率、隐患排查任务完成率、隐患整改率、具体未完成情况等内容的分类统计、分析、排名。对企业双重预防机制运行效果和原因进行统计分析，对不同周期内企业建设效果、风险分析完成率、排查任务完成率、隐患整改完成率进行分类统计和分析。对隐患预警情况信息进行统计，按预警次数对企业进行排序。基于 GIS 地图可快速查看企业定位、企业风险点数量、企业风险四色图等信息。

## 3.5.1.4　特殊作业监管

### （1）企业特殊作业报备

实现企业特殊作业报备，报备数据包括但不限于作业属地单位、作业类型、作业内容、作业时间等，建设完成后将具备对园区企业安全生产涉及的动火作业、进入受限空间作业、临时用电作业、高处作业、断路作业、动土作业、吊装作业等危险作业的日常监管功能。

园区监管用户可通过平台查看园区内企业所上报的特殊作业信息，包括企业名称、作业名称、存在的风险或可能引发的事故类型、安全防范措施、应急救援措施、作业起始时间、作业结束时间、管理制度与操作规程、作业许可证等信息。

### （2）特殊作业票证统计分析

实现与园区内企业存在电子作业许可的系统进行结构化数据对接，支持查看结构化的企业的电子作业票信息。按日、月、季、年等不同时间周期统计园区内特殊作业的数量，按八大作业类型以及不同危害效果进行分类统计。系统可对当前作业活动情况进行统计，根据部门、车间、作业类型、作业状态等维度对当前作业情况进行数据分析；对历史作业情况进行统计，根据部门、车间、作业类型、作业状态等维度对历史作业情况进行数据分析。

通过园区人员或设备的定位系统，实现对特殊作业在电子地图上显示的功能，自动记录作业过程中监护人员离岗、非作业人员闯入作业区的问题。通过作业内容、人员名称、设备编号可实现对特殊作业的快速查询。

### （3）特殊作业在线抽查

实时查看特殊作业办票、审批许可流程；可按作业类型、作业时间、企业类型、企业安全风险等级等不同条件，随机生成所需数量的企业作业抽查清单，并进一步查看作业的详细信息；具备记录现场监护人员和管理人员对特殊作业监管意见的功能。

实现与应急管理部特种作业操作证及安全生产知识和管理能力考核合格信息查询平台互联互通，可查询作业人员的资质信息。

具备企业现场摄像头、现场气体传感器等设备的联动调阅功能。通过调用现场作业关联的摄像头以及监测设备，实时查看作业过程视频和监测数据变化，实现非现场的作业监管。

## 3.5.1.5　安全辅助决策

### （1）安全生产预警指数模型

明确安全生产预警内容，包括企业的动态风险指数、隐患排查指数、特殊作业指数、应急管理指数、工艺运行指数、报警管理指数、人员安全指数等全量数据，建立安全生产预警体系，支持自定义指标体系及内容、单个指标的打分规则并量化、自定义指标体系的权重，同时支持使用指数预警法、统计预警法、模型预警法等多层次分析法确定权重。

基于人、物、环境、管理、事故等反映企业和园区生产及事故特征的影响指标，建立安全生产预警指数模型，通过数据统计、计算、分析，量化表示生产安全状态，得到企业或园区某一时间生产安全状态数值，对安全生产状况作出科学、综合、定量的判断。

① 模型指标体系　明确安全生产预警内容，涵盖企业的动静态风险、特殊作业、隐患治理、装置布局、变更管理、能源综合管理、应急预案、培训及人员素质、消防设施、报警等方面信息和全量数据，以此建立安全生产预警体系。

② 模型结果应用　采用指数预警法、统计预警法、模型预警法等合适的数学方法，对历史安全生产预警指数值进行运算，建立预测数学模型，计算出未来时间点的生产安全数值，从而对未来生产安全状态进行预测。通过机理分析找出安全管理的缺陷与失效原因，直观且综合地评估安全管理能力。

③ 模型解决的问题与价值　安全指数以量化方式直观呈现企业安全生产状况，便于管理人员及时掌握企业安全运行状态。借助智能化模型提升安全生产风险感知、监测预警和响应处置能力，排查并化解潜在风险，坚决守住不发生系统性风险的底线，为促进企业和监管部门安全管理智能化转型赋能。

④ 模型应用范围　适用于园区及入园企业的安全生产风险管理。

通过对历史安全生产预警指数值进行运算，建立预测数学模型，计算出未来时间点的生产安全数值，对未来生产安全状态进行预测。运用多种机理分析安全管理的缺陷与失效原因，直观综合地评估安全管理能力。

系统依据巡查记录、危险源管理、双控机制、作业管理等信息，通过内置建模，定期拟合生成预警数量、预警区域、预警指数、预警指数雷达图，并自动推送给园区。园区可根据预警指数分析结果，合理调配监管资源，进行查阅补漏，强化风险漏洞的管控和监管措施。

系统根据企业的巡查记录、危险源管理、双控机制、作业管理等信息，通过内置建模，定期拟合生成安全生产曲线、安全生产环比、安全生产态势评估、安全生产趋势图并自动推送给企业，企业可根据推送信息，加强生产及危化品安全监管，堵塞安全漏洞，确保生产安全平稳运行。

### （2）风险监测预警模型

依据企业及园区的危险源点位、特殊作业类别、风险概率、预警分级、预警表现等因素对模型进行分析研判，实现对风险的动态监测和早期预警，挖掘潜伏期风险，为减少或规避不必要的安全损失提供参考。

通过对园区危险源、特殊作业、暴雨、火灾、触电等风险进行监测及分级预警，实现对风险的动态监管和敏捷预警。

① 模型指标体系　依据企业及园区的危险源点位、特殊作业类别、风险概率、降雨量、火情等级、触电人数、预警分级、预警表现等因素对模型进行分析研判。

② 模型结果应用　通过风险监测预警，对企业及园区可能面临的各种潜在风险进行系统化监测和全方位管理，实现对风险的动态监测和早期预警，挖掘潜伏期风险，为减少或规避不必要的安全损失提供参考。

③ 模型解决的问题与价值　该模型将信息共享、视频监测、AI识别、气象五参数紧密结合，形成数据关联体，为相关数据的具体应用提供分析拟合的平台，实现风险可控、预警前置，形成自我识别、分析预判及报警的自主化安全管理流程。

④ 模型应用范围　该模型可应用于园区对企业风险、气象风险、防火触电风险的统筹管理，有效保障企业生产运营的健康安全。

**（3）作业环境、异常状态识别分析模型**

利用远距离红外探测技术、红外热成像分析、可见光分析、激光光谱分析等方法，结合危险化学品领域常见的气体光谱数据，对火灾、烟雾、泄漏等异常情况进行识别。结合气体扩散模型、火灾传播模型等，对异常情况的严重程度进行分析判断，并进行分级预警。

① 模型指标体系　根据气象参数数据、气体光谱数据、化学品物性数据、噪声辐射数据、粉尘恶臭数据等，对作业环境及异常状态进行识别分析。

② 模型结果应用　基于作业环境、异常状态识别分析模型，通过对相关指标的输入、分析、反馈和优化，实现对异常作业的认定及危险源等级的评估，针对作业环境风险制订防控预案，完善异常作业控制措施，实现分级预警、分类管控，消除企业生产过程及园区管控过程中的潜在风险盲点，确保作业环境和生产状态始终安全可控。

③ 模型解决的问题与价值　通过模型应用，提升企业和园区的安全监管效能，加强异常作业识别，防范作业环境风险。通过对作业环境和异常状态的识别及评估，落实控制措施，确保作业状态全程可控，作业过程本质安全。

④ 模型应用范围　适用于园区内化工企业作业环境及异常状态的管控。

特殊作业在线抽查检查，可实现在线抽查企业的特殊作业情况，实现与企业现场摄像头、现场气体传感器等设备的联动调阅。通过现场监测仪器随时了解现场的气象条件，避免在高温潮湿、大雨地滑、大雾等不利条件下作业。

该模块主要为企业及园区对特殊作业人员的现场环境安全监管提供服务。

# 3.5.2 环境管理

近年来，《智慧化工园区建设指南》（GB/T 39218—2020）、《"十四五"全国细颗粒物与臭氧系统控制监测网络能力建设方案》（环办监测函〔2021〕218号）、《化工园区开发建设导则》（GB/T 42078—2022）、《化工园区建设与管理》（杨挺主编，化学工业出版社）等均对化工园区的环境管理信息化、智慧化提出了指引。在此背景下，化工园区智慧化环境管理主要包括以下内容：环保基本档案、环境质量监测监控、污染源监测监控、环境溯源、环境日常监管、环境应急管理、环保辅助决策分析。

## （1）环保基本档案

化工园区应编制园区环保基本档案，档案分为园区端与企业端。

① 园区端 建立园区环保档案，对档案进行管理并实现动态更新。档案内容包括园区环保专项规划、规划环境影响评价及跟踪、园区周边生态空间管控区分布及环境准入负面清单、园区环保基础设施建设及运行情况、园区周边环境信息、图件数据等。

② 企业端 建立企业环保档案，对档案进行管理并实现动态更新。档案内容包括企业建设项目环境影响评价、排污许可、环保竣工验收等环保手续执行情况，污染源信息、污染治理设施、排口信息、图件数据。

## （2）环境质量监测监控

对园区环境空气、地表水、地下水、土壤、声环境等环境要素进行在线监测，监测数据按上级管理部门统一要求进行数据上传和共享。

① 园区环境空气质量监测 通过在园区下风向、园区内部、上风向及靠近居民区区域安装空气质量监测设备，实现对园区整体空气质量的实时在线监测。系统设定报警值，当监测数据超过国家规定的报警标准值时，系统自动报警。监测因子包含 $PM_{2.5}$、$PM_{10}$、$NO_x$、$SO_2$、$O_3$、$CO$ 等。系统可实现实时预览和历史存储，日常监管和应急时可在指挥中心大屏上显示。

② 地表水环境 在流经园区的主要河流的入口处和出口处分别设立水质监测站点，形成对河流的断面监测，对入口处和出口处水状况进行实时在

线动态监测和分析，实现对河流的有效监管。可检测数据包含常规五参数；如有特殊需求，可增加监测高锰酸盐指数、氨氮、总磷、总氮、综合生物毒性、大肠菌系、重金属（Fe、Mn、Pb、Cd、$Cd^{6+}$）、叶绿素、绿藻、挥发酚、氟化物、TOC、水中有挥发性有机物等物质。

③ 地下水环境　通过传感设备采集地下水数据，上传至系统平台，实现实时在线监测、历史数据查看、系统报警等功能。对于采样监测，支持手动输入数据。地下水环境监测技术宜符合 HJ/T 164 的要求。

④ 土壤环境　通过传感设备采集土壤数据，上传至系统平台，实现实时在线监测、历史数据查看、系统报警等功能。对于采样监测，支持手动输入数据。土壤监测技术应符合 HJ/T 164 和 HJ/T 166 的要求。

⑤ 声环境　在园区内敏感点位与噪声重点排污单位安装噪声自动监测设备，实现对园区声环境质量的实时在线监测，数据上传至系统平台。监测点位布设应符合 HJ 661 的要求。

⑥ 水文和气象数据　对园区地表水环境质量监测站点所在水环境同步开展水文在线监测，监测项目包括流速、流量、水温等；对园区空气环境质量监测站点同步开展气象观测，监测项目包括风速、风向、温度、湿度、气压等。水文数据与气象数据上传至系统，并具备统计汇总和既往数据趋势分析的功能。

### （3）污染源监测监控

① 特征污染物名录库　建立化工园区和企业废气、废水、土壤与地下水特征污染物名录库，特征污染物需与企业的生产工艺信息、原辅材料信息、产品信息、建/构筑物信息、污染源信息、排口信息、监测信息相关联，并实现动态更新。

② 固定污染源监测管理　在企业废气、废水、雨水排放口设立自动监测点，实现监测数据实时记录、故障记录、数据异常记录、超标报警及报警信息闭环处理、统计分析、历史数据查看与导出等功能，并上传至系统。系统设定报警值，当污染物浓度或总量超过国家规定的报警标准值时，系统自动报警。

③ 大气污染物无组织排放监测管理　通过在厂区、厂界、园区边界安装物联网传感设备，实现对园区有毒有害因子的监测，并上传至系统。系统可实现实时数据查看、历史数据查看、系统报警等功能。可通过在园区内部增加移动监测设备，丰富监测手段，并实时上传数据至系统，实现全覆盖监测。

④ 固体废弃物管理　园区应建立固废全流程监控管理系统，对一般工

业固体废弃物产生、收集、暂存、处理处置、转移等环节进行数字化、信息化管理，对危险废弃物暂存区域实现视频监控全覆盖，对转移全过程进行动态实时跟踪。

⑤ 工况监控管理　对企业各类污染治理设施单独安装的水、电、蒸汽等计量装置、关键设备等进行在线工况监控。当污染治理设施工况监控数据超出预先设定的报警阈值或设备运行状态出现偏离时，应发出预警信息，并推送至企业环保负责人进行处置，同时同步推送至园区生态环境管理部门。

**（4）环境溯源**

园区应具备环境空气污染、水污染与危险废弃物全流程的溯源分析能力。

① 大气环境溯源　在环境空气质量实时监测数据、废气污染源实时监测、大气污染物无组织排放实时监测及移动监测数据基础上，结合气象数据、化工园区企业档案数据、特征污染物名录库和废气治理设施工况等，通过数据关联分析和校验、模型反演等手段实现大气环境污染的溯源追踪。

② 水环境溯源　在地表水环境质量实时监测数据、废水污染源实时监测数据基础上，结合水文数据、化工园区企业档案数据、特征污染物名录库和污水治理设施工况等，通过数据关联分析和校验、模型反演等手段实现水环境污染的溯源追踪。

③ 危险废弃物溯源　建立园区内危险废弃物全流程监督管理系统，实现园区内企业危险废弃物全流程的溯源能力。

④ 溯源分析结果跟踪处理　园区生态环境管理部门应针对溯源分析结果，完成后续环保问题的核查、跟踪和闭环处理工作，并将相关信息纳入企业档案。

**（5）环境日常监管**

① 排污许可执行情况动态管理　按行业等对园区内企业排污许可执行情况进行统计分析，并与上级环境主管部门现有排污许可系统信息互通，对接企业基本信息、水污染物排放信息、大气污染物排放信息、自行监测要求、执行（守法）报告要求等内容。

② 总量控制与核算　对园区内企业主要污染物的实时排放总量进行核算并上传系统；对园区主要污染物排放的总量年度控制计划、总量分解情况、年度减量目标完成情况、区域削减情况进行信息化管理。

③ 清洁生产审核管理　对园区内强制性清洁生产审核企业的清洁生产审核完成情况进行动态管理及预警报警；对非强制性清洁生产审核企业清洁

生产执行情况进行登记管理。

④ 环境日常监督检查与闭环处置　应组织监察小组对园区进行环境日常监督检查工作，对工作中发现的生态环境问题进行管理，跟踪相关问题的闭环处置。

⑤ 泄漏检测与修复管理　组织企业定期开展泄漏检测与修复（LDAR）工作，统计开展 LDAR 工作的企业名单、检测数据、维修数据、排放量计算数据、检测修复评估报告等信息并上传至系统平台，实现动态更新与信息化管理。

⑥ 重污染天气应急管理　建立重污染天气应急管理系统，根据上级下达的重污染天气应急管理要求，一键通知关联企业并接收企业反馈或上传的应对措施落实情况，对重污染天气应急响应过程进行记录和统计，动态掌握指令执行情况。

**（6）环境应急管理**

① 环境风险管理　加强园区重点环境风险隐患排查，监控并统计园区内涉重金属、危险化学品、废水排放、废气排放、危险废弃物等企业，以及园区的环境风险单元、涉及的环境风险物质、环境风险分级、周边环境风险受体等情况，建立园区风险源资料库，并进行动态管理。

对园区内应急基础设施进行信息化管理并动态更新，主要包括园区/企业事故应急池、雨排水系统和园区河道等三级防控体系或明渠管网、闸坝和闸阀、水泵、环境应急物资及储备库等。

② 突发环境事件应急管理　分别建立园区与企业层面的突发环境事件应急预案，实时更新环境应急物资储备情况，做好应急预案演练。对园区突发环境事件应急预案、突发环境事件风险评估、突发环境事件隐患排查治理、环境风险防控与应急措施、应急值守、应急物资与装备、应急队伍、应急救援指挥、突发环境事件应急演练与培训、事故总结、案例库等进行信息化管理，并动态更新。

**（7）环保辅助决策分析**

① 园区环境保护综合态势　系统自动评估园区的环境质量监测、环境日常监管、环境应急管理等方面的环境保护综合态势，对高风险因素进行预警管理。

② 企业环境保护综合态势　系统自动评估企业的污染源监测、环境日常监管、环境应急管理等方面的环境保护综合态势，实现企业风险分析，筛选违法违规及潜在风险企业，并进行预警管理。

③ 企业环境信用评价　系统接入法律文书、政府及生态环境主管部门的正式文件数据或信访数据，以及基于环境管理系统企业生态环境管理情况，建立企业环境信用评价体系，对企业环境信用进行评分及动态管理，对不同环境信用等级的企业进行差异化管理。

④ 综合报表中心　系统自动生成园区的环境质量与污染源报表，报表类别包括但不限于日、周、月、季、年报表等，支持报表的查看、导出。

# 3.5.3　敏捷应急管理

随着《"十四五"国家应急体系规划》的发布，国家高度重视应急管理体系的构建，致力于打造一个反应迅速、协调有力的应急平台，以增强我们对灾害的防范、减轻与救助的综合能力。这一目标对于智慧化工园区来说尤为关键，因为化工园区的安全风险管理关系到广泛的社会与环境层面，一次事故可能引发连锁效应，对周边社区造成深远影响。因此，确保智慧化工园区在应急管理方面的高效性和先进性，成为我们面临的重要任务。

一个成熟的智慧化工园区应急管理系统，不仅在紧急情况下能够及时动员资源，协调应对措施，尽可能降低损失，而且能够通过持续的数据收集与分析，不断提炼风险预防和控制的策略，从而提升整个园区的安全应急能力。

本节将深入探讨以下四个主要模块，展现智慧化工园区在应急管理方面的应用。

① 应急准备管理　重点介绍如何通过预案制定、资源准备和员工培训等手段，提前做好各种突发事件的准备工作，确保在危急时刻能够快速、有序应对。

② 监测与预警　重点介绍智慧化工园区如何利用高科技监测设备和信息技术进行风险监控，以及如何通过数据驱动的预警机制，及早发现隐患，防止事故发生。

③ 应急处置救援　探讨在紧急情况发生时，智慧化工园区如何迅速启动应急响应体系，通过有效的信息交流和指挥机制来组织救援工作，以最小化事故带来的损害。

④ 应急模拟演练　通过定期的模拟演练，可以检验和改进应急预案的有效性，同时提升管理人员和一线操作人员对紧急情况的处理能力，增强园区对突发事件的整体响应能力。

下面将详细阐述这些模块在智慧化工园区中的实际应用和落地策略，旨在为读者展现一个全面、高效的应急管理体系框架。

### 3.5.3.1　应急准备管理

应急准备是指事先制定和组织实施一系列措施，以应对可能发生的各类紧急情况并减轻其影响。在《中华人民共和国安全生产法》《中华人民共和国突发事件应对法》以及《"十四五"应急救援力量建设规划》等一系列国家政策的引导下，园区与企业被要求建立和完善应急管理体系，重点强化应急预案管理、应急资源管理和应急救援力量管理这三个关键方面。

**（1）应急预案管理**

《"十四五"应急救援力量建设规划》等一系列政策文件，都强调了应急预案的重要性，并对园区和企业在应急预案建设、制定流程、演练频率等方面提出了严格要求，以确保在发生突发事件时能够迅速、有效地进行处置，最大程度地保障人民生命财产安全和社会稳定。

在化工园区的背景下，应急预案建设与相关应用已经取得了显著进步。一方面，园区管理部门和企业都必须按照国家政策要求，制定详尽的应急预案，涵盖突发环境污染事件、火灾爆炸事故、自然灾害应对等多个方面。预案中应明确责任分工、响应程序、资源调配、应急措施等关键信息，并定期进行更新和优化。

另一方面，智慧化的发展为应急预案的建设和执行带来了新的提升。通过利用物联网、大数据、云计算等现代信息技术，园区能够实时监测环境参数、生产状态和安全状况，提前识别潜在的风险点。一旦发生事故，智慧化系统可以快速响应，自动启动预案，指导企业和应急队伍按照事先设定的程序进行操作，从而提高了应急管理的效率和准确性。

例如，通过智慧化系统可以实现快速的信息收集与分析，及时向管理人员和应急队伍提供准确的事故信息。在资源调配方面，智慧化应急系统能够根据预案中的资源目录，迅速调动所需的救援人员和物资。此外，通过模拟演练和虚拟现实技术，园区和企业能够定期开展应急预案演练，不仅提高了人员的应急处置能力，也检验并完善了预案的有效性。

值得一提的是，智慧化工园区的应急预案建设还注重与外部救援力量的整合。通过建立起与地方政府应急管理部门、消防机构和医疗卫生机构的联动机制，确保在发生重大事故时能够快速有效地获得外部支持和援助。

总之，国家政策的引导和信息技术的发展，共同推动了园区和企业应急预案建设的深化与完善。智慧化园区通过高度集成的应急管理系统，不仅确保了预案的及时启动和有效执行，还通过实战演习不断提升应对各类突发事件的能力，为园区的可持续发展和安全生产奠定了坚实的基础。

（2）应急资源管理

化工园区应急资源管理是针对化工行业可能发生的危险化学品安全生产事故和环境应急事件，制定一系列预防和应对机制。其核心目的在于通过合理配置和高效使用应急资源，以最大程度降低事故影响，确保在事故发生时，能够快速响应、有效降低损失，并保护人员和环境安全。

这套管理体系涵盖了从化工企业自身的应急资源，到园区内其他企业的共享资源，再到园区外部周边地区的辅助资源，形成了一个全方位的应急响应网络，主要可分为三大类。

① 化工企业自身的应急资源　这些资源位于事故可能发生的地点，因此能够迅速响应，对于小规模事故的处理尤为有效，可能无须动用额外救援力量。

② 园区内企业外的资源　通过详尽的调研，清晰了解各类救援单位的名称、位置、可用的救援资源类型和数量，对于降低事故带来的潜在损失极为重要。

③ 园区外部资源　即化工园区周边地区的应急资源。在重大事故发生时，如果园区内部的资源不足以应对，就必须依靠周围地区的救援资源。这些资源的详细信息同样包含救援单位的名称、位置及其拥有的救援资源类型和数量，对于确保事故得到有效控制至关重要。

而智慧化工园区应急救援平台建设的核心在于满足并超越《危险化学品单位应急救援物资配备要求》（GB 30077—2023）等国家规范对物资装备的基本要求，融合"十四五"规划的战略目标，特别是"优化要素资源配置，增进创新驱动的发展动能"，通过引进智能装备，如无人机、机器人、智能搜救设备、应急通信设备、智能防护装备等，提高应急响应的效率与效力。这样的智慧化举措不仅提升了应急管理系统的效能，而且体现了对园区安全生产和可持续发展需求的深刻理解与支持，标志着对园区应急能力持续优化与创新的坚定承诺。

（3）应急救援力量管理

应急救援力量管理是指对由专业人员和志愿者组成的团队进行管理，在事件发生时，他们负责执行预案并利用资源来降低风险、实施救援和恢复工作。2022年，应急管理部发布的《"十四五"应急救援力量建设规划》（应急〔2022〕61号）中明确指出"支持各地区加强化工园区、产业园区、重大项目实施等安全生产应急救援力量建设，完善综合救援基地，推动政府和企业联合建立专职应急救援队伍，指导高危行业企业依法加强专职安全生产应急救援队伍建设。"一个有效的应急准备体系能够最大限度地减少紧急事件对人员、财产和环境的影响。

① 企业层级　是应急队伍体系中的第一响应层级。企业应配备自己的应急救援团队，负责初步的事故处理和内部疏散工作。在企业应急队伍接到警报后，应立即采取预定措施，如封锁危险区域、关闭相关设备、组织人员撤离等，并及时向园区管理中心汇报事故情况。

② 园区管理中心层级　代表了第二层级的应急队伍，是企业层级与外部救援力量之间的关键协调者。园区应急指挥中心应建立起一个集中的信息指挥系统，实时监控园区内的安全状况，一旦接到企业报告的事故信息，立即协调园区内外的救援资源，并对事故进行等级划分，决定是否需要调用外部救援队伍。该体系通常由应急管理中心、现场指挥部、应急响应队伍、物资保障队、医疗救援队等组成，并与其他相关部门如消防、医疗、环保等紧密协作。

③ 外部力量层级　如地方政府应急管理部门、消防、医疗机构、专业救援队伍等构成了应急队伍的第三层级。当化工园区遭遇紧急情况时，如果园区内部的救援力量不足以应对，就必须依托强有力的外部救援力量。这些外部应急力量在接到园区指挥中心的请求后，应迅速介入，与企业和园区内部应急队伍形成有效衔接，按照预案执行专业的救援和救治任务。

根据《"十四五"应急救援力量建设规划》的指导，专业应急救援力量、社会应急力量、园区和企业基层应急救援力量可定期开展联战联训，建立起稳固的沟通和协作关系，确保在危急时刻能够共同构建一个统一指挥、快速反应的应急体系。

智慧化工园区在应急准备方面取得了显著成果。通过集成的信息平台和先进的监控系统，园区能够实现对潜在风险的实时监测和评估，确保了应急资源如救护车辆、专业救援设备、医疗物资等的快速调配。同时，园区内外的应急救援力量得到了有效整合，建立起了多部门协作的快速响应机制。此外，应急预案的管理更加科学化、标准化，不仅涵盖了预案的制定、审核、演练和修订全过程，而且通过模拟演练和实战演习，不断提升了园区各层级人员的应急响应能力和综合协调能力。

### 3.5.3.2　监测与预警

监测与预警模块是智慧化工园区应急管理体系中极为关键的部分，可通过智能化提升方式确保对潜在风险的实时监控与快速响应，从而在突发事件发生前及时采取有效措施减少损失。该模块由多种技术和设备组成，它们可共同构建起一个全面、立体的安全监控网络。以下是化工园区监测预警模块的主要内容。

① 环境与设施监测预警  化工园区内部署的传感器网络能够实时监测重大危险源，如储罐、管线、反应器等关键设施的温度、压力、流速等参数。依据《危险化学品安全管理条例》等法规，关键装置必须配备泄漏检测器、火焰探测器和爆炸性气体监测仪等传感器。这些传感器能够实时收集数据发送至中央控制室，一旦检测到异常情况，系统会立即发出报警并启动相应的应对预案。

② 信息与数据分析  智慧化工园区利用大数据和人工智能技术，综合分析监测数据和历史信息，实现对潜在风险的早期预测。智能算法可以评估设施的健康状况和安全风险，自动识别异常趋势，提前预警，从而为决策者提供科学依据。

③ 气象条件监控  化工园区安装的气象监测站能够实时跟踪气象变化，包括温度、湿度、风速、风向等指标，对于易燃易爆物质的储存和操作尤为关键。《突发环境事件应急预案》等法规要求及时发布恶劣天气警报，以预防由于气象变化引发的安全事故。

④ 人员定位监控  通过 RFID、GPS 等实时定位技术，智慧化工园区能够监控人员动态，确保员工遵守安全规范。结合电子围栏等技术，系统将预警非授权人员入侵或员工进入危险区域，并迅速采取控制措施。

⑤ 视频监控与智能分析  高清摄像头对园区关键区域进行全时监控，配合图像识别和视频分析技术，能够自动检测异常事件或行为，提高应急响应速度。当发生紧急情况时，视频监控资料可以作为事后分析的重要依据。

⑥ 信息共享与联动反应  智慧化工园区监测预警系统不仅局限于园区内部，还应实现与外部应急管理部门的信息共享，如消防、环保、公安等。当监测系统发现潜在风险时，能够第一时间通知相关部门，促进多方联动，形成快速有效的应急反应机制。

通过这些监测预警内容的设计与实施，智慧化工园区能够最大限度地提前发现潜在风险，实现对突发事件的预防和控制，确保园区及周边环境的安全稳定。

### 3.5.3.3　应急处置救援

应急救援处置阶段是指在突发事件发生后，相关应急单位和人员迅速响应并展开救援和处置工作的阶段。该阶段通常包括预警信息发布、应急响应、分级响应、协同处置、应急决策支持、应急准备恢复等环节，旨在快速、有效地应对突发事件，最大限度地减少损失和风险。

**（1）预警信息发布**

预警信息发布在智慧化工园区发展中具有举足轻重的地位。监测与预警系统获取预警信息后，相关部门必须能够快速、准确地收集、分析各类风险数据，实现对潜在危险的及时识别，并通过多元化的传播渠道，包括但不限于移动应用通知、广播系统、社交媒体和电子显示屏等多种形式，迅速向园区内的所有相关部门人员和公众发布预警信息和灾害警报。这样可以及时提醒公众采取必要的防范措施，避免灾害损失的扩大，或者做好疏散准备。同时也提醒企业、园区和各级政府和救援力量做好救援准备。

**（2）应急响应**

应急响应阶段是指在发生突发事件或灾害后，相关部门和组织立即启动的一系列紧急行动和措施。在化工园区发生突发事件时，应急响应的迅速启动是关键步骤。一旦启动，首要的任务是确保人员的安全和快速定位。利用高度集成的气象预警、重大危险源监测监控、人员定位等数据，可以实时追踪园区内所有人员的位置信息，这项技术通常涉及穿戴式设备、视频监控、地理信息系统和移动通信技术，以便在紧急情况下快速检索人员位置。

**（3）分级响应**

企业一旦检测到事故，应立即启动内部应急预案，并通过智慧化系统迅速上报给园区管理中心。按照《"十四五"应急救援力量建设规划》的要求，企业需要定期进行应急演练，确保员工熟悉应急程序和逃生路线。企业的应急管理小组应迅速评估事故情况，采取紧急措施控制事故发展，并向所有员工发布紧急通知和指引，同时启动应急广播系统和疏散信号灯，引导员工有序撤离到安全区域。

同时，园区管理中心在接到企业上报的信息后，应立刻将事故情况以及可能的危害范围，通过高速数据网络传达给所有园区内所有相关企业和人员，确保他们能够及时做出相应的防护和避险措施。管理中心还需立即启动园区应急总预案，通过智慧化应急管理平台，整合园区内的各种资源，包括消防、医疗、环保等专业救援队伍，并实施统一的指挥调度。

对于外部力量，如政府应急管理部门、消防、医疗急救中心等，一旦接到园区管理中心的紧急求助信号，应迅速响应并派出专业救援队伍。

在化工园区应急管理系统中，应急预案的编制和匹配是关键功能之一，需要根据不同的应急情况，快速准确地匹配到对应的应急预案。方案智能匹配的实现步骤和考虑因素如下：

① 情景分析　系统需要能够根据事故发生的位置、时间、类型、影响范围和潜在风险等因素，进行快速的情景分析。开发智能匹配算法，使系统能够根据上报的紧急情况参数，与预案数据库中的条目进行对比，选择最合适的应急预案。这可能涉及关键字匹配、模式识别、机器学习等技术。

② 人工智能辅助　为了提高匹配的精确度，可以集成人工智能技术，如自然语言处理（NLP）来理解事故描述，并通过机器学习模型来优化预案选择过程。

通过这些步骤和考虑因素，化工园区应急管理系统能够为发生的各种紧急情况提供快速、合理、有效的应急预案匹配和响应指导，有助于降低事故造成的损失和影响。

### （4）协同处置

在《中华人民共和国突发事件应对法》及《国家突发事件总体应急预案》等国家政策文件中，协同处置作为提高应急管理效率和效力的重要手段，被赋予了极高的重要性。这些政策文件要求各级政府和相关职能部门在应急处置救援环节中实现资源共享、信息互通、统一指挥、协同作战，以达到高效、有序地应对突发事件。

在智慧化工园区的应急管理系统中，协同处置的流程与应用是企业、园区和政府部门共同参与的复杂过程。从事故发生到最终的处置，每一步都需要不同部门和单位的密切配合。

① 现场评估与指挥中心建立　突发事件一旦发生，企业和园区应急队伍首先对现场情况进行评估，以确定事件的规模和潜在风险，并及时向上级应急管理部门和相关单位报告。同时，建立现场指挥中心，并由主管部门或指定的指挥官统一指挥协调各方力量。

此外，指挥中心还负责与外部救援机构如消防、医疗、环保等机构进行沟通和协调，确保获得所需支援和资源。信息的实时共享和高效的沟通渠道可以最大程度地缩短响应时间，提升救援效率。

② 资源调度　资源调度是确保快速有效响应的关键环节，它要求指挥中心具备全面的资源数据库，包括必要的人力、技术支持、救援设备以及其他物资的详细信息。通过对现场情况的快速评估和分析，包括对受影响区域的危害程度、受困人员的数量和位置，以及现有资源状况，指挥中心决定优先级，并调动所需资源以支持现场救援行动。这不仅要求快速响应，还要求合理性和有效性。

③ 协同作战　在企业和园区处置阶段，救援处置活动包括火灾的扑灭、化学泄漏的控制、医疗救援等具体行动。每项救援任务都在对应类型事故应急预案内有明确的定义，各救援队伍根据预定的应急流程和行动指南迅速行动，确保对各种可能的突发情况都能做出有效反应。

若事故不可控，则需要指挥中心立即启动外部资源调度，根据事件的性质和严重程度，可动员消防、医疗、环保等多方力量协同应对。专业救援队伍到达现场后，应与园区内部救援力量协同作战，共同进行人员疏散、伤员救治以及事故现场的危害控制与环境修复工作。为了达到这一点，指挥中心需要了解各支援队伍的专业技能和快速反应能力，以便做出恰当的人员调派。

④ 持续监测与反馈调整　在救援行动实施过程中，指挥中心需要持续监测事故的演变情况和救援效果，必要时及时调整救援策略和资源分配，这也是处置救援的重要过程。

### （5）应急决策支持

在复杂的应急救援行动中，应急决策支持系统对于提升响应效率和确保人员安全至关重要。系统化的救援路径规划、疏散路径规划、态势标绘以及事故模拟分析都是强化应急管理、优化救援行动的重要工具。

① 救援路径规划　救援路径规划是救援行动成功的关键。因为一个高效的路径规划可以显著减少救援团队抵达现场的时间，并且快速的响应往往是救援成功与否的关键。为此，决策支持系统需要综合考虑多种因素，如道路的通行性、实时交通状况、事故现场的潜在风险，以及救援设备的类型和体积等，以确保选定的路径不仅是最短的，同时也是最安全、最有效的。此外，通过应用标号法、Dijkstra算法等先进的最短路径搜索算法，可以进一步优化路径选择，提升规划的效率和准确度，为救援任务的顺利完成提供强有力的技术支持。

② 疏散路径　疏散路径的设定对于保障被困或受威胁人员的生命安全至关重要。疏散路径规划需要考虑多方面的信息，如人群密度、出口数量、建筑结构和火场或有害物质扩散情况。辅助决策工具能够通过模型算法为不同情景设计最佳疏散路线，并实时更新，以适应现场情况的变化。

③ 态势标绘　态势标绘则是实时动态地显示事故现场的情况，包括风险源、受影响区域、救援人员位置等关键信息。这一过程通常通过地理信息系统实现，能够帮助决策者快速了解现场情况，做出更加精准的判断和决策。

④ 事故预测模型　事故模拟分析则通过模拟事故发生的各种可能情形，帮助决策者预测和评估事故可能造成的后果。这种分析通常基于历史数据、

现场监测数据，使用 Madan 柱状火焰模型、BLEVE 热辐射固体模型等科学计算模型，可以模拟化学泄漏、火灾爆炸、毒气扩散等事故的进程。通过事故模拟，决策者可以更好地理解事故发展的趋势和潜在影响，以便采取更加有效的预防和控制措施。

⑤ 融合通信　国家高度重视应急管理体系的构建，并在《信息化发展战略》等政策文件中突出了通信集成和信息共享的重要性，强调了信息通信技术与应急管理的必要融合。在此政策指引下，智慧化工园区可利用 5G 技术增强通信与应急管理系统的整合，目的在于提高应急响应的时效和协同作业能力。

在智慧化工园区内，融合通信技术与应急管理系统的结合体现在几个关键方面。

a. 建立统一的通信平台，实现语音、视频、数据等多种通信方式的无缝接入和快速切换，确保了信息在关键时刻的实时传递。

b. 通过部署物联网技术，园区内监测设备能够实时采集环境与工艺参数，并通过融合通信系统实时上报至应急管理中心，实现了预警信息的快速反馈和指挥决策的高效支持。

c. 智慧化工园区还利用移动应用和云平台，支持远程协作和资源调度，让不同位置的园区管理人员能够实时参与到应急响应中来。融合通信平台架构图如图 3-5 所示。

总的来说，辅助决策工具与应急管理平台的融合不仅能够提高救援效率，减少事故损失，还能够在紧急情况下为决策者提供强有力的决策支持。随着技术的不断进步，这些辅助决策工具将更加智能化和精细化，为应急管理的发展提供坚实的技术保障。

### （6）应急准备恢复

在应急管理的整个生命周期中，应急准备的恢复阶段至关重要，它关系到紧急事件后园区和企业能否迅速恢复正常运营。《国家突发事件总体应急预案》《生态环境应急预案管理办法》等政策文件明确要求，园区和企业不仅要制定有效的应急预案，还要建立健全应急准备恢复机制。

通过智能化管理系统的支撑，化工园区可对突发事件进行快速响应和有效处置，缩短事故影响的持续时间，并加快事后恢复进程。智慧化工园区采取的措施包括但不限于：建立灾后评估机制，快速准确地评估事件的影响；优化资源配置，确保在短时间内重建关键基础设施；以及实施心理疏导和社会支持计划，帮助受影响人员尽快恢复正常生活和工作。

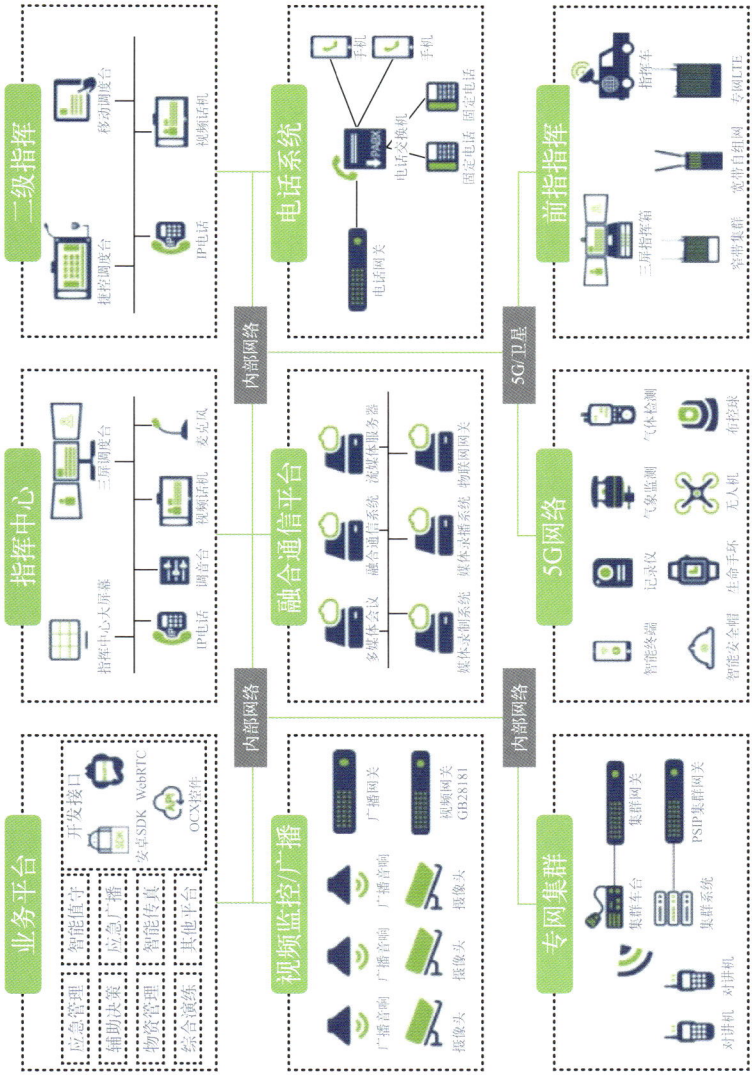

图 3-5

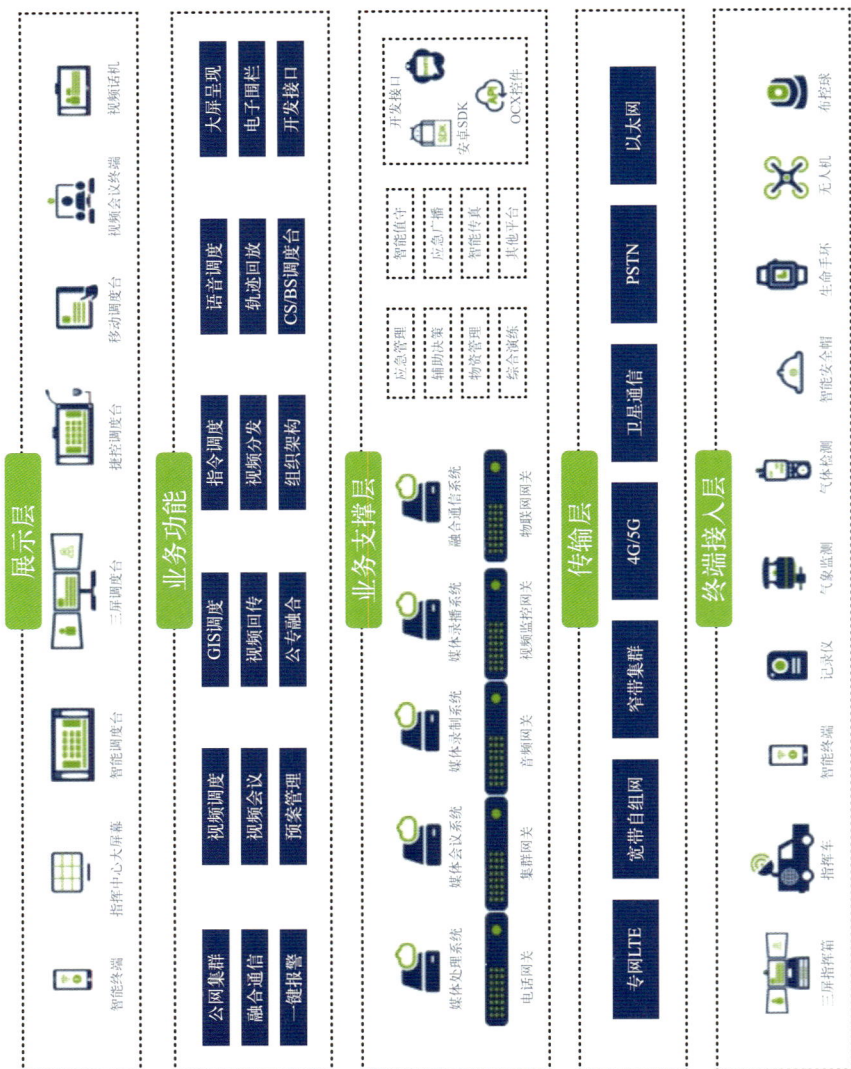

图 3-5 融合通信平台架构

**展示层**

智能终端　指挥中心大屏幕　智能调度台　三屏调度台　捷联调度台　移动调度台　监控调度台　视频会议终端　视频话机

**业务功能**

| 公网集群 | 视频调度 | GIS调度 | 语音调度 | 大屏呈现 |
| 融合通信 | 视频会议 | 视频回传 | 轨迹回放 | 电子围栏 |
| 一键报警 | 预案管理 | 公专融合 | CS/BS调度台 | 开发接口 |
| | | 指令调度 | | |
| | | 视频分发 | | |
| | | 组织架构 | | |

**业务支撑层**

媒体处理集群　媒体会议系统　媒体录播系统　媒体录播系统　融合通信系统

电话网关　集群网关　音视网关　视频监控网关　物联网网关

智能值守　应急广播　智能传真
应急管理　辅助决策　智能短信
物资管理　综合演练　其他平台

开发接口　安卓SDK　OCX控件

**传输层**

专网LTE　宽带自组网　窄带集群　4G/5G　卫星通信　PSTN　以太网

**终端接入层**

三屏指挥箱　指挥车　智能终端　记录仪　气象监测　气体检测　智能发仓桶　生命手环　无人机　布控球

同时，智慧化工园区通过定期的应急演练和培训，不断提高管理人员和一线工作人员的恢复能力。这些演练和培训确保了在实际突发事件发生时，园区能够有效地激活恢复预案，迅速回到正轨。

#### 3.5.3.4 应急模拟演练

根据《生产安全事故应急预案管理办法》和相关法律法规，智慧化工园区必须定期开展应急演练。国家规定的演练频次为化工园区应急管理部门至少每两年组织一次，生产经营单位每年至少组织一次综合或专项应急预案演练，以及每半年至少组织一次现场处置方案演练。这些演练的目的是验证预案的有效性，提高应急响应速度，优化协调流程，培养应急人员素质，测试应急装备性能，并确保信息传播机制的有效性。

应急模拟演练可结合智能化手段进行数据分析和模拟，以提升演练的质量和效果。通常包括火灾和爆炸、化学泄漏、职工伤害应对等情景模拟，需明确假设事故发生的情景、演练具体步骤、参与人员的角色分配、事故处理流程等。演练时，参与人员需按照模拟预案执行救援、疏散、应急通信、应急管控和后期恢复等操作。通过应急模拟演练可以实现以下实质提升：

① 提高应急响应速度　通过模拟实际操作，应急团队能够在无风险的环境下磨合流程，提高应对真实突发事件的速度和效率。

② 强化团队协作　紧急情况往往需要跨部门协作。演练能加强各部门之间的沟通与协调，确保信息流畅，资源得到有效整合。

③ 发现并改进预案　模拟演练提供了测试预案有效性的机会，发现问题并及时改进，增强预案的实用性和可操作性。

④ 优化决策流程　结合大数据分析，通过历史数据和预设情境，可以更科学地优化应急响应流程。

智慧化工园区的应急模拟演练可结合法规要求和智能化手段，确保园区能迅速、有效地应对突发事件。这不仅增强了应急人员的实地操作能力和决策水平，还提高了园区整体的安全管理水平和风险控制能力。通过智慧化工园区的应急模拟演练，可以建立一个更加安全、高效和智能的生产环境。

## 3.5.4 封闭化管理

自 2012 年国务院安委会办公室发布《关于进一步加强化工园区安全管理的指导意见》（安委办〔2012〕37 号），"园区封闭化管理"首次从国家层面提出以后，近些年，针对化工园区封闭化管理的要求亦越来越明确和具体。2015 年《关于促进化工园区规范发展的指导意见》（工信部原 433 号）、2020 年，中国石油和化学工业联合会化工园区工作委员会牵头编制的《智慧化工园区建设指南》（GB/T 39218—2020）国家标准、2022 年应急管理部印发的《化工园区安全风险智能化管控平台建设指南（试行）》、2023 年印发的《化工园区安全风险排查治理导则》（应急〔2023〕123 号）等文件均明确指出化工园区应实施封闭化管理。

化工园区通过封闭化建设，规范和优化出入园区的人流、物流和车流行驶路径，全过程监管出入园区的人员、货物、车辆，控制外来输入风险，有效管控园区安全风险，提高园区事故预防和应急管理能力。园区的封闭化一方面要防止园区内部风险向外传播，另外一方面要防止外部传入的风险。在建设完善园区门禁 / 卡口、周界防入侵、人员 / 车辆定位、流量管控、危险化学品车辆专用停车场等硬件设施的基础上，部署封闭化管理系统，融入园区安全风险智能化管控平台，全过程实时监测定位出入园区的人员、车辆、货物，实现化工聚集区人流、车流和物流出入管控及运动路径的规范和优化，确保区域安全风险有效隔离，切实防范外来输入风险。

封闭化管理主要建设内容包括门禁卡 / 卡口管理、周界防入侵、出入园管理、危险化学品运输车辆监管、人员分布管理、危险化学品运输车辆停车场管理等。

**（1）门禁 / 卡口管理**

通过门禁 / 卡口管理对园区出入口进行控制，配合园区周界设施实现园区物理隔离。

① 卡口基础设施建设　卡口基础设施应由车道计算机、电动栏杆机、车辆检测器、通行信号灯、闪光报警器、亭内摄像机、车道摄像机、主要路口摄像机、安全防护设备和门岗等设备组成。卡口可根据园区实际通行情况部署人员和车辆通行设备。人员识别与出入控制设备可采用生物识别、证件识别、卡片识别等方式验证人员权限，出入形式可采用但不仅限于摆闸、翼闸、速通门、电动门等。车辆识别与出入控制设备应支持自动识别车牌信息并联动开启道闸的功能，支持通过控制开关、遥控器控制操作，并具备防砸功能。

② 门禁 / 卡口分类　主要按照客货分离、优化管理、规避风险、综合考虑停车场容量与园区安全容量的原则，根据园区实际情况分类设置综合、专用、普通、应急门禁 / 卡口。

③ 门禁 / 卡口功能　实现对人、车、物进出园管控，支持门禁 / 卡口视

频监控、人脸和车牌智能识别、定位设备登记 / 发放 / 返还、自动放行、车道控制等。

（2）周界防入侵

周界防入侵主要基于园区周界设施，安装防入侵设备，具备入侵报警以及闭环处置功能。

① 周界设施　周界设施包括自然隔离、物理隔离与电子围栏等多种方式。具体选择方式一般与封闭化管理对象、管理要求相配套，主要包括企业围墙、绿化带、防撞路桩、实体围栏、山系、水系等物理隔离措施和电子围栏措施。

② 周界防入侵设施　一般基于园区周界设施配备入侵探测器、紧急报警装置等设备。

③ 周界防入侵功能　对接周界防入侵探测设备，实现防入侵报警和闭环处置功能。

（3）出入园管理

出入园管理主要包括人员和车辆出入园申请、审核、长期 / 临时授权，危险化学品运输车辆预约、审核、授权，支持分区授权、异常行为报警和黑名单管理，支持人流、车流统计等。

（4）危险化学品运输车辆监管

主要对出入园区的危险化学品运输车辆进行过程监管，掌握危险化学品运输车辆的实时定位以及历史轨迹，对危化品运输车辆的超速、违停、不按车道不按时段通行等不安全行为进行智能识别与报警。

① 车辆定位与路线规划　基于园区企业布局、道路及卡口分布、人流轨迹、运输物料、专用停车场等信息，在线规划危险化学品车辆园区内行驶路径、专用车道、通行时段等，并结合危险化学品车辆行驶分布信息，不断优化相关行驶路径规划。同时基于危险化学品运输车辆实时定位数据和园区重点区域电子围栏，掌握园区内危险化学品运输车辆的位置、行驶路线等实时动态，实现对危险化学品运输车辆的实时定位、行驶路线追踪、轨迹回放等功能。

② 车辆不安全行为识别　可借助视频智能分析、测速和车辆定位数据，智能识别危险化学品运输车辆不安全行为，实现对危险化学品运输车辆超速、越界、滞留、不按车道不按时段不按路线通行等违规行为的监测与报警闭环处置。

③ 危险品运输管理　应对接电子运单等相关系统，掌握出入园区危险品的品种、数量以及化学品安全技术说明书（MSDS）等情况，实现对园区危险化学品运输情况的管理以及汇总统计。

### （5）人员分布管理

① 人员定位数据接入　人员定位主要是接入企业生产区域人员定位分布信息，结合卡口/门禁系统数据，准确显示人员分布动态。

② 人员分布管理　实现查询展示特定人员实时位置和历史轨迹；可对核心控制区内人员超员/缺员、静止、聚集等异常情况进行报警提示、统计分析、视频联动及可视化展示。

### （6）危险化学品运输车辆停车场管理

危险化学品运输车辆停车场管理主要参照《化工园区危险品运输车辆停车场建设规范》（GB/T 45236—2025），在建设完善危险化学品停车场硬件设施的基础上，部署停车场管理系统，对接园区相关系统，实现运输车辆停放的规范化管理。支持准入清单设置、预约申请、分区管控、调度引导、统计分析等功能，支持联动视频、气体等感知设备。

目前是政策文件先行，建设标准相对滞后，已有的建设标准只是提出了一些纲领性的指导要求，但在数据应用、系统建设方面没有细化的指导标准，后续封闭化管理工程建设以及应用系统建设也将出台相关标准规范。化工园区封闭化管理按照"分类控制、分级管理、分步实施"要求，结合产业结构、产业链特点、安全风险类型等实际情况，分区实行封闭化管理。未来随着科学技术的不断发展，监测技术和监控手段的加强，化工园区封闭化管理也将充分利用先进的技术对入园的人、车、物进行全方位监管。

## 3.5.5　物流管理

物流管理是化工园区安全风险管控的重要内容之一，对园区进出人员、车辆等全程跟踪是智慧化工园区建设的重要一环。对接为化工园区服务的运输公司，由运输公司对车辆、人员信息进行管理。对入园危险货物、危险废弃物运输车辆进行线上资质核验。建立电子运单管理，并对入园车辆实行调度管理。在运输过程中，实时监测运输车辆在化工园区的定位信息、行驶轨迹及违章情况。建立园企协同管理，通过协同企业、停车场、物流场站、仓库等多个节点，更精细化地管控物流车辆运输的各个环节。运用信用管理及黑名单管理，对物流管理数据进行智慧化分析，为园区、企业管理者提供辅助决策。物流管理主要建设内容包括运输信息管理、电子运单管理、车辆调度管理、运输过程管理、园区协同管理、辅助决策分析等。

**（1）运输信息管理**

① 运输公司、车辆和人员基础信息管理　对运输公司进行信息管理，涵盖运输公司基本信息、车辆信息和人员信息等。对出入化工园区的车辆所属运营企业和园区物流托运单位的基础信息进行系统备案，如企业名称、企业类型、企业经营范围、道路运输许可证、联系人、联系电话、联系地址等。对出入化工园区的车辆基础信息进行合规性审查和系统备案，如车牌号、车辆类型、经营范围、道路运输证、最大荷载重量等。对车辆驾驶员、押运员等基础信息进行合规性审查和系统备案，如人员姓名、身份证、驾驶证、联系方式、公司名称、营业性道路运输（危险货物运输）从业资格证、道路危险货物操作证（押运员证）、人员类别等。

将运输企业和运输车辆及驾驶员、押运员等基础信息进行关联或绑定，并形成结构化基础信息数据的入库管理。提供多种查询模式（模糊搜索、精确搜索、关联搜索等），支持快速查询相关基础信息及其历史过往的关联或绑定关系。

② 资质审查管理　园区对运载货物尤其是危险货物的入园申请信息进行比对审查，通过运输企业填报内容比对交通运输行业运单数据，筛查入园车辆是否具有有效行驶证和营运证；驾驶人、押运人员是否具有有效资质证件；运输装备是否在检验合格有效期内；所装载的危险货物是否与运单载明的相一致；所充装的危险货物是否在罐式车辆罐体的适装介质列表范围内，所使用的危险货物运输车辆是否为满足适装介质的（槽）罐式或厢式专用运输车。

出现资格证件超期、超限等筛查情形时需要及时预警报警，提供预警报警规则配置，进行到期前更新预警和到期后过期报警。

③ 作业计划及配载信息管理　对园区内企业、场站、仓库等需要进行货物装卸的作业计划进行系统报备，主要包含作业时间、作业货量、承运企业、作业负责人等，具备审核功能。

对园区内企业、场站、仓库等需要进行货物装卸的配载信息进行系统报备，主要包含委托人、接收人、承运人、装卸货物名称、危险货物信息、装卸数量、配载车辆、驾驶人员等。

报备的作业计划及配载信息生成电子运输管理单据，信息主要包含委托人、接收人、承运人、车辆信息、货物信息、运输时间等，具备审核功能。

记录拟转移危险废弃物的种类、重量/数量和流向等信息，对转移的危险废弃物进行计量称重并记录、登记转移危险废弃物的种类、重量/数量和接收人等相关信息，具备审核功能。

对危险废弃物转移生成电子联单，在危险废弃物转移电子联单中如实填写移出人、承运人、接收人信息，危废转移联单号、转移危险废弃物的种类、重量/数量、危险特性等信息，以及突发环境事件的防范措施等。

基于园区管理规范，配置运输管理单据信息的申请、审核、批准的角色和相应权限进行管理。对作业计划及配载信息数据进行结构化入库管理。

（2）电子运单管理

对企业和园区在线申请、审核、批准的运单进行管理，运单信息主要包括委托人、接收人、承运人、车辆牌照、物资种类及数量和运输时间等。建立电子运单便于后续货物的装卸、运输和交付等全过程，方便对运输过程进行追溯和监控。

对危险化学品、危险废弃物托运信息进行统计分析，评估危险化学品、危险废弃物在园区的出入情况。能自动匹配识别危险化学品、危险废弃物运输是否符合国家相关管理规定，对于违反规定的车辆行为自动报警。

对申请的电子运输管理单据进行智能验核，包含但不限于基础信息未备案、运单信息证照超期等情况。具备通行权限审核功能，可将通行车辆权限自动下发至园区出入卡口系统。

（3）车辆调度管理

① 预约入园及签到　运输车辆入园前，为司机提供签到功能。车辆进入园区范围时，能监测车辆入园情况，通过电子围栏或其他手段控制签到定位范围，防止无效签到。

② 智能调度　具备与园区卡口拥堵识别硬件对接的能力，动态监测每个卡口的拥堵情况。提供企业车辆调度管理功能，有效控制入园物流车辆。基于车辆排队待作业、卡口拥堵情况、企业空余车位、装卸作业条件等情况智能调度车辆。

③ 停车场联动　与园区配套的停车场管理系统进行联动，支持物流车辆在线预约停车场停车位。引导车辆进入停车场规定区域。提供物流车辆安检管理，安全检查员通过移动设备对所有入园车辆进行安全检查确认，完成安全检查记录表。接入停车场卡口，动态获取物流车辆出入停车场信息。具备与停车场系统信息互通功能，能动态调阅停车场剩余车位信息。

（4）运输过程管理

① 运输路径规划　基于园区企业布局、道路及卡口分布、人流轨迹、运输物料、专用停车场等信息，在线规划运输车辆园区内的行驶路径，动态引导车辆按指定路线、指定卡口入园作业，并不断优化相关行驶路径。

行驶路径规划：根据电子运输管理单据中作业时间、装卸地点、货物类型、车辆类型、企业布局、道路及卡口分布、人流轨迹、运输物料、专用停车场等信息，在线规划危险货物车辆在园区内的行驶路径、专用车道、通行时段等，并结合运输车辆行驶分布信息，不断优化相关行驶路径规划。

车辆动态引导：结合园区各个卡口拥堵情况、规划的运输车辆行驶路径，可通过移动端展现由园区卡口至企业的指定路线，动态引导车辆通过危化品专用车道进入园区进行作业。

出入卡口规划：指定出入园卡口位置、园区内指定行驶路线、行驶速度要求等形成导航指引信息，以短信息或系统移动端消息等方式告知车辆驾驶人员。

② 车辆装卸状态管理　危险化学品运输车辆装卸状态管理功能能够对车辆的整个装卸过程进行跟踪，包含装卸作业申报、停车场检查、装卸车辆入园入企、货物装卸完成、驶离装载工位等各个状态，车辆装卸过程状态管理如下：

a.装卸作业申报：装卸车辆入园装卸前，通过平台进行装卸作业申报，须由园区及企业审核通过后，装卸作业状态更新为装卸作业已申报，标识该车辆具备入园作业条件。

b.停车场检查：装卸车辆进入停车场停车，并进行车辆安全检查，车辆装卸状态变更为已进入停车场。

c.装卸车辆入园：装卸车辆通过园区卡口进入园区，车辆装卸作业状态变更为已入园，标识该次作业已经开始。

d.装卸车辆入企：装卸车辆通过企业门禁系统进入企业，开始装卸作业，车辆装卸作业状态变更为已入企，标识该车辆已到达企业，准备开始装卸作业。

e.货物装卸完成：装卸车辆在企业装卸完成，企业触发货物装卸作业状态，车辆装卸作业状态更新为货物装卸完成。

f.装卸车辆离企：装卸车辆通过企业门禁系统离开企业，门禁系统识别到车辆信息，车辆装卸作业状态更新为车辆离企。

g.装卸车辆离园：装卸车辆通过园区卡口离开园区，卡口系统识别到车辆信息，车辆装卸状态变更为装卸车辆离园，标识该车辆已离开园区。

③ 运输车辆动态监控　采用车辆定位跟踪、主动安全防控等技术建设危险化学品、危险废弃物运输车辆的动态监控系统。

基于危化品车辆的卫星定位系统，对危化品车辆实时位置进行定位监控，掌握进入园区内作业的危化品车辆的实时位置。同时，可按车牌、时间段检索车辆历史轨迹，基于地理信息系统，实现选定车辆历史行车轨迹回放。

结合电子围栏技术，对园区重点区域建立电子围栏，实时监测园区内危险化学品、危险废弃物运输车辆的位置、行驶路线。对未按指定时间、路线和规定速度行驶、不在规定区域内停放、停放时间超期的危险化学品、危险废弃物运输车辆发出报警，并联动园区接警系统。

及时纠正和处理超速行驶、不按规定线路行驶等违法违规驾驶行为，其违法驾驶信息及处理情况信息至少保存 3 年并联动省道路运输主动安全防控系统。

④ 入园货物及车辆的分类分级管控　入园货物及车辆分类分级管控功能重点在于对车辆进行分级管理，并设立不同的管控措施，主要包含以下内容：

物流车辆分类管理：可依据入园作业车辆的车辆类型、装卸货物信息、货物的理化特性、货物的危险类别等信息，将车辆分为多个类别进行管理（如高危类、低危类、普货类等），同时需支持配置功能，便于后期管理过程中对车辆分类进行调整。

车辆分级管控功能：依据物流车辆分级管理结果，对入园物流车辆划分园区自定义等级进行管理，对不同级别的车辆设定不同的管控措施，不同等级的审批流程也有所不同。具备物流车辆分级管理配置功能，可根据园区分级分类规则为车辆配置不同管控措施。

分区管控功能：针对园区内各类风险区域，依托电子围栏设置禁停、违停区域划分功能，将预警报警信息或车辆交通事故信息根据园区管理规则分级分类，可配置化地发送给对应接收人员。

## （5）园区协同管理

园区协同管理通过协同企业、停车场、物流场站、仓库等多个节点，更精细化地管控物流车辆运输的各个环节，对各个节点的风险进行管控，优化运输环节，提升物流装卸效率。

物流业务的预约、装卸作业等环节由园区内的企业进行审核。

将园区内货物装卸区域的车辆进出数据与企业平台电子运输管理单据进行比对，对未具备运单的车辆、未在指定作业时间出入的车辆进行预警，并将预警信息发送至对应接收人员。

企业通过园区平台完成企业、停车场、物流场站、仓库的装卸前安全检查，包含但不限于车辆安全检查、箱（罐）安全检查、操作安全检查等；或可通过系统上传、录入装卸区域的安全检查记录。

安全检查具备移动端，可实现检查人身份认证、检查照片上传、检查结果上传、检查情况统计等功能。

对企业实际装卸货物的数量及情况进行记录，包含但不限于装卸货物重量/数量、装卸现场照片等信息。

将企业上传或录入的信息与运单信息进行数据比对验核或补充，确认装卸数据以完善运单数据。

### （6）辅助决策分析

① 信用及黑名单

信用积分条目管理功能：信用积分的管理对象为物流企业、车辆、人员。制定具体的诚信积分规则，管理各自的处罚、奖惩条目以及具体处罚措施，依据违章行为的严重程度，设定不同级别的信用积分。

维护诚信积分条目包括诚信对象、诚信类别、积分类别、积分项描述、积分值、状态等字段。

信用积分管理功能：提供信用积分的扣分以及消分功能，管理员能够掌握各个物流企业的积分情况以及扣分较多的企业和车辆。

黑名单管理功能：管理对象包含但不限于物流企业、物流车辆、物流从业人员。基于黑名单功能，为园区建立一套诚信管理机制，结合诚信积分的管理模式，有效管控车辆在园区内的违章行为。同时结合黑名单等管理制度，对存在严重违章行为的车辆，限制其入园作业。

信用及黑名单公示：提供企业、车辆、人员信用及黑名单的公示功能。针对违章行为严重的企业、车辆及人员，信用处罚后可通过门户系统、微信公众平台、短信通知等方式进行公示。

黑名单转白名单功能：车辆进入黑名单后，运输企业可联系管理部门处理。管理单位可以根据车辆进入黑名单的缘由，通过培训学习考核，判定是否取消其黑名单记录。

② 智慧化分析

数据智脑一张图：数据智脑一张图通过数据分析直观地展现当前园区需重点关注的物流运输内容，包含园区物流运输的当前发展态势、车辆违章情况、物流运输的效率情况等。通过数据智脑一张图，向园区管理者反馈当前物流运输需要解决的问题、需要优化的环节以及需要完善的不足之处。智脑一张图能够为园区管理者提供决策参考，展示其关注的要点以及未来可能的发展趋势，帮助管理者更好地管理园区物流运输。

数据智慧化分析：数据智慧化分析是应用大数据分析手段，从时间、空间、对象等多个纬度，对平台海量的业务数据进行智慧化分析，得出分析结果，帮助园区管理者进行决策分析，可包含以下分析内容。

a. 物流车辆所载货物种类、数量、装卸类型分析等。

b. 物流车辆所载货物危险性分析，依据车辆不同分类等级进行分析。

c. 物流车辆违章数量、违章类型分析。

d. 物流车辆信用评分整体情况分析。

e. 园区企业物流情况及态势分析。

f. 园区物流人员及危险货物出入情况分析。

# 3.5.6　能源管理

化工园区作为工业企业集聚区，在提供大量基础设施和公共服务的同时，也成为了碳排放的主要源头，如何进行科学的能源管理，实现节能减排，已成为各地化工园区面临的挑战。随着科技的进步，数字化、智能化技术为企业、园区带来运营效率的提升和用能成本的降低，成为行业的关键竞争力。智慧化能源管理是当前能源管理的重要发展方向，是集成能源管理平台，实现园区内能源的智能化管理，对园区内各种能源进行实时监测、分析和管理，从而提高能源利用效率、降低能源消耗和排放、达到优化能源配置目的的必然途径。

化工园区能源管理涵盖技术广泛、模式复杂、能力要求高、可借鉴的成熟经验少，业务整体还处在探索、发展阶段。目前，园区能源管理主要包括以下内容：能源基础信息管理、能源监测预警、能耗统计分析、能效分析与优化、节能管理以及碳排放管理。

**（1）能源基础信息管理**

① 园区级基础信息　包括园区用能单位、能源品种和耗能工质、管网、能源计量点、能源指标［万元产值能耗、万元产值耗水、万元产值电耗、万元产值蒸汽（高压、中压、低压）消耗量、碳排放总量、碳排放配额等］、能源消费总量、强度等。

② 企业级基础信息　包括企业基础信息、人员基础信息、能源负责人、相关人员、生产工艺、能源品种、能源购入、存储、加工转换、输送分配等

情况、主要用能设备、能源计量器具台账、能源消费总量、强度、单位产品能耗、能源计划、能源预测等。

**（2）能源监测预警**

园区端、企业端通过引入智能电表、水表等各类型能源计量终端设备，以及智慧能源管理平台、移动端小程序，实时监测园区内各种能源的消耗情况，包括水、电、气、热等，并将数据进行采集、处理和分析。

① 数据的自动抄读　可通过智能电表、水表等各类型能源计量终端设备远程收集园区及企业水、电、气、燃等各类设备的数据。

② 阈值预警　根据能源管理条件，设置用能设备各类数据的预警上限和预警下限，当数据越过预警上限和下限值时，系统自动发送预警短信。包括但不限于实时数据阈值、日数据阈值、月数据阈值的设置及其环比增长率数据阈值的设置。

③ 预警闭环处置　能源管理系统实行能耗预警分级处置，按照不同的预警级别设置不同的预警处置措施，并将处置结果记录在系统中，形成预警事件的闭环处置流程。

**（3）能耗统计分析**

对监测到的能源数据按能源品种及耗能工质种类，在一定统计周期内对园区及用能单位能耗数据进行分类统计分析，包括能源消耗趋势、同比分析、环比分析、能源利用效率、能源浪费情况等，为后续的能源管理和优化提供依据。

① 数据采集与统计　通过收集和统计能源消耗数据，包括用电量、用水量、燃气使用量等，这些数据可以通过安装计量设备、定期检查和记录等方式获得（各级能源计量器具的配备应满足 GB 17167 的要求）。数据采集的准确性和完整性对于后续的分析至关重要。

② 能耗分析　在数据采集的基础上，进行能耗分析，包括对统计的能源消耗数据按一定的周期进行分析（分析方法宜包括但不限于趋势分析、同比分析、环比分析），对比历史数据、识别能耗高峰时段、分析能耗与生产活动的关系等，统计结果可以图、表等方式展示，同时支持报表导出。通过分析，找出能源使用的模式和趋势，以及可能存在的问题，如设备老化、管理不善等。

③ 原因分析　进一步分析导致高能耗的原因，可能包括设备效率低下、操作不当、系统设计不合理等。通过深入分析，确定降低能耗的改进方向和重点。

④ 改进措施 根据分析结果，提出改进措施，如更换高效设备、优化操作流程、改进系统设计等。通过这些措施提高能源利用效率，减少浪费，同时考虑经济性和可行性。

⑤ 持续监测与调整 实施改进措施后，需持续监测能源使用情况，以确保改进措施的有效性，并依据实际情况进行调整。

⑥ 能效指标预测 分析园区及用能单位的产值综合能耗，绘制能效趋势图，从不同深度和广度对园区、行业、企业的能源效率状况开展能效指标分析。具体包括对各能源消费实物量进行折标统计，分析能源消费构成；依据能耗数据对行业、重点用能单位的能耗消费情况进行排名分析；通过统计各企业的上下游循环利用关系，指导能源供应和能源共享。

### （4）能效分析与优化

通过对能源消耗实施精细化管理，提高能源利用效率，降低能源浪费，促进能源可持续发展。

① 平台能效分析 借助能源管理平台，将国家产品能耗限额标准中的先进值、清洁生产标准中的先进指标、政府发布的行业能效对标值等设定为能效标杆，或者参照国际国内同类先进水平建立能效标杆，开展园区不同企业间、同类工艺/工序的产品能效对标分析。

② 能效多维分析 对能耗数据进行多维统计分析，涵盖绩效分析、占比分析、成本分析、重点用能设备分析、单耗对标分析等，为企业用能优化提供可靠的数据支撑。以能源计量数据、统计数据、指标数据等作为数据基础，构建园区能源分析模型，实现对园区能源日产耗数据、能源计量仪表情况、能源关键指标、能源结构分布情况的分析，并周期性生成、导出能源报表和能源分析报告，为园区能效优化提供支持。

③ 能效优化 通过能源数据分析，提出合理的能源优化方案，如节能措施、能源替代、能源回收等，以提高能源利用效率，降低能源消耗和排放。

### （5）节能管理

对园区及园区内企业的用能过程进行科学管理，以实现经济合理的能源利用，包括对能源系统中各种能源的生产、分配、转换和消费全过程进行计划、组织、指挥、调节和监督，让有限的能源发挥最大作用。

① 实施政策规范 园区能源管理部门负责人应定期发布节能减排政策法规、标准规范、新闻动态等信息，园区和园区内企业可随时查看和查询、学习。

② 能效指标考核　可通过能源管理平台对能源消费总量、强度"双控"指标进行分配管理，并考核园区内各企业的指标完成情况。

③ 实施节能方案　通过能源管理平台对企业节能技术改造项目进行清单式管理，内容包括但不限于项目的基本情况、审批/核准/备案等信息、节能量、重要节能措施、实施效果等。

### （6）碳排放管理

化工园区重点碳排放单位应按要求，通过碳排放管理系统上传燃料消耗量、购入使用电量以及排放报告辅助参数等数据及其支撑材料，并同步至园区能源管理平台。

① 碳排放监测　平台具备对园区内重点排放单位间接碳排放数据进行在线核算的功能，实现对园区重点排放单位碳排放数据的动态监测。能够根据收集到的数据，自动计算各重点排放单位的直接和间接碳排放量。平台可更新、比对企业历年碳排放数据，动态监测园区内重点排放单位的碳排放情况。当发现某单位碳排放量异常或超出预设阈值时，系统自动触发预警机制，通知相关企业和监管部门，以便及时采取措施。

② 碳排放分析　平台可对整个园区各企业间的碳减排措施进行统筹分析。基于数据分析结果，为园区管理者和重点排放单位提供科学的减排决策支持，如识别减排潜力、制定减排目标、评估减排效果等。

③ 建立碳排放管理系统　具备条件的企业可建立碳排放管理系统，并与能源管理系统对接。企业需要明确碳排放管理的目标和指标，如减少特定时间段的碳排放量、达到碳排放强度降低目标等。碳排放管理系统与能源管理系统对接后，实现数据交互，园区内企业可从整体上把握能源消耗和碳排放管理，提高管理效率。

④ 建立碳排放预测模型　预测碳排放演变趋势。根据测算结果，结合减排技术评价结果，规划碳达峰碳中和路径。收集历史碳排放数据，包括园区内不同行业、不同区域的排放量，以及主要排放源（如能源生产、工业制造、交通运输、农业等）的详细数据，运用统计方法和模型对碳排放数据进行处理，识别碳排放的主要因素及其变化趋势。

## 3.5.7　产业管理

条件成熟的化工园区，应建立产业管理系统，以服务产业发展。智慧化工园区产业管理建议包含但不限于产业大脑服务、企业画像及产业链分析等业务功能。

### （1）产业大脑服务

园区应具备产业大脑服务平台，能够对园区产业进行识别，摸清园区产业底数；对园区核心产业相关经济指标进行统计、展示和分析。通过产业数据分析，反映园区内企业分布、发展指标及相关排名；通过数据采集分析，监测园区内产业活跃度；实现园区与同类化工园区在人才引进、创新发展、资本投入等产业发展要素方面的横向对标，助力园区找准发展差距。产业大脑服务平台应为园区40%以上的企业提供业务支撑。

### （2）企业画像及产业链分析

园区应具备企业画像及产业链分析模块，能为园区内企业提供包含基本情况、经营情况、行业情况等在内的企业画像；统计原料、中间体、产品、副产品及废弃物等产业链产品数量。要为园区内80%以上的企业提供上述企业画像；对园区产业链产品数量的60%以上进行产业链分析；基于产业链分析，为园区内50%以上的企业提供企业发展建议。

# 3.5.8　综合管理

为进一步推动园区数字化转型，实现良性、可持续发展，提升管理与服务能力，将物联网、云计算等技术融入以信息化、智慧化为核心的开放、共享管理及服务体系，探索建设信息技术高度集成、信息资源全面融合、信息感知敏捷互动、信息服务广泛覆盖的具有园区特色的开放高效公共服务平台。该平台主要为园区管理、运营和企业服务提供办公管理、信息资源查询与推送、招商引资、交易服务、在线培训、舆情管理等各类服务，实现园区企业与管理单位之间的互联互通、信息共享，为园区科学管理和全面、协调、持续发展提供及时有效的支撑。

## 3.5.8.1　办公管理

利用云计算、物联网、移动互联等技术，将园区办公抽象为数字空间，对办公业务所需的软硬件及环境进行智能化管理。基于协同办公理念，打通人、物、事的业务流程数据，实现信息流与业务工作流的高度集成与融合，构建跨部门、跨地域的互联互通、相互协助的新型办公模式，使园区日常办公电子化、网络化、规范化、统一化，达到节约时间、节省成本、提高工作效率的目的，为园区运营和服务管理赋能。

**（1）公文管理**

基于化工园区公文管理制度和流程，构建以文档管理为基础的公文管理系统，利用大数据、云计算和人工智能技术，在公文草拟、审核、签批、缮制、用印、登记、发文等办理过程中，实现语音转写、智能核稿、辅助定密、智能校核、收文智能处理等功能。

公文管理系统用于处理园区内外部的多级公文流转，包括公文拟稿、发文管理、收文管理。

① 公文拟稿　公文拟稿时，输入标题和内容后，系统自动进行人工智能分析，快速获取主题意图，后台比对历史记录中的各种公文材料，识别与输入内容关联、事项特征吻合的公文模板和文件资料（如专业术语等），并按关联度自动排序，将相关信息推送到用户前端。在拟稿过程中，系统支持语音转写功能，可将用户输入的音频信息快速转换为文字信息，实现自动转写记录。还支持一键校核功能，系统自动分析公文文本中常用成语、常用词语、语境语义等常识性内容，若内容存在错误，系统用显著颜色标记，并提供修改方案，确保公文制发质量。

② 发文管理　建立电子公文网络传输体系，构建公文流转数字化管理体系，优化办公流程。系统支持发文审核、发文会签、定密、发文签发、优先级分类等操作，对公文签收情况进行跟踪和适时催办提醒，实现公文的实时传递和协同办理，提高公文流转效率。

③ 收文管理　构建全要素、全周期公文办理电子库，实现外来文件登记、分析事项特征要素、分类标识、批注、分发、归档、分权限查阅等全流程数字化管理。系统能对收到的外来文件自动登记编码，通过机器学习历史文件识别外来文件的事项特征要素，并按公文相似度进行分类、排序和归档，方便快速检索查阅、批复拟办意见和电子流转公文传达，提升办文和信息传递效率。

**（2）事务管理**

探索化工园区事务管理信息化、可视化新模式，利用新一代信息化技术，促进园区事务管理数据整合、共享、应用，提高园区事务管理决策能力。

① 公告通知　基于互联网技术构建园区公共信息统一发布平台，园区职能部门可通过系统分类型发布公告通知。系统可按企业、群组、人员进行选择性推送，能在线查看推送人员接收阅览、在线评论情况，对未按时接收阅览的自动推送消息提醒，支持通知公告的导入导出和统计分析功能，提高园区管理信息传达效率。

② 会议管理　基于人工智能、大数据等技术构建由云、边、端构成的数字化会议管理系统。系统支持与 OA、短信、钉钉、微信、飞书等系统打通；支持通过 Web 端、微信小程序、专属 App 等进行会议申请预约；支持会议提醒、人脸识别签到、共享应用、聊天、语音转写自动生成会议记录、录制等功能，实现会议申请、会议安排、会议通知、会议决议、会议问题跟踪闭环等会前、会中、会后全流程管理，全面提升园区会议管理与工作协同效率。

（3）共享与交流管理

利用现代信息技术手段搭建化工园区信息共享与交流平台，对园区信息资源进行有效组织、流转、交换和利用，提高园区、企业、第三方信息共享、交流研讨、协调运作效率。

① 园区动态　园区各部门可通过公共信息统一发布系统发布园区规章制度、新闻宣传、技术交流、公告事项等发展动态信息，并实现可视化展示，园区各级管理者可通过移动端、PC 端及时浏览查看，为园区、企业提供园区动态信息共享的渠道。

② 通讯录　以园区、企业、第三方等管理或组织架构为基础，基于电子通信技术，构建园区智能通讯录协助沟通平台。通讯录具备与外部系统对接和后台导入的能力，最高支持百万级人员一次性导入，按树形方式建立复杂组织架构和人员拖放排序。系统支持快速按姓名、拼音、手机号等进行秒级检索查询园区内外相关部门及企业相关人员的通信信息；支持一键建群即时通信，进行一对一、多对多的沟通与协作。通过组织通讯录的电子化管理和查询，为园区信息共享与交流提供支撑。

③ 档案管理　基于知识图谱与深度学习的电子档案智能管理技术，构建园区电子档案管理系统，通过计算机系统对各类文件资料进行电子化采集、整理、分库、借阅、统计、销毁等全生命周期管理，并可与其他系统进行功能集成、数据交换与共享，实现档案资源的科学、规范和有效管理。系统具备对电子档案及其目录数据备份与恢复功能，提供全文检索、精准检索、模糊检索等多种文件检索浏览方式，方便资料的快速查询。园区各类用户可通过电脑端、移动端进行文件资料的借阅和查询，可进行局部浏览和有选择性浏览，有效提高工作效率。

## 3.5.8.2　信息资源查询与推送

围绕园区管理服务事项，以大数据、云计算、物联网、人工智能等新一代信息技术为支撑，统筹建设园区信息资源目录和共享交换信息化体系。

**（1）园区信息资源库**

建立园区信息资源数据库，构建园区公共服务信息数据存储、交换、共享、使用、开放的核心枢纽。汇聚园区行政规范性文件、招商引资、政务公开、园区运营动态、环保及安全公开、商品交易、用工需求、综合执法等信息数据，深化数据挖掘和综合利用，更好发挥大数据辅助决策作用。

**（2）信息查询与推送**

基于人机交互的大模型问答或搜索引擎等信息检索查询技术，系统具备与门户网站、移动公共 App、微信公众号等对接功能，实现招商引资、商品交易、企业用工需求等信息的推送发布，满足园区内外部公众的信息快速查询和浏览需求，促进信息流通共享和协作。

### 3.5.8.3　招商引资

以园区招商引资项目信息资源为基础，利用大数据、区块链等新一代信息技术打造全流程、数字化、智能化的园区招商引资管理平台，融合招商引资大数据库、产业招商地图平台、招商项目全流程管理、招商可视化统计分析为一体，利用现代信息手段开展主动招商、精准招商、多维招商，发挥大数据辅助决策作用。

**（1）招商引资信息资源库**

建立园区招商引资项目数据资源库，构建园区招商引资信息数据存储、交换、共享、使用、开放的核心枢纽。汇聚园区产业链信息、招商引资项目信息、覆盖全国的相关行业及企业信息、招商引资线索情报信息、项目洽谈跟踪信息等，实现园区招商引资全过程信息统筹，帮助使用者高效挖掘潜在投资信息和线索。

**（2）招商引资地图**

基于地理信息技术，构建招商引资全景地图，以可视化动态方式展示园区内产业经济及产业链空间布局情况，以及区域外招商引资目标企业分布情况。通过信息关联，可快速解读园区内产业现状、产业布局、产业链构成、配套基础设施，以及园区外招商引资目标企业数据信息，为园区招商引资人员提供可视化辅助决策信息。

**（3）招商引资数据分析**

以园区招商引资项目数据资源库的多维数据为核心，基于数据可视化分析技术，从产业、区域、企业等多角度进行数据分析，为园区全面绘制产业链画像，形象展示园区产业的优势、劣势以及缺失的产业环节，洞悉区域产业发展现状，精准定位园区产业链短板和需要补强的环节。同时，结合园区发展需求，设置招商引资指标和筛选条件，构建评估模型，分析评估补链目标企业在产业、经济、人才、知识产权、信用风险等方面的现状和趋势，并进行分类和招商价值指数排名，引导园区找准特色产业，精准锁定目标企业，提升招商引资的精准度和效率。

（4）招商引资全流程管理

以招商引资应用为目标，从园区招商项目立项可研、招商宣传、招商线索、招商进展、项目落地、招商绩效评价等多个应用场景出发打造招商引资全流程管理应用平台，为园区招商管理人员提供流程管理工具，实现招商引资管理全流程记录、实时待办提醒和可视化跟踪管理。

### 3.5.8.4　交易服务

基于优化园区循环经济发展环境和服务企业的目标，利用数字信息网络技术，构建集信息流和物流于一体的园区交易服务平台。通过实时、对等、互动的商务网络传送手段，为园区、企业及第三方客户提供需求发布、销售、预订、订单、交易、物流运输等资源信息共享和联动协同服务，提高园区资源流通率和利用率，加快商业信息流转，增强园区、企业与市场的深度融合，助力园区循环经济发展，帮助企业降本增效、提高运营效率，实现园区和企业的可持续发展。

（1）用户管理

建立企业和第三方服务单位用户管理系统，对平台用户进行准入信息审核、属性设置、分类管理、动态退出等全生命周期管理。系统构建用户信用评估模型，通过服务信用等级指数对设备设施、原辅材料、检验检测、运输单位、工程建设等各类服务提供商进行评价筛选，向化工园区管理者和企业推荐优质的第三方服务。

（2）供求信息发布

建立园区集中统一的交易信息发布平台，打破信息孤岛，实现集中信息发布功能和资源信息共享。该平台供园区、企业和第三方服务单位在线维护产品信息，发布产品、废弃物（副产品）、能量梯级利用供求信息，同时支持企业在线发布安全技术服务、设备设施检验检测、工程建设项目、物资托运等需求信息。平台支持信息审核、信息分类和供需方在线互动响应。

**（3）在线交易**

建立园区在线交易平台，用户可通过 PC 端、移动端登录，在线进行资源信息检索查询、询价报价、谈判议价、预订、订单、交易等全过程商务操作。

### 3.5.8.5　在线培训

随着国家对化工园区建设与发展要求的逐步深化，化工园区人才总量偏少已成为影响提质升级和高质量发展的重要问题。基于化工园区高质量发展和安全发展的需要，顺应信息网络技术对教育培训发展与变革的促进作用，利用互联网、大数据、3D 虚拟仿真等新一代信息技术与培训管理深度融合，构建园企互通共享、数据融合、业务集成一体化的在线培训平台，贯通培训教学、个人学习、企业培训管理、园区培训监督业务，提升培训管理的数字化、智慧化水平。

**（1）数字化培训资源库**

建立园区数字化培训资源库，构建园区培训空间信息数据存储、交换、共享、使用、开放的核心枢纽。汇聚数字图书、培训师资、培训课程、事故案例、主题教育、安全咨询、测评试题、虚拟仿真培训软件等培训资源，系统具备课程、培训师资等数字化培训资源的分类导航、智能搜索查询以及上传、发布维护应用功能，实现多元数字化资源的共享互通。

**（2）在线学习培训管理**

以园区和企业从业人员以及承包商队伍人员为主要培训对象，依据不同类型人员的需求在线制定相应的个性化培训学习计划。系统依照培训计划对各类培训课程和考试进行有效组织，参培人员能够通过电脑端、移动端多端访问和接收必修或选修学习课程和测评试题。在线培训系统具有人脸识别、学习图像抓拍等防替学、防挂课功能，以及课程浏览选择、在线培训直播、在线练习、在线学习考试、错题反馈、在线补考、网上答疑、学习记录、课程评价等功能，实现园区培训组织、学习评价的数字化、线上化，推动全员培训和能力提升的有效落实。

**（3）培训统计分析**

以园区在线培训数据资源库的多维数据为核心，基于数据可视化分析技术，针对园区不同业务培训场景建立可视化数据统计分析和评价体系。对园区各企业在线学习人数、学习时长、学习进度、测试成绩、培训合格率等进行学情动态分析，为定制培训课程矩阵、个性化课程资源配置、培训精细化管理和科学决策提供支撑。

### 3.5.8.6 舆情管理

近几年，化工行业发生的多起污染、爆炸、火灾等事故被大量报道，社会公众积累了越来越深的负面印象，舆论环境十分严峻。同时，随着互联网的蓬勃发展，信息传播规律发生了很大变化，新媒体传播手段加快了信息的传播速度，使舆情事件的发展方向具有了更多的不确定性。园区作为化工企业的载体，建立网络舆情处置机制，做好舆情监测分析、舆情跟踪处置势在必行。舆情管理系统是根据园区安全、环保等业务管理特性，基于大数据信息采集能力，辅以智能语义分析与数据挖掘技术，对主要门户网站、微信公众号、移动 App 等网络媒体与社交媒体进行全方位、不间断的实时监测，收集相关舆情信息，监测不良或负面舆情，全面、及时、准确、深刻地把握网络信息动向。对于突发的舆情信息，系统能够快速发现并给予预警提醒，并通过邮件、微信、短信等形式，多渠道触达关键人群，帮助园区管理者及时受理公众建议和投诉举报，洞察行业动态、掌握公众态度。

（1）舆情信息监测

整合互联网信息采集技术及信息智能处理技术，通过过滤关键词对互联网海量信息进行自动抓取、清理去重、分类聚类、主题检测、专题聚焦，实现公众对园区建议和投诉举报信息的准确采集、分类提取和预警信息推送。

（2）舆情信息分析

将舆情信息数据存储到数据库中，并建立相关索引以实现高效的数据查询和分析。系统利用大数据技术手段，对舆情趋势变化进行持续跟踪，通过情感分析，对特定事件、危机事件进行深入解读，判断舆情信息所蕴含的感情、态度、观点、立场、意图等主观因素，挖掘事件背后隐藏的逻辑关系，通过信息数据多维度可视化统计分析和影响评估，形成专属舆情报告。

（3）舆情跟踪处置

系统建立网络舆情分析基础信息库、国家法律、法规、规定信息库和危机预警方案库，基于舆情发展规律，提供舆情趋势分析和预警处置方案，帮助园区管理者畅通沟通渠道，辅助舆情处置决策。

# 第4章

# 智慧化工园区信息基础设施实建案例

Construction and Management of
**Smart Chemical Industry Park**

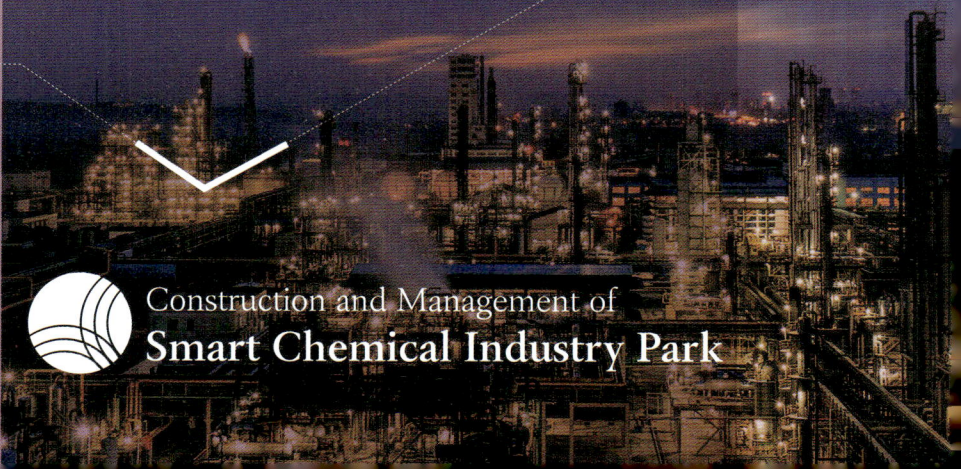

智慧化工园区基础层建设以硬件配置为主，主要包括机房、指挥中心、定位设施、通信设施以及各类感知设备等硬件设施，其中，感知设备种类繁多，是主要利用物联网技术实现对物理世界的感知、连接和智能化的设备。这些设备通常由终端、边缘网关、回传网络和云端平台四个部分组成。在智慧化工园区建设中，感知设备主要应用于环境监测（大气污染、水流量、水位、水质等相关监测）、安全风险管控（监控系统、定位、停车场管理系统、人脸识别、门禁等）、园区能源管理（水、电、热等能源管理）、公共设施管理等多个领域。

物联感知网将多种类、多功能、形态各异的物联终端设备统一连接到边缘计算网关，通过回传网络与云端平台互通，完成对物理世界的信息感知、传输和处理，并实现对终端、传感器等的协同控制，满足行业数字化转型需求，促进社会管理方式向智能化、精细化、网络化方向转变。

# 4.1　模块化机房

机房是建设智慧化工园区的硬件基础。近年来，随着园区建设对节能低碳、高效可靠、预留发展空间等要求的日益提高，模块化机房逐渐成为发展趋势。模块化机房将整个数据中心按照功能模块进行分割、重组，形成相对独立的数据中心单元。模块化机房解决方案是结合动力一体化的成熟和成功经验，顺应当今数据机房（IDC）的发展趋势，是针对按需建设、逐步扩容的中大型数据中心推出的新一代机房方案，可有效实现数据中心的快速建设、灵活扩容和简易管理。

模块化机房具有灵活性强、建设周期短、节能高效、占地面积小、标准化设计、快速扩展等显著优势，广泛应用于各行各业的数据中心建设，包括但不限于金融、电信、政府、教育等领域。特别是在需要快速部署、灵活扩展或空间有限的场所，模块化机房优势明显。

模块化机房主要包括供电模块、制冷模块、机柜模块和布线模块。供电模块主要涉及 UPS（不间断电源）、蓄电池等设备，保障电力的持续稳定供应；制冷模块依靠精密空调精确控制温湿度；机柜模块侧重于合理放置服务器等设备，方便管理和散热；布线模块确保各种线路有序敷设。这些模块在工厂预制好后，运到现场进行快速组装搭建，如同搭积木一般，形成一个完整的机房系统。

下面以南京江北新材料科技园为例，介绍模块化机房在化工园区的实际应用。

## 案例 1　模块化机房——南京江北新材料科技园

### （1）适用技术应用场景概况

南京江北新材料科技园于 2018 年 3 月获批设立，至今已建成乙烯、芳烃、醋酸三大产业链以及环氧乙烷／环氧丙烷、醋酸、芳烃、生命科学、高端精细化学品、橡塑六大特色产业集群。园区现有生产、经营企业 130 余家，其中包括中国石化、德国巴斯夫、美国塞拉尼斯等 20 多家世界 500 强、全球化工 50 强以及细分市场领先企业。该园区连续三年在化工园区高质量发展评价中位居第二，在全省 118 家省级以上经开区综合考评中连续三年实现进位，跃居江苏省省级经济开发区首位。

为了在有限空间内最大限度地实现节能高效、灵活扩展等目标，南京江北新材料科技园机房采用了模块化设计。模块化机房是南京江北新材料科技园智慧园区建设的关键节点，它保障着园区的正常信息化工作，对提高园区的信息化水平具有重要意义。机房满足建成后 5 ～ 8 年内的可靠性和先进性，并具备在更长生命周期内的可扩容性，成为园区信息化建设的亮点和样板工程。

### （2）可应用技术手段

模块化机房是将机房的基础设施（如精密空调、不间断电源、服务器机柜、布线系统等）进行集成化、模块化设计。南京江北新材料科技园设计了如下模块。

① 供电模块　通常包含 UPS 系统。它能在市电停电时，瞬间切换为电池供电模式，保障设备的持续电力供应。例如，一些中大型数据中心的 UPS 系统可在市电故障后，为服务器等关键设备提供数小时甚至更长时间的电力支持。

② 制冷模块　精密空调是制冷模块的核心。它能够精确控制机房内的温度和湿度，与普通空调相比，精密空调的温度控制精度可达 ±1 ℃，这对于服务器等对环境要求苛刻的设备至关重要。

③ 机柜模块　设计合理的服务器机柜，内部有良好的线缆管理系统，便于设备的安装、维护和散热。机柜的尺寸和布局也经过优化，能够有效利用机房空间。

④ 布线模块　结构化布线系统可保证机房内各种设备之间的信号传输稳定、高效。包括电源线、网线、光纤等多种线路的合理规划和敷设，避免线路混乱带来的隐患。

采用模块化设计制作的机房，具有如下优势：

① 快速部署　由于采用模块化设计，机房可以像搭积木一样进行组装。与传统机房建设相比，能大大缩短建设周期。例如，一个传统机房建设可能需要数月时间，而模块化机房可能在几周内就能完成基本的搭建和调试工作。

② 灵活扩展　可根据业务的发展和 IT 设备的增加，方便地添加新的模块。如企业业务拓展，需要增加服务器数量，就可以直接添加机柜模块和对应的供电、制冷模块，而不会对现有运行的模块产生太大干扰。

③ 高可靠性　每个模块都有独立的功能和备份机制。例如供电模块的 UPS 冗余设计，以及制冷模块的双路制冷循环备份，即使某个模块的局部出现故障，其他部分也能维持机房的基本运行，降低机房整体故障率。

④ 节能高效　模块化机房的精密空调和供电系统等可根据实际负载进行智能调节。当机房内设备负载较低时，空调可以降低制冷功率，UPS 也能进入节能模式，从而有效降低能源消耗。

### （3）南京江北新材料科技园实际技术应用

南京江北新材料科技园智慧园区信息机房面积约为 $50m^2$，共建设 1 套模块化机房，包含 9 面 IT 机柜、2 面蓄电池柜、1 套封闭冷通道、1 台一体化 UPS。一体化 UPS 为模块化 UPS，模块采用 N+1 冗余；2 台列间空调形成设备 N+1 冗余系统；配备动力环境监控系统 1 套。

在实际建设中，模块化机房项目实施遵循了以下原则。

① 系统整体性原则　数据中心机房具有一定复杂性，所有系统设计应在建设时统一规划，打造一个全面、完善的机房。随着业务的不断发展，中心机房的任务必定会日益繁重，所选用的设备应具有智能化、可管理的功能。

② 实用性和先进性原则　考虑到机房内部环境的差异，应尽量保证机房各个功能区域布局合理、实用。为延长机房的使用寿命，适应快速发展的趋势，需采用先进、成熟的现代技术，确保在一定时期内保持先进性。

③ 安全可靠性原则　充分分析系统可能遇到的威胁和风险，全面考虑机房所在建筑的安全，提出消除威胁和规避风险的方案与措施，以确保机房中的硬件系统和软件系统能够相互协调，安全有效地运行。

④ 灵活性和可扩展性原则　机房应具备可持续发展的能力，在系统设计上具有较大的灵活性。它要拥有良好的灵活性与可扩展性，能够根据今后业务不断深入发展的需要，具备扩大设备容量、增加用户数量和提升用户质量的功能。同时，要具备支持多种网络传输、多种物理接口的能力，为技术

升级、设备更新提供灵活性。

⑤ 标准化原则　根据招标图纸和实际工程量的要求，工程应满足或超过相关的国内及国际标准和规范。

⑥ 经济性和投资保护原则　以较高的性能价格比构建新机房，使资金的产出投入比达到最大值。要以较低的成本、较少的投入来维持系统运转，实现高效能与高效益。尽可能保留并延长已有系统的投资，充分利用以往在资金与技术方面的投入。

同时，南京江北新材料科技园的模块化机房采用了诸多引领行业发展潮流的最新技术和设计理念，包括：

① 隔离冷热气流、实现精确制冷；全封闭架构，与外部环境彻底解耦；

② 双变换效率高达 96%、支持模块动态休眠的模块化 UPS；

③ 支持以支路级颗粒度进行扩容的机架势智能配电系统；

④ 超高冷量密度的列间空调；

⑤ 开孔率高达 75% 的超级网控门机柜；

⑥ 层次分明又完美兼容的三层监控管理平台；

⑦ 可同步的远程代维顾问服务；

⑧ 由抽象到可视、由被动到主动、由互不关联到资源池的 DCIM 系统；

⑨ 智能通道灯光系统，开启模块化数据中心人机互动时代；

⑩ 隐藏式上走线系统，告别走线杂乱无章；

⑪ 隐藏式门盒设计，通道端门通透率高达 98%；

⑫ AI 技术，比传统模块化方案节能再提高 20%。

**（4）适用技术应用效果**

南京江北新材料科技园智慧园区模块化机房为园区 IT 数据设备提供了良好的运行环境及不间断电力续航。动力环境监控系统实时监测环境及设备运行状况，起到提前预警的作用，从而为园区的智能化、信息化正常运行提供了保障。应用效果如下。

① 节能　与传统机房相比，模块化机房采用行间空调，送风距离短，气流分布均匀，避免了局部热点的产生，从而降低能耗，达到节能的目的。

② 节约成本　微模块机房高度集成，建设周期短，建设成本低；减少了不同设备厂家的配合问题，契合度高，降低了流量建设运维成本。

③ 使用安全　动力环境监控系统能够实时检测设备运行状态，减少故障的发生。发生故障时，能够准确反映出具体故障部分，从而减少维修时间，增强系统的稳定性。

# 4.2 通信网络

通信网络是由一系列的节点（如计算机、交换机、路由器等）和连接这些节点的链路（如电缆、光纤、无线电波等）组成的系统，它允许数据和信息在不同的设备和地点之间传输和交换。通信网络是实现园区智能化管理的关键基础设施，它承载着园区内部各类数据的高效传输，并负责实现园区与外部世界的无缝连接。

从园区通信网络建设以及支撑能力来看，大部分化工园区已基本形成一张以有线接入为主、4G 与 Wi-Fi 等无线接入为补充的园区网络，但由于园区建成时间较早，且业务规模不断扩大，现有的网络支撑能力已经无法满足园区的数字化发展需求。随着化工园区信息化适用技术的飞速发展，通信网络作为智慧化工园区信息传输与交互的核心基础设施，正经历着前所未有的变革。通过 5G、NB-IoT、NFV、UWB 等新一代通信技术在设备端和控制器端的应用，以地理空间为参考系，帮助园区建立覆盖范围更广、连接更多、带宽更大的基础网络，应用 IPv6 等新一代通信协议，以满足对海量过程数据的采集、传输、分析的需要。

下面以宁波石化经济技术开发区为例，介绍通信网络在化工园区的实际应用。

## 案例 2　通信网络——宁波石化经济技术开发区

### （1）适用技术应用场景概况

宁波石化经济技术开发区前身为宁波化工园区，成立于 1998 年，2010 年升格为国家级经济技术开发区。园区位于镇海区东面沿海区域，2014 年总体规划修编后，规划面积为 40 平方公里，是宁波市最重要的石化产业集聚区，也是产值规模位居前三的国家级专业化工园区之一。园区内已有镇海炼化（拥有 2300 万吨 / 年原油加工能力和 100 万吨 / 年乙烯裂解装置）、英国英力士、荷兰诺力昂、韩国 SK、德国朗盛、美国利安德巴赛尔、韩国 LG 以及富德能源、巨化科技、浙铁江宁、浙铁大风、金海晨光、恒河石化等 60 余家国内外大中型石化和化工企业落户。

在宁波石化经济技术开发区的智慧园区平台建设过程中，通信网络作为智慧化工园区的"神经网络"，其重要性不言而喻。它不仅能够实现园区内部各系统之间的信息共享与协同作业，还能支持园区与外部世界的实时通信与数据传输。在智慧化工园区的应用场景中，通信网不仅传输常规的数据和语音信息，还承担着视频监控、应急指挥、远程办公等特殊任务的通信需求。园区网络架构如图 4-1 所示。

随着物联网、云计算、大数据、AI 等先进技术的广泛应用，化工园区对通信网络的需求发生了深刻变化。传统的通信方式已难以满足当前要求，因此，构建一张高效、稳定、安全的通信网络成为智慧化工园区建设不可或缺的一环。

### （2）可应用技术手段

宁波石化经济技术开发区采用了先进的网络技术和架构，以确保园区的通信需求得到满足。以下为该技术模块的主要技术架构和建设内容。

① 技术架构　园区的通信网络技术架构主要包括核心层、汇聚层和接入层三个层次。

核心层：作为通信网的核心，核心层负责高速、可靠地转发园区内的数据流量。采用高性能的核心交换机，确保数据在园区内的快速传输。

汇聚层：汇聚层位于核心层和接入层之间，起到承上启下的作用。通过汇聚交换机，将来自接入层的数据流量进行汇聚和转发，同时实现数据的初步处理和过滤。

接入层：接入层是园区内用户和设备接入通信网络的入口。通过接入交换机，将园区内的各类设备（如摄像头、传感器、控制终端等）接入通信网络，实现数据的采集和传输。

② 建设内容　园区的通信网络建设内容主要包括以下几个方面。

光纤网络建设：为提升通信网络的传输速度和稳定性，园区采用光纤作为主要的传输介质。通过铺设高质量的光纤线路，实现园区内各区域之间的光纤互联。

网络设备部署：在核心层、汇聚层和接入层分别部署高性能的核心交换机、汇聚交换机和接入交换机。这些设备不仅具备高速的数据转发能力，还支持丰富的网络协议和功能，以满足园区多样化的通信需求。

网络安全保障：为保障通信网络的安全性，园区采用多种网络安全技术和措施。包括部署防火墙、入侵检测系统、安全审计系统等，对通信网络进行全方位的安全防护，整体满足等保 2.0 三级网络安全要求。

网络管理与运维：为提升通信网络的管理和运维效率，园区采用先进的网络管理软件和工具。通过实时监控网络状态、分析网络数据、预警网络故

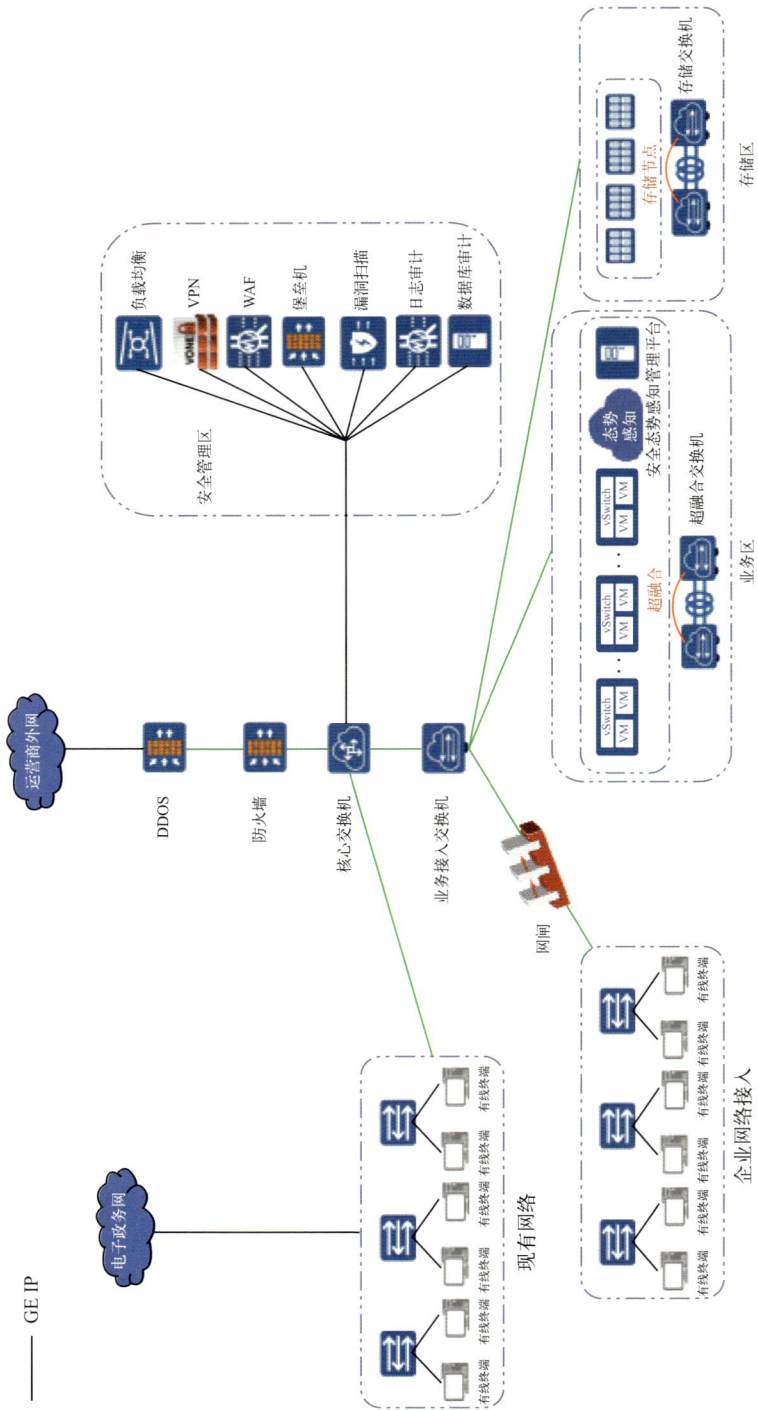

图 4-1 园区网络架构

障等，实现对通信网络的全面管理和运维。

③ 关键技术　在通信网络的建设过程中，园区采用多项关键技术以确保通信网络的性能和安全性。

SDN（软件定义网络）技术：SDN 技术的引入，为园区通信网络带来前所未有的灵活性和智能管理能力。这一技术打破传统网络设备和配置的刚性限制，使管理员能通过软件界面，像操作一台计算机一样轻松调整网络拓扑结构、配置网络策略。SDN 的集中控制特性，让网络管理直观、高效，极大提升网络资源的利用率和响应速度。园区实现了网络的快速响应和智能化调度，无论是应对突发事件还是日常运维，都更加得心应手。

NFV（网络功能虚拟化）技术：NFV 技术将网络功能从硬件设备中解放出来，通过软件化的方式运行在通用的硬件平台上。园区通信网在部署新功能和扩展网络规模时，不再受限于硬件设备的物理限制和昂贵的采购成本。通过 NFV 技术，园区能快速响应业务需求，灵活部署各种网络功能，大大降低网络建设和运维的成本。NFV 实现了更高的网络可靠性和弹性，确保园区通信网络在面对各种挑战时都能稳健运行。

5G 技术：5G 是第五代移动通信技术的简称，它在 4G 的基础上实现显著的性能提升，以满足未来多样化业务和场景的需求。5G 的关键能力包括更高的数据传输速率、更大的连接数密度、更低的时延、更高的频谱效率、更高的能效和成本效率。5G 的关键技术涵盖无线技术和网络技术两大领域，包括大规模天线阵列、超密集组网、新型多址、全频谱接入等。

UWB 技术：UWB（ultra wide band，超宽带）技术是一种无线通信技术，它使用非常宽的频带（通常超过 500MHz）进行数据传输。UWB 技术的核心特性是其极宽的频带宽度，这使其能够提供高分辨率的成像能力，目前已在医疗成像、人员定位与安全监控、环境监测等领域广泛应用。

IPv6 技术：随着 IPv4 地址资源日益紧张，IPv6 技术的全面采用成为园区通信网络建设中的一项重要举措。IPv6 不仅提供更大的地址空间，还支持更高效的网络数据传输和更强的网络安全保障。在园区的通信网络建设中，IPv6 技术的广泛应用确保了网络的可持续发展和兼容性。无论是现有的网络应用还是未来的创新业务，都能在 IPv6 的网络环境中顺畅运行。这一技术的采用，不仅提升了园区的网络竞争力，也为园区的数字化转型奠定了坚实基础。

### （3）宁波石化经济技术开发区实际技术应用

宁波石化经济技术开发区的通信网络建设，是园区智慧化转型的重要组成部分。在通信网络的建设过程中，园区管理方深入调研国内外先进园区的通信网络建设经验，并结合自身实际需求和未来发展规划，制定了一套科学、高效、先进的通信网建设方案。

园区采用先进的光纤通信技术（图 4-2），构建了高速、稳定、安全的光纤通信网络。该网络覆盖园区的每一个角落，包括生产区、办公区、仓储区、物流区等，为园区内的各个部门和单位提供了高效、便捷的通信服务。园区引入 5G 通信技术，实现了园区内的高速无线覆盖，为移动办公、视频监控、远程控制等应用提供了强有力的支持。

园区在通信网络的建设中，注重网络的安全性和可靠性。园区采用多层次、多手段的安全防护措施，涵盖物理安全、网络安全、数据安全等方面，确保园区通信网络安全运行。园区还建立了完善的故障排查和应急响应机制，能够在最短时间内发现并解决网络故障，保证园区通信网络稳定运行。

在通信网络的具体建设中，园区充分考虑了自身特殊需求。例如，在化工生产区，由于环境复杂、电磁干扰大，园区采用特殊的通信设备和传输技术，确保生产区内通信的稳定性和可靠性。在仓储区和物流区，园区引入物联网技术和 RFID 技术，实现危化品的实时追踪和定位，提高了仓储和物流的效率和准确性。

园区建立了统一的通信管理平台，对园区内的通信资源进行集中管理和调度。该平台具备实时监控、统计分析、故障排查等功能，能够实时掌握园区通信网络的运行状态，及时发现并解决潜在问题。此外，该平台还能为园区内的各个部门和单位提供定制化的通信服务，满足不同部门和单位的具体需求。

### （4）适用技术应用效果

宁波石化经济技术开发区的通信网络建设，为园区的智慧化转型提供了强有力支撑。该通信网络的建设不仅提高了园区内通信的效率和准确性，还带来了显著的经济效益和社会效益。

在经济效益方面，通信网络的建设提升了园区的生产效率和运营效率。通过引入先进的通信技术和设备，园区实现了生产过程的自动化和智能化，降低了生产成本和运营成本。通信网络的建设还促进了园区内的信息共享和协同合作，提高了园区的整体竞争力。

在社会效益方面，通信网络的建设提高了园区的安全水平和环保水平。通过实时监控和数据分析，园区能够及时发现并处理安全隐患和环境污染问题，保障园区的安全生产和环境保护。此外，通信网络的建设还提升了园区的服务水平和公众满意度。园区内的企业和居民能够通过通信网络享受到更

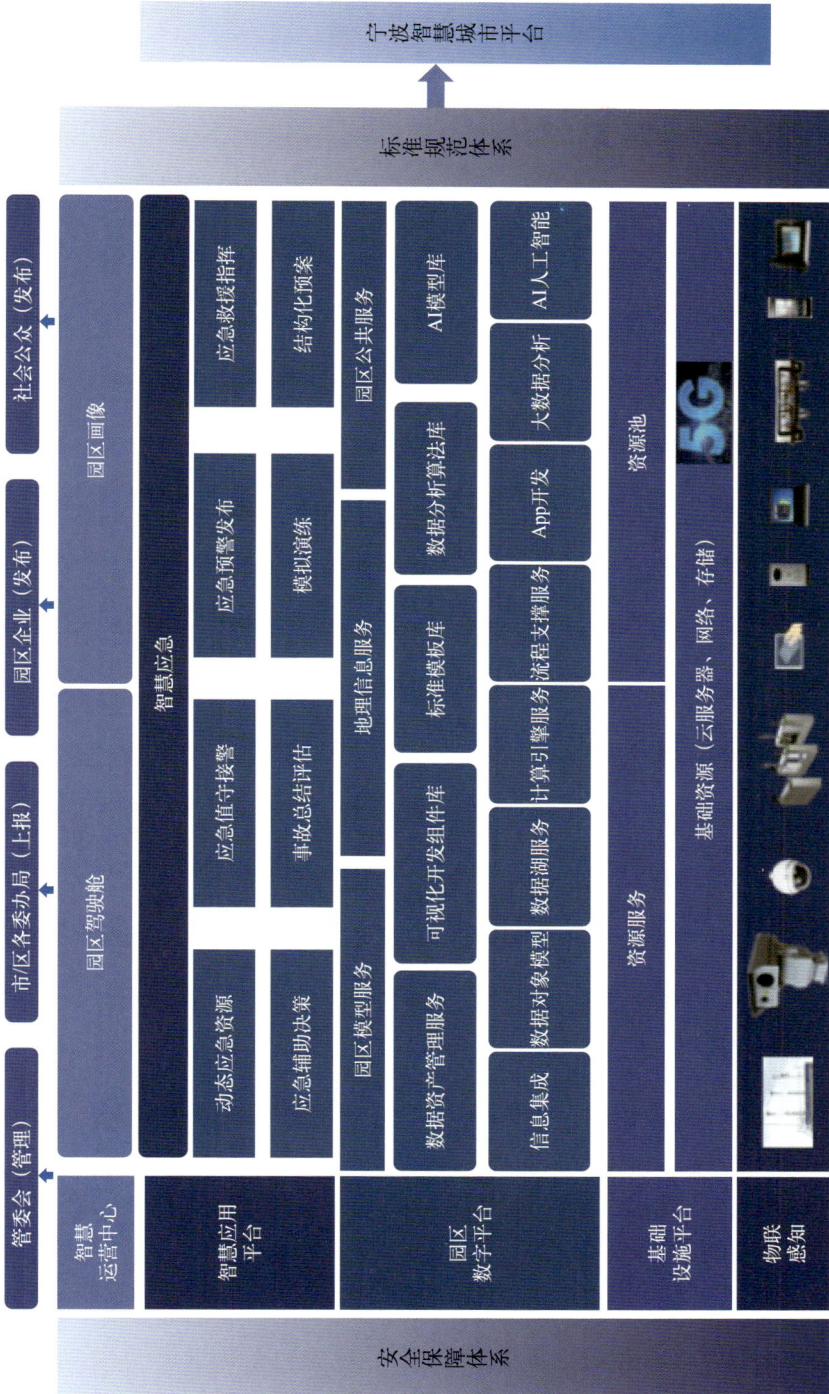

图4-2 光纤通信网络

加便捷、高效的服务，提升了园区的整体形象和声誉。

通信网络的建设在以下几个方面产生了显著效果。

① 提升园区的信息化水平　通信网络的建设为园区内的企业提供了高效、便捷的通信服务，推动了园区的信息化进程。园区内的各个部门和单位能够通过通信网络实现信息共享和协同合作，提高了园区的整体运营效率。

② 促进园区的智慧化转型　通信网络的建设是园区智慧化转型的重要组成部分。通过引入先进的通信技术和设备，园区实现了生产过程的自动化和智能化，推动了园区的智慧化进程。未来，随着通信技术的不断发展和升级，园区的智慧化水平还将进一步提高。

③ 提高园区的安全水平和环保水平　通信网络的建设为园区的安全监管和环保监管提供了有力支持，有助于提升园区的整体形象和声誉，吸引更多的企业和投资。

④ 推动了园区的产业升级和结构调整　通信网络的建设为园区的产业升级和结构调整提供了有力支撑。通过引入先进的通信技术和设备，园区能够推动传统产业的转型升级和新兴产业的发展壮大，有助于提升园区的整体竞争力和可持续发展能力。

# 4.3　云数据中心

随着政府和企业数字化转型的逐步加速，政策快速更新，技术快速升级迭代，用户的需求和技术也在快速变化。人工智能、云计算、物联网、大数据、AR/VR 的应用，使得一切皆可智能化，一切皆可服务化。化工园区的智慧化建设，不能再走"me too but cheaper"的老路，而应直接面对快速变化的需求，采用新的技术和模式，对园区的管理模式进行创新。将园区管理的各类应用系统、数据、业务流程，基于云服务的形式进行动态、弹性的管理，是化工园区数字化转型的最佳选择。

云服务有多种模式，包括公有云、混合云、私有云、云边协同等。从化工园区、企业的管理模式、生产安全、信息安全等角度来看，混合云和私有云模式较为适合化工园区对云数据中心的要求。从化工园区对云数据中心的功能要求来看，以实用性功能为主，主要包括云资源、云管理服务（基础GPaaS 层）、云高阶服务（应用 ApaaS 层），以及云安全服务。

下面以国家东中西区域合作示范区（连云港徐圩新区）为例，介绍（混合）云服务在化工园区的实际应用。

## 案例 3 （混合）云服务技术——国家东中西区域合作示范区（连云港徐圩新区）

### （1）适用技术应用场景概况

国家东中西区域合作示范区（连云港徐圩新区）是全国七大石油化工基地之一，总规划面积 467 平方公里，其中石化基地占地 61 平方公里，入驻了包括盛虹炼化、卫星石化、中化等在内的 60 余家大中型化工企业。园区内"两重点一重大"数量多，安全生产风险高，因而对数字化安全生产监管、封闭化管理、环境管理等方面的数字化管理需求十分迫切。

徐圩新区自 2016 年启动化工园区信息化和智慧化建设，2019 年起园区智慧化建设进入快车道。但各主要园区仍以传统的 IT 架构进行智慧化工园区设计和建设，信息系统以独立建设为主，每建设一套信息系统就要搭建一套网络和服务器，这导致园区内部网络结构复杂，运维困难。数据中心机房内部署着各个时期为各种系统单独采购的机柜和服务器，规格、标准不一，很难高效利用机柜和数据中心空间资源，供电和 UPS 系统无法共用，经常出现机柜内部空间充足，但机房空间不足的情况。为此，园区不得不另辟数据中心。且各个信息系统的信息与通信技术（ICT）基础设施无法实现统一监控，发生故障无法及时上报，最终影响园区管理业务的顺利开展。

因此，园区急需通过改进和新技术手段，引入云服务，解决遗留问题。

### （2）可应用技术手段

徐圩新区混合云平台采用"一柱两翼一安全"的方案进行设计，"一柱"为云基础资源服务；"两翼"为云管理服务和云高阶服务；同时建设高度可靠的云安全体系。该设计充分考虑了当前徐圩新区的产业规模、业务体量，并参考业界一般做法，反复对比后，选择采用本地部署的混合云数据中心模式。

在保障安全的基础上，整套云平台围绕提供统一 ICT 基础资源和资源动态高效管理，以及对园区业务应用和数据进行完美支撑的能力进行建设。云数据中心上线运行后，由云平台服务厂商通过持续的远程维护，保障云平台能够与目前主流的云服务处于同一架构、同一特性，确保云服务的最佳体验，能够承载园区业务未来 5 年的需求，在较长周期内能够通过云服务扩展以及混合云持续在线运维的方式，确保云平台能够在长周期的运营使用期内稳定运行。

徐圩新区云数据中心采用新一代混合云数据中心架构，该平台部署在徐圩数据中心，采用物理隔离以确保安全合规，管控面通过专线接入云运维中心，统一运维以降低运维成本，是经过专门适配的化工园区及大型化工企业

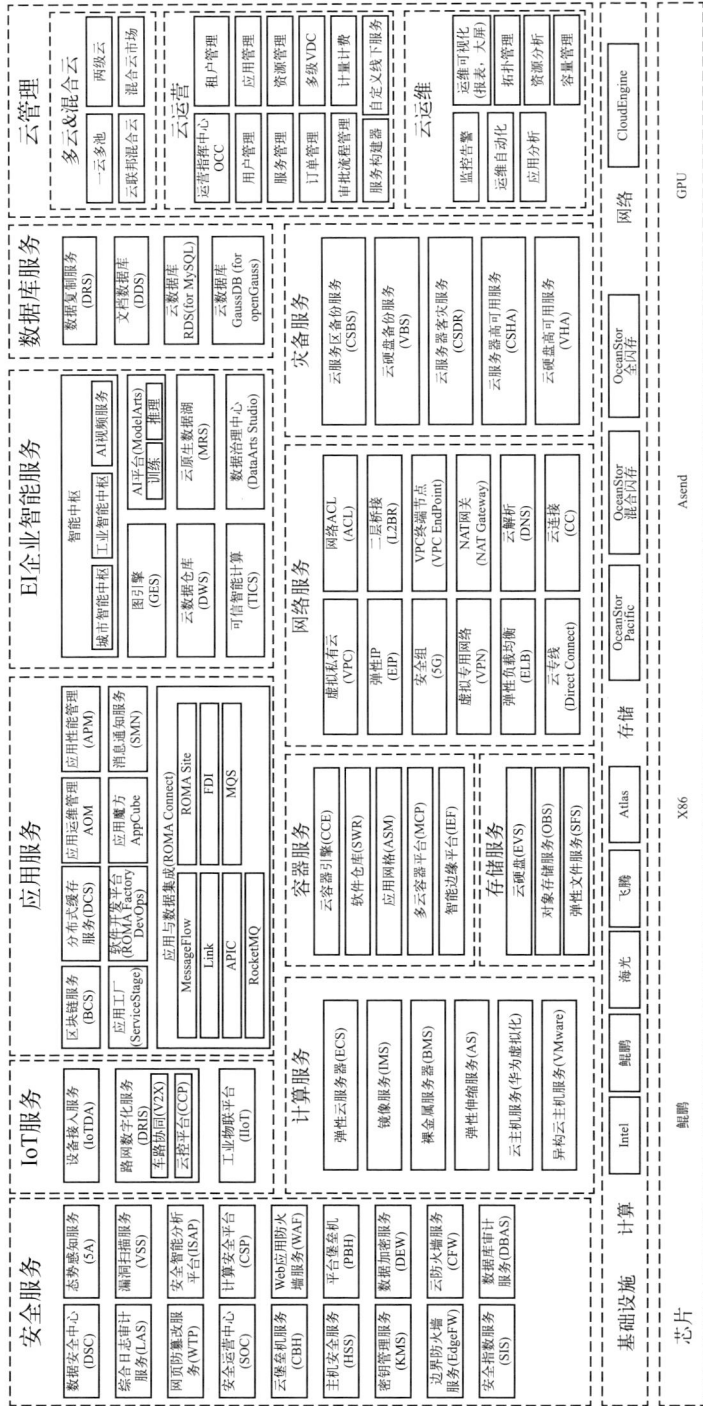

图 4-3 混合云服务架构体系

**安全服务**
数据安全中心 (DSC)、态势感知服务 (SA)、综合日志审计服务 (LAS)、漏洞扫描服务 (VSS)、网页防篡改服务 (WTP)、安全智能分析平台 (ISAP)、安全运营中心 (SOC)、计算安全平台 (CSP)、云堡垒机服务 (CBH)、Web应用防火墙服务 (WAF)、主机安全服务 (HSS)、平台堡垒机 (PBH)、密钥管理服务 (KMS)、数据加密服务 (DEW)、边界防火墙服务 (EdgeFW)、云防火墙 (CFW)、安全审计服务 (SIS)、数据库审计服务 (DBAS)

**IoT服务**
设备接入服务 (IoTDA)、路网数字平台 (DRIS)、车路协同平台 (V2X)、云控平台 (CCP)、工业物联网平台 (IIoT)

**应用服务**
区块链服务 (BCS)、应用工厂 (ServiceStage)、分布式缓存服务 (DCS)、软件开发平台 (ROMA Factory DevOps)、应用运维管理 AOM、应用魔方 AppCube、应用性能管理 (APM)、消息通知服务 (SMN)、应用与数据集成 (ROMA Connect)：MessageFlow、Link、APIC、RocketMQ、ROMA Site、FDI、MQS

**EI企业智能服务**
图引擎 (GES)、云数据仓库 (DWS)、可信智能计算 (TICS)、智能中枢：城市智能中枢、工业智能中枢、AI视频服务、AI平台(ModelArts)：训练、推理、云原生数据湖 (MRS)、数据治理中心 (DataArts Studio)

**数据库服务**
数据复制服务 (DRS)、文档数据库 (DDS)、云数据库 RDS(for MySQL)、云数据库 GaussDB (for openGauss)

**云管理**
多云&混合云：一云池、两级云、云联邦混合云、混合云市场
云运营：运营指挥中心 OCC、用户管理、服务管理、订单管理、审批流程管理、服务构建器、租户管理、应用管理、资源管理、多级VDC、计量计费、自定义线下服务
云运维：监控告警、运维自动化、应用分析、运维可视化(报表、大屏)、拓扑管理、资源分析、容量管理

**计算服务**
弹性云服务器 (ECS)、镜像服务 (IMS)、裸金属服务器 (BMS)、弹性伸缩服务 (AS)、云主机服务(华为虚拟化)、异构云主机服务 (VMware)

**容器服务**
云容器引擎 (CCE)、软件仓库 (SWR)、应用网络 (ASM)、多云容器平台 (MCP)、智能边缘服务 (IEF)

**存储服务**
云硬盘 (EVS)、对象存储服务 (OBS)、弹性文件服务 (SFS)

**网络服务**
虚拟私有云 (VPC)、弹性IP (EIP)、安全组 (SG)、虚拟专用网络 (VPN)、弹性负载均衡 (ELB)、云专线 (Direct Connect)、网络ACL (ACL)、二层互联 (L2BR)、VPC终端节点 (VPC EndPoint)、NAT网关 (NAT Gateway)、云解析 (DNS)、云连接 (CC)

**灾备服务**
云服务区备份服务 (CSBS)、云硬盘备份服务 (VBS)、云服务器容灾服务 (CSDR)、云服务器高可用服务 (CSHA)、云硬盘高可用服务 (VHA)

**基础设施**
芯片、计算、存储、网络、GPU
Intel、鲲鹏、海光、飞腾、鲲鹏、Atlas、X86、Asend、OceanStor Pacific、OceanStor 混合闪存、OceanStor 全闪存、CloudEngine

核心业务上云的优选方案。混合云服务架构体系如图 4-3 所示。

云资源：为化工园区提供动态的计算、存储、网络资源。随着技术进步和业务需求，也可按需提供一部分 AI 和高性能计算（HPC）资源。经过对各个业务系统以及未来信息化系统升级和建设需求的考察，决定采用冗余 30% 的规模进行设计，使得计算、存储、云内网络能够满足 3～5 年的需求。尤其是在资源需求浮动较大的安全生产监管类、视频监管类应用系统中，动态按需分配资源，实现了云资源需求总量开支最小化，尽可能延长了资源扩容周期。同时，云资源全面采用国产化生态，全面兼容主流国产基础软件，目前国内同类型云平台基本达不到全面国产化要求。

云管理服务：是一种软件服务，通过一系列基础管理功能对云资源进行管理，典型的云管理服务包括弹性服务器、云硬盘、对象存储、备份服务、弹性负载均衡服务、虚拟私有云服务等。

云高阶服务：是一系列云厂商提供的，面向用户各种应用系统的基础服务，具有一定的通用性和工具属性。典型的云高阶服务有云上的数据集成服务、物联网服务、大数据服务、AI 算法服务、地图服务等，通过这些高阶服务，支持各类应用系统的开发和运行，达到简化架构、统一管理的目的。徐圩新区采用的云高阶服务，最大的特点是这些服务都是云原生应用或经过高度预集成之后的应用平台，服务更稳定，集成能力和效率普遍比一般厂商提高 50%，集成周期缩短 30% 以上。在国内化工园区解决方案提供商中，中小型厂商不具备云原生能力，云厂商又不具备行业集成交付能力，因而徐圩新区选择更均衡的方案，为未来的演进打下更好的基础。

云安全服务：即便采用私有云或混合云模式，对数据和业务安全的诉求始终是第一位的，云安全服务应覆盖云上业务的方方面面。主要包括云基础设施安全、边界安全、主机操作系统（OS）/ 虚拟化层安全、网络安全、灾备、数据层安全等要求。值得一提的是，徐圩新区云数据中心采用同城灾备方案，在管委会数据中心和洋井集团数据中心实现了双活，是业内化工园区少有的采用双活设计的数据中心大大提高了应急响应的可靠性。

### （3）国家东中西区域合作示范区（连云港徐圩新区）实际技术应用

在云平台基础资源的设计和建设方面，徐圩新区云平台提供本地部署的物理资源池，满足新区各应用的服务需求以及云平台安全合规、稳定可靠、高性能体验的要求。同时以云服务的方式帮助各个部门关键业务快速上云，每个部门用户只需申请所需云服务，无须关注平台基础架构、运营和运维。采用混合云模式满足云资源的分层部署和快速弹性扩展，确保智慧园区应用及时上线。采用混合云统一架构，集成公有云大规模成熟架构，稳定可靠、开放兼容，降低开发适配成本。云基础资源包括：

① 弹性服务器：高性能弹性云服务器是由 CPU、内存、操作系统、云硬盘组成的最基础的计算组件。弹性云服务器创建成功后，用户可以像使用自己的本地 PC 或物理服务器一样，在云上使用弹性云服务器。

② 云硬盘：可以为云服务器提供高可靠、高性能、规格丰富并且可弹性扩展的块存储服务，满足不同场景的业务需求，适用于分布式文件系统、开发测试、数据仓库以及高性能计算等场景。

考虑为园区各单位预留资源，以便后续各单位能将业务系统迁入。当期预估各单位业务系统为 40vCPU、80GB 的虚拟机资源配额，不少于 25 个单位接入，预留不少于 1000vCPU、2000GB 的虚拟机资源。按照 30% 的业务增长率进行评估，预留不少于 1300vCPU、2600GB 的虚机资源池。按每个单位不少于 4TB 的块存储空间预估，预留不少于约 120TB 的块存储空间。因而，项目整体预留了不少于约 260vCPU、520GB 的云数据库资源池资源，能够满足未来 5 年的业务需要。

从云服务的角度来看，云数据中心按需搭配了基础云管理服务和云高阶服务。其部署在徐圩的园区级数据中心，通过物理隔离满足特定性能、业务应用和安全合规等要求。可以通过专线接入云运维中心，由云专业运维团队统一运维，简化运维，降低运维成本。该项目主要部署的基础云管理服务包括。

对象存储服务：基于对象的海量存储服务，为用户提供海量、安全、高可靠、低成本的数据存储能力。

备份服务：备份服务在云平台上运行了一套备份服务系统，能够在对除云平台本身进行备份保障云平台自身的数据完整冗余、定时备份与恢复能力的基础上，面向用户开放定时备份与恢复的能力。

弹性负载均衡服务：将访问流量自动分发到多台弹性云主机，扩展应用系统对外的服务能力，实现更高水平的应用程序容错性能。负载均衡服务为用户提供自动控制负载均衡的能力。

弹性伸缩服务：根据用户的业务需求和策略，自动调整资源。可配置定时、周期或告警策略，使用户资源随业务负载增长而增加，随业务负载降低而减少，节省云上业务资费，保障业务平稳健康运行。

弹性 IP 服务：弹性 IP 是基于互联网上的静态 IP 地址，将弹性 IP 地址和子网中关联的弹性云服务器绑定和解绑，可以实现弹性云服务器通过固定的公网 IP 地址与互联网互通。

容器集群服务：通过容器引擎，提供高度可扩展、具备高性能的 Kubernetes 集群，并实现对 Docker 的调度与管理。通过容器服务，能够实现应用更轻量化、高效地部署与管理。

操作系统镜像服务：该项目实际部署时，协助用户部署上传操作系统镜像。

从云高阶服务的角度来看，徐圩云数据中心搭载了数据集成、大数据、AI 和地理信息、云安全、中间件等多种应用支撑。

大数据服务：是一种基于云计算平台的即开即用、稳定可靠、弹性伸缩、便捷管理的在线数据服务。提供数据全生命周期一站式开发运营平台，通过数据集成、数据开发、数据治理、数据服务、数据可视化等功能，支持化工园区管理的大数据平台建设，支持大数据存储、大数据计算分析引擎等数据底座，帮助徐圩新区快速构建数据运营能力。该大数据服务架构是业界首创的基于分布式架构，内置复杂事件处理（CEP）引擎＋时序引擎的关联分析数据平台，2020 年、2021 年连续获得"数据仓库领域最佳产品奖"，完全能够满足徐圩新区在全区数据统一集成、统一治理、统一建模、统一使用的要求。

云高阶服务中的应用支撑平台是基于云原生技术构建的边云协同区同操作系统，可运行在多种边缘设备上，将丰富的大数据、AI、IoT 及数据分析等智能应用以轻量化的方式从云端部署到边缘，满足用户对智能应用边云协同的业务诉求。例如，云高阶服务集成 AI 训推一体平台，能够支持各类高性能 AI 芯片的使用，相较业内评价水平，求解效率提高 30%，资源使用量降低 20%。

**（4）适用技术应用效果**

在徐圩新区一体化平台项目中，统一的云平台体系较好地解决了化工园区业务连续、稳定安全的问题。智慧化工园区建设要从生产安全保障、业务响应及时、信息安全和国有资产可见等多方面考虑，同时又要进行本地化部署。应用效果如下。

① 生产安全　园区平台和系统要承担起生产安全监管的功能，对重大危险源进行监管，网络不能断、数据不能断，本地更有保障。

② 业务响应　化工园区与一般政务服务不同，因数据更新不及时、响应不及时造成事故，责任重大。数据中心在本地，可确保响应速度更快，运行维护更安全。

③ 信息安全　数据在本地，不接入公网，有利于保密信息保护，园区管委会、企业都可以更放心。

云平台作为整个徐圩新区的统一云底座，支持基于云平台的"灵活扩展""冗余可靠""持续迭代"等功能特性，为全园区信息化业务提供支撑。

该项目在云平台设计上，考虑了对现有设备、业务系统进行尽可能利旧的方案。建设的云平台作为一个网络分区，接入徐圩新区管委会的网络当中，用户无须额外投资建设专线网络，即可实现对数据中心的访问，在提高设备利用率的同时，有效地保护用户既有的投资。

该项目建设的云平台实现了资源融合的需求。资源融合即云平台建成后，由管委会负责云平台的统管，将云平台上的计算、存储、通用软件（即数据库等）、大数据等作为资源统筹分配给各单位进行使用，实现基础设施的集约化。

云平台构建了业务支撑平台能力。数字平台作为一个开放的能力中台，支撑打造高水平智慧园区。基于云平台架构或采用云平台部署的方案，提供包括但不限于大数据平台、统一身份认证管理平台、集成使能平台、物联网系统等数字平台服务。为智慧应急、智慧环保、园区封闭管理、智慧能源等已建或待建的场景应用管理提供数据、分析、连接功能的数字平台能力。

云平台预留了业务融合能力。在整个园区智慧化建设进程中，满足工业生产、安全监管、环境保护、物流管理等具体业务场景下产生的数字化能力需求。同时，云平台预留了对于人工智能应用、专业领域应用等进行扩展的能力，将数字化能力融入具体业务流程。

该项目以高起点、高格局、高标准的视角，绘制园区业务智慧化应用的总体蓝图并进行规划。依据蓝图和规划，抓重点、分步骤、急用先行地建设、补充、完善一系列业务应用，充分利用大数据、云计算、物联网、5G和移动互联网等技术，秉持"大集成、大融合、大联动"的思路，真正整合和优化园区现有的海量基础设施、复杂业务应用、庞大的数据资产等信息化资源，促进园区安全高效发展，在安全生产管理、快速应急响应、生态环保管理、高效管理服务等多领域、多维度提供支撑性平台能力，助力徐圩新区实现全方位智能化。

# 4.4　智能设备集成

在城市化进程加速和数字经济蓬勃发展的背景下，智慧园区集成化项目解决方案作为打造高效、安全可靠、可持续发展环境的核心引擎，其规划和实施变得愈发重要和紧迫。作为整合多元技术、系统和服务的综合平台，智慧园区集成化解决方案涵盖用户生产态势、安全态势、质量态势、能耗态势以及园区服务等多个方面，全面提升园区的运营效率、安全性和可持续性，需要从四个关键环节着手优化：基础生产设施智能化、管理服务数字化、运营决策智能化和生态系统协同化。

① 基础生产设施智能化　针对生产设施智能化，可通过部署物联网感知层、构建高速通信网络、实施智能化控制系统等，实现园区基础设施的全面感知和智能调控。

② 管理服务数字化　在安全设施智能化方面，通过引入园区管理平台、移动应用程序、自助服务终端等，提高园区安全设施管理效率和服务质量，增强用户体验。

③ 运营决策智能化　针对生产质量数据化，通过大数据分析、数字孪生技术等，实现园区生产的精准预测、智能决策和持续优化。

④ 生态系统协同化　对于能耗系统协同化，通过建立园区统一能耗管理开放平台、推动跨系统数据共享、促进多方协作等措施，达到统一调度、合理管控，实现园区绿色环保、节能减排的目标。

下面以长沙湘江新区湘阴园区为例，介绍智能园区集成化项目技术与应用。

## 案例4　智能园区集成化技术——长沙湘江新区湘阴园区

### （1）适用技术应用场景概况

长沙湘江新区湘阴园区创办于2003年，2006年获批省级园区，2016年跻身省级高新技术产业开发区，园区规划面积10.9平方公里。园区内部有几家化工厂与能源综合性企业，主要从事废矿物油（HW08全项）和废乳化液（HW09全项）的综合利用。园区内企业以独创技术将工业、交通产生的废矿物油及废乳化液作为化学原料，进行再加工，生产成再生润滑油基础油产品，是生态环境治理、废弃资源领域的综合利用企业。

随着消费者对产品个性化、定制化需求的日益增长，企业需要提高生产柔性、降低成本，以满足市场的多样化需求。

因此，园区需要对园区用户生产态势、安全态势、质量态势、能耗态势4个方面进行集成化管控。

### （2）可应用技术手段

传统园区生产态势：以人工巡检和纸质记录为主，辅以部分自动化设备监控。操作员定期巡视生产线，记录设备运行状态。部分企业采用PLC等自动化控制系统。这种方式允许操作员直接观察设备状态，但全面实时监控存在一定难度，信息传递可能存在延迟。生产各环节通过电话、邮件等方式沟通，使用ERP系统辅助管理。依赖人工统计和经验预测，信息流通速度受限。人为判断可应对复杂情况，但也存在信息不对称的可能，供需协调难度较大。

传统园区安全态势：以人工巡查为主，辅以监控系统和报警装置。园区配备了 24 小时巡逻的保安人员，在主要出入口和重点区域安装了监控摄像头。人工巡查可应对各种突发情况，但全面覆盖存在难度，夜间或偏远区域监管可能存在盲点。

传统园区质量态势：采用抽样检查和质量管理体系相结合的方式。从原料进厂到成品出厂每个环节都有专人负责检验，质检人员定期抽检，建立质量追溯体系。但全程质量监控难度较大，会因一批次产品出现质量问题，花费大量时间追溯原因。

传统园区能耗态势：中央控制与分散管理并存，部分采用智能电表。根据经验和用能数据进行能源分配和调控。这种方式管理相对简单，适用于能耗需求稳定的环境，但在精细化管理和能耗优化方面存在一定难度。

园区整体管理各系统相对独立运作，管理层定期协调。各部门负责各自领域，通过会议等方式沟通协调。这种方式职责划分明确，管理结构清晰，但跨部门协作效率和全局优化存在一定局限性。

总体而言，传统管理方式在多种规模的企业中仍有广泛应用。然而，面对日益复杂的市场环境和不断提高的效率要求，这些方法在信息实时性、精确度、反应速度和资源利用效率等方面面临一些挑战。随着技术发展，许多企业正在探索如何将传统管理方式与新兴技术相结合，以应对这些挑战。

### （3）长沙湘江新区湘阴园区实际技术应用

结合园区企业的需要，湘阴园区内部化工厂企业逐步利用数字化技术，推进并实施了智慧化数字孪生平台（如图 4-4 所示）。本智慧园区系统集成项目基于 IoT 平台数据整合能力，与物联网设备、智能化系统进行对接，与 AI 算法相结合，融入生产、能耗、电梯控制、安防、空调、停车等基础控

图 4-4　园区数字孪生集成平台

制与管理，满足园区运营管理的需要，以提升生产弹性和降本提质。

该智慧园区数字孪生集成平台通过数字孪生技术，实现了园区用户生产态势、安全态势、质量态势、能耗态势4个方面的管控。

① 园区生产态势管控　使用工业智能物联网关采集生产设备数据，经计算处理后传输至数字孪生平台。工业智能物联网关硬件设备通过串口（RS485）连接园区工厂内的生产设备，采用 Modbus 工业协议进行设备数据采集，实现系统之间、机器之间的互联和信息交互。它能实时传输厂区生产设备通讯端口的状态，当前传输的程序名称，传输的进度等数据，为工厂用户提供关键设备数据，并在云端形成相对完整、准确的数据存储。在现场部署边缘计算节点——工业智能物联网关，汇聚机床生产现场数据以及来自工业控制系统（如 PLC）、历史数据库、过程控制系统的数据，实现底层设备横向互联以及与上层系统纵向互通，进行数据的边缘处理，降低网络开销和后台平台压力。同时，还可以对故障隐患进行本地预判，第一时间发现潜在故障，减少生产停工风险。

园区生产态势管控采用"边缘网关＋物联网平台"的可解耦形式这一关键技术，借助园区各子系统的多种智能化传感设备，按约定协议将任何物品与互联网连接起来，进行信息交换和通信，构建起一个具备智能化识别、定位、跟踪、监控和管理功能的物联网。网络边缘侧的边缘硬件网关，通过网络连接、协议转换等功能连接物理和数字世界，可实现轻量化的连接管理、实时数据分析及应用管理。物联网平台通过物联网边缘网关的计算能力，将物联网平台能力拓展至边缘端。边缘网关继承了物联网平台在安全、存储、计算、人工智能等方面的能力，可部署于不同量级的智能设备和计算节点中，通过定义物模型连接不同协议、不同数据格式的设备，提供低成本、易扩展、更柔性的本地计算，服务于生产。

园区生产态势管控还使用了通信协议转换技术，能够运用 ModBus、OPC、Web Service 等多种标准协议与不同的智能化系统通信，实现数据采集和设备控制。主要软硬件配置见表 4-1。

② 园区安全态势管控　通过对视频监控、门禁监测系统、信息发布系统、公共广播系统、停车场管理系统、报警系统、消防火灾报警系统、人脸识别系统、电子巡更系统、人行通道闸系统、车位引导及反向寻车系统、访客预约系统等多个子系统进行管控。

园区安全态势管控采用了 AI 相关技术，视频 AI 安全计算在本地处理，AI 算法可远程升级，传统摄像头可利旧改造，降低成本。

园区安全态势管控也采用了内存数据库的关键技术，来处理报警数据和

表 4-1　园区生产态势管控子系统中应用的主要软硬件配置

| 序号 | 名称 | 数量 | 单位 |
|---|---|---|---|
| 1 | RTU（PLC）控制器 | 120 | 个 |
| 2 | 交换机 | 90 | 个 |
| 3 | 压力变送器 | 120 | 个 |
| 4 | 5G 工业智能网关 | 120 | 个 |
| 5 | 电源浮充器 | 120 | 个 |
| 6 | 铅酸蓄电池 | 120 | 组 |
| 7 | 电量变送器 | 120 | 个 |
| 8 | 模拟量防雷模块 | 240 | 块 |
| 9 | 220VAC 防雷模块 | 120 | 块 |
| 10 | 市电继电器 | 120 | 个 |
| 11 | 电源电缆 | 若干 | 米 |
| 12 | 信号电缆 | 若干 | 米 |
| 13 | 防爆绕性管 | 300 | 根 |
| 14 | 镀锌钢管 | 若干 | 米 |
| 15 | 市用电表 | 120 | 个 |
| 16 | 不锈钢防爆箱 | 120 | 只 |
| 17 | 云服务器 | 2 | 台 |

实时数据。将数据保存在内存中，从而相比之前从磁盘上的访问，能够极大地提高应用的性能。内存数据库抛弃了磁盘数据管理的传统方式，基于全部数据都在内存中重新设计了体系结构，并且在数据缓存、快速算法、并行操作方面也进行了相应的改进，使数据处理速度比传统数据库的数据处理速度快了接近 10 倍。

园区安全态势管控子系统中应用的主要软硬件配置见表 4-2。

表 4-2　园区安全态势管控子系统中应用的主要软硬件配置

| 序号 | 名称 | 数量 | 单位 |
|---|---|---|---|
| 1 | 高清摄像机 | 100 | 个 |
| 2 | 门禁机 | 20 | 个 |
| 3 | 5G 工业路由器 | 120 | 个 |
| 4 | 车辆进出道闸 | 12 | 个 |
| 5 | 5G AI 识别盒子 | 20 | 台 |
| 6 | 车辆清洗装置 | 2 | 组 |
| 7 | 低功耗人员 GPS 定位标签 | 200 | 个 |
| 8 | 云数据服务器 | 1 | 台 |

③ 园区质量态势管控　通过生产态势中持续收集的数据，开展质量控制、质量改进以及持续改进工作。围绕确定的质量目标，持续进行质量策划并推进相关工作，从而不断提高产品质量和服务水平。

园区质量态势管控采用了大数据关键技术，将园区内部生产、管理涉及的海量资料，在合理时间内进行撷取、管理、处理、并整理成有助于园区质量经营决策的资讯。该管控采用分布式架构，依托云计算的分布式处理、分布式数据库、云存储和虚拟化技术进行分析处理。

④ 园区能耗态势管控　通过对暖通空调、供配电、给排水、智能照明系统、泛光照明、远程抄表系统、梯控运行监测系统等多个子系统进行管控。

园区能源管控平台主要采用了虚拟化、分布式计算技术。在该集成化项目中，通过虚拟化技术将一台计算机虚拟为多台逻辑计算机，每个逻辑计算机可运行不同的操作系统，并且应用程序能在相互独立的空间内运行而互不影响，从而显著提高计算机的工作效率，达到充分利用计算机效能的目的，以降低集成化数字孪生集成运维平台的管理成本。

通过让两个、多个软件或者设备互相共享信息来进行分布式计算，以实现资源的共享和多台设备上的计算负载平衡，从而提高系统的可用性和扩展性。

园区能耗态势管控子系统中应用的主要软硬件配置见表4-3。

表4-3　园区能耗态势管控子系统中应用的主要软硬件配置

| 序号 | 名称 | 数量 | 单位 |
|------|------|------|------|
| 1 | 智能数采终端 | 100 | 个 |
| 2 | 智能数字电表 | 20 | 个 |
| 3 | 人脸识别屏幕 | 20 | 个 |
| 4 | 5G 工业路由器 | 120 | 个 |
| 5 | 电源线 | 若干 | 个 |
| 6 | 五金件 | 若干 | 个 |
| 7 | 防水辅材 | 若干 | 个 |

### （4）适用技术应用效果

通过以上4个子系统的集成项目实施，长沙湘江新区湘阴园区在各级层面的大力支持下，为数字孪生技术投入了大量的数据存储和计算资源，包括传感器、服务器、存储设备、网络设备等；组建了专业的技术团队；并对现有的业务流程进行了改造和优化。

长沙湘江新区湘阴园区数字孪生技术集成化项目，实现了对园区三维可视化技术 1 : 1 建模，高度还原了生产现场的环境、车间、设备，以及园区现场的监控、门禁、供配电、给排水、交通等系统。该项目接入园区实时数据，实现虚实同态孪生，并结合用户的深度业务逻辑，打造透明化园区，实现回收、提炼、销售全流程全生命周期的生产、销售和运营管理。

湘阴园区数字孪生集成项目的生产态势管控部分实施完成后，生产效率提高了 30% 以上，减少了物理测试和实验的数量，综合生产成本和试验成本降低了 23% 左右；并且能够及时发现和解决潜在问题，从而提高产品质量；通过调整虚拟模型和参数来快速实现生产过程的调整，灵活性提高了 15% 左右。

# 4.5  配电设备

在数字化转型和智能电网建设的浪潮中，智能配电房作为电力系统的重要枢纽，其优化升级工作变得愈发重要和紧迫。作为连接电网与终端用户的关键节点，智能配电房的功能涵盖电力配送、电能质量管理、负荷控制、故障检测以及数据采集等多个方面。为了全面提升配电系统的效率、可靠性和安全性，必须从三个关键环节着手优化：配电设备智能化、运行管理智能化、维护管理智能化。

针对配电设备智能化，可通过部署智能传感器网络、升级通信系统等技术实现对配电设备的智能化改造。

在运行管理智能化方面，通过引入人工智能算法、大数据分析、云计算平台等先进技术，提高配电系统的自动化水平和运行效率。

针对维护管理智能化，通过预测性维护技术、远程诊断系统、虚拟现实辅助维修等创新方法，提升维护的精准性和效率。

下面以武汉阳逻港园区为例，介绍智能配电房技术在园区的应用。

### 案例 5  智能配电房技术——武汉阳逻港园区

#### （1）适用技术应用场景概况

武汉阳逻港园区于 2016 年 3 月 11 日获国务院正式批准设立，占地面积 1 平方公里，位于湖北省武汉市新洲区。

目前，武汉阳逻港园区以化工材料生产为主导产业，面积 1 平方公里，有 8 座配电房分布在不同的生产厂区。常规配置 6 人，分白夜班次依靠人工进行巡视、维护和抄表，工作量巨大，且人员在巡检过程中易因工作疲劳发生漏查漏检现象。目前园区配电站房均为单一参数监管，能耗系统、运维系统、安全系统、监控系统、管理系统无法统一管理调度，同时对于电房内部的防火、防盗、温湿度等日常运维关注的信息缺乏实时监控手段。主要依靠用户保障，因此配电房的智能化改造变得尤为重要。

通过智能化改造及数字化升级，可实现真正意义的"无人值守"运行。

**（2）可应用技术手段**

传统方式下，对配电房的设备巡视、设施维护及作业安全管控以人工管理为主。在运维人力物力有限的情况下，无法实现对设备状态监测、环境监控以及设备维护的智能化管理。

① 配电设备及环境数据采集　主要依靠人工记录和经验判断。运维人员按固定时间表对配电设备进行现场检查，记录运行参数和设备状态。这种方式数据采集不连续，分析深度受限。对配电房环境主要依靠人工观察和简单仪器测量。运维人员在巡检时观察配电房环境，使用便携式仪器测量温湿度等参数。这种方式可预防部分常见故障，但难以及时发现潜在问题，难以实现持续监测，可能遗漏突发环境异常。

② 设备作业安全管控　以现场监督和制度规范为主。制定安全操作规程，人工检查作业人员的安全防护措施。这种方式依赖人员自觉性，难以全面监控作业过程的安全状况。配电房维护人员管控采用门禁系统和简单监控摄像头。对进出人员进行登记，重点区域安装摄像头。这种方式可基本保障配电房人员管控，但监控范围和智能化程度有限。

③ 配电设备维护管理　采用计划性维护与故障维修相结合的方式。按照预定计划进行日常保养和定期检修，设备发生故障时进行维修。这种方式可预防部分常见故障，但难以及时发现潜在问题。异常情况主要通过巡检发现或设备跳闸后才能察觉，响应速度较慢。管理人员须到现场才能了解设备状态和进行操作，不利于快速响应和集中管理。

对比新型智能化配电房管理方案，传统方式在实时监测、智能分析、远程管理、安全防护等方面存在明显局限性。新方案通过多维度传感器实现全面实时监测，运用 AI 算法提高分析决策能力，实现远程智能化管理，大幅提升了配电房的管理效率和安全性。新方案能更好地适应当前对电力供应可靠性和管理效率的更高要求，但也需要较大的技术投入和管理变革。传统方式仍有其简单直观的优势，在资源有限的情况下仍有一定应用空间。两种方式各有特点，企业可根据实际需求和条件选择合适的管理模式。

**（3）武汉阳逻港园区实际技术应用**

武汉阳逻港园区构建"1+1+N"（图 4-5）智能运维体系，打造实时监测、实时告警、自动巡视功能的无人值守配电房。

① 一套主站系统（业务应用层） 主站系统作为整个体系的控制中心和面向用户的交互界面，通过 API 接口与 IoT 平台进行数据交换。监控中心能够实时展示各站点的运行状态，涵盖数据总览、GIS 地图显示等内容；智能运维模块依据 IoT 平台的分析结果，生成工单、开展设备配置以及实现智能联动；智能巡视模块负责规划和监控巡检任务；视频监控模块实时显示各站点的视频画面，并根据 AI 分析结果发出告警；历史查询模块允许用户查看长期数据趋势并生成报表。

② 一套 IoT 平台（数据处理与分析层） 该平台作为连接站端系统和主站系统的中枢，通过无线专网接收来自各站端系统的数据。平台层会对数据进行初步处理，包括安全审计、连接管理、设备管理等操作。能力层利用各种组件（如 AI 算法、规则引擎、GIS 服务等）对数据进行深度分析和处理，生成各类分析报告和预警信息，并将这些信息传递给主站系统。同时，它接收来自主站系统的指令，并将其传达给相应的站端系统。

③ N 套站端系统（数据采集层） 站端系统是整个体系的基础，部署在每个配电站点。智能感知设备（如环境传感器、电气监测设备、安防设备等）持续采集现场数据。站端智能网关（包括协议网关、AI 网关等）负责本地数据处理和初步分析，通过 MQTT 物联网协议，将处理后的数据上传至 IoT 平台。同时，站端系统接收来自上层的控制指令，执行相应的设备操作或进行调整。

这种"1+1+N"的智能运维体系架构实现了从底层数据采集、中间层数据处理到上层业务应用的全面覆盖。它能够实现配电站的实时监控、智能分析、远程管理和自动化运维，大大提高了配电系统的管理效率和安全性。同时，这种架构具有良好的扩展性，可以根据需求不断增加新的站点（N）和功能模块。

在数据监控功能方面，通过现场站端系统进行自动感知、智能监测和智能分析，能够及时主动识别预防配电房风险，实现智能预警与自动联动一体化，最大化降低配电房隐患和损失。

赋能传统配电柜智能化升级。将进线柜、电容柜、馈线柜内的母排、电缆接头及柜内温度，回路电量、电压、电流以及开合闸状态、故障状态，通过 2.5D 组态软件进行可视化展示，如图 4-6 所示。辅助运维人员快速定位故障点，提升监控运维效率。同时，直接点击可视化开关还可远程对开关进行开启、闭合操作。

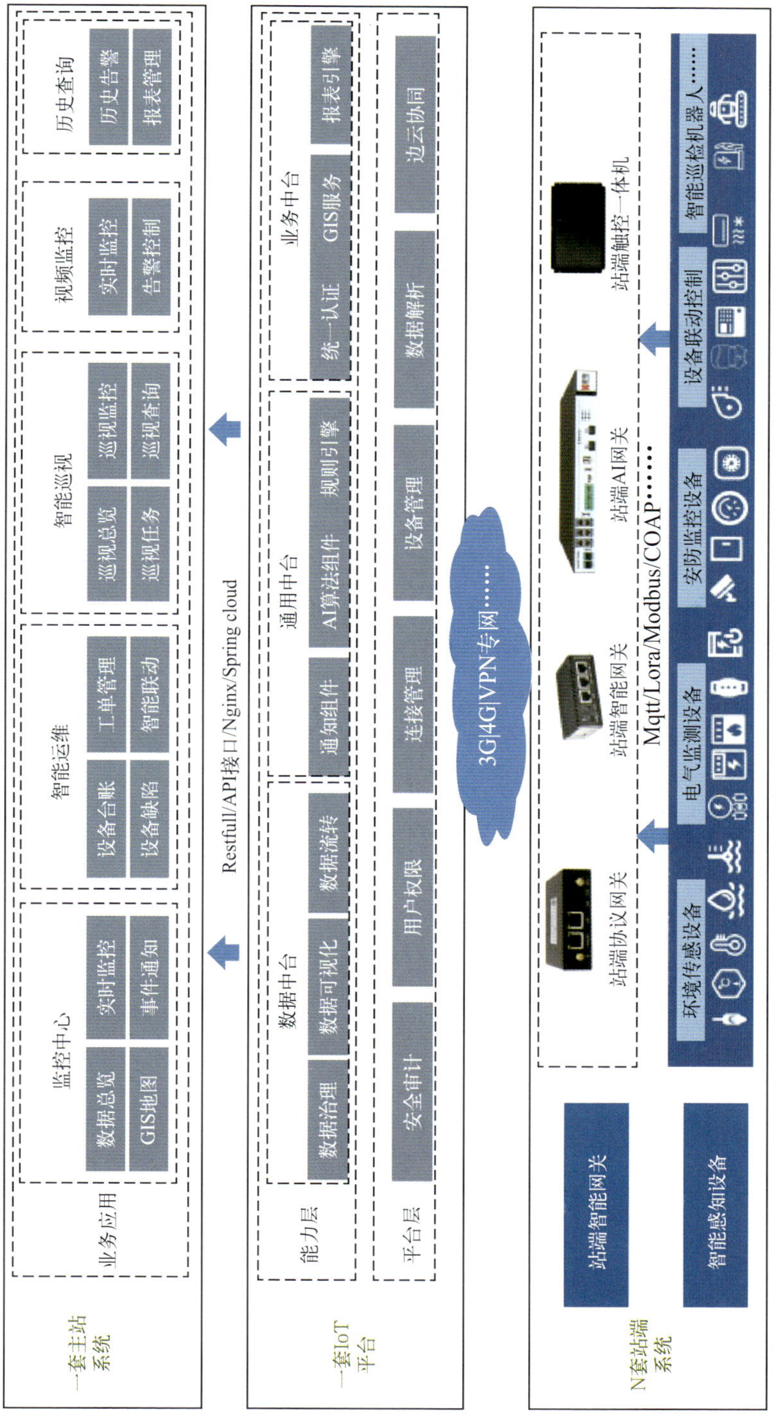
一套主站系统
业务应用
监控中心
数据总览
GIS地图
实时监控
事件通知
智能运维
设备台账
设备缺陷
工单管理
智能联动
智能巡视
巡视总览
巡视任务
巡视监控
巡视查询
视频监控
实时监控
告警控制
历史查询
历史告警
报表管理
Restfull/API接口/Nginx/Spring cloud
一套IoT平台
能力层
数据中台
数据治理
数据可视化
数据流转
通用中台
通知组件
AI算法组件
规则引擎
业务中台
统一认证
GIS服务
报表引擎
平台层
安全审计
用户权限
连接管理
设备管理
数据解析
边云协同
3G|4G|VPN专网……
N套站端系统
站端智能网关
智能感知设备
站端协议网关
站端智能网关
站端AI网关
站端触控一体机
Mqtt/Lora/Modbus/COAP……
环境传感设备
电气监测设备
安防监控设备
设备联动控制
智能巡检机器人……

图 4-5 系统架构

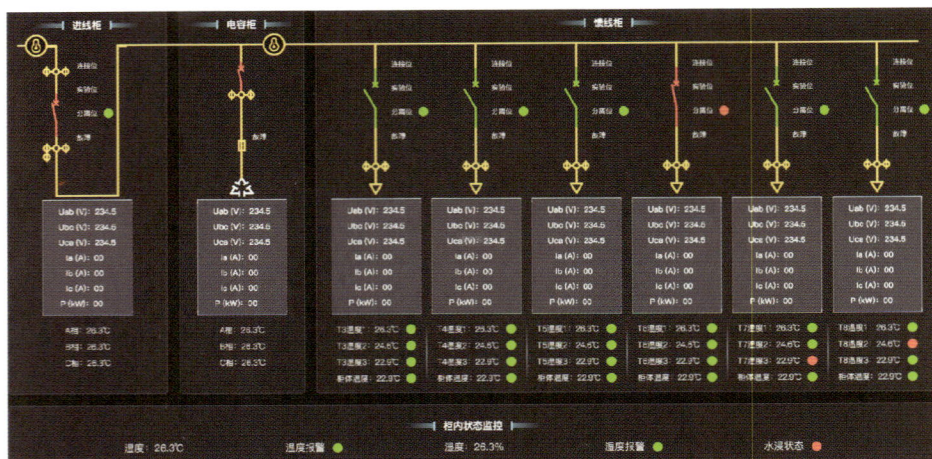

图 4-6　配电柜数据监控

在视频监控方面，实现实时视频、录像、联动抓拍，达成事前告警、事中处理、事后分析，让业务可视化。结合强大的 AI 算法能力及丰富的算法模型，涵盖安全帽检测、工作服检测、人员倒伏检测、吸烟检测、周界入侵识别检测等，实现自动监控与实时在线管理。

在实时告警联动方面，通过对配电房的环境、设备、安防进行监测，所产生的告警或者 AI 事件能够实时联动控制，以进行应急处理。可根据实际情况配置温湿度联动空调、有毒气体浓度联动风机、入侵报警联动抓拍、烟雾机火灾报警联动抓拍等规则策略，同时制定设备告警规则。

园区内的高压柜因配电设备使用环境和年限问题，已出现铜排或接头氧化、脏污、设备老化现象。通过在母排、电缆桩头以及连接处安装无线测温传感器，可实时监控因通过电流过大发热导致电气火灾的风险。

在智能巡视管理方面，结合业务平台实现应急调度指导、工单处理、业务移动闭环。

### （4）适用技术应用效果

武汉阳逻港园区智慧配电房应用整套系统后，借助智能化手段，对分散配电房进行本地监控与集中管理，能够及时发现和处理各种异常情况，减少故障发生，保障人员安全，提高配电房的运营效率和安全性。其强大的 AI 数据分析、报表生成、报警联动、运维管理、派发工单等功能，实现了对配电房的全面管理和快速响应，提升了管理效率和响应速度，降低了运营成本。

以项目区前期园区的 3 座配电房为例，传统运维方式按最低要求需配置9 人值守，而智能运维方式只需配置 3 名专职值守人员。若人工费按 6 万 /人 / 年计算，3 个配电房第一年智能化改造费用预估 30 万（不含智能巡检机器人），后续每年线上运维费用预估以 7 万 / 年为基数测算，具体对比费用见表 4-4。

表 4-4　费用对比

| 时间 | 传统运维 | 智能运维 | 备注 |
|------|----------|----------|------|
| 第一年运维成本 | 9×6（人工费）= 54（万元） | 30（智能改造）+ 3 × 6（人工费）= 48（万元） | 第一年智能运维成本较传统运维成本已节省 8 万元 |
| 第二年运维成本 | 9×6（人工费）= 54（万元） | 7（线上运维）+ 3 × 6（人工费）= 25（万元） | 智能运维方式运维成本较传统运维方式年度运维成本下降 46% |

总结：

① 智能运维较传统运维总体人力成本、综合成本均较低。

② 单个配电房智能改造费用基本一年就可回本。

③ 改造后实时综合监测，在线分析预警，第一时间联运处理，大大提高了配电房安全性，降低客户风险。

智能化管理提高了能源利用效率，促进了能源的可持续发展与环境保护，同时提升了园区形象和社会影响力，吸引更多合作伙伴和企业入驻。

# 4.6　安全生产检测设备

在化工园区的安全、环保、应急等领域，快速、灵敏、可靠地监测危险气体一直是一项重要挑战。早期技术主要采用电化学探测器、离子探测器、非色散光谱等，但在稳定性、探测灵敏度、抗干扰能力、可靠性等方面存在一些固有缺陷。随着技术的不断发展，目前主流的气体监测技术路线大致可分为光谱、色谱、质谱三大类。在探测灵敏度、多组分分析能力、可监测气体种类、响应速度、成本、抗干扰能力、稳定性、便携性、可靠性等重要技术指标方面，不同的气体监测技术各有其独特的优势与不足。

气体探测技术评价见表 4-5。

面对石化行业造成的环境污染，在众多监测技术里，傅里叶红外光谱气体分析技术能够监测几乎所有的挥发性有机物（VOCs）和无机物气体，助

表 4-5 气体探测技术评价

| 技术类别 | 气体探测技术 | 优点 | 弱点 |
|---|---|---|---|
| 传感器 | 电化学 | 成本低 | 单组分测量，稳定性差，准确性低，易受干扰 |
| | 离子化探测器（PID） | 灵敏、成本适中 | 无法识别具体气体种类，易受干扰 |
| | 氢火焰离子化探测器（FID） | 灵敏、成本适中 | 无法识别具体气体种类 |
| 光谱 | 非色散红外（NDIR） | 成本低，结构简单 | 单组分测量，易受干扰 |
| | 非色散紫外（NDUV） | 成本低，结构简单 | 单组分测量，易受干扰 |
| | 化学发光（CLD） | 灵敏度极高（ppb 级），响应快 | 单组分测量 |
| | 可调谐激光（TDLAS） | 成本低，响应快 | 单组分测量，易受干扰 |
| | 紫外差分吸收光谱（DOAS） | 灵敏度极高（ppb 级）、响应快、多组分测量 | 定期更换光源 |
| | 傅里叶红外光谱（FTIR） | 可检测绝大多数气体组分，灵敏度高（ppm 级），响应快，多组分测量 | 须避免强烈震动 |
| 色谱 | 气相色谱（GC） | 多组分测量 | 热分离、响应速度慢 |
| 质谱 | 气相色谱 - 质谱（GC-MS） | 灵敏度极高、（sub-ppb 或 ppt 级）、多组分测量 | 成本极高，测量慢，实验室应用 |
| | 在线质谱仪（MS） | | 成本极高，体积大 |

力石化行业广泛监测相关环境污染问题。

面对石化行业产生的种类繁多的危险化学品，傅里叶红外光谱气体分析技术能够有效监测大部分有毒工业化学品（TICs）和危险空气污染物（HAPs），为石化行业的有效监管提供支持。

面对石化行业给碳达峰和温室气体减排带来的巨大挑战，炼化行业的温室气体排放量仅次于发电行业，因此开展对石化行业温室气体排放实时监测刻不容缓，傅里叶红外光谱气体分析技术能够有效满足这一需求。

面对石化行业的应急响应需求，传统的气体监测技术难以满足应急现场对多种危险化学品进行快速响应监测、保持安全距离监测等要求，而傅里叶红外光谱气体分析技术可有效协助应急响应工作。

下面以中国化工新材料（嘉兴）园区为例，介绍傅里叶红外光谱气体分析技术在园区的应用。

## 案例 6  傅里叶红外光谱气体分析技术——中国化工新材料（嘉兴）园区

### （1）适用技术应用场景概况

中国化工新材料（嘉兴）园区经过多年的发展，已基本形成了五大循环经济产业链：以嘉化能源产品为基础，建立了环氧乙烷（$C_2$）、聚碳酸酯（芳烃深加工）、丁基橡胶（$C_4$深加工）、硅材料领域产业链；以合盛硅业等为主，构成硅材料产业链；以美福石油、鸿基石化、三江化工等为主，构成"乙烯、丙烯—环氧乙烷—表面活性剂"环氧乙烷产业链；以新汇丁基橡胶等为主，构成橡塑材料产业链；以嘉兴石化为主，逐步形成差别化纤维的下游产业链。

中国化工新材料（嘉兴）园区内存在氨气、硫化氢、苯系物、液化石油气，以及各种烯、烃、烷、酯等有毒有害、易燃易爆危险物质。随着园区的发展，各类生产项目日益增多，污染物排放源的数量随之增加，污染物排放的种类及总量也日益增长，环保监管的难度逐渐增大。

在中国化工新材料（嘉兴）园区，便携式傅里叶红外光谱气体分析仪、便携式光学气体成像仪、大范围速扫光学气体成像云台等设备已在园区广泛应用，满足了园区对多种有毒有害气体进行现场同时监测的需求。

### （2）可应用技术手段

面对中国化工新材料（嘉兴）园区典型的多种化工产业链带来的对多种有毒有害、易燃易爆气体同时监测的需求，可考虑备选的技术有 FTIR、DOAS、GC 和 Online-MS。DOAS 技术虽然灵敏度更佳，但可探测的气体数量与 FTIR 技术相比差距较大。GC 和 GC-MS 技术虽然可探测的气体数量也较多，但测量速度慢，更适合在实验室应用。Online-MS 虽然在测量速度和监测种类方面表现良好，但功耗高，需要车载供电，限制了其应用场景。傅里叶红外光谱气体分析技术是一种广谱的光谱分析技术，广泛应用于化学分析领域。通常其光谱波长范围宽，为 2 ～ 14μm 或 2 ～ 16μm，可探测挥发性有机物和无机物；光通量大，信噪比高；光谱分辨率高，气体探测精准，抗干扰能力强；可进行多组分定量分析，同时定量测量多种化学成分的浓度。

傅里叶红外光谱气体分析技术利用红外光学干涉信号经过气体吸收后，通过傅里叶变换变成带有多组分化学成分"指纹"的光谱吸收信号，通过信号处理从中提取化学成分的吸收光谱，利用定量吸收光谱库，通过数学分析和解析，计算出相关化学成分的浓度。

图4-7所示为便携式傅里叶红外光谱气体分析仪原理。

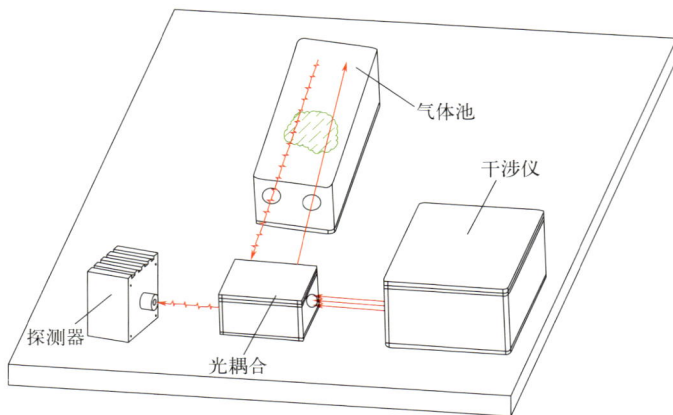

气体池

干涉仪

探测器

光耦合

图4-7 便携式傅里叶红外光谱气体分析仪原理

傅里叶红外光谱气体分析技术的核心技术，包括高灵敏度红外光谱气体探测技术、高光谱分辨率干涉仪技术、红外光谱处理技术、多组分解析分析技术。这四个核心技术领域的不断创新，推动着国内傅里叶红外光谱气体分析技术逐步接近国际领先水平。

高灵敏度红外光谱气体探测技术（图4-8）主要通过优化整个光学系统设计，提高被测气体分子的光谱吸收信号强度，从而有效提高整个光学测量系统的信噪比（图4-9），使仪器实现极优的最低检出限，便于发现环境污染中的化工有毒有害气体。

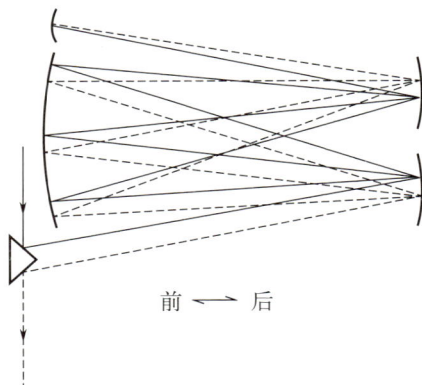

前 ←→ 后

图4-8 高灵敏度红外光谱气体探测技术专利

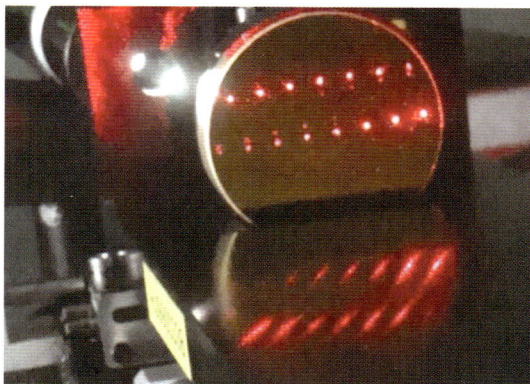

图 4-9　高灵敏度红外光谱气体探测技术实验展示

高光谱分辨率干涉仪技术：越高的光谱分辨率，可探测到气体更多细节光谱吸收峰，从而实现更精准的探测，避免假阳性结果。红外光谱信号处理技术主要通过电子信号采样系统设计和采用光谱数字信号处理算法，进一步提高光谱信号的信噪比。其核心问题在于如何快速精准地处理光学干涉信号和傅里叶变换后的光谱信号（图 4-10），排除干扰吸收光谱，生成正确的吸收光谱信号。

图 4-10　典型的傅里叶变换红外背景光谱

多组分光谱定量解析技术通过自建高质量多组分气体定量标准光谱吸收库，融合矩阵分析、优化算法、图像分析、多元回归分析等不同技术，实现多组分气体定量浓度的同时解析计算，解决 GC 和 GC-MS 无法同时进行多组分气体探测的难题，也克服了 TDLAS、NDIR、NDUV 技术多组分光谱吸收相互干扰问题。

### （3）中国化工新材料（嘉兴）园区实际技术应用

为满足多样化的监测需求，中国化工新材料（嘉兴）园区所使用的便携式傅里叶红外光谱气体分析仪采用锂电池供电，以人工便携方式工作，可随时对化工园区内任意地点的有毒有害、易燃易爆多组分气体进行测量，使用便捷。该分析仪也可搭载在走航车上，对区域污染进行监测。

相比其他气体监测技术，傅里叶红外光谱气体分析技术具有以下显著优势：

① 探测气体种类多　因光谱波长范围宽，可探测气体种类达 400 种左右。与电化学、NDIR、TDLAS、CLD、PID、FID 等技术相比，在可探测气体种类数量上优势明显，能满足嘉兴园区内多种挥发性有机和无机气体的种类和浓度同时监测需求。

② 探测灵敏度高　便携式傅里叶红外光谱气体分析仪的气体最低检出限为 $0.1 \sim 0.2mg/m^3$ 气体浓度，接近国际同类产品相关指标，可完全满足石化行业危险气体检测需求。而常规的 NDIR 技术气体最低检出限通常为几到几十 $mg/m^3$。

③ 测量速度快　傅里叶红外光谱气体分析仪可在 $1 \sim 2s$ 内完成一次气体浓度测量，测量响应时间（$T_{90}$）小于等于 88s，在国内处于领先水平。相比 GC 或 GC-MS 技术完成一次采样测量需要几十分钟，优势明显。

④ 抗干扰强　傅里叶红外光谱气体分析技术采样全光谱波段（$2 \sim 4\mu m$ 或 $2 \sim 16\mu m$）分析测量技术，与 TDLAS 技术仅用非常窄带宽（nm 级）光谱分析气体吸收以及不分光的 NDIR 和 NDUV 技术相比，不易受其他气体光谱干扰，假阳性少。

⑤ 多组分定量解析　傅里叶红外光谱气体分析技术可同时测量几十种气体；传统的电化学、NDIR、TDLAS、CLD 技术只能测量单一气体，PID 和 FID 离子化探测技术无法区分气体种类，而石化行业现场通常同时存在多种危险气体。

⑥ 操作方便　通过算法创新，傅里叶红外光谱气体分析仪出厂后，无须像传统的电化学、NDIR、NDUV、TDLAS、CLD、PID、FID 等技术那样进行跨度校准，也无须频繁进行零点校准操作，极大简化了测量设备的操作和维护工作。

目前，中国化工新材料（嘉兴）园区应用傅里叶红外光谱气体监测技术主要聚焦于两个监测场景：园区有毒有害气体监测和应急监测。园区有毒有害气体监测应用利用其广谱的气体种类监测能力，实时监测园区几十种有毒有害气体的排放和扩散；应急监测应用利用其快速响应和多组分解析能力，供本地医护救援队伍监测应急现场的未知有毒有害气体情况。

便携式傅里叶红外光谱气体分析仪支持 4G 移动通信网络，气体多组分浓度测量数据、测量时间信息以及通过全球定位系统（GPS）获得的测量位置定位信息，均可保存或通过 4G 移动通信网络实时上传至智慧园化工区管理平台和应急管理平台，以获取园区有毒有害易燃易爆气体种类及浓度分布情况，进一步可生成气体浓度分布地图。

### （4）适用技术应用效果

园区早期引进的美国进口傅里叶红外光谱气体分析仪价格高昂，因零部件损坏需返回美国维修，无法继续使用，给监测带来不便。中国化工新材料（嘉兴）园区采用国产化的便携式傅里叶红外光谱气体分析仪，比早期进口产品采购成本节约了几百万，且运维简单，维护成本低。国产化便携式傅里叶红外光谱气体分析仪，与目前同类型国际领先产品相比，可节约几十万元采购成本和中后期维护成本。由于实现了国产化研发，完全不存在产品"卡脖子"和维护难的问题。

便携式傅里叶红外光谱气体分析仪使用灵活方便，测量响应快速，既能满足环境污染常规巡查需求，又能快速应对应急情况，扩大了监测区域、提高了时空分辨率，真正做到环境监测"全方位、无死角"，满足园区的环境和安全监测需求。其可探测气体种类多、能同时实现多组分气体测量、探测灵敏度高等特点，非常适合应急突发情况下对未知危险气体的监测感知。

中国化工新材料（嘉兴）园区应用便携式傅里叶红外光谱气体分析仪和便携式光学气体成像仪，作为环境污染抽查设备，对化工园区内企业进行环境污染监测排查，有效保障了杭州亚运会顺利召开。便携式傅里叶红外光谱气体分析仪和光学气体成像在线云台，对重大危险源开展石化危险泄漏安全监测。这些设备的应用有效助力中国化工新材料（嘉兴）园区获批浙江省第一个国家应急部资助的重大安全风险防控项目。

# 4.7 环保监测设备

## 4.7.1 化工园区大气监测设备

化工园区既是全省经济发展的主要载体，又是治污攻坚的主战场。工业园区因企业聚集、排放的大气污染物复杂等特点，一直是大气环境管理的难点。

近年来，各地生态环境管理部门积极探索产业园区大气环境管理新模式，大气污染物在线监测系统由于实时、灵敏等特点，目前已在国内部分产业园区投入使用。目前市面上的大气类监测设备有很多种，不同监测技术在化工园区环境监控中各具优势。

① 光学分析技术　大气光学技术，是指通过分析大气中光线经过大气时受到的光学效应，来检测大气污染物浓度的监测技术。在大气光学技术应用中，最常用的就是激光雷达和空气自动站。目前常规的空气自动站是使用光学测量方法，通过特定波长的紫外光测量二氧化硫、臭氧浓度，或使用化学发光法测量二氧化氮、一氧化碳的浓度。对于空气自动站的颗粒污染物，可以使用基于贝塔射线衰减或振荡微天平原理的测量仪器来测量。

② 传感器技术　传感器技术是在大气环境中安装传感器，通过测量和传输数据来实时监测大气污染的方法。常见的传感器技术包括光学传感器、电化学传感器和气象传感器等。利用传感器技术，可以方便地获取大气中各种污染物的浓度、颗粒物的大小和形态。目前应用较多的是微型空气自动站、恶臭监测站或搭载到无人机、应急监测车上进行应急监测。

③ 物理化学分析技术　大气物理化学分析技术是一种通过采集和分析大气样品中的气体组分来监测大气环境的方法。目前对于在线监测技术一般采用色谱和质谱技术。色谱技术具有灵敏度高，可分辨大多数挥发性有机物，适用于烷烃、烯烃和芳香烃的监测。质谱技术具有响应快速、检测限低的特点，不需要样品预浓缩，适用于多种挥发性有机物的检测。目前主要应用于污染源排口的非甲烷总烃、园区内挥发性有机物的组分监测或搭载到移动监测车上进行溯源监测。

④ 遥感技术　是通过卫星、飞机等远距离获取大气环境数据的一种方法。常见的遥感技术包括红外线遥感、可见光遥感和微波遥感等。利用遥感技术，可以实时监测大气中的污染物浓度、温度、湿度等参数，帮助环境监测部门及时发现和解决环境问题。

下面以江西乐平工业园区为例，介绍大气监测管理技术在园区的应用。

## 案例 7　大气监测管理技术——江西乐平工业园区

### （1）适用技术应用场景概况

江西景德镇市乐平工业园区坐落在景德镇乐平市区东南郊，面积约 10 平方公里，园区规模以上企业 103 家。该园区已建设成为江西省重点工业园区、江西省新型工业化产业基地，已形成基础化工、维生素、新材料、医药及农药中间体、生物医药五大产业支柱。在园区企业密集、单位面积排放强度较高的背景下，园区的大气环境监测治理显得尤为重要。

乐平工业园区作为江西省省级精细化工产业基地，由于化工企业众多，且具有单位面积排放强度大、无组织排放比例高、排放时间不规律的特点，园区企业的废气排放不仅成为重要的空气污染源，而且影响本地空气质量考核，也是引起居民投诉信访量上升等情况的最重要因素。

因此，在线智慧化监测技术逐步应用于乐平工业园区环境管理中。相比传统的离线采样分析，在线监测技术能够提供更高的时空分辨率和更广的空间覆盖范围，且操作灵活、人力成本相对较低。通过在线监测网络，化工园区可以实现环境影响、预警监测和投诉处理的实时监控，提高了管理效率和应急响应能力。

### （2）可应用技术手段

面对园区的大气污染形势，一般技术手段包括对废气污染源排口和园区空气质量进行在线监测，实现对乐平工业园区空气质量全方位、全时段的感知与展示。整体系统架构图如图 4-11 所示。

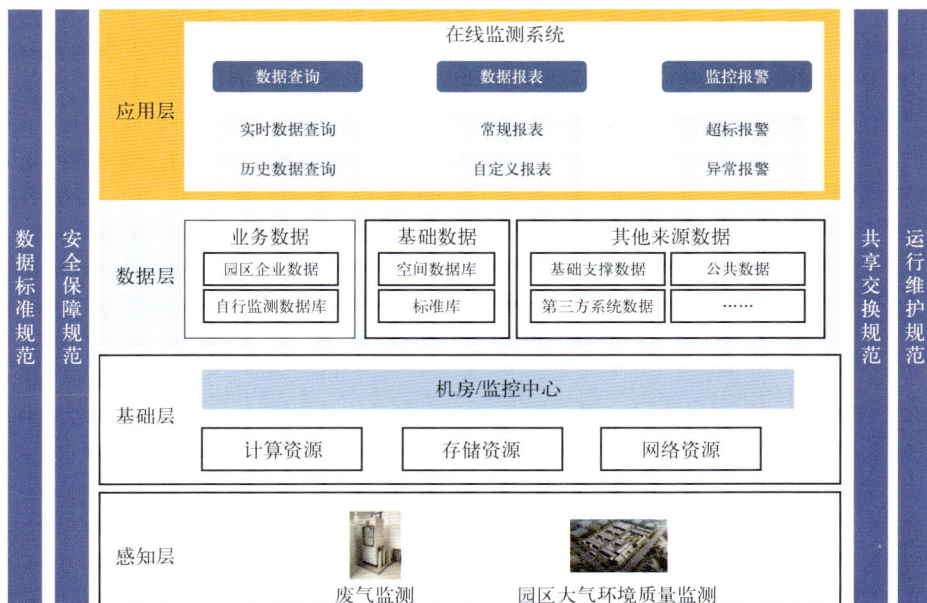

图 4-11　园区大气自动监测技术架构

在污染源排口监测方面，采用冷干抽取法对烟气进行处理，并采用非分散红外检测技术对气态污染物进行分析。整个系统包括采样系统、分析仪器、校正系统、信号输出系统和数据采集系统等。具体技术指标见表4-6。

表4-6 技术指标（1）

| 序号 | 指标名称 | 性能指标 |
|---|---|---|
| 1 | 分析方法 | NDIR法 |
| 2 | 采样方法 | 直接抽取法 |
| 3 | 量程 | 二氧化硫：0～（150～750）µmol/mol；<br>一氧化氮：0～（100～500）µmol/mol |
| 4 | 测试量程 | （0～200/2000/6000）mg/L（可扩展） |
| 5 | 最小检测下限 | 当前测量量程的1% |
| 6 | 线性误差 | ≤±1.2% |
| 7 | 重复性 | ≤0.3% |
| 8 | 零点漂移 | ≤±0.6% |
| 9 | 量程漂移 | ≤±1.1% |

针对园区的大气环境质量，建设符合标准的空气自动站开展监测工作，用于实时监测并分析污染物的浓度，及时发现潜在风险，为环境保护和治理提供科学依据。监测指标涵盖二氧化硫、氮氧化物、臭氧、一氧化碳、可吸入颗粒物/细颗粒物以及气象五参数。

① 二氧化硫在线监测　二氧化硫分析仪采用紫外荧光法。在元素灯的照射下，二氧化硫分子接收紫外线能量，成为激发态的二氧化硫分子。在激发态的二氧化硫分子返回基态时，会发射出特征荧光。光电倍增管将荧光强度信号转换成电信号，通过测量该电信号，即可得到空气中的二氧化硫浓度。具体技术指标见表4-7。

表4-7 技术指标（2）

| 序号 | 指标名称 | 性能指标 |
|---|---|---|
| 1 | 量程 | 0～500nmol/mol |
| 2 | 零点噪声 | ≤0.5nmol/mol |
| 3 | 最低检出限 | ≤1.0nmol/mol |
| 4 | 量程噪声 | ≤2nmol/mol |
| 5 | 示值误差 | ±1% |
| 6 | 量程精密度 | 20%量程精密度≤3nmol/mol，80%量程精密度≤5nmol/mol |
| 7 | 24h零点漂移 | ≤±3nmol/mol |
| 8 | 24h量程漂移 | 24h 20%量程漂移≤±3nmol/mol，24h 80%量程漂移≤±5nmol/mol |

② 氮氧化物在线监测　氮氧化物分析仪采用化学发光法。具体原理为，一氧化氮与臭氧发生反应，生成激发态的二氧化氮。当激发态的二氧化氮回到基态时，会释放出波长在 600 ～ 1200nm 范围的发光能量。通过检测释放光子的能量，并依据朗伯 - 比尔定律（Beer-Lambert Law），可以计算出二氧化氮的浓度。而空气中原本存在的二氧化氮浓度，则通过总氮氧化物浓度与一氧化氮浓度之差求得。具体技术指标见表 4-8。

表 4-8　技术指标（3）

| 序号 | 指标名称 | 性能指标 |
| --- | --- | --- |
| 1 | 量程 | 0 ～ 500nmol/mol |
| 2 | 零点噪声 | ≤ 0.5nmol/mol |
| 3 | 最低检出限 | ≤ 1.0nmol/mol |
| 4 | 量程噪声 | ≤ 2nmol/mol |
| 5 | 示值误差 | ±1% |
| 6 | 量程精密度 | 20% 量程精密度≤ 3nmol/mol，80% 量程精密度≤ 5nmol/mol |
| 7 | 24h 零点漂移 | ≤ ±3nmol/mol |
| 8 | 24h 量程漂移 | 24h 20% 量程漂移≤ ±3nmol/mol，24h 80% 量程漂移≤ ±5nmol/mol |

③ 臭氧在线监测　臭氧分析仪采用紫外吸收法，基于臭氧分子对 253.7nm 波长的紫外光具有特征吸收的特性，使用光电检测器检测被臭氧吸收后剩余光的强度，再依据朗伯 - 比尔定律，计算出臭氧的浓度。具体技术指标见表 4-9。

表 4-9　技术指标（4）

| 序号 | 指标名称 | 性能指标 |
| --- | --- | --- |
| 1 | 量程 | 0 ～ 500nmol/mol |
| 2 | 零点噪声 | ≤ 0.5nmol/mol |
| 3 | 最低检出限 | ≤ 1.0nmol/mol |
| 4 | 量程噪声 | ≤ 2nmol/mol |
| 5 | 示值误差 | ±1% |
| 6 | 量程精密度 | 20% 量程精密度≤ 3nmol/mol，80% 量程精密度≤ 5nmol/mol |
| 7 | 24h 零点漂移 | ≤ ±3nmol/mol |
| 8 | 24h 量程漂移 | 24h 20% 量程漂移≤ ±3nmol/mol，24h 80% 量程漂移≤ ±5nmol/mol |

④ 一氧化碳在线监测　一氧化碳分析仪采用气体滤波相关红外吸收法，基于一氧化碳对 4.67μm 红外吸收的特性，使用光电检测器检测经一氧化碳

吸收后剩余光的强度，再依据朗伯 - 比尔定律，计算出一氧化碳的浓度。具体技术指标见表 4-10。

表 4-10　技术指标（5）

| 序号 | 指标名称 | 性能指标 |
| --- | --- | --- |
| 1 | 量程 | $0 \sim 50\mu mol/mol$ |
| 2 | 零点噪声 | $\leqslant 0.1\mu mol/mol$ |
| 3 | 最低检出限 | $\leqslant 0.2\mu mol/mol$ |
| 4 | 量程噪声 | $\leqslant 0.5\mu mol/mol$ |
| 5 | 示值误差 | $\pm 1\%$ |
| 6 | 量程精密度 | 20% 量程精密度 $\leqslant 0.5\mu mol/mol$，80% 量程精密度 $\leqslant 0.5\mu mol/mol$ |
| 7 | 24h 零点漂移 | $\leqslant \pm 1\mu mol/mol$ |
| 8 | 24h 量程漂移 | 24h 20% 量程漂移 $\leqslant \pm 1\mu mol/mol$，24h 80% 量程漂移 $\leqslant \pm 1\mu mol/mol$ |

⑤ 可吸入颗粒物 / 细颗粒物在线监测　可吸入颗粒物 / 细颗粒物分析仪采用 β 射线吸收原理。β 射线本质上是一种高速电子流，当它穿过含有颗粒物的介质时，部分能量会被颗粒物吸收，从而导致其强度衰减。研究表明，低能量 β 射线的衰减量仅与吸收物质的质量相关，而与吸收物质的其他物理特性，如颗粒物的分散度、颜色、光泽、形状等均无关。基于这一特性，分析仪通过测量 β 射线的衰减量大小，便可计算出大气中颗粒物的质量浓度。具体技术指标见表 4-11。

表 4-11　技术指标（6）

| 序号 | 指标名称 | 性能指标 |
| --- | --- | --- |
| 1 | 浓度测量范围 | $0 \sim 1000\mu g/m^3$ 或 $0 \sim 10000\mu g/m^3$ 可选 |
| 2 | 最低检出限 | $\leqslant 2\mu g/m^3$ |
| 3 | 校准膜示值误差 | $\pm 2\%$ |
| 4 | 温度测量示值误差 | $\pm 2^{\circ}C$ |

### （3）乐平工业园区实际技术应用

乐平工业园区对污染源排口以及园区大气环境质量均实施了在线监测，但由于区内化工企业众多，企业生产过程中所使用的材料、采用的工艺以及涉及的风险类型众多，各企业之间的污染相互影响，还存在相互推诿责任的情况，缺乏有效的手段来查明恶臭污染的根源。

乐平工业园区依托污染指纹图谱、电子鼻自动监测和模型溯源等技术，借助大气走航车搭载的 PTR-TOF 监测设备，开展污染源成分谱的采集工作，进而建立典型污染源源谱库。当监测设备检测到污染情况或接到相关投诉时，运用园区异味溯源系统内置的溯源模型，结合园区内的在线监测数据（包括走航监测数据）、气象数据等进行综合分析与研判，通过指纹识别或者受体模型来识别污染来源。整体架构如图 4-12 所示。

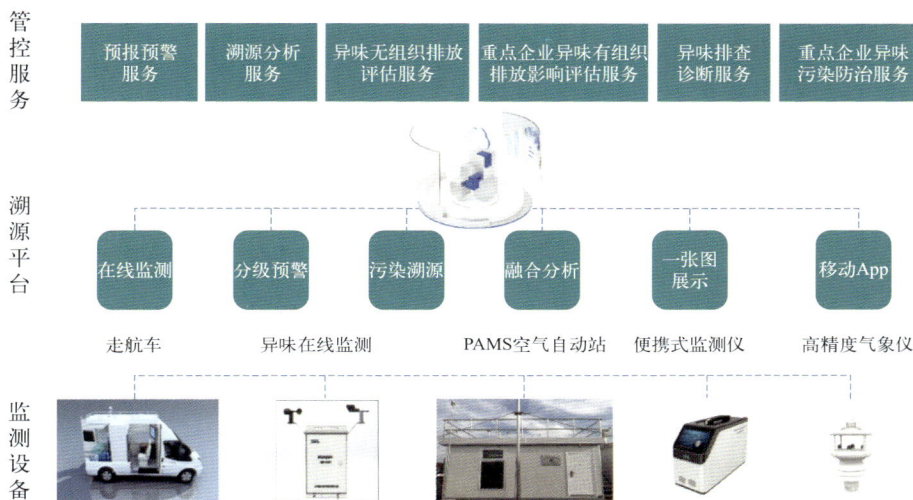

图 4-12　园区异味溯源技术架构

①"指纹图谱"技术　指纹图谱技术是借助大气走航车搭载的快速质谱设备，开展污染源成分谱的采集工作，从而建立典型污染源源谱库（即"指纹图谱库"）。当布设在预警点的监测设备发生预警报警信息，或者有居民投诉时，可立即启用工业园区环境监控平台内置的溯源系统，结合园区在线监测数据（包括走航监测数据）、气象数据等进行综合分析研判，依据特征指示物种、指纹图谱识别或受体模型，对污染来源作出智能化判断。

主要设备技术指标见表 4-12。

表 4-12　技术指标（7）

| 序号 | 指标名称 | 性能指标 |
| --- | --- | --- |
| 1 | 质量分辨率 | ≥ 3000 M/ΔM（FWHM） |
| 2 | 质量精度 | 优于 ±0.00025amu（10nmol/mol 苯） |
| 3 | 质量稳定性 | 优于 ±0.0025amu（10nmol/mol 苯，8h） |
| 4 | 时间分辨率 | 数秒至数分钟（可调，最小 1s） |

② 电子鼻（传感器）技术　电子鼻是一种基于仿生学原理的仪器，它模拟人类的嗅觉系统，通过阵列式气体传感器获取未知样品的响应数据，运用聚类数学算法和模式识别技术，对样品挥发出来的气体进行检测与分析，从而实现对样品的定性或半定量分析。其技术指标如表 4-13 所示。

表 4-13　技术指标（8）

| 序号 | 指标名称 | 性能指标 |
| --- | --- | --- |
| 1 | 半导体式气体传感器 2 种 | ① 复合恶臭传感器<br>传感器类型：金属氧化物半导体式（MOS）气体传感器<br>检测范围：1 ～ 1000OU<br>分辨率：1.0OU，0.5 恶臭强度<br>响应时间：10s 以下（T90 条件下） |
| 2 | 电化学式传感器 2 种 |  |
| 3 | 光离子式传感器 1 种 | ② 硫化氢传感器<br>传感器类型：电化学式（EC）气体传感器<br>检测范围：0 ～ 5μmol/mol 或 0 ～ 100μmol/mol 分辨率（最低检测限）：0.005μmol/mol<br>③ 氨传感器<br>传感器类型：电化学式（EC）气体传感器<br>检测范围：0 ～ 5μmol/mol 或 0 ～ 100μmol/mol 分辨率（最低检测限）：0.05μmol/mol<br>④ 总挥发性有机化合物传感器<br>传感器类型：光离子化检测器（PID）气体传感器<br>检测范围：0 ～ 25μmol/mol（异丁烯标准）<br>分辨率（最小检测限）：0.005μmol/mol（异丁烯标准） |

③ 环境空气挥发性有机物监测　大气挥发性有机物在线监测系统主要由采样单元、气源单元、分析单元以及监测数据采集与传输单元四部分组成。其中，分析单元由 $C_2 \sim C_6$ 低碳挥发性有机物的分析仪和用于分析 $C_6 \sim C_{12}$ 高碳挥发性有机物的分析仪组成。主要设备技术指标见表 4-14。

表 4-14　技术指标（9）

| 序号 | 指标名称 | 性能指标 |
| --- | --- | --- |
| 1 | 低碳分析仪（$C_2 \sim C_6$） | 量程：（0 ～ 10）nmol/mol（量程可调），载气氢气，2 路模拟输出，故障继电器输出 |
| 2 | 高碳分析仪（$C_6 \sim C_{12}$） | 量程：（0 ～ 10）nmol/mol（量程可调），载气氢气，2 路模拟输出，故障继电器输出 |

④ 小尺度溯源模型技术　基于气象仪、小尺度溯源模型及机器学习技术，建立"气象 - 异味数值 - 管控建议"的数据关联关系。当污染物浓度超标或接到投诉时，可手动 / 自动触发反向轨迹模型，生成一条污染物的潜在传输路径。相关人员根据现场情况识别反向轨迹上可能存在的污染源，从而缩小污染源的排查范围，节省人工排查的时间和成本。

### （4）适用技术应用效果

乐平工业园区应用的质谱设备采用了将质子转移离子源和飞行时间质谱相结合的新兴技术，能够对痕量挥发性有机物实现在线检测。该技术可在数秒内实现 pptv 量级的挥发性有机物进行定性定量分析，具有响应速度快、无须前处理、灵敏度高和检出限低等优点。乐平工业园区基于走航监测、在线监测等方法，同时运用"指纹图谱"等技术，能够确定化工园区企业各污染源废气的成分与浓度，标识出企业的特征污染物，为各企业建立具有唯一性的异味指纹图谱库。发生异味投诉事件时，可根据走航监测的主成分特征的相似程度，提供可疑污染源企业列表，同时利用溯源模型进行双重验证，以保证数据的准确性。

乐平工业园区监测及异味污染溯源能力建成后，将实时监测污染源和环境质量，并进行报警提醒，报警记录如图 4-13 所示。

图 4-13　园区监测报警示意图

系统建设实施后，将对生态破坏和环境污染的发生、发展和变化进行有效且及时的监测，全面、准确地掌握生态环境状况，进而及时采取措施，实现改善和治理生态环境的目标，避免因生态环境恶化造成巨大损失。

## 4.7.2　化工园区水环境监测设备

为推动化工园区实现智慧化、绿色化的健康发展，防止化工园区地下水受污染，同时促进地区生态环境质量提升以及园区内企业的绿色化发展，对化工园区内水环境进行监测是必不可少的。水环境监测能够为环境管理提供可靠的基础数据，也能为治理措施的效果评价提供相应的数据依据。而承担数据采集任务的基础硬件设备，则是最为关键的环节。

关于水环境监测的项目主要有水流速监测、水质监测、水流量监测、水压监测、水位监测、雨量监测等。这里选取化工园区水质监测、水流量监测、水位监测、雨量监测这四个项目进行具体说明。

### 4.7.2.1  化工园区水质监测

工业园区在推动区域性经济发展方面贡献巨大，但在其规模呈几何级增长的同时，也给环境治理带来了诸多挑战，例如产污集中、污染总量大，污染种类繁杂、治污成本高等问题凸显。水资源是人类赖以生存的关键资源，但其品质却受到了人为活动的影响。水质监测是一项专业性和技术含量都很高的工作，需要具备一定的专业技术能力。而且，水质监测工作十分复杂，必须严格遵守技术规范，确保不出现任何差错，以免影响环境工作者的判断。为了准确、高效地评估水质状况，需要使用专业的水质检测仪器。以下是几种常用水质检测仪器的原理、特点及应用领域。

① 多参数水质检测仪  一般采用电化学原理，是一种能够同时检测多种水质参数的设备，如 pH 值、溶解氧、电导率、浊度等。它具有操作简便、测量准确、检测速度快等特点，广泛应用于饮用水、工业废水、环境监测等领域。

② 分光光度计  是一种基于物质对光吸收原理的仪器，用于测定水样中的特定成分。它可以检测各种有机和无机物质，如化学需氧量、氨氮、总磷、重金属等。分光光度计具有灵敏度高、准确性好等优点，常用于工业废水检测、水质监测和科研实验。

③ 离子色谱仪  是一种用于分析水样中阴、阳离子的仪器。它可以准确测定水中的氟离子、氯离子、硝酸根、硫酸根等无机离子，对于评价水质污染状况和识别污染源具有重要意义。离子色谱仪具有分离效果好、检测限低等特点，适用于环境监测、饮用水处理等领域。

④ 生物毒性检测仪  是一种利用生物指示物（如发光细菌）对水样进行毒性检测的仪器。它可以快速、直观地反映水样对生物的毒性影响，为水质安全评价提供重要依据。生物毒性检测仪具有灵敏度高、操作简便等优点，广泛应用于饮用水安全监测、应急水质检测等领域。

⑤ 便携式水质检测仪  是一种轻便、易于携带的水质检测设备，适用

于现场快速检测。它通常具备多种参数检测功能，如 pH 值、电导率、浊度等，可以满足现场快速评估水质状况的需求。便携式水质检测仪具有操作简便、测量准确、实时性强等特点，广泛应用于野外水质监测、应急响应等领域。

下面以江西金溪工业园区为例，介绍水环境监测管理应用技术在园区的应用。

### 案例 8　水环境监测管理应用技术——江西金溪工业园区

#### （1）适用技术应用场景概况

江西金溪工业园区位于江西省抚州市金溪县城西新区，是经国家发展改革委批准的省级工业园区，总规划面积 10 平方公里，分为 A、B、C 及陆坊工业区、对桥工业区等多个区块。园区的入驻企业以香料生产等精细化工企业为主，众多香料企业在给当地带来高额经济利益的同时，也给园区以及周边的生态环境造成了破坏。

由于历史原因，金溪工业园区的废水处理既要处理生活用水，也要处理工业用水。园区废水化学需氧量含量多数在 3000mg/L 以上，因此园区内大部分企业废水处理仍需实现"雨污分离"，并添置雨水处理设备和雨水收集池。

在此背景下，金溪工业园区需要全面提升废水污染源排放监管能力，减少园区企业对水环境质量的影响。针对污染源企业的废水排口和雨水排口，应设计安装连续监测设备进行 24h 不间断监控，为园区实时监控、异常情况及时预警和污染事件溯源提供实时的数据支撑。

#### （2）可应用技术手段

针对废水的水质监测，一般通过在排口安装在线监测设备构建监测系统。该系统是由实现水污染源流量监测、水样采集、水样分析及数据上传、数据分析等功能的软硬件设施组成，如图 4-14 所示。

感知层：流量监测单元、水质自动采样单元、水污染源在线监测仪器、数据控制单元以及相应的建筑设施等。

基础层：包括计算资源、存储资源、网络资源及配套的机房等设施。

数据层：从感知层获取所需的各类数据及操作。

应用层：实现在线监测数据的查询、统计及报警等服务，实现日常监管、监测预警及事故应急辅助决策。

其中，感知层的水污染源在线监测仪器为整套系统核心单元。常规监测因子包括化学需氧量（总有机碳）、氨氮、总磷、总氮、pH、水温、流量等，可根据需要扩展重金属、悬浮物（SS）等指标。

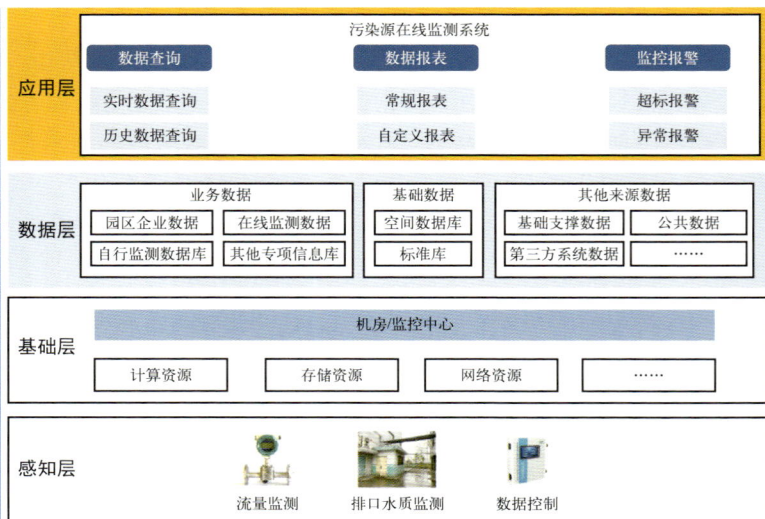

图 4-14　传统污染源废水监测系统技术架构

① 化学需氧量水质在线监测　在强酸溶液中，定量的重铬酸钾氧化水样中的还原性物质。在一定的消解温度下，六价铬被水中还原物质还原为三价铬，在一定波长下，用光度法测定三价铬的吸光度，通过吸光度与水样化学需氧量值的线性关系进行定量分析测定。具体技术指标见表 4-15。

表 4-15　技术指标（10）

| 指标名称 | 性能指标 | |
|---|---|---|
| 测试方法 | 重铬酸钾分光光度法 | |
| 测试量程 | （0 ～ 200/2000/6000）mg/L（可扩展） | |
| 定量下限 | ≤ 15mg/L（示值误差 ±30%） | |
| 漂移 | 24h 低浓度漂移 | ±5mg/L |
| | 24h 高浓度漂移 | ≤ 5% |
| 示值误差 | 20% | ±10% |
| | 50% | ±8% |
| | 80% | ±5% |

② 氨氮水质在线监测　水杨酸分光光度法用于测量水样中氨、铵离子的含量。该方法采用蠕动泵进样，并结合光学定量技术，将定量好的样品或试剂注入反应系统进行反应。在碱性介质（pH=11.7）和亚硝基铁氰化钠存在的条件下，水中的氨、铵离子会与水杨酸盐和次氯酸离子发生反应，生成

蓝色络合物。反应完毕后，在697nm波长处用分光光度计测量吸光度，再通过预先设定的程序直接计算测量结果。具体技术指标见表4-16。

表4-16　技术指标（11）

| 指标名称 | 性能指标 | |
| --- | --- | --- |
| 测试方法 | 水杨酸分光光度法 | |
| 测试量程 | （0～5/10/40/150/400）mg/L（可扩展） | |
| 漂移 | 24h 低浓度漂移 | ≤ 0.02mg/(L·24h) |
| | 24h 高浓度漂移 | ≤ 1.0%/24h |
| 示值误差 | 20%F.S | ±8% |
| | 50%F.S | ±5% |
| | 80%F.S | ±3% |

③ 总磷水质监测　在中性条件下，采用过硫酸钾（或硝酸 - 高氯酸）对试样进行消解处理，使试样中所含的磷全部氧化为正磷酸盐。在酸性介质中，正磷酸盐与钼酸铵发生反应，在锑盐存在的条件下生成磷钼杂多酸，生成的磷钼杂多酸立即被抗坏血酸还原，形生成蓝色的络合物。然后，通过光电比色法测出水样中总磷的含量。具体技术指标见表4-17。

表4-17　技术指标（12）

| 指标名称 | 性能指标 |
| --- | --- |
| 测试方法 | 钼酸铵分光光度法 |
| 测试量程 | （0～0.5/2/10/50）mg/L（可扩展） |
| 检出限 | 0.04mg/L |
| 零点漂移 | ±5% |
| 量程漂移 | ±10% |
| 示值误差 | ±10% |

④ 总氮水质监测　在120～140℃的消解条件下，利用碱性过硫酸钾将水样中的氨氮、亚硝酸盐氮及大部分有机氮化物氧化为硝酸盐。氧化完成后，加入一定量的盐酸以消除可能存在的干扰。之后，在220nm波长处测定硝酸根的吸光度，同时在275nm波长处测定吸光度以校正有机物对此吸光度测定产生的干扰。最后，根据校正后的吸光度与总氮量之间的定量关系，测定出水样中的总氮含量。具体技术指标见表4-18。

⑤ pH 在线自动监测仪　利用 pH 指示电极，基于电位法原理来测定溶液的 pH 值，具体技术指标见表4-19。

### 表4-18 技术指标（13）

| 指标名称 | 性能指标 |
|---------|---------|
| 测试方法 | 碱性过硫酸钾消解紫外分光光度法 |
| 测试量程 | （0 ～ 5/10/20/50/200）mg/L（可扩展） |
| 检出限 | 0.1mg/L |
| 零点漂移 | ±5% |
| 量程漂移 | ±10% |
| 示值误差 | ±10% |

### 表4-19 技术指标（14）

| 指标名称 | 性能指标 |
|---------|---------|
| 量程 | pH：0 ～ 14，温度：0 ～ 60℃ |
| 准确度 | ≤ ±0.1 |
| 重复性 | ≤ ±0.1 |
| 分辨率 | 0.01 |
| 漂移 | ≤ ±0.1 |

⑥ 超声波明渠流量监测　测量处于自由流条件的渠道内的废水流量时，该仪表工作过程中，传感器不与被测流体相接触，这样能避免渠道内废水对传感器造成玷污和腐蚀。具体技术指标见表4-20。

### 表4-20 技术指标（15）

| 指标名称 | 性能指标 |
|---------|---------|
| 流量范围 | 10L/s ～ 10m³/s（由配用的量水堰槽的种类、规格确定） |
| 累计流量 | 8 位十进制数，累满 8 位后自动回零，重计 |
| 流量准确度 | +5%（1% ～ 3% 配用量水堰槽的不确定，再附加上 1% ～ 2% 的仪表测量误差） |
| 测距范围 | 0.4 ～ 2m（从探头底部起 0.4m 内是盲区，0.4 ～ 2m 内为测距范围） |
| 测距准确度 | ±3mm（在 1m 量程内标定的结果） |

## （3）江西金溪工业园区实际技术应用

江西金溪工业园区依据企业实际情况完善企业排口监测系统，增添质控管理设施。鉴于园区企业废水处理未实现"雨污分离"的现状，园区增加了雨水处理设备和监测设备，并建设了雨水收集池。共计建设 23 套企业废水排口在线监测设备、28 套企业雨水排口在线监测设备、1 套雨水总排口监测设备以及 2 套雨水入河口在线监测设备。同时，园区建立了闭环管理系统，针对不同环境要素制定了差异化的预警、报警规则库。系统能够自动根据监测数据判断报警类型，对于重要的预警信息，系统会自动生成工单任务，并自动派发给相应级别的监管人员。监管人员接到任务并处理后，需通过系统填写任务处置情况及结果，直至问题最终解决。通过这种方式，确保预警事件能够在第一时间被发现、第一时间得到处置、第一时间反馈结果。

系统的技术架构如图 4-15 所示。

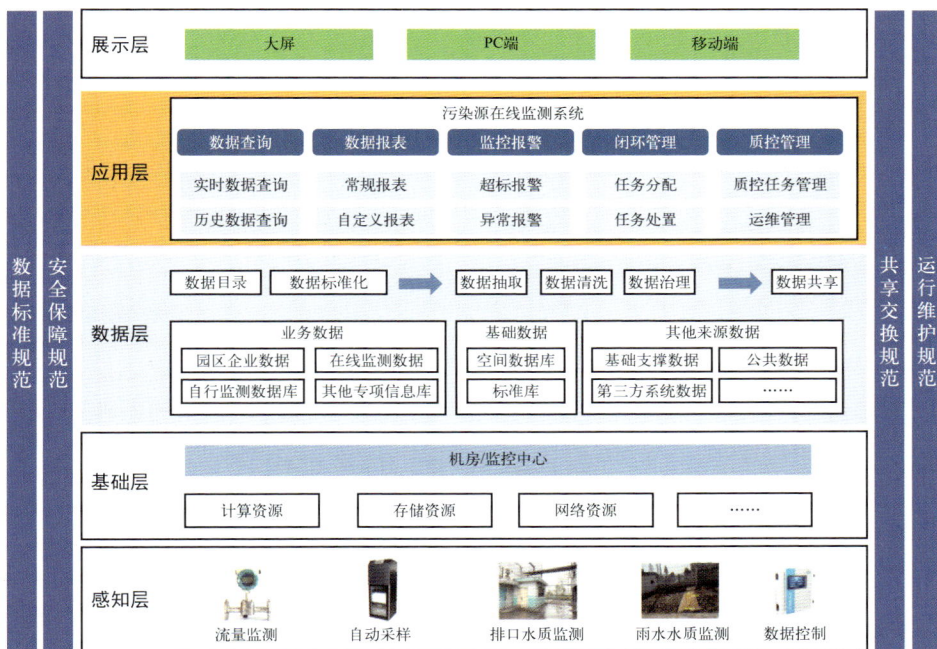

图 4-15　金溪废水 / 雨水监测系统技术架构图

江西金溪工业园区采用的技术是在原有监测设备的基础上增加自动采样单元、雨水水质监测设备，同时整合现有信息资源，集成污染源（废水、雨水）等监控系统，组建环境监控中心，统一管理自动监测监控系统，对监控数据质量实施"全生命周期"控制，建立完善的环境监控运行机制，实现对园区生态环境的现代化监管，服务于管委会建设、管理和决策。

金溪废水 / 雨水在线监测系统指由实现水污染源流量监测、水样采集、水样分析及数据统计与上传等功能的软硬件设施组成的系统。主要由以下几部分组成：流量监测单元、水质自动采样单元、水污染源在线监测仪器、数据控制单元以及超标控制单元等，如图 4-16 所示。

根据江西金溪工业园区的实际情况，园区针对污染源排口增加的设备包

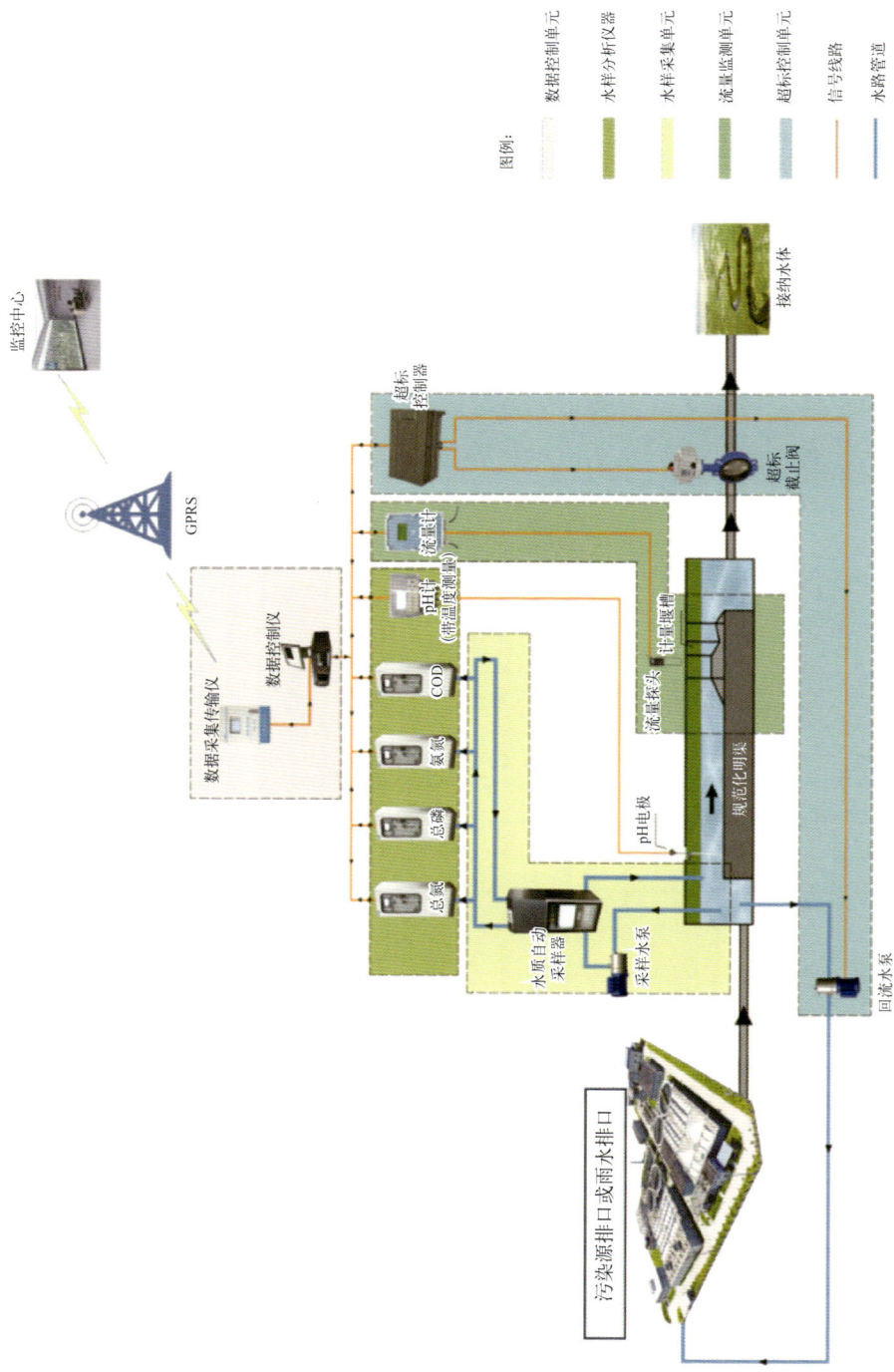

图 4-16　金溪废水/雨水监测系统组成示意图

图例：

数据控制单元
水样分析仪器
水样采集单元
流量监测单元
超标控制单元
信号线路
水路管道

监控中心

GPRS

数据采集传输仪

数据控制仪

COD　氨氮　总磷　总氮

pH计（带温度测量）

流量计

超标控制器

水质自动采样器

采样水泵

pH电极

规范化明渠

流量探头（非接触型）

超标截止阀

接纳水体

回流水泵

污染源排口或雨水排口

括水质自动采样器和数据控制设备，其监测项为化学需氧量、氨氮、总磷、总氮、pH 和流量；针对雨水排口增加化学需氧量、pH 监测设备。以化学需氧量监测为例，化学需氧量监测仪器原理示意图，如图 4-17 所示。

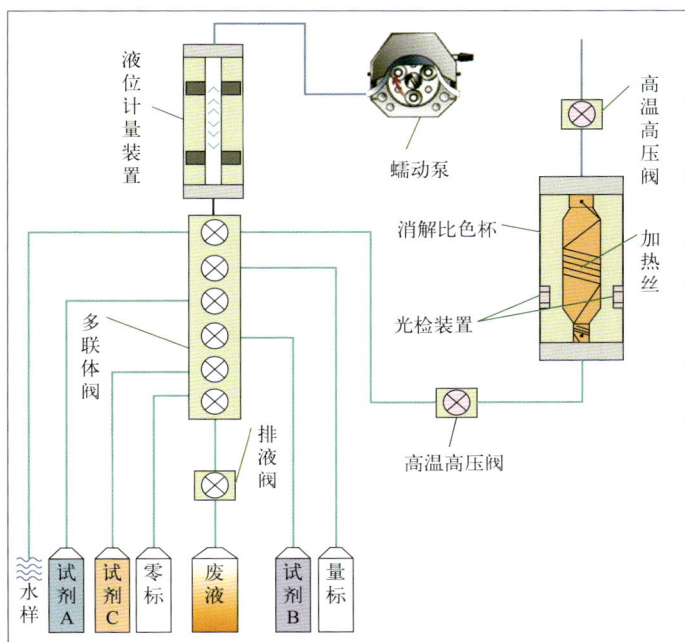

图 4-17　化学需氧量监测仪器原理示意图

水质自动采样器采用嵌入式控制技术，内置独特的水样暂存装置，可提供无间断的混合水样，与在线监测仪联机使用，可实现超标留样、同步留样和输送混合样等功能。具体技术指标见表 4-21。

表 4-21　技术指标（16）

| 指标名称 | 性能指标 |
| --- | --- |
| 采样间隔 | 1 ～ 9999min 可设 |
| 留样瓶数 | 25 瓶 |
| 单次留样量 | 10 ～ 1000mL |
| 留样量误差 | ±7% |
| 等比例留样量误差 | ±8% |

数据控制设备协调统一运行水污染源在线监测系统，采集、储存、显示监测数据及运行日志，向监控中心平台上传污染源监测数据。具体技术指标

见表 4-22。

表 4-22 技术指标（17）

| 指标名称 | 性能指标 |
| --- | --- |
| 模拟量输入接口 | 8 路精度 16 位 A/D，（0 ~ 20）mA/（4 ~ 20）mA 或（0 ~ 5）V |
| 开关量输入接口 | 4 路，输入 1 路 DC（9 ~ 24）V，DI 为有源节点 |
| 开关量输出接口 | 2 路，触点负载（阻性）5A 250VAC/30VDC |
| 数字量接口 | 5 路 RS232，4 路 RS485 |
| 显示单元 | 液晶屏 7 寸真彩 TFT 液晶屏 |
| 通讯方式 | 有线 2 个（10M/100M），双通道冗余备份；无线：4G 全网通 |

水质自动采样器与流量计联机使用，可根据流速自动调整采样速度，进行流量跟踪采样，实现采样的连续性，让采集的水样更具代表性。

为方便比对测试取样，水质自动采样器设置有混合水样的人工比对采样口。

项目的建设实现了对污染源和雨水的实时监控，提供科学准确的污染物排放量数据，能够预防污染事故，打击各类环境违法行为，加大环境监测预警和监督执法工作力度，提高环境监管能力。同时，充分利用各类数据形成基础信息平台，结合环境管理工作实际情况，为环境业务管理和决策支持等领域提供数据支撑，为实现现代化网上办公奠定基础。

### （4）适用技术应用效果

① 自动化及智能化　污染源排口 / 雨水监测设备的安装可实现对水质的自动采集、分析和处理，减少了人工监测的工作量，提高了监测效率。同时，监测设备能根据污水水质变化情况进行智能分析，及时发现水质异常并采取相应措施。

② 降低运维成本，提高工作效率　各类检测设备试剂消耗量少，废液产量少，且采用微型化、模块化设计，集成度高，便于维护、运输和安装。通过设备中独立的多种质控通道，可设置运行模式，便于开展质控操作；还具备多种自动流程功能，如自动清洗、自动校准、自动试剂提升等。

③ 提高管理水平，改善环境质量　系统建设实施后，可实时查看园区废水、雨水的在线监测数据，使管理人员能够及时、准确地决策，提升园区精细化管理水平。构筑了执法大队、园区管委会、第三方运维、园区企业四方联防联控网络，全面推行日常监管"网格化"，实现信息共享、联动处置，增强园区决策的智能化程度，提升运营效率，为环境管理提供辅助决策支持，进一步改善当地生态环境质量。

## 4.7.2.2　化工园区水流量监测

水文资料的采集监测是一项非常重要且有意义的工作。及时、准确地收集相关水文数据并有效上传分析，对洪水预报、防汛减灾、减少经济损失、保障居民人身财产安全等起着关键作用。随着国家发展、科技进步以及人力成本的不断提高，各行业都朝着无人化、自动化、智能化方向发展。水文领域也不例外，水文数据的采集监测正逐步向无人值守的智能化方向发展，尤其是中小河流的流量测试。中小河流发生的洪水主要由暴雨引发，灾害性洪水一般发生在4—9月，与暴雨的时空分布一致。随着人类活动的持续影响，特别是中小河流的大规模开发以及农村城镇化建设的加快，中小河流地区下垫面的滞水性、渗透性、降雨径流关系等均发生了明显变化。集水区天然调蓄能力减弱，汇流速度明显加快，径流系数显著增大，导致雨洪径流及洪峰流量增大，峰现时间提前，行洪历时缩短，洪水总量增加。

为实现中小河流的自动监测和预测预警，逐步提高中小河流的洪水灾害防御能力，为保障人民生命财产安全和国民经济建设提供高效可靠的水文技术服务，需要在中小河流合理布设流量自动监测站，定时对河道断面流量进行实时监测。

目前行业内流量监测的主要监测手段包括：

① 转子流速仪测流　采用转子式流速仪进行测流，关键在于将仪器放置到水体中的指定位置。目前，常用的方法有水文缆道和水文测船两种。水文缆道由缆索、驱动、信号三大系统组成，由岸上进行操纵控制。经过几十年的应用与发展，目前该技术已非常成熟。

② 浮标法测流　通过跟踪测量河道中人工或天然漂浮物随水流动的速度和轨迹，结合断面资料及浮标系数来推算流量。按施测方式主要分为三种：均匀浮标法、中泓浮标法、天然浮标法。均匀浮标法所投放的浮标应均匀分布在断面上，而中泓浮标法仅施测主流部分的最大流速。在特殊情况下，若无法人工投放浮标，或者水面漂浮物过多导致人工浮标观测困难，则可选用天然漂浮物作为浮标进行观测，即天然浮标法。

③ 电波流速仪测流　电波流速仪向水面发射电磁波脉冲，通过观测回波的多普勒效应来测量水面流速。目前，电波流速仪主要有两种形式：缆道式和手持式。缆道式电波流速仪安装在水文缆道上，由缆道控制移动到断面上指定垂线处测速，数据通过无线传输。手持式则需要在桥梁等固定渡河设施上由人工操作施测。

④ 走航式ADCP测流　仪器在水中发射声波脉冲后，声波在传播过程

中，遇到水中随水流一起运动的泥沙、气泡等物体，反射的回波会产生多普勒频移。通过观测频移现象，结合 ADCP（声学多普勒流速剖面仪）上罗盘、倾斜仪等观测数据，就能推求出流速和载体船速的合成矢量。ADCP 一般还装有河底跟踪设备，向河底发射声波脉冲，在河底不动而载体运动的情况下，回波的多普勒效应反映出载体的运动信息，结合时间信息可以确定载体位置，再与测深数据结合，就能获得流量。

⑤ 雷达波自动测流　采用雷达流速探头作为水面流速自动测验传感器，利用缆道系统自动将雷达流速探头移动到设定垂线水面上方，实测垂线的水面流速，同时实时采集水位数据，采用流速面积法原理，计算求得流量。

下面以泰州滨江工业园区为例，介绍水流量监测在园区的实际应用。

## 案例 9　水流量监测技术——泰州滨江工业园区

### （1）适用技术应用场景概况

泰州滨江工业园区始建于 2000 年，隶属于国家级医药高新区——泰州医药高新技术产业开发区，规划面积 9.58 平方公里，拥有长江港口建设岸线 3.5 公里。近年来，园区通过持续推进产业转型升级和安全环保专项整治，发展质态不断提升，呈现出"专、精、严、实"等鲜明特点，在泰州市特色产业集群中占据独特位置。

泰州全市境内河流众多，水网密布，河渠纵横，四通八达。目前水利系统管理相对单一，主要管控长江（泰州流域）、引江河、内河等园区内河流的水位。因此，作为南水北调的东线工程，对水流量进行实时监测，防止由于水位差造成的洪涝灾害，是辅助领导决策的必要手段之一。

### （2）可应用技术手段

目前国内外自然河道流量测量常见方法主要分接触式测流设备和非接触式测流设备两大类。接触式测流设备是指设备需与河道水体接触，通过水体流动产生的波动或压力变化等参数，并结合河道断面面积及水体特点等计算得到相关流量（流量＝河道断面面积×流速）。接触式测流方案主要有转子流速仪测流、浮标法测流、走航式 ADCP 及沉浸式 ADCP 等。非接触式测流方案主要有多普勒表面流速仪和视频 AI 智能测量流量等。多普勒表面流速仪则是被固定安装于水面上方，与水面成 30°夹角，发射电磁波信号。当水面流动时，水体与多普勒表面流速仪产生相对运动，多普勒表面流速仪发出的电磁波频率与所收到的电磁波频率会有所不同，此偏差称为多普勒频移。通过解析多普勒频移与相对运动速度的关系，得出水体表面流速。视频 AI 智能测量流量是通过摄像头采集水面波浪图像，通过 AI 服务器内置算法计算出水体表面流速。但不论是多普勒表面流速仪还是视频 AI 智能测量，都需要一种载体，该载体需稳定地携带多普勒表面流速仪或者视频 AI 测量流量设备完成整个测验采集过程，并能够将相关水文资料整合计算后发送到其他终端或者云平台上。目前该载体的主要研究方向有固定式、无人机和缆道式。

固定式的采集载体主要依赖桥或其他建筑物将其固定，以完成采集传输相关水文资料的工作。但由于其固定在一个位置的特性，无法满足雷达测量流量设备或视频 AI 测量流量设备的移动测试需求。所以更适用于较小河道的固定点流量测量。

无人机携带测量流量设备可以实现人员在场的巡测方式测量流量工作，能满足不同设备的携带采集需求，且能满足多点不固定的河道流量测量需求。但由于无人机自身的特性，在野外长期无人值守的环境下容易造成损坏或遗失，所以不能满足完全无人值守的流量测量需求。

缆道式携带测量流量设备是利用缆道系统，自动将测量流量的设备移动到设定垂线的水面上方，实测该垂线处的水面流速，同时实时采集水位数据，进而实现中小河流测验断面水位和流量的实时在线监测，满足中小河流水文站对流量在线测验的迫切需要。该种自动测流系统被称为缆道式自动测流系统，这类设备可称作自动测量流量装置。

测量自然河道流量的常见方法及优缺点对比分析见表 4-23。

表 4-23　测量自然河道流量的常见方法及优缺点对比分析

| 名称 | 优点 | 缺点 |
| --- | --- | --- |
| 转子流速仪测流 | 结构简单、仪器成本低、测量准确 | 初期基础建设成本高、需人工现场测量、一次测试耗时较多、洪水期测流作业较危险 |
| 浮标法测流 | 结构简单、成本低、易操作 | 测流误差大、需人工现场测量、洪水期测流较危险 |
| 声学多普勒流速剖面仪测流 | 测量方式简单、易操作、测量准确、可直接测量出断面面积 | 设备成本高、需人工现场测量、洪水期无法使用 |
| 水平声学多普勒流速剖面仪测流 | 易操作、完成一次测流时间短、无须人员现场值守 | 设备成本高、安装困难、设备在水下较难维护、洪水期易损坏、泥沙较多时测量误差大 |
| 固定式多普勒表面流速仪测流方式 | 易操作、完成一次测流时间短、无须人员现场值守、可在洪水期测量 | 基础建设成本高、固定安装后较难调整测流垂线位置 |
| 无人机式多普勒表面流速仪测流方式 | 操作便捷性高，便于携带、巡测。测量适应性强，可以满足不同河道测量需求 | 对天气依赖较高，无法在大风大雨天气完成工作 |

| 名称 | 优点 | 缺点 |
|---|---|---|
| 缆道式多普勒表面流速仪测流方式 | 易操作、建设成本不高、无须人员现场值守、可在洪水期测量 | 运动部件磨损较大、后期维护成本较高 |
| 固定式AI智能测流方式 | 易操作、完成一次测流时间短、无须人员现场值守、可在洪水期测量 | 基础建设成本高、AI算法训练成本较高，技术还在初期试验阶段 |
| 无人机式AI智能测流方式 | 操作便捷性高、便于携带、巡测。测量适应性强，可以满足不同河道测量需求 | 对天气依赖较高，无法在大风大雨天气完成工作，AI算法训练成本较高，技术还在初期试验阶段 |
| 缆道式AI智能测流方式 | 易操作、建设成本不高、无须人员现场值守、可在洪水期测量 | 运动部件磨损较大，后期维护成本较高，AI算法训练成本较高，技术还在初期试验阶段 |

### （3）泰州滨江工业园区流量监测实际技术应用

泰州滨江工业园区周边主要河流有长江、引江河、南官河、送水河和赵泰支河等，基本上都是中小河流，表现为集雨面积普遍较小，受暴雨影响大，汇流时间短，河道流量具有"来势迅猛、暴涨暴落、洪量高度集中、泥沙含量急剧增大"等显著特点。如果采用传统的流量测验方式，往往不能及时准确地掌握流量数据，故需要改进流量测验方式。只有采用先进、自动的流量测验方式，才能满足中小河流流量测验需要。针对泰州滨江工业园区河流特点和断面水流特性，自动测流系统的水流速度测速传感器只能采用非接触水体式，通过对水面流速的测验，解决水流流速测验问题。且非接触式测量流速设备能够更好地防止洪水对设备造成的破坏，降低人员及设备遭受损失的风险。

因此泰州滨江工业园区采用的流量监测设备是非接触式的雷达流量计，这也是一款集成流量监测和水位监测两大功能于一体的流量计，可以对园区内河流水位、流速、流量等各项指标进行在线监测。

雷达流量计主要原理是在测流断面上设定若干条实测垂线起点距位置（中小河流往往缺乏实测水文资料，只能根据实测断面数据分析设定测速垂线），利用轨道自动将多普勒表面流速仪或AI测量流量设备布设在这些垂线上方实测水面流速，然后将采集到的垂线水面流速数据通过无线方式发送到流量计算终端中，流量计算终端根据水面流速系数计算出代表垂线的平均流速，再利用率定的实测水面流速与人工实测垂线平均流速的关系模型，计算出垂线平均流速。系统同时采集当前水位，通过水位面积关系得到过水面积，从而实现河道流量的实时在线监测。

雷达流量计安装角度应该适当选取，以确保雷达的照射范围在平稳水流面上。

准确理解雷达波的照射范围有助于选择合适的安装位置，避免一些容易产生干扰的场景，如河流两边随风摆动的树枝。

雷达照射水面区域的边界尺寸与安装高度成正比（图4-18）。安装高度为1米时，水位计和流速计波束照射水面时$A$、$B$、$D$参数值（$A$、$B$、$D$含义见表4-24），实际安装高度$H$（单位：米）与下列值相乘，所得结果即为实际对应的参数值。

$$A=H\times[\tan(30+16)°-\tan(30-16)°]=0.786H$$
$$B=2\times H\times\tan7°/\cos30°=0.284H$$
$$D=2\times H\times\tan(11°/2)=0.193H$$

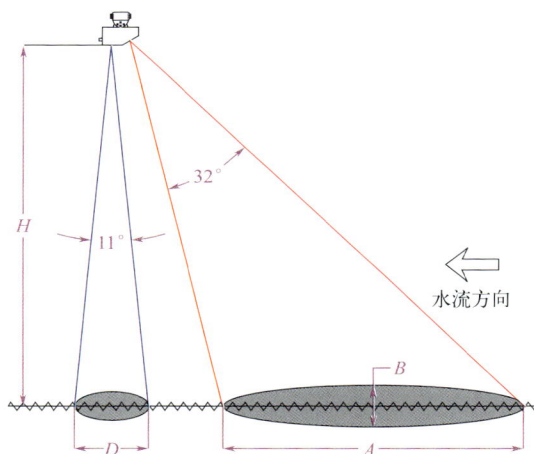

图4-18　安装10米水位计和流速计天线照射区域图

表4-24　天线波束照射面参数值

| 名称 | 长度/m |
| --- | --- |
| 流速计$A$ | 0.786H |
| 流速计$B$ | 0.284H |
| 水位计直径$D$ | 0.193H |

泰州滨江工业园区采用的雷达流量计具有全自动化测量，采用微波雷达非接触式（接触式会产生磨损）测量方式，因此具有受环境影响小、维护成本低、功耗低等几个显著优势。

流速量程：0.05～20m/s（与水流情况相关）；

水位量程：0.4 ～ 40m；

测速精度：±1%F.S；

水位测量精度：≤ ±3mm；

流速分辨率：0.01m/s；

水位分辨率：1mm。

泰州滨江工业园区针对园区水利信息化建设的现状及问题，结合先进的计算机技术、网络技术、数据交换技术、数据共享技术、GIS 技术，建设智慧水利分系统，建立综合数据中心，实现各单位数据。包括水情、雨情、气象、工情、水资源、视频等信息的交换、汇集、共享。

园区通过布设 3 个河道雷达流量站，满足对河道水位、流量监测监控，实现对水情信息全面感知和存储，并选择 4G 的方式将数据发往中心，提升监测的精准度和实时性，实现对园区内河道水情动态监测监控。

**（4）适用技术应用效果**

基于园区内河道水位水情特点，通过实现对雷达测流设备的自动控制、水文数据信息的自动分析处理和传输，将水位、垂线流速、工况参数、报警信息和其他水文参数实时远程传送到园区指挥中心，从而将泰州滨江工业园区内河道水文站建成全自动无人值守水位流量实时在线监测遥测站。通过雷达测流设备的部署，尽可能地降低了洪水期间的现场测量人员的风险及工作量，对洪水期间园区内河流的水文数据收集的完整性起到了积极的作用。

### 4.7.2.3　化工园区水位监测

随着科技的进步和环境保护意识的增强，河流水位监测站在水文工作中发挥着越来越重要的作用。这些监测站不仅能够更好地了解河流的水位和雨量变化，还为洪水预警、水资源管理和生态保护提供了有力支持。

水位监测主要的手段包括自动监测和人工监测。

自动监测可采用浮子式、压力式（气泡、陶瓷电容）、雷达式水位计、地埋式积水监测仪、电子水尺等。对于河流、水库等场景，有水位井设置条件的可采用浮子式水位计，对无水位井设置条件的可采用压力式或雷达式水位计。自动监测设备具体情况如下。

浮子式水位计：集机、电技术于一体的数字化传感器。通过输出轴的角度位移量转换成相应的数字量，可以高精度测量被测液位高度，能确认准确位置。水位传感器测轮安装在编码器输入轴上，钢丝绳一端连接浮子、另一端连接重锤，钢丝绳绕在测轮上。当液位发生变化时，浮子随液位的变化而升降，钢丝绳带动测轮转动，编码器输出相应的实时水位值。安装时需建测井，成本高，长期使用容易浮球卡死。

压力式（气泡）水位计：采用自动校零技术，有效改善了差压传感器的零点漂移问题，确保数据长期稳定可靠；采用曲柄连杆塞式气缸，大大降低了活塞密封圈的摩擦损耗，延长使用寿命。

压力式（陶瓷电容）水位计：采用先进的隔离型扩散硅敏感元件制作而成，直接投入容器或水体中即可精确测量出水位计末端到水面的高度，并将水位值通过 4 ～ 20mA 电流或 RS485 信号对外输出。

雷达式水位计：利用微波脉冲通过天线发射并接收。雷达波以光速运行，运行时间可以通过电子部件被转换为水位信号。一种特殊的时间延伸方法可以确保极短时间内稳定和精确地测量。再利用水位遥测终端，将雷达信号采集、传输，完成对水位的监测。雷达水位计需根据现场定制安装支架，长期使用，准确度易受水面漂浮物的影响。

人工监测可采用直立式、倾斜式和矮桩式水位尺。对有直立面安装条件的可设置直立式水位尺，对无直立面安装条件的可沿大坝上游斜坡面设置倾斜式或矮桩式水位尺。人工监测水尺主要有以下几种。

直立式水尺：一般由靠桩和水尺板两部分组成。靠桩由木桩、混凝土桩或型钢桩埋入土深 0.5 ～ 1.0m；水尺板由木板、搪瓷板或塑料板做成，其尺度刻画一般至 1cm。

倾斜式水尺：一般把水尺板固定在岩石岸坡或水工建筑物上，也可直接在岩石或水工建筑物的斜面上涂绘水尺刻度，刻度大小以能代表垂直高度为准。倾斜式水尺的优点是不易被洪水和漂浮物冲毁。

矮桩式水尺：由固定矮桩和临时附加的测尺组成，将测尺直立于水面以下的桩顶，根据已知桩顶高程和测尺的水面读数确定水位。当河流漫滩较宽，不便用倾斜式水尺，或因流冰、航运、浮运等冲撞而不宜用直立式水尺时，可用该种水尺。

下面以天津南港工业区为例，介绍水位监测在园区的实际应用。

## 案例 10　水位监测技术——天津南港工业区

### （1）适用技术应用场景概况

天津南港工业区隶属于天津经济技术开发区，是最大的专业化工园区，南港工业区始终坚持高端化、精细化、绿色化、安全化、智慧化理念，全力打造一流化工材料基地和石化产业聚集区。南港工业区地处北温带，位于中纬度亚欧大陆东岸，因临近渤海湾，海洋气候对天津的影响比较明显。平均年降水量 537 ～ 609mm，年内降水量分配不均，一日最大降水量 191.5mm（1975 年 7 月 30 日），7 ～ 9 月降水量约占全年的 80% 以上。

由于南港工业区极易发生洪涝灾害，因此，工业区对于洪涝监测感知体系建设，河道、排水系统和低洼点水情情况，亟须补充相应的设备设施，建立相应的管理系统。

### （2）可应用技术手段

水位是水体在某一地点的水面离标准基面的高度。标准基面有两类：一类为绝对基面，指国家规定的、作为高程零点的某一海平面，其他地点的高程均以此为起点，中国规定黄海基面为绝对基面；另一类为假定基面，指为计算水文测站水位或高程而暂时假定的水准基面。常采用河床最低点以下一定距离处作为本站的高程起点。通常在测站附近没有国家水准点或者在暂时不具备条件的情况下使用。

常用的有电子水尺和水位计。电子水尺是传统的有效的直接观测设备。实测时，电子水尺上的读数加水尺零点高程即得水位。水位计则可分为浮子、压力和声波、雷达等能提供水面涨落变化信息的原理制成的仪器。水位计能直接绘出水位变化过程线。水位计记录的水位过程线要利用同时观测的其他项目的记录，加以检核。水位计非常适合化工园区河道水系、低洼地带积水的水位监测设备。

### （3）天津南港工业区水位监测实际技术应用

天津南港工业区应用地埋式积水监测仪，对工业区内低洼地带积水进行监测的需求。地埋式积水监测仪基于超声波水位测量技术，利用超声换能器原理，采用脉冲式超声波水位测量原理实现对城市道路积水的宽量程、高精度、小型化检测，如图 4-19 所示。拟采用对比试验、流体力学及物理声学的研究方法，结合超声波共振腔的有限元流体力学模型，设计集成式一体化超声换能器，开展液体内超声波保真度特性曲线研究；拟采用超声波水下发射至水面反射回波的空间拓扑结构，开展静态和动态液体介质对声场共振驻波的影响分析，反馈指导优化超声换能器设计和产品结构设计。

超声发射与接收采用 PZT 体系压电陶瓷，并进行配方优化；采用压电薄片与金属膜形成超声波换能器双叠片结构，基于 ANSYS 等声学仿真平台，通过求解传感器的电导纳、声压级等频响曲线，获得最大声压级点的声压分布，提升超声换能器带宽；基于 COMSOL 等多物理场仿真平台开展流体力学仿真。

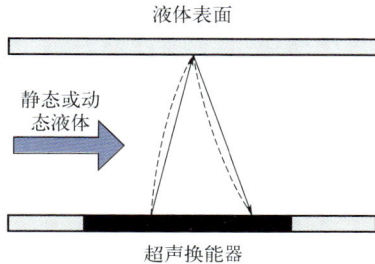

图 4-19　超声换能器原理

通过以上理论分析，超声波水位测量系统框图如图 4-20 所示。

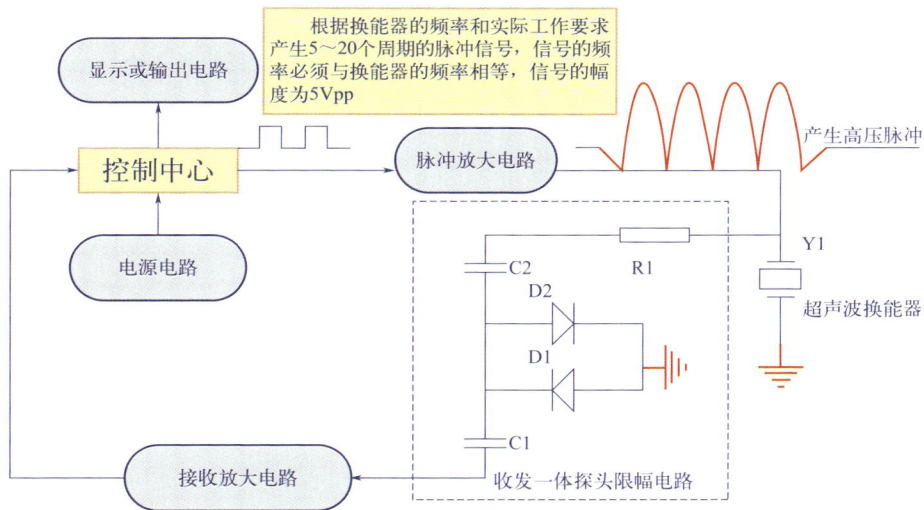

图 4-20　超声波水位测量框图

由控制电路生成发射脉冲，经过放大电路后产生激励信号，激励超声波发射换能器，此时记录发射时间点 $t_1$。发射出去的超声波信号经水面发射形成回波，终端中的接收换能器收到回波信号经过算法解算后得到时间点 $t_2$，两者之差 $\Delta t$ 经过计算即得出水位的高度信息。

相比传统的水位计，地埋式积水监测仪具有几个显著优势。

精度高：分辨率 1mm。

数据储存、重传：可保存 5 年以上的积水数据；通信失败后，能存储通信数据，待通信恢复之后自动重发。

体积小，安装便利：采用路面双孔安装；低功耗，没有积水时传感器不工作；多个采集频率可调，水位越高采集频率越高。

地埋式积水监测仪由埋入式采集端和监测主机组成。积水探测模块、超声波液位传感器、数据采集模块、数据存储模块、GPRS 通信模块、锂电池等所有模块部件都包含于防水外壳内，无任何外部连接。

天津南港工业区通过在华电地道布设 2 套、创业路地道布设 2 套、创新路—海滨高速下方布设 2 套和纺一路与轻六街交口布设 1 套地埋式积水监测仪，实现对低洼地带积水水位信息全面感知和存贮，并灵活选择 4G 的方式将数据发往中心，提升监测的精准度和实时性，实现多传感器数据的汇聚与融合应用。

### （4）适用技术应用效果

防汛防潮系统集成了远程监控、实时监测、动态预警、预警发布等功能，依据建设的积水监测站水位，对接的河道水位信息、潮位水位信息对内涝、风暴潮等预警。同时通过系统提醒、App 和短信等方式通知工业区内相关人员，利用电子提示屏（LED 屏）面向社会公众发布内涝积水预警信息。包括泵站、内涝点、河道、潮位的实时水位监测、预警管理和历史预警查询。为工业区洪涝灾害及次生灾害的科学防范和指挥调度提供决策依据，大大提高防汛防潮人员工作效率，降低防汛防潮工作成本。

基于天津南港工业区洪涝灾害特点，提取洪涝灾害致灾因子、风险要素，构建洪涝灾害预警模型，实现南港工业区河道、低洼内涝点的水位预警阈值、预警信息推送规则、预警发布规则等管理，对各种险情做出预警，利用移动互联网技术实现洪涝灾害信息、风暴潮信息的快速发布并及时对各类险情预警；同时利用 LED 屏、短信通知等多种方式为工业区民众提供快捷的内涝、风暴潮信息服务，并及时对气象、洪涝、风暴潮险情告警，能够有效减少洪涝、风暴潮等灾害所带来的经济损失，保障了工业区的安全发展和民众的出行安全。

## 4.7.2.4　化工园区雨量监测

雨量监测站能够实时监测河流的雨量变化，为相关部门提供准确的数据支持。这些数据对于水文研究、水资源管理、洪水预警和生态保护等方面都具有重要意义。通过监测站的数据，可以及时了解河流的流量、水位、降雨强度等信息，为决策提供科学依据。常用的雨量监测设备情况手段如下。

瓶式雨量计：是传统的降雨量监测设备，由一个固定容量的瓶子和一个标定刻度组成。当雨水收集到瓶子中时，可以通过读取标定刻度来确定降雨量。

倾斜漏斗雨量计：采用漏斗形状的设计，在漏斗的底部有一个倾斜的传感器。当雨水进入漏斗时，传感器会倾斜并记录下降雨量的数据。

光电式雨量传感器：利用光电信号来测量降水量。它包含光源和接收器，当雨滴进入传感器区域时，光线会被阻挡，从而产生电信号，通过测量电信号的变化来确定降雨量。

雷达降水计：用雷达技术来探测降水的位置和强度。它发送雷达波束，并通过接收回波信号来分析降水的特征，包括雨滴的大小、分布和速度等。

全球定位系统（GPS）降水监测：利用 GPS 信号来反演大气中的水汽含量，并进一步推算出降水量。它通过测量 GPS 信号在大气中传播的延迟来获得水汽含量的变化，从而估算降水量。

下面以泰州滨江工业园区为例，介绍园区雨量监测技术的实际应用。

## 案例 11　雨量监测技术——泰州滨江工业园区

### （1）适用技术应用场景概况

泰州滨江工业园区所处的泰州位于中纬度地区，气候变化显著，四季分明，冬夏季较长，春秋季较短，属季风影响下的副热带湿润气候，并且风向有明显的季节性变化，常年主导风向为夏季主导风向，雨热同季，日照充足，无霜期长，雨水丰沛，多年平均降水量 1000mm 左右。因此做好雨量的实时监测对于领导决策、提前做好预防通知和措施、及时做好人员疏导及物资调配是非常必要的手段。

### （2）可应用技术手段

通常雨量观测方法有雨量器、天气雷达、和卫星遥感。而通常为确保监测数据的实时性和成本，多采用布设雨量站作为雨量监测的手段。下面重点介绍雨量器。在雨量站、气象站或水文站等地面观测站点，用于测量雨量的仪器称之为雨量器。雨量器测量落至其边缘划定的水平面上的雨水的体积，除以雨量器的表面积，便得到降雨深度。雨量器有两种类型：自记雨量器和非自记雨量器。自记雨量器能自动记录累计降雨量，其时间分辨能力可精准到 1 分钟或以下，往往配有遥测设备，以便实时传送记录并为水管理所用。自记雨量器有三种主要类型：称重式、浮筒及虹吸式、翻斗式。其中翻斗式雨量计因成本低，精度高，性能稳定，维护方便，当前应用最为广泛。

### （3）泰州滨江工业园区雨量监测实际技术应用

泰州滨江工业园区采用翻斗式雨量计对园区内降雨量进行在线监测，符合国家 GB/T 11832—2002《翻斗式雨量计》、SL 61—2003《水文自动测报系统技术规范》（已更新为 SL 61—2015）、GB 11831—2002《水文测报装置　遥测雨量计》标准。

翻斗式雨量计是由感应器及信号记录器组成的遥测雨量仪器，感应器由盛水器、上翻斗、计量翻斗、计数翻斗、干簧开关等构成（图4-21）；信号记录器由计数器、录笔、自记钟、控制线路板等构成（表4-25）。

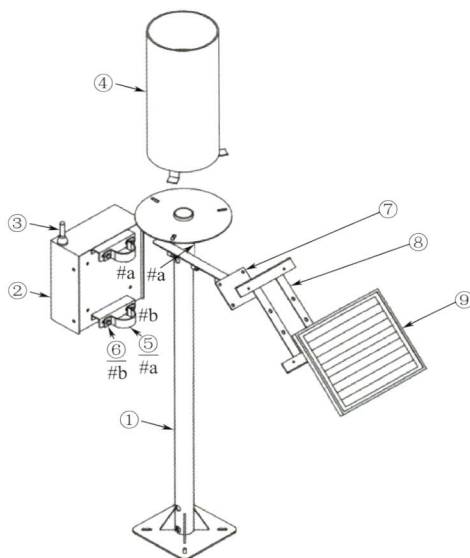

图 4-21　翻斗式雨量计

表 4-25　构成

| 序号 | 零件名称 | 数量 |
| --- | --- | --- |
| 1 | YT 支架 | 1 |
| 2 | 户外箱组件 | 1 |
| 3 | 双频无人值守外置天线（SMA-J） | 1 |
| 4 | 翻斗式雨量计 | 1 |
| 5 | YT 抱箍 | 3 |
| 6 | M8×25mm 螺栓，螺母，平垫，弹垫组合 | 6 |
| 7 | YT 太阳能固定杆 | 1 |
| 8 | 太阳能固定架 | 1 |
| 9 | 太阳能电池板 | 1 |

翻斗式雨量计的工作原理依赖于阿基米德原理。阿基米德原理定义了一个在某一持续时间雨量等于上述时间段内一定表面积水体中积攒的雨水量。因此，翻斗式雨量计的主要组成部分为一个翻斗，用来收集累积的雨水，以及一个指示器，用来计算出翻斗中的水量。

翻斗式雨量计的翻斗是一个可以装满若干水量的金属容器，它有一个螺旋形的倾角，以使水平的翻斗在下雨的过程中旋转。当雨水一滴滴地滴进翻斗时，翻斗将自动旋转，使雨水在翻斗容器内部累积，而当翻斗容器装满雨水后，旋转停止。

翻斗式雨量计的指示器是一个配有计数器的可以自动旋转的表盘，当翻斗旋转时，指示器的表盘会同时旋转，每旋转一次，计数器就会累加一次。通过计数器的累积值，就可以准确测量出翻斗容器内积累的雨水量。

此外，翻斗式雨量计也可以采用自动清洁功能，以防止雨水中的多余物质积累在翻斗中，影响测量精度。

翻斗式雨量计自动化程度高，获取降水量的及时性强，降雨量资料易于保存和传输，因此应用广泛。此外，由于翻斗式雨量计适合于数字化方法，所以对自动天气站特别方便，翻斗式雨量计测量雨强范围为不大于 4.0mm/min，最小分辨率为 0.1mm。

泰州滨江工业园区采用的翻斗式雨量计具有抗干扰能力强，全户外设计，测量精度高，存储容量大，方便组网，全自动无人值守，运行稳定等几个显著优势。

承雨口径：$\Phi 200 + 0.6$mm；

分辨率：0.2mm/0.5mm；

雨强范围：0 ~ 4mm/min（允许通过最大雨强 8mm/min）；

测量精度：相对误差不超过 ≤ ±2%；

误码率：小于 $10^{-4}$

园区通过布设 2 个雨量监测站，满足对园区降雨量监测监控，实现对雨情信息全面感知和存贮，并选择 4G 的方式将数据发往中心，提升监测的精准度和实时性，实现对园区内雨情动态监测监控。

### （4）适用技术应用效果

智慧水利分系统主要包括水雨情在线监测预警、工情监控、视频监测、数据查询分析、应急响应及物资管理等功能模块，依据建设的雨量站的降雨信息，对接的河道水情信息、园区外河流水位信息，通过对实时水位信息和降雨量信息建模计算后达到预警值时，启动声音、地图预警、通知相关人员，并联动相应的防汛防洪预案，显示应急级别及应急内容。

# 4.8  安防设备

安防监控系统的发展经历了模拟时代、数字时代、网络时代，通过 IP 摄像机和网络传输，可以实现视频图像的实时传输、远程访问和存储。如今，视频监控系统正逐步进入智能时代，逐渐融合人工智能和大数据分析技术。

传统安防视频监控系统主要是由采集、传输、存储、显控四部分组成，化工园区及化工企业涉及危险物品和工艺，需要对生产区、仓储区域、管廊区域以及周边环境进行全方位的安全监控，对安防视频监控系统也产生了新的要求。

针对采集环节，摄像机需要提供更高的分辨率、图像质量和视场角，如高点全景布控相机最高可达 3200 万像素，视场角 360°拼接；环境条件需要满足化工园区环境下防爆需求、高温需求等。

针对传输环节，宜应用码流压缩技术节约带宽，保障系统流畅的同时提升经济性，可通过低延时技术减少监控中心画面与现场延时，真正还原工业现场。

针对存储环节，通过云存储技术的引入，实现存储和管理大量的视频监控数据，提供足够的存储容量、性能和灾备能力。

针对显控环节，通过配套大屏显控系统，将跳出原有小屏幕监控融入进运营中心，实现码流解析，监控上墙，成为园区整体业务系统的"眼睛"。

结合以上几个环节，可总结相关的主要设备类型为：固定式枪球、球机 / 云台、全景、热成像、布控球等这几种主流设备

除了以上主要设备，新型安防监控系统宜增加智能设计，通过园区智能算力及算力设施建设，实现安防监控系统由"看得清"向"看得懂"转变。

下面以中国石油化工（钦州）产业园为例，介绍"工业互联网+"趋势下化工园区智能安防监控系统的建设应用，中国石油化工（钦州）产业园采用全新的智能视频监控系统，全方位升级园区安防监管手段，探索"AI+ 赋能"园区安防管理新模式。

## 案例 12　智能安防监控系统——中国石油化工（钦州）产业园

### （1）适用技术应用场景概况

中国石油化工（钦州）产业园规划面积 36 平方公里，是广西重点打造

的国家级沿海石油化工基地及国家循环化示范试点园区。占地面积广，环境复杂程度高，既有防爆需求也有防腐蚀需求；周界线长，实现全封闭安防监管难度高，需结合不同的安防手段，同时涉及场景多，除园区道路、办公场所等基础场景，还包括供热、管廊、公用石化码头及仓储、燃气、危险品铁路专用装卸线、污水处理等一系列场景。

园区安防建设经过多个阶段，已建摄像机来自多个品牌，涉及不同分辨率、压缩标准等，项目设计除了考虑根据一般控制区、关键控制区、核心管控区增加点位外，还需着重考虑原有相机的接入利旧，同时关注原有对接第三方系统的稳定切割。整体在带宽、存储、智能等多方面设计充分考虑延展性，结合高清技术、5G、云存储技术构建稳健高效灵活调用的视频监控系统，适应未来3年乃至5年的安防系统发展。

### （2）可应用技术手段

按照不同管控区域、不同管控对象、不同管控级别，实现视频对各监测点的实时监测的目标，建设容量为3000～5000路的安防视频监控系统，支持弹性拓展至10000路。

在采集方面，前端视频监控设备根据不同场景监测需求，可选择固定枪型摄像机、变焦枪型摄像机、云台摄像机、全景摄像机、热成像摄像机、双目摄像机（可见光和热成像）、雷球联动摄像机、移动布控摄像机；根据网络传输条件可选择4G/5G摄像机、POE摄像机；根据环境适应性可选择摄像机支持防爆、防腐蚀、耐高温；根据夜视需求可选择摄像机支持星光级照度、红外补光或选型激光摄像机（无须补光夜间全彩）。考虑到系统先进性，摄像机选型图像分辨率应不低于1080P。防爆摄像机选用建议见表4-26。

实际可根据布控场景及内容做选型。

在网络传输方面，典型的园区监控采用三层网络架构，建筑或办公楼之间采用光纤链路进行全互联，实现园区视频及弱电安防系统的数据实时传输，交换机设备采用安防工业级交换机（宽温）。宜着重考虑视频并发带宽，摄像机应支持主、辅码流切换。

在存储方面，可采用以下三种模式来实现数据存储与使用：①存储服务器+IPSAN；②NVR为代表的嵌入式存储设备；③云存储。

在显控方面，通过编解码设备、LED大屏，实现视频监控多路上墙及智能交互。

在智能方面，通过前端智能技术、边缘智能技术、中心智能建设等方式实现视频智能分析业务，对风险实现自主感知预警。

表 4-26　化工园区应用场景的防爆摄像机选用建议

| 应用场景 | | 防爆摄像机产品类型 | | | | |
|---|---|---|---|---|---|---|
| | | 固定式枪球 | 球机/云台 | 全景 | 热成像 | 布控球 |
| 安全生产 | 人的不安全行为监测——涉爆储罐区、仓库等危险区域闯入 | ● | ● | | | |
| | 人体不安全行为监测——违规吸烟 | ● | ● | | ● | |
| | 人的不安全行为监测——防护着装监测 | ● | ● | | | |
| | 人体不安全行为监测——脱岗 | ● | ● | | | |
| | 人的不安全行为检测——安全带佩戴 | | | | | |
| | 物的不安全状态监测——消防通道占用 | ● | ● | | | |
| | 环境不安全因素监测——泄漏检测 | | | | ● | |
| | 环境不安全因素监测——烟火检测 | ● | ● | | | |
| | 环境不安全因素监测——温度异常 | | | | ● | |
| | 环境不安全因素监测——跑冒滴漏 | ● | | | | |
| | 特殊作业监管——违规动火 | ● | | | | |
| | 特殊作业监管——受限空间作业人数统计 | | | | | ● |
| | 特殊作业监管——单人作业检测 | | | | | ● |
| | 特殊作业监管——实时监控 | | | | | ● |
| 应急 | 现场临时布控图像回传 | | | | | ● |
| 物流及仓储 | 卸油、气装卸作业规范检测 | ● | ● | | | |
| | 装卸码头智能周界 | | ● | | ● | |
| | 实时视频监控 | ● | ● | | | |
| 巡检 | 智能仪表读数 | ● | ● | | | |
| 管线 | 智能周界 | ● | ● | | | |
| | 防外破大型挖掘机、推土机检测 | ● | ● | | | |
| 安防 | 高点布控 | | | ● | | |
| | 园区智能周界 | ● | ● | | | |
| | 出入口管控 | ● | | | | |

注：安防应用场景可选用非防爆摄像机，具体根据厂区防爆要求选择。

### （3）中国石油化工（钦州）产业园实际技术应用

中国石油化工（钦州）产业园采取"能用尽用"的原则，复用园区现有视频，新增场景监控摄像机，对涉及"两重点一重大"的企业，充分利用已建成的摄像头，按照 GB/T 28181—2016《公共安全视频监控联网系统信息传输、交换、控制技术要求》（已更新为 GB/T 28181—2022）标准接入管理，构建统一安防视频监控平台（图 4-22）。

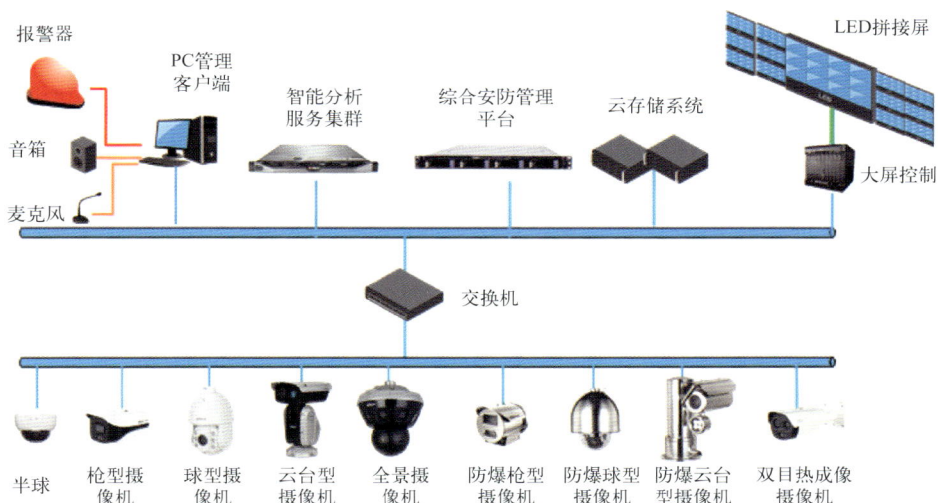

图 4-22　统一安防视频监控平台

基于统一安防视频监控平台，园区创新探索建设园区级智能算力集群，将中心级 AI 赋能统一安防视频监控平台升级为智能安防监控系统。基于视频智能解析技术，结合园区封闭管理、安全生产管理、环境管理、应急管理对视频应用的需求，视频系统实现对所有进入园区内人、车、物可进行全场景的图片流、视频流的提取，智能分析风险预警，构建一套全新的"采""传""存""显""控""智"的安防视频监控平台，达到对园区全方位、可视化管理，对园区的风险进行有效防控。

以下将详细展开中国石油化工（钦州）产业园各模块设计。

① 前端采集设计

整体设计原则：视频建设新增摄像机覆盖区域包括园区出入口、周界、道路、管廊、仓储、罐区、码头等区域，考虑到智能分析改造需求及系统先进性，新增相机选择 400 万及以上像素，罐区、管廊等防爆区域采取 Ex db IIC T6 Gb 防爆等级产品，沿海码头区域设备须具备 WF2 防腐要求（表 4-27）。

a. 高空视频　园区高空视频能够实时掌握园区整个区域的全貌，俯视整个园区的即时状况；在突发情况出现时，高空监控点不受现场爆炸、高温、

表 4-27　中国石油化工（钦州）产业园摄像机选用

| 序号 | 安装区域 | 选型 | 备注 |
|---|---|---|---|
| 1 | 园区高点 | 高点布控全景摄像机 | 安装高度：25m |
| 2 | 园区出入口 | 双 400 万全结构化网络摄像机 | |
| 3 | 综合办公楼大厅 | 双 PTZ 双 400 万网络一体化摄像机 | |
| 4 | 园区周界 | 双目热成像枪型摄像机 | 单台布控距离 50m |
| 5 | 办公楼周边 / 中庭 / 园区广场 / 重要路口 | 双 PTZ 双 400 万网络一体化摄像机 | |
| 6 | 园区道路 | 800 万像素全智能超景深护照一体机 | |
| 7 | 公路装卸区 | 400 万防爆大枪 | 每个撬位一台，棚顶吊装 |
| 8 | 铁路装卸区 | 400 万防爆球机 | |
| 9 | 罐区 | 400 万防爆球机 | 安装复用灯杆 |
| 10 | 管廊区 | 400 万防爆一体化云台 | 单台布控 80m |
| 11 | 灌区阀门间 | 防爆高清枪型摄像机 | |
| 12 | 装置生产车间 / 操作间 | 防爆高清枪型摄像机 | |
| 13 | 热水站 / 动力站 / 水处理设施等辅助设施 | 高清枪型摄像机 | |

人员作业等的影响，保障非常态下事故现场的即时状态信息的获取。为智能预警、应急处置、事故调查提供重要支撑，基于此，新增建设两个高点点位，助力园区安防、安全生产及应急管理。

布点设计：由于高点需要安装在 15～30m 之间，且为了保持画面稳定传统相机立杆无法满足，新建铁塔式立杆成本会大幅度攀升，考虑到经济型因素，一个复用园区中心广场灯杆（高约 28m），一个复用罐区附近基站（高约 25m），布控范围半径 1km。

在安防管理方面，园区基于高点全景实现基于实景的安防一张图监管。高点相机基于兼顾全景与细节，全景画面达到 2400 万，由 6 个传感器拼接而成实现 270°全景监控，结合 AR 标签能力，将低点位相机和温度压力等传感数据以标签式叠加到全景画面，将传统的"九宫格"监控升级为"上帝视角"监控，构建全景视窗；细节球机 400 万像素支持 40 倍变倍，对全景画面中的人、车予以变倍放大细节追踪（图 4-23）。

在安全生产监管方面，园区将高点布控视频结合 AI 中台的后智能分析算法用于安全风险智能预警，例如，通过加载烟雾分析算法实现园区大范围

图 4-23　高点布控相机及效果图

烟雾监测预警，通过人数统计及绊线入侵算法结合作业票系统数据判断区域是否存在超时作业，超员作业等。

在应急处置及应急演练方面，园区将高点全景视频作为 GIS 一张图的实景补充，实时感知现场人员及装备车辆的到场情况，为指挥中心提供现场的实时"眼睛"。

b. 周界视频　周界管理是园区封闭化管理的重要组成部分，周界视频的应用实践愈加成熟。中国石油化工（钦州）产业园占地面积广，周界线情况复杂，其中有约 16km 周界防护段不宜布置物理围栏同时光照条件，基于此园区周界相机创新采用双目热成像，以超高的准确率及 24 小时布控能力助力园区封闭化监管。

布点设计：周界布控长度共 16km，其中重点区域使用双目热成像布控，每个相机按照 50m 布控部署，共计 126 个。

双目热成像相机（图 4-24）由可见光通道和热成像通道构成，传统单可见光视频相机用于周界防范是基于智能视觉分析技术，实现入侵检测报警和目标自动跟踪，但可见光通道在夜晚受光线影响易发生误报，而热成像监控相对于可见光监控在夜晚和恶劣天气拥有独特的优势，热成像能够有效避免灯光、树枝、遮挡物等环境干扰，具有漏报误报率低、准确率高、能探测隐蔽物体的特点。使用双目热成像布控，具备了可见光和热成像的优点，既能提升准确率实现 24 小时准确布控，又能查看实时画面，同时支持声光示警远程喊话，对入侵事件能够及时遏制，

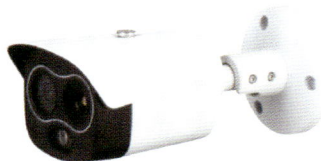

图 4-24　双目热成像相机

从而将损失降低到最小。

c. 园区出入口视频 园区出入口相机是园区安防的重要设计点位，园区出入口常规设计一般会在道闸处安装出入口摄像机用于车牌识别和道闸开合，通过出入口道闸来控制园区出入车辆记录，但出入口道闸相机监控视角只关注车辆本身尤其是车牌，局限性较大，还需远端安装一台监控摄像机对出入口及出入口附近区域进行监控，监控出入口人员和车辆。园区选择自带智能的双400万全结构化网络摄像机用于出入口布控，如图4-25所示。它融合双微PTZ技术和双视角技术，具备全景与细节检测能力，可扩展监控及检测宽度覆盖大场景下的群体行为以及细节场景的对象特征提取，将经过出入口的机动车、非机动车、人员等目标抓拍和属性提取，用于安防后台检索、黑名单布控和轨迹还原等应用。

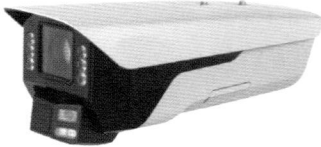

图4-25 双400万全结构化网络摄像机

d. 综合办公楼大厅视频 综合办公楼大厅作为人员活动聚集区域也是安防布控的重要设计点位，园区综合办公楼大厅光线环境亮度变化较大，白天存在进出口光线逆光情况，夜间光线环境又较暗，既需要全天候看清进出人员的脸部特征，又要对高峰期进入楼宇的人员进行统一的监控并做好数据采集。此场景传统枪型或球型摄像机难以达到需求，特选用全景＋细节同时兼备的双PTZ双400万网络一体化摄像机，如图4-26所示。它采用双云台四电机，具备全景、细节两个通道且都支持远程转动调节位置，达到单个产品既能看全也能看清的优势，全时全天候灵活布控，可根据不同时间看不同的方向，保证全景与细节可以在任何角度进行联动监控，同时支持人脸抓拍及人体跟踪技术，用于安防后台检索、黑名单布控和轨迹还原等应用。

图4-26 双PTZ双400万网络一体化摄像机

e. 公共管廊视频 管廊属于化工园区重点监测区域，配置一定数量防爆摄像机实现可视化布控，考虑到园区沿海，因此设备外壳选用316材质。本项目选用400万30倍防爆云台。单台布控80m，如图4-27所示。

f. 装卸区视频 以接入园区内企业视频为主，园区创新试点AI赋能安全生产监管，选取园区内一企业增加少量装卸区摄像机用于装卸区作业管控，后续形成标准复制于园区企业。

布点设计：共 4 台，装卸区每个撬位 1 台，1 台相机覆盖两个装卸车位，相机与棚顶吊装安装，选型 400 万防爆枪型摄像机，如图 4-28 所示。

基于相机视频流通过园区 AI 中台加载智能算法，对装卸过程装卸人员穿戴不合规、离岗、违规吸烟、静电接地线未连接、鹤管未归位等不安全行为进行预警监管。

图 4-27　400 万防爆一体化云台　　　图 4-28　400 万防爆枪型摄像机

除以上新增点位设计，园区还基于 AI 通过利旧原有摄像机，全面赋能安防视频监控系统智能升级，用于多方面监管。例如，通过利用道路车辆卡口相机＋车牌、变道等智能算法实现危化品车辆全流程跟踪，危化品车辆不按照专用车道行驶管控；通过园区厨房相机＋不戴厨师帽、鼠患等检测算法，保护园区人员用餐安全等。

② 传输系统设计

园区监控总计近 3000 路，采用标准三层网络架构，即汇聚层、接入层、核心层，其中，汇聚层采用工业级接入交换机，带宽设计时需要考虑摄像机并发实时预览 / 拉流的数量（包括视频上墙、客户端预览、手机端预览、实时智能分析拉流等）、摄像机码率以及冗余量来进行综合计算，从而得出带宽需求，带宽大小 = 并发实时预览通道数 × 主码流（M）× 冗余系数，假设某项目摄像机为 400 万采用 H.265 编码，主码流约为 2.5M，并发预览数量为10 路，冗余设计 1/2，则带宽需求大小 =50（并发预览）×2.5M（主码流）×1.5（冗余系数）=187.5M。

园区采用创新智能编码技术降低传输码率从而节约带宽投入，项目新增摄像机均采用 Smart265 编码。以 400 万相机为例，按照 H.264 标准编码所需带宽预估为 5Mbps，按照 H.265 标准编码所需带宽预估为 2.5Mbps，按照 Smart265 标准编码所需带宽预估为 1.3Mbps，全厂摄像机经统计约 1/3 相机（新增 400 万相机部分）采用 Smart265 编码，单路码流预估 1.3M；约 1/3 相机（利旧 400 万相机部分）采用 H.265 编码，单路码流预估 2.5M；约 1/3 相机（利旧 200 万相机部分）采用 H.264 编码，单路码流预估 2.5M。

园区并发预览路数统计如下：化工园区建设运营中心、安防中心、消防控制室，该三处监控中心具有监控上墙需求，并发预览均为 16 路视频画面，则并发路数为：16×3=48 路，其余客户端调阅根据用户并发频次预估 100 路；与常规安防监控系统建设不同的是，钦州建设智能算力中心，为视频流增加后智能 AI 分析，由于智能分析基于实时视频流进行，因此增加 200 路预览并发，综上，总并发调阅路数 =48+100+200=348 路。

考虑到系统健壮性及突发事件应急演练需求等，带宽设计 1/3 冗余，则冗余系数为 1.33，园区带宽需求大小 =348×（1.3M+2.5M+2.5M)/3×1.33=972M。

基于以上，综合考虑当前智能分析完全并发的可能性较小，且若发生应急事件可手动关闭智能分析任务保障安防预览带宽，本次建设选择 1000 M 网络带宽足以满足需求，后续根据智能分析算力扩建再动态拓展带宽。

③ 存储系统设计

园区已建设摄像机及企业接入摄像机已采用硬盘录像机做前端存储，根据分级存储理念，在园区中心使用云存储做统一存储，既为新建摄像机提供存储空间，同时为原有摄像机及企业重点监控点位做二次存储备份，若现场硬盘录像机损坏或发生意外情况，园区中心侧云存储依然能够提供录像查询能力用于事件追溯还原，视频存储时长设计不少于 30 天。

云存储系统内部由元数据服务器和云存储节点组成。元数据服务器支持两台形成集群，提供高可靠的元数据服务。

云存储节点提供高容量、高密度的存储介质和极高的 IO（输入 / 输出）能力。园区采用流媒体直存方案，云存储系统内置针对视频应用特殊优化的流媒体应用服务，支持大量前端摄像头与云存储海量存储空间直接对接，既具备直存的优势，又享受云存储所带来的以下优势。

高可靠性：支持三种故障级别，支持扇区、硬盘、节点级容错，并且出现故障业务的读和写都不会中断。

高保障性：传统 RAID 出现故障，一块 4TB 硬盘恢复时间需要 2 天 2 夜，并且需要立即更换。采用 EC 纠删码的微云，4TB 硬盘恢复时间 1 小时即可完成，故障盘可以集中更换。

高扩展性：一分钟内在线扩容，节点扩容后，无须任何配置，新写入数据便可自动被分配到新节点上。

高速下载性能：系统性能近线性增加，24 小时 1080P 高清（48GB）视频 1 分钟内即可下载完毕。

存储空间计算需要考虑摄像机数量、存储天数、摄像机码流、恒定码流（CBR）系数来进行综合计算，得出录像存储空间大小。CBR 系数是指 CBR

正误差给存储容量带来的影响系数，建议值 1.1。

在视频监控系统中，CBR 系数用于计算视频数据的存储需求。具体来说，当视频以恒定的码率进行编码时，由于编码过程中的正误差，实际占用的存储空间会比理论计算值稍大。这个系数考虑了这种误差，以确保实际存储需求得到满足。在计算视频监控系统的存储需求时，CBR 系数是一个重要的参数，能更准确地预测所需的存储空间，从而避免存储不足的情况发生。

视频存储容量 $=\sum$（码流 $\times 3600 \times 24 \times$ 保存天数 $/8/1024/1024$）$\times$ 路数 $\times$ CBR 系数。

注：1 天 =24 小时，1 小时 =3600s，1MBps=8Mbps，1GB=1024MB，1TB=1024GB。

钦州石化产业园视频总路数 3000 路，根据不同的编码方式及接入协议，全厂摄像机经统计约 1/3 相机（新增 400 万相机）采用 Smart265 编码，单路码流预估 1.3M；约 1/3 相机（利旧 400 万相机）采用 H.265 编码，单路码流预估 2.5M；约 1/3 相机（利旧 200 万相机）采用 H.264 编码，单路码流预估 2.5M。

所需存储空间 =1.3M/8/1024/1024×3600（s）×24（h）×1000×30×1.1（CBR 系数）+2.5M/8/1024/1024×3600（s）×24（h）×2000×30×1.1（CBR 系数）=2141.31T。

云存储与硬盘录像机存储空间计算不同的是还需要考虑 EC 模式（容错模式）和存储热备容量的冗余。其中，EC 模式的选择数据容错要求较高，可采用 4+1 模式，空间利用率约为 80%，数据容错要求较低可采 8+1 模式，此模式下数据冗余度降低，相应空间利用率升高到 88%，成本降低但相应而言数据丢失风险变高；存储热备容量是为防止云存储数据写满后需要循环覆盖，把历史数据删除，新的数据写入没有足够的时间删除历史数据进行循环覆盖而设置的缓冲区间，一般按照总容量的 6%～20% 配置。

园区对数据容错率要求较高，EC 模式选择 4+1（空间利用率约为 80%），存储热备容量按照 6% 配置。则总视频存储空间 =2043.98T/80%×106%=2708.28T，项目选择 8T 硬盘，硬盘实际利用率约为 90%，所需硬盘数量为 2141.31T/（8T×90%）=298 块，存储设备为 2 台云存储元数据节点服务器，9 台 36 盘位云存储节点服务器。2 台元数据节点最高可纳管 32 台存储节点，系统具备足够的扩容能力。

④ 智能分析系统设计

为了实现视频监控系统的智能改造，园区采用前后智能结合的方式，构建园区算力中心硬件及视图智能引擎，拉取视频流进行视频分析。

本项目算法仓加载人的不安全行为识别、环境不安全因素识别等 13 种算法，构建 8 张智能分析卡算力集群（可支持并发分析 200 路智能分析），以轮训的方式低成本实现 3000 路安防监控智能分析升级。

### （4）适用技术应用效果

系统建成运行后，智能安防视频平台累计汇聚近 3000 路视频，覆盖整个园区，运行视频 AI 算法近百种，赋能园区周界管理、出入口管理、安全生产管理等，实现安全防范、管理控制的目标，有效节约园区安保力量巡检力量投入。

安全防范：通过安防的眼睛，24 小时布控，实现园区人、车、物、环境的实时感知监管，保护园区内的设施、财产和人员安全。

管理赋能：通过结合封闭化建设，将园区划分为内外两个区域，实现对进出园区人员和物资的有效管理。通过结合园区安全生产管理，实现环境风险识别、作业管控等智能巡检。通过结合园区应急业务，为应急演练等提供现场实时反馈。

除此之外，园区通过打造智能安防平台，规范企业视频接入标准，推动园区的规范化和标准化管理，加强园区的运行和监管机制，提高管理效率和水平。通过园区的全面布控，实施严格的管理制度，可以有效预防和应对各类问题和突发事件，安全的园区能够给企业提供一个可靠和稳定的发展平台，提高园区的吸引力，吸引更多投资者、企业和人才，从而提升园区的竞争力。

# 4.9　定位感知设备

在化工园区中，安全生产和效率管理一直是备受关注的焦点，其中高精度定位作为工业互联网＋安全生产及数字化转型智能化发展的重要基础设施，贯穿了安全生产、应急救援及园区企业智慧化发展的全过程，为人、机、物提供基于实时精准位置的安全管控与智能协作。定位能力的好坏、定位精度的高低、定位的实时性、连续性是体现数智化先进程度的重要元素。

目前市场上常见的定位技术包括卫星（GPS/北斗/GLONASS/GALILEO 等系统）、蓝牙、UWB 等。

卫星（GPS/北斗/GLONASS/GALILEO 等系统）：全球导航卫星系统（global navigation satellite system，简称 GNSS），是能在地球表面或近地空

间的任何地点为用户提供全天候的三维坐标和速度以及时间信息的空基无线电导航定位系统，包括一个或多个卫星星座及其支持特定工作所需的增强系统。全球卫星导航系统国际委员会公布的全球四大卫星导航系统供应商，包括中国的北斗卫星导航系统（BDS）、美国的全球定位系统（GPS）、俄罗斯的格洛纳斯卫星导航系统（GLONASS）和欧盟的伽利略卫星导航系统（GALILEO）。其中GPS是世界上第一个建立并用于导航定位的全球系统；GLONASS经历快速复苏后已成为全球第二大卫星导航系统，二者正处现代化的更新进程中；GALILEO是第一个完全民用的卫星导航系统，正在试验阶段；BDS是中国自主建设运行的全球卫星导航系统，为全球用户提供全天候、全天时、高精度的定位、导航和授时服务。

蓝牙：蓝牙定位是蓝牙设备定时广播Beacon信号处理，接收机处理信号并实现测距和定位。Beacon广播信号在广播信道（37，38，39）传输。接收机计算接收信号强度指标（received signal strength indication，简称RSSI），并根据接收的Beacon信息得到发射信号功率。接收机可以根据路径损耗算出距离，这种估算方法精度不高，容易受外界条件影响，通常定位精度3～8m。

UWB：超宽带（ultra wide band，简称UWB）是一种新型的无线通信技术，通过发送和接收具有纳秒级甚至亚纳秒级的极窄脉冲来传输数据，一个信息比特可映射为数百个这样的脉冲。具有以下几个特点。

① 定位精度高 UWB技术使用纳秒级的极窄脉冲进行数据的通信，纳秒级的窄脉冲具有极高的时间和空间分辨率，可以对目标进行厘米级的定位。

② 抗干扰能力强 UWB发射的无线电脉冲信号分散在宽阔的频带中，输出功率甚至低于普通设备的噪声，因此具有较强的抗干扰能力，不会受到周围设备的影响。

③ 电磁辐射小 UWB系统发射的功率非常小，只有40μW，这个数字还不足普通手机的1%，因此电磁辐射对人体影响很小。

④ 系统保密性好 UWB信号采用纳秒级的极窄脉冲，把信号弥散在一个很宽的范围内，相对于普通的信号，UWB信号类似于高斯白噪声，可以很好地隐藏起来，具有较高的系统保密性。

传统的UWB定位需要至少3个基站才能实现二维定位，而在复杂环境下，部署大量的基站不仅成本高，实施部署难度非常大。

通过不同的定位技术实现人员定位是当前化工园区及企业保障安全生产的常用手段，下面以蒙西高新技术工业园区为例，介绍高精度定位系统在化工园区安全生产管理过程中的应用。

## 案例 13　高精度定位系统——蒙西高新技术工业园区

### （1）适用技术应用场景概况

蒙西高新技术工业园区位于鄂尔多斯市鄂托克旗蒙西镇境内，是省级高新技术工业园区。园区以国家产业政策为导向，以资源优势、技术优势和人才优势为依托，接纳入驻园区企业 40 余家，并以纳米材料、无机非金属材料、高分子材料、复合材料、化工产品为支撑形成新型特色产业格局。

为加速智慧园区的发展及保障园区企业安全生产，实现数字化转型智能化升级，园区企业积极响应应急管理部的政策，建设安全风险智能化管控平台。人员定位作为平台中重要的模块，更是支撑园区的封闭化管理、特殊作业、敏捷应急、企业的智能巡检、特殊作业许可与作业过程管理等应用高效智能的核心基础。

园区采用卫星定位技术实现园区内的人、机、物的管理，而在卫星盲区即有遮挡的区域（如企业装置区、室内场所、地下空间等），这些区域的环境复杂，存在有大量的金属、墙体等遮挡，卫星定位难以提供精准的定位服务，因此需要选择其他非卫星技术来解决人员定位问题。

### （2）可应用技术手段

目前建设人员定位系统在卫星盲区主要以蓝牙和 UWB 技术为主，系统架构如图 4-29 所示。

蓝牙定位（bluetooth positioning）是通过蓝牙信标（Beacon）和人员定位终端的信号强度来估算位置，如图 4-30 所示。作为无线发射装置，能够不断发送包含自己唯一标识符的蓝牙信号。当带有蓝牙功能的人员定位终端接收到这些信号时，设备可以通过测量信号强度来估算与信标的距离，定位精度在 3 ～ 5m。蓝牙定位具有功耗低、续航时间长、部署方便、成本低廉等特点，但蓝牙在复杂环境下，信号非常容易被干扰，造成误差变化较大，性能不够稳定，每年损坏率较高使得维护成本不可忽略，平均 3 ～ 4 年需全面更新。另外，基于蓝牙技术本身的局限性，即使通过对信标的加密也难以实现高精度定位，而低精度定位难以满足企业数智化发展的需求。

超宽带技术是一种新型的无线通信技术。它通过对具有很陡上升和下降时间的冲击脉冲进行直接调制，使信号具有 GHz 量级的带宽。UWB 信道衰老不敏感、发射信号功率谱密度低、低截获能力、系统复杂度低，故能提供稳定、安全、精准的厘米级定位。但目前常用方案都是第一代 UWB 技术，即采用 ToF 或 TDOA 的定位模式，需 3 个基站同时工作才能实现二维定位，

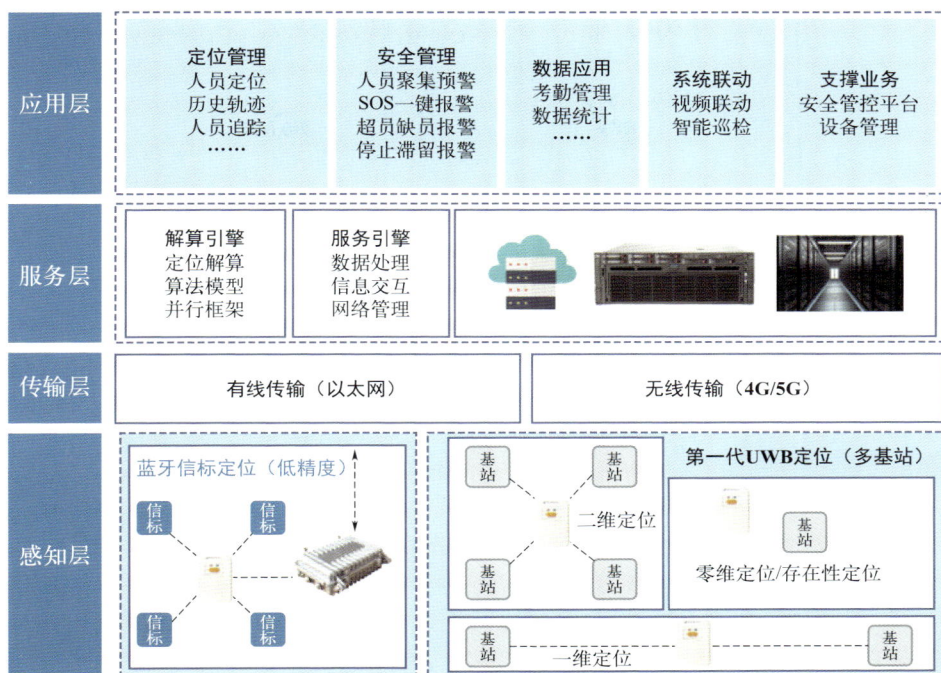

图 4-29 传统定位系统技术架构图

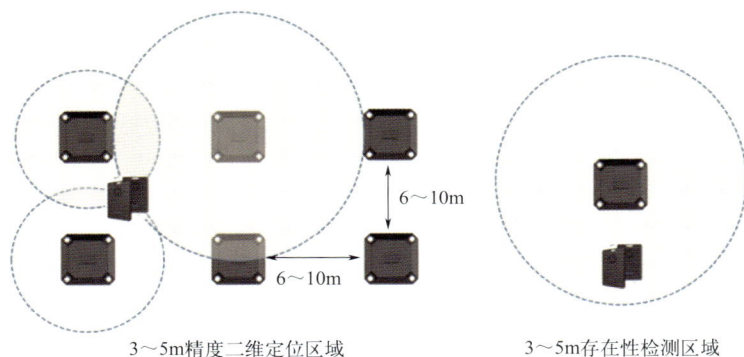

图 4-30 蓝牙定位区域

1 台设备只能实现存在性定位或一维定位，在复杂环境下，会存在大量的定位死角盲区，且部署规则复杂，整体投入成本较高，因此在化工行业应用较少。人工定位系统如图 4-31 所示。

人工定位系统随着化工行业信息化的发展从无到有起到了一定的作用，经过一段时间的使用，也暴露出因定位精度低、定位不连续等带来的安全风险，

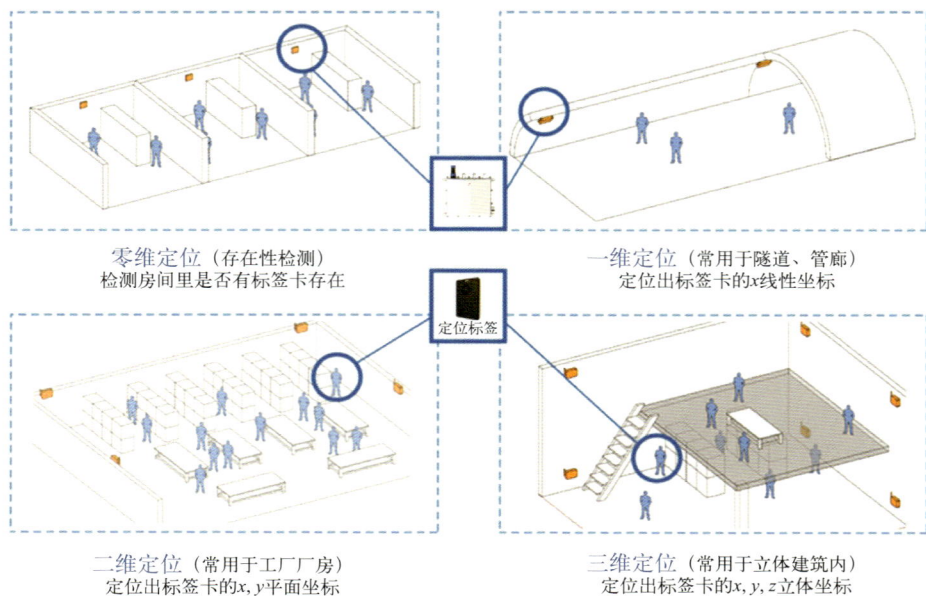

零维定位（存在性检测）
检测房间里是否有标签卡存在

一维定位（常用于隧道、管廊）
定位出标签卡的$x$线性坐标

定位标签

二维定位（常用于工厂厂房）
定位出标签卡的$x, y$平面坐标

三维定位（常用于立体建筑内）
定位出标签卡的$x, y, z$立体坐标

图 4-31　人工定位系统

如人员聚集存在大量误报或漏报、电子围栏告警不及时、智能巡检无法更精细化规划巡检路径、特殊作业无法精准的多级联动、出现问题难以精准溯源，企业在安全管理上存在监管盲区，势必增加风险隐患及安全管理成本。

### （3）蒙西高新技术工业园区实际技术应用

蒙西高新技术工业园区的内蒙古美力坚科技化工有限公司（以下简称美力坚化工）选择了第二代的 UWB 单基站定位技术建设企业的高精度定位系统，在全厂部署适量定位基站，给需要定位的人员佩戴标签，即可实现人员实时的高精度定位，在三维模型中呈现全部轨迹过程，通过与视频实时联动验证，定位信息稳定，人员轨迹真实，可显示实时轨迹跟踪及历史轨迹回放，电子围栏触栏立刻报警无延时，人员聚集风险监测预警实时精准大幅减少误报率，人员与资产设备、车辆可实时同步协作，人员进出管理与门禁视频实时联动，实现基于高精度定位的高效精准全维度管控。

第二代的 UWB 单基站定位技术和蓝牙信标技术相比，有以下几点优势。

① 蓝牙信标精度 3 ～ 5m，UWB 单基站精度 0.05 ～ 5m。

② UWB 单基站后期维护简单成本低，蓝牙信标后期维护成本高。

③ UWB 单基站可长期使用，后续可为各类智能化系统提供位置服务（设备、车辆、AGV 等），位置保密性好。蓝牙信标损坏率高，3 ～ 4 年需进

行二次投入。

第二代的 UWB 单基站定位是基于飞行时间测距法 ToF（time of flight）和基于信号到达角度的 AoA（angle of arrival）定位算法，通过测距与测角实现单基站定位，不需要考虑节点的时钟同步，不仅提升了定位精度，建设维护综合成本大幅降低，并可以实现无死角的二维、三维实时高精度定位。UWB 单基站定位原理如图 4-32 所示。

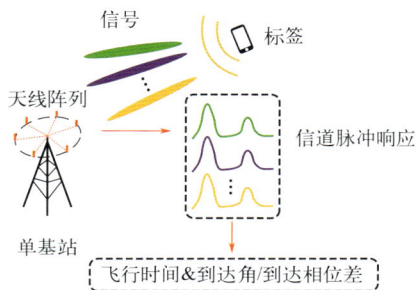

图 4-32　UWB 单基站定位原理

定位系统架构如图 4-33 所示。

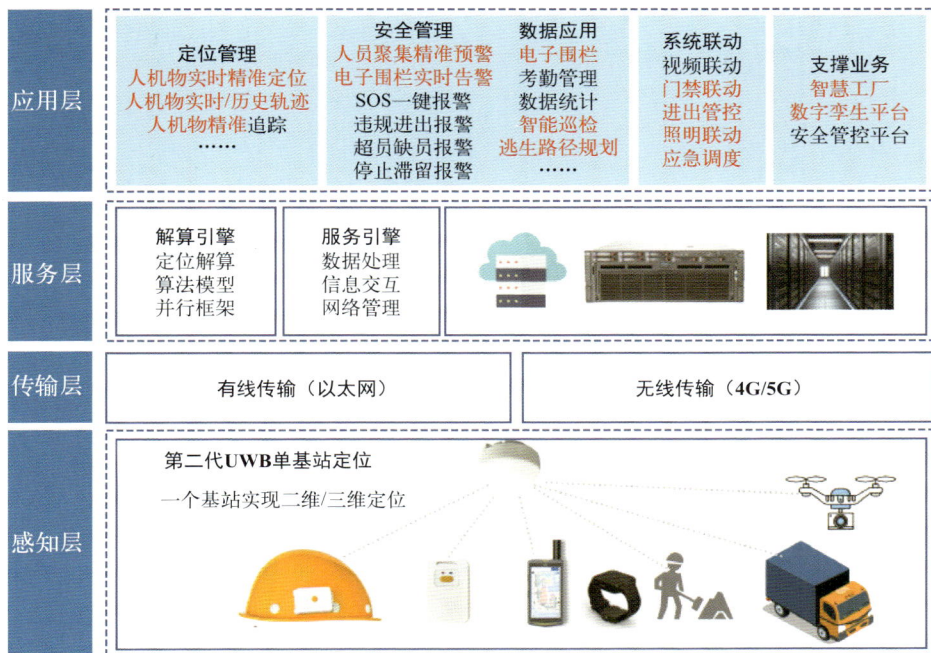

图 4-33　高精度定位系统技术架构

感知层：感知层包括定位标签、定位基站。定位基站采用 UWB 单基站定位技术（ToF/AoA 或 PDOA），通过测距与测角的定位方式实现一个基站精准定位，降低了实施维护成本，可以实现二维、三维全覆盖高精度定位。定位系统通过布设定位基站与人员携带的定位标签进行通信的方式，通过服务层定位算法，计算出精准的位置信息。

传输层：可采用有线或无线传输。鉴于园区对定位信息的稳定可靠、安全保密等要求，首选有线传输方式。

服务层：针对工业领域复杂环境采用的瑶光 1 号高精度定位引擎，该引擎不仅解算 UWB 位置信息，还能融合蓝牙、卫星、惯导、视觉等定位技术以满足不同应用需求，为数字孪生工厂的建设打下基础。

应用层：基于位置信息的应用，如人员定位系统的电子围栏、自动统计、报警管理、轨迹追踪、视频联动等，应用层支持各类不同的平台系统，以精准的位置信息为基础的数据流、信息流、业务流，通过与企业的双预防与智能巡检、特殊作业管理、应急疏散撤离、应急演练联动等集成联动，实现数据共享，共同构建企业安全生产智能化管控平台，实现企业安全生产全过程、全要素的连接和优化，持续改进，提升企业安全风险管控能力。

### （4）适用技术应用效果

高精度定位系统在精准智能的高效管理方面具有明显优势。对比其他低精度定位方案的误报警信息，其误报率降低了 90%，安全管理成本同比降低了 70%，运维成本降低 60% 以上。同时，为园区解决了定位精度低、定位延时、信息孤岛、系统碎片化管理等主要问题，通过部署一定数量的基站实现了企业一张定位网，可为人、机、物等定位目标提供实时高精度定位，解决了企业因不同定位目标或不同应用系统采用不同定位技术形成的数据孤岛，为万物互联智能协作奠定基础。

通过高精度定位系统的成功建设，也提升了园区五项管理水平。

① 提升安全管控能力　通过高精度定位系统，精准识别人员在危险区域的行动轨迹，实现精准的电子围栏告警，有效防止误入危险区域，降低事故发生概率，人员聚集时可精准判断并实时预警提高风险管控能力。通过实时定位和跟踪，能够快速响应紧急情况，并减少事故发生的风险，提高人员的安全性。

② 高巡检效率　实时追踪巡检人员位置，确保其按时按要求完成全厂工段巡检任务，同时通过定位系统记录巡检路径和停留时间，便于监督和考核巡检工作的执行情况。

③ 优化应急管理　在紧急情况下，不仅能够快速定位人员所在位置，设置逃生路径，实现精准信息发布和快速疏散，缩短应急响应时间，而且可对不同职能的人员进行应急指挥调度。

④ 实现数据集成与可视化管理　系统与现有视频监控、重大危险源数据库等系统无缝集成，将各类信息在三维可视化电子地图上集中展示，提升安全管理决策效率。

⑤ 保障数据安全与合规性　高精度定位系统从算法层、硬件层等做了多层加密设计，采用数据加密传输存储技术，并提供分权管理机制，确保人员定位数据的安全使用和合规性。

高精度定位系统还可根据实际需要进行智能扩展或增项，充分考虑系统升级、扩容、扩充和维护的可行性，能够支持数据结构、系统功能、系统接口的扩展，以满足企业人员定位管理业务未来不断发展的需求。高精度定位系统满足国家对安全应急、数字化智能化发展的要求，并可加速时空信息服务的发展步伐，构建了未来室内外定位一体化的重要基石，协同国家北斗系统，全方位赋能位置智慧园区及企业的创新应用。

# 第5章

# 智慧化工园区支撑平台实建案例

Construction and Management of
**Smart Chemical Industry Park**

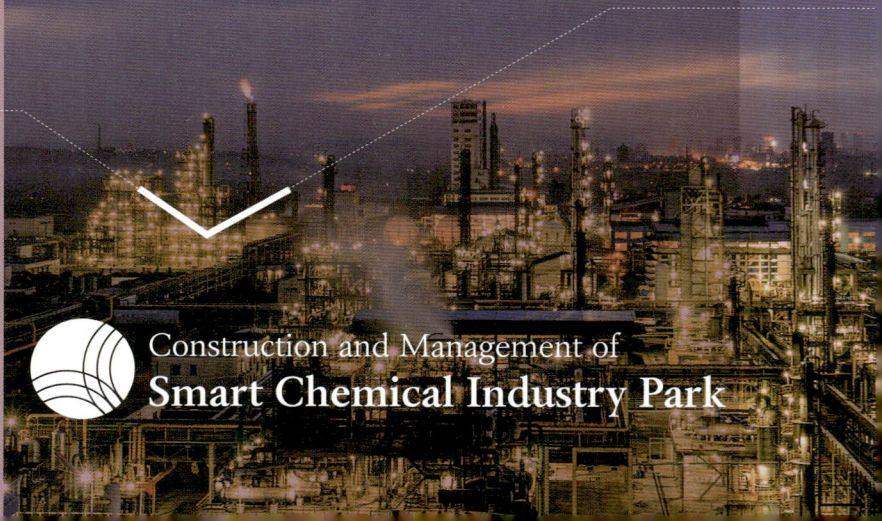

在智慧化系统平台架构中，支撑平台起到了承上启下的作用，是整个智慧化系统平台实现智能化、自动化、服务化的关键所在。

# 5.1　大数据平台

近年来，化工园区在安全风险管控方面的数字化转型与智能化升级不断加速推进，园区上级主管监管部门的政策也在快速更新迭代。在此形势下，园区用户的需求同样也在迅速发生变化。伴随大数据技术的高速升级迭代，园区将新一代大数据技术与化工园区安全风险管控进行深度融合，构建起园区大数据管理平台助力园区快速提升园区安全生产监管的能力。

化工产业园区及其中的绝大部分企业，都是非数字原生的业务实体，基本上都是围绕物理世界为中心来构建，业务流程长，场景复杂，历史包袱重。对比长期以来园区、企业构建的独立应用系统采用"小数据"管理的模式，大数据及其服务，有着天然的规模、质量、共享等方面的优势，为园区业务"可视、可控、可管"提供了强有力的支持。

大数据平台和服务是一种基于 ICT 基础设施（计算、存储）的具有稳定可靠、弹性伸缩、便捷管理的在线数据服务。该服务提供数据全生命周期一站式开发运营平台，通过数据集成、数据开发、数据治理、数据服务、数据可视化等功能，支持化工园区管理的大数据平台建设，支持大数据存储、大数据计算分析引擎等数据底座，帮助化工园区快速构建数据运营能力。

数据是园区信息化平台的基石，更是决定平台建设以及日常使用能否达成目标的关键所在，其在很大程度上关乎着平台建设的成败。然而，园区在对接企业数据的过程中，发现园区内企业上报的数据经常存在质量低下、不符合园区监管要求的现实状况。如此一来，如何解决数据质量问题便成为园区亟待解决的问题。南京江北新材料科技园通过精心设计、规划并建设园区数据质量运营平台，成功地解决了这一痛点问题。

## 案例 14　大数据平台——南京江北新材料科技园

### （1）适用技术应用场景概况

南京江北新材料科技园内 97 家危化企业（园区其他产业情况见案例 1）已全部建成企业安全生产信息化平台，涵盖重大危险源监管、可燃有毒气体监管、安全风险分区、人员在岗在位、安全生产全流程等企业安全生产管理业务功能模块，并在日常工作中加以应用。园区基于上级主管部门监管要求以及切实落实自身安全生产管理主体责任的实际需求，通过园区数据治理功能平台对接，实时获取企业平台运营管理数据，实现对企业安全生产运营数据的统一汇集、清洗、分析与归档，同步开展数据管理工作。

然而，在数据对接过程中，普遍存在企业数据上报不及时、上报数据质量低等现象，园区无法精准掌握每周园区内企业上报数据的态势、质量以及问题堵点。在此背景下，2024 年园区管理办公室经过多次反复研讨论证，决定在原数据治理平台的基础上升级建设园区数据质量运营功能。通过制定数据标准、管理数据上报规则及上报渠道，从数据准确性、完整性、时效性等多个维度，为企业数据上报提供明确的规范和指引，以加强园区对企业的安全生产监管能力，为园区的安全生产管理筑牢坚实基础。

### （2）可应用技术手段

园区数据质量运营平台采用"多维一体化"的前沿设计方案，包括"数据标准智能制定""全景数据质量监控""质量问题闭环管理"和"企业上报数据管理"四大核心模块。该平台充分利用了大数据技术、人工智能算法和云计算架构，实现了从数据采集、处理、存储到分析的全生命周期智能化管理。

在数据标准智能制定方面，平台构建了基于知识图谱的动态数据标准库。通过深度学习驱动的自然语言处理（NLP）技术，如 BERT（bidirectional encoder representations from transformers）和 GPT（generative pre-trained transformer）系列模型，实现了对非结构化文本数据的智能解析和标准提取。结合迁移学习技术，系统能够快速适应不同行业和领域的专业术语和标准规范。在多维度数据标准目录管理中，采用了图神经网络（GNN）技术，如图注意力网络（GAT）和图卷积网络（GCN），可有效捕捉标准之间的复杂关系和层级结构。特别是在跨数据源字段识别方面，平台集成了基于 Transformer 架构的跨模态学习模型，能够同时处理结构化数据和非结构化文本，实现跨源数据的语义理解和映射。此外，通过联邦学习技术，平台能够在保护数据隐私的前提下，协同多个数据源进行模型训练，大大提高了标准制定的效率、准确性和适用范围。

在全景数据质量监控方面，采用基于深度学习的多维度数据质量评估模型实现全景数据质量监控。通过实时流处理技术，如 Apache Flink 和 Kafka Streams，结合时间序列数据库，构建了高吞吐、低延迟的实时质量监测网络。系统引入了复杂事件处理引擎，能够识别和响应复杂的数据质量事件模式。在智能质量缺陷监测方面，除了传统的统计学方法，系统还集成了多种先进的异常检测算法，如基于深度学习的自编码器、变分自编码器。

在质量问题闭环管理方面，通过引入智能工作流引擎，实现了质量问题的自动分类、分派和跟踪。系统采用智能体强化学习技术，优化了问题处理的流程和资源分配。在数据修复方面，除了采用深度学习模型，系统还集成了知识蒸馏技术，将专家经验转化为可执行的修复规则。此外，通过图数据库 Neo4j 和图挖掘算法，系统能够有效分析和可视化质量问题之间的关联关系，辅助管理者进行原因分析和系统性改进。

在企业上报数据管理方面，通过结合分布式文件系统 HDFS、列式存储格式 Parquet 和分布式计算框架 Spark，实现了海量数据的高效存储和快速分析。在数据集成方面，构建了灵活可扩展的 ETL 管道。

为了应对多样化的数据类型，系统采用了多模型数据库架构，结合关系型数据库、文档型数据库和时序数据库，实现了对结构化、半结构化和非结构化数据的统一管理。在数据版本控制和快照管理方面，系统支持大规模数据的高效版本管理和时间旅行查询。平台的整体架构采用了基于微服务的云原生设计，实现了系统的弹性伸缩和故障自愈。此外，平台还集成了先进的数据可视化和交互技术。

通过这套融合了多种前沿技术的园区数据质量运营平台，不仅实现了园区数据质量的全面提升，还为未来基于大数据和人工智能的智慧园区建设奠定了坚实的技术基础。该平台为园区的数字化转型和智能化管理提供了强有力的支撑，同时也为解决化工园区复杂的数据质量管理问题提供了可复制、可推广的技术方案。

### （3）南京江北新材料科技园实际技术应用

通过使用数据质量运营平台实现企业安全生产运营全景数据质量监控，可向园区、企业提供数据质量报告，园区、企业可同步掌握数据上报涉及的问题并进行有针对性的修复提升，从根本上解决企业数据上报存在的问题，大幅提升企业上报数据的质量及园区监管企业的监管能力。通过数据质量运营平台可实现以下实际使用场景。

① 数据标准智能制定　构建覆盖企业安全生产管理全流程、全领域的规范化数据标准库，涵盖园区安全生产监管所涉及的安全基础管理、重大危险源管理、双重预防机制、特种作业管理、应急管理等核心功能模块。园区管理者及运维人员可通过可视化数据标准配置工具拖拽界面，在数据标准库基础上灵活配置调整数据规则，定制适合当前阶段数据上报监管需要的数据标准明细，包括数据定义、格式规范、类型限制、取值范围等，以确保上报

数据的完整性、准确性和一致性。

② 数据上报规则管理　通过低代码可视化配置工具提供极致简化的低代码可视化配置界面，园区管理者及运维人员无须复杂编程，即可通过拖拽组件的方式，自主灵活定制数据上报规则。涵盖上报指标设置、频次策略、采集方式、校验逻辑等全流程配置，轻松构建个性化上报任务流程，满足园区对不同企业上报数据差异化管控需求。

③ 多渠道数据上报管理　平台提供完备的标准化数据接口定义文档，明确规范接口的数据格式、交互流程等要求。企业按照标准进行系统开发对接，实现企业现有系统与上报平台的高效集成，可自动批量传输数据，实现无缝对接、自动化上报，极大提高了数据采集效率。接口定义标准统一，确保系统兼容性及后续升级维护的便利性。同时，平台可提供全面的权限管控体系，通过角色权限模型，对不同用户的数据访问权限进行了精细划分。只有经过明确授权的用户，才能访问相应的企业数据，有效防止了数据被非授权人员窥探或篡改，确保了数据安全。

④ 全景数据质量监控　平台通过构建数据质量评估模型，对预先配置的上报规则自动构建全方位的数据质量评估模型。涵盖数据完整性、准确性、一致性等多个维度，360°无死角评估上报数据质量，避免人工评估的低效和遗漏，为精准质量管控提供了坚实的分析基础。同时集成行业领先的智能算法模型，在数据上报的全流程中实时跟踪数据质量状况。精准识别异常值、缺失值、错误值等各类质量瑕疵，及时发现问题，避免错漏数据进入后续环节，确保上报数据的高质量。提供可视化数据质量报告将各维度的质量评估结果融合汇总，自动生成直观的数据质量报告。报告呈现形式多样，包括仪表盘、统计图表等，运用大屏可视化展现形式，量化展现园区/企业数据质量水平、数据上报过程中存在的问题、针对性修复意见，帮助企业快速提升上报数据质量。

⑤ 质量问题闭环管理　平台在运行过程中一旦发现数据质量问题，将通过预设的高效反馈渠道，快速将对应的整改指令分发至责任主体企业端，实现问题的闭环管控。反馈渠道设置灵活，可自动或人工确认，确保问题准确高效传递。在企业端，提供智能化的数据修复优化辅助工具，基于质量问题的特征智能分析并提供个性化的修复建议，企业可直接按照建议执行操作，高效完成问题整改。在园区端，基于长期积累的历史质量数据，构建质量风险异常检测和预警模型。通过模型分析，能够主动发现质量风险隐患，让园区管理实现前瞻性管理，防患于未然，避免质量问题的扩散蔓延。

⑥ 数据管理　系统能够统一汇总企业历史上报的所有数据，并构建完

整的企业数据资产库。资产库内每条数据均保留其完整的溯源链路和版本变更记录，形成数据生命周期的闭环管理。无论数据来源于何种渠道或系统，均一站式纳管，实现企业数据资产的高度集中、有序化管理。提供数据快照全周期保留，系统基于数据快照技术，能够在数据生命周期中的任意关键节点保留其完整的数据血缘。形成数据变更前后的分时对比，并支持随时回溯查看，为分析和审计提供有力支撑。无须担心重要数据状态被覆盖或丢失，可追溯还原每个节点的数据细节。

### （4）适用技术应用效果

南京江北新材料科技园数据质量运营平台在设计阶段开展充分调研，深入洞悉园区内企业向园区平台上报安全生产运营数据时面临的痛点与难点。该平台从切实解决问题的实际角度切入，致力于实现"更及时、更全面、更鲜活"的数据融合，成功解决了国内危化企业上报安全生产运营数据质量不达标的问题。实时监测数据高效及时，园区管理者可第一时间掌握企业重大危险源、可燃有毒气体泄漏实时监测数值动态变化，为园区重大危险源监测预警模型功能提供准确数据来源，以便在潜在突发事件发生前，提前做好应急处置准备。

实际应用表明，该平台有效解决了园区企业上报数据质量不高的长期痛点问题，为园区安全生产监管筑牢良好的数据基础。通过与企业数据对接和上下联动，园区能够对企业安全生产数据进行实时监管，及时察觉企业潜在隐患，实现从传统的事后处置向事前预防的转变，为园区安全生产监管工作提供坚实有力的支撑。同时，各项功能均为在园区现有平台已建设功能的基础上进行的拓展，既节约了建设资金，又全力推动园区企业安全生产监管工作的质效快速提升。

## 案例 15  大数据平台 + 大数据在福州江阴港城经济区的应用

### （1）适用技术应用场景概况

福州江阴港城经济区作为福建省建设海峡西岸经济区的重要组成部分，是福州市港口经济发展的龙头。总规划面积 225.2 平方公里，现已开发 32.82 平方公里。福州江阴港城经济区区位优势明显，区域划分合理，已基本形成化工新材料、先进制造业、进出口贸易与航运物流三大主导产业，产业聚集效应日益凸显。截至 2024 年底，园区落地工业企业 113 家，2023 年规模以上工业产值 811.63 亿元。

随着园区的深入发展和区域环境社会化问题的逐渐显现，从 2020 年开始，园区运用物联网、大数据、云计算、GIS、数字孪生、AI、5G 等新一代信息技术为园区的安全管理工作赋能，建设化工园区"综合管理平台"，实现对化工园区的统一监控管理。

**（2）可应用技术手段**

在园区大数据实施过程中，大数据平台通过汇聚园区内各类业务数据资源，提供"采—存—算—管—用"全生命周期处理能力，同时统一数据标准和口径，将数据资源转变为标准数据资产进行存储，再通过数据服务开放从而为客户提供高效数据服务。"综合管理平台"的大数据包含了三大核心能力：数据集成、数据模型、数据治理。这三大核心能力又可以分解为数据集成、数据开发、数据治理、数据服务、数据可视化等步骤，如图 5-1 所示。

① 数据集成　支持批量数据迁移、实时数据集成和数据库实时同步，支持 20+ 异构数据源，全向导式配置和管理，支持单表、整库、增量、周期性数据集成。

② 数据开发　大数据开发环境，支持快速构建大数据处理中心。支持数据建模、数据集成、脚本开发、工作流编排等操作，轻松完成整个数据的处理分析流程。

③ 数据治理　提供智能数据规划、数据质量监控、数据标准化等功能，统一管理数据模型、数据标准，并落地数据模型和数据标准，用于改善数据质量，有效支撑决策。

④ 数据服务　标准化的数据服务平台，提供一站式数据服务开发、测试部署能力，实现数据服务敏捷响应，降低数据获取难度，提升数据消费体验和效率，最终实现数据资产的变现。

⑤ 数据可视化　数据治理运营过程可视，拖拉拽配置，无须编码；处理结果可视，更直观，便于交互和探索；数据资产管理可视，支持钻取、溯源等。

大数据平台是园区大数据存储、查询、分析的统一平台，实现对园区海量信息数据实时与非实时的分析挖掘。主要包含四类服务：大数据计算分析引擎服务、在线分布式搜索服务、实时流计算服务和数据仓库服务。

① 大数据计算分析引擎服务　基于分布式数据处理系统，对外提供大容量的数据存储、分析查询和实时流式数据处理分析能力，支持运行 Hadoop、Spark、HBase、Kafka、Storm 等大数据组件。

② 在线分布式搜索服务　完全兼容开源 Elasticsearch 软件原生接口，为园区数据湖运营提供结构化、非结构化文本的多条件检索、统计、报表。

③ 实时流计算服务　完全兼容开源 Flink 原生接口，提供实时处理流式

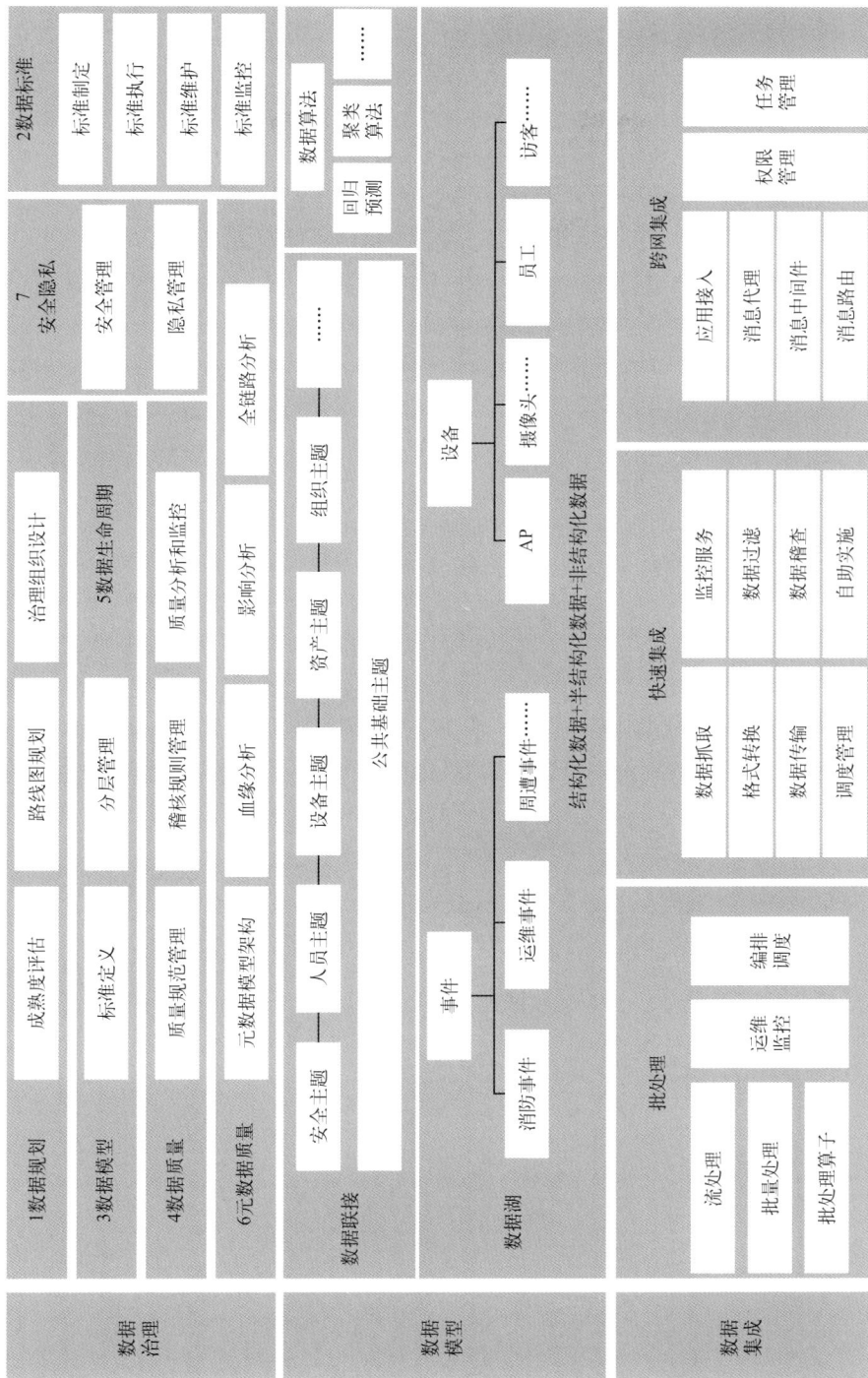

图5-1 综合管理平台

**数据治理**

| 1数据规划 | 3数据模型 | 4数据质量 | 6元数据质量 |
| --- | --- | --- | --- |
| 成熟度评估 | 标准定义 | 质量规范管理 | 元数据模型架构 |
| 路线图规划 | 分层管理 | | 血缘分析 |
| 治理组织设计 | 稽核规则管理 | 质量分析和监控 | 影响分析 |
| 5数据生命周期 | | | 全链路分析 |

| 2数据标准 | 7安全隐私 | 数据算法 |
| --- | --- | --- |
| 标准制定 | 安全管理 | 回归预测 |
| 标准执行 | 隐私管理 | 聚类算法 |
| 标准维护 | | …… |
| 标准监控 | | |
| …… | | |

**数据模型**

数据联接

公共基础主题：安全主题 | 人员主题 | 设备主题 | 资产主题 | 组织主题 | ……

数据湖

事件：消防事件 — 运维事件 — 周遭事件 — ……

设备：AP — 摄像头…… — 员工 — 访客……

结构化数据+半结构化数据+非结构化数据

**数据集成**

批处理：流处理 | 批量处理 | 批处理算子 | 运维监控 | 编排调度

快速集成：数据抓取 | 格式转换 | 数据传输 | 调度管理 | 监控服务 | 数据过滤 | 数据稽查 | 自助实施

跨网集成：应用接入 | 消息代理 | 消息中间件 | 消息路由 | 权限管理 | 任务管理

大数据的全栈能力，简单易用，即时执行 Stream SQL 或自定义作业。

④ 数据仓库服务　支持列存储和 MPP 架构，能够有效处理 PB 级数据量。可用于支撑各类数据仓库系统、BI（business intelligence）系统和决策支持系统，统一为上层应用的决策分析等提供服务。

大数据作为"综合管理平台"项目的数据底座，主要负责完成各异构子系统（安监、应急、环保、能源、园区封闭、园区服务等）的数据集中、治理（图 5-2）、建模、管理和使用，实现园区数据的基础数据整合，统一规划数据语言，向下通过数据和业务集成平台或直接提供已接入子系统应用的数据集成接口，把对应的源数据转换成为结构化数据，保存在数据使能组件的相应主题库中；向上提供数据服务、计算能力接口给智慧应用系统，以供智能运营中心、GIS、物联网等调用数据接口，消费相关数据。

### （3）福州江阴港城经济区实际技术应用

福州江阴港城经济区园区日常监管数据来源较多且杂，以封闭化管理和环境监测为例。

园区 6 路卡口摄像机平均每天抓拍 16000 辆车辆进入园区，其中每天有近 400 辆的危化品车辆进入园区。共收集到园区各个监控点位抓拍车辆次数 490 万次，日均园区各个监控点位抓拍车辆次数近 70 万次，日均各个监控点位抓拍危化品车辆近 16057 辆。

已备案的园区企业有 30 家，园区的企业驾驶员备案有 966 人，企业的备案车辆有 188 辆，外来的备案车辆有 563 辆。

平均每天收到危险品车辆告警 1775 条，均需准确识别和处置。根据不同的危险品行业特性，配套相应的应急处置预案，保证在出现突发状况时，能第一时间做出响应机制。

同时，还采集到 811 条河道监控的报警记录和 560 条高空热成像温度火情的报警记录，也需要进行及时处置。

因此，结合各业务领域的数据数量和质量，在园区业务管理时对数据处理、治理的要求较高。基于架构设计，完成园区的数据规范体系建设。通过对园区业务和管理体系的分析，构建了园区级的数据汇聚机制、数据标准规范、元数据规范、数据编码规范、数据专题模型规范、数据主题模型规范、数据安全保障规范等，在建设过程中组建数据工作专班，根据相关系统的数据资源需求，在规定时间内完成数据的对接、治理和使用。较好地解决了园区数据的质量问题、数据交换的问题、数据共享使用的问题。

在数据存储方面，采用了分布式文件系统、分布式列式数据库、关系型

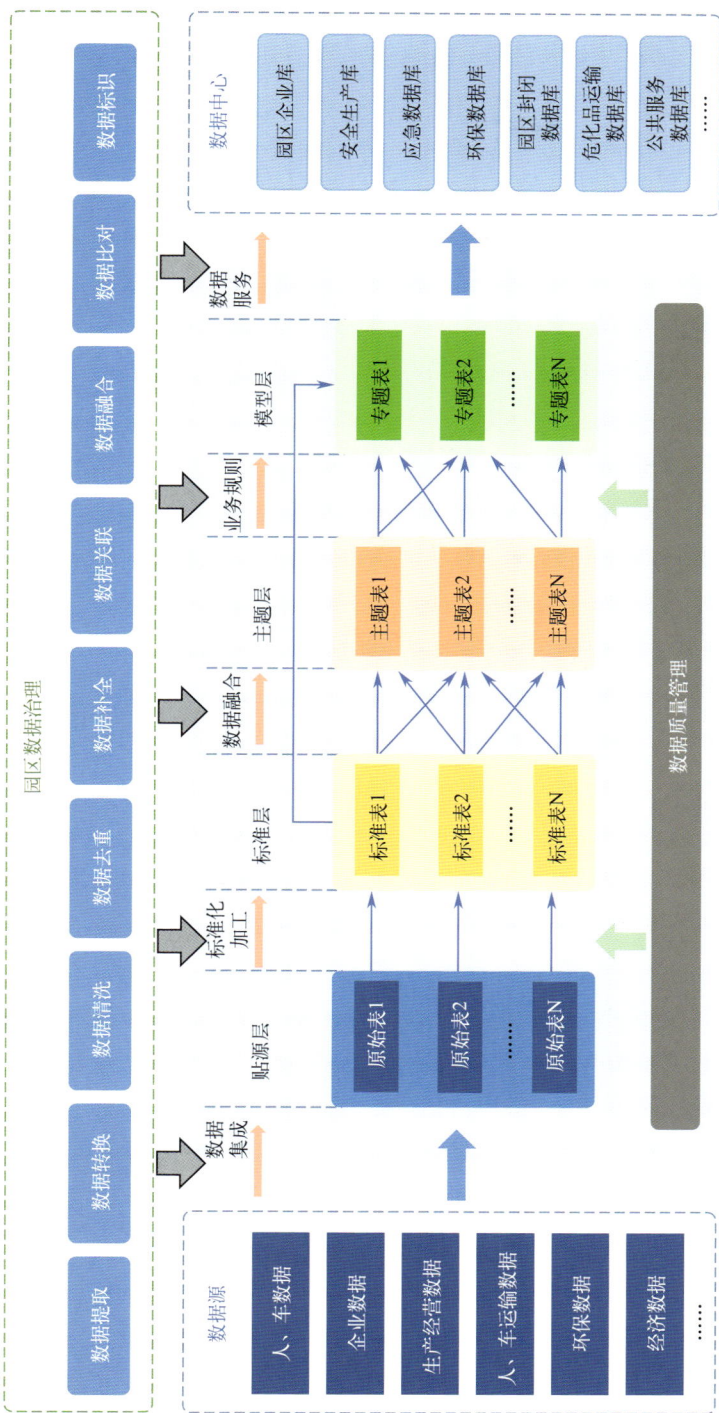

图5-2 园区数据治理

数据库、分布式并行／内存数据库、时序数据库、全文数据库和图形数据库进行存储。"综合管理平台"项目涉及的数据形式包括基础数据、主题数据、专题数据、模型数据，以及配置数据等结构化数据，经测算，每年园区结构化基础数据存储需求大约 700GB，主题数据大约 500GB，模型数据大约 500GB，配置数据大约 200GB。而非结构化的数据每年约为 60TB。因此项目的总体数据存储需求量不低于 65TB。

为了确保数据能够更好地使用、交换，确保数据安全，在"综合管理平台"项目中，采用数据库复制技术、交换传输技术实现数据迁移、备份和同步。同时，在数据消费方面，基于分布式计算框架，监控数据质量，进行数据融合、共享和开放，对提供服务授权、认证、过程进行统一管理。

### （4）适用技术应用效果

在江阴港城经济区"综合管理平台"项目中，针对园区已建设的数十个孤立的信息化管理系统，通过大数据平台和服务提供数据建模，整合各领域、各专业、各系统的数据，通过对海量数据的灵活存储和智能分析，充分挖掘数据价值，面向具体的业务应用，把巨量离散的、碎片化的数据加工形成具有业务价值的信息，帮助园区高效、准确运营和决策。

在这个过程中，园区进行了大规模的数据服务建设，通过数据服务来代替原有传统的数据集成方式，解决了各领域业务数据交互过程中的诸多问题。保障"数出一门"，提升数据的一致性。减少了数据反复"搬家"及向数据下游二次传递所造成的数据不一致问题。业务部门在使用数据时不需要关注太多的技术细节，满足不同类型的数据服务需求。不需要再关心"我要的数据在哪里"，不需要知道这些数据在哪个系统、哪个数据库、哪个物理表，只需要清楚自身的数据需求，就能找到对应的数据服务，进而获取数据。满足了业务部门在使用数据时灵活多样的需求，避免了应用系统提供商开发速度慢，业务响应不及时的情况，提升了数据敏捷响应能力。数据服务一旦建设完成，不需要再进行重复集成，为后续的应用系统建设大大节省了时间成本和资金成本。兼顾了数据安全与合规，所有数据服务的使用者可管理、可追溯，最大限度地保障了数据安全。

# 5.2　视频云

随着化工园区信息化适用技术的飞速发展，视频云作为一种全新的服务模式，正在改变园区处理数据和信息的方式。而视频云技术，作为云计算领域的一个重要分支，以其独特的优势，正在逐步渗透到园区监管的各个领域。

视频云是基于云计算技术的理念，采用视频作为"云端"向"终端"呈现处理结果的一种云计算方案，集云储存、云转码、云直播、云加密、云发布等功能于一体，将中央服务器端的所有计算能力（包括显示能力）集中起来，将前端应用和声音输出编码后，通过网络实时传输给终端，终端进行实时解码后显示输出。在这个过程中，终端被"精简"为仅提供网络能力、视频解码能力和人机交互能力，从而实现了终端的轻量化。

## 案例 16　视频云技术——宁波石化经济技术开发区

### （1）适用技术应用场景概况

宁波石化经济技术开发区（园区情况详见案例 2）在发展过程中，建设并接入了多套监控系统，但未能统一集成，造成了操作不便。故于 2021 年开始启动智慧园区建设，建成了视频云，集成了所有视频系统，形成统一的视频接入、存储、分析云平台，为园区监管提供辅助决策。

### （2）可应用技术手段

视频云内置针对视频应用特殊优化的流媒体应用服务，依赖流媒体应用服务，支持大量前端摄像头与云存储海量存储空间直接对接，提供流媒体直存方案，既具备直存的优势，又享受云存储所带来的所有优势。

系统采用分层结构设计，系统架构图如图 5-3 所示。

系统包含五个层次功能，来满足最终用户、系统管理员、运营人员的日常操作需求。

设备层：基于单个存储节点，管理本地的硬盘、文件和数据块。

存储管理层：提高存储资源虚拟化、集群自动化管理能力。

流服务层：提高流媒体集群管理能力。

接入层：提供前端视频设备接入以及后端平台访问的功能。

应用层：根据用户需求将前端系统、视频云、监控平台进行对接后，在业务平台上进行可视化应用。

为了满足用户架构需求，监控视频云硬件架构采用数据中心集中和分布式结合的部署方式（图 5-4）。数据中心部署中心平台以及云存储，数据可以通过平台来共享数据，实现集中管理的要求，降低运维成本。各站点采用 NVR（网络录像机）分式存储，实现就近存储、调阅的需求。

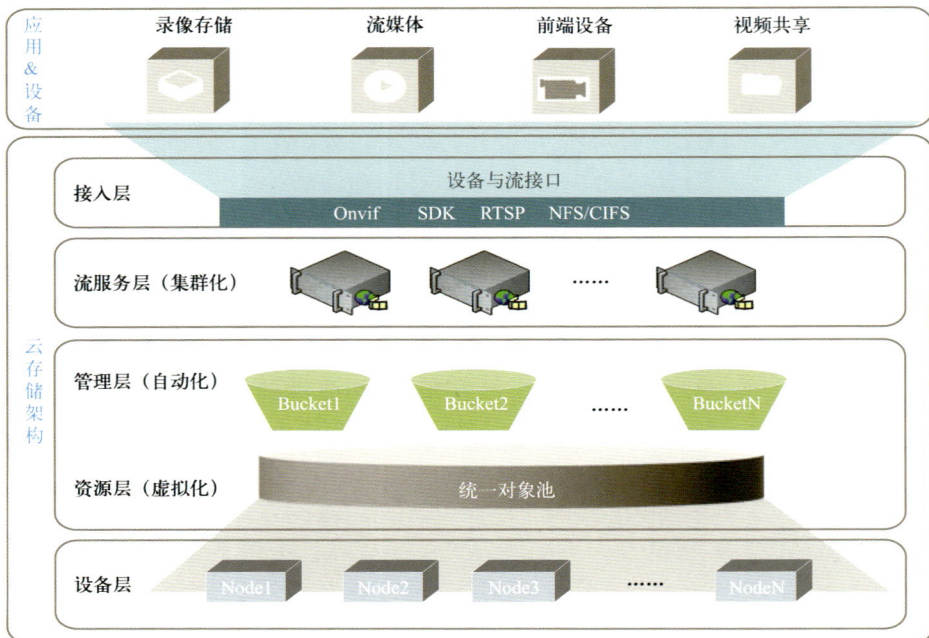

图 5-3　系统架构

　　如图 5-4 所示，视频云采用集群化部署，保证系统可靠性及可用性；采用虚拟化技术，将存储资源统一为存储池。系统由元数据服务器和数据存储节点组成，元数据服务器负责节点管理、负载均衡调度、数据恢复；数据存储节点负责数据存储和读取。系统可根据用户容量、性能需求进行弹性扩容。

　　视频云内部（图 5-5），由元数据服务器和数据存储节点组成。元数据服务器支持两台及以上形成集群，提供高可靠的元数据服务。数据存储节点提供高容量、高密度的存储介质和极高的 I/O（输入 / 输出）能力。同时，数据存储节点支持流媒体直存功能，具备前端摄像头产生的视频流直接存储到存储集群中，避免了中间环节的流量、性能开销，提供高可靠性流媒体存储能力，以及强大的媒体转发能力。

　　视频云采用分布式的存储机制，将数据分散存储在多台、独立的存储服务器上。它采用包括元数据管理服务器、数据存储节点和客户端以及运维管理服务器的结构构成海量视频云。在每个服务器节点上运行视频云的相应软件服务程序模块。

　　其中，元数据服务器集群保存系统的元数据，负责对整个文件系统的管

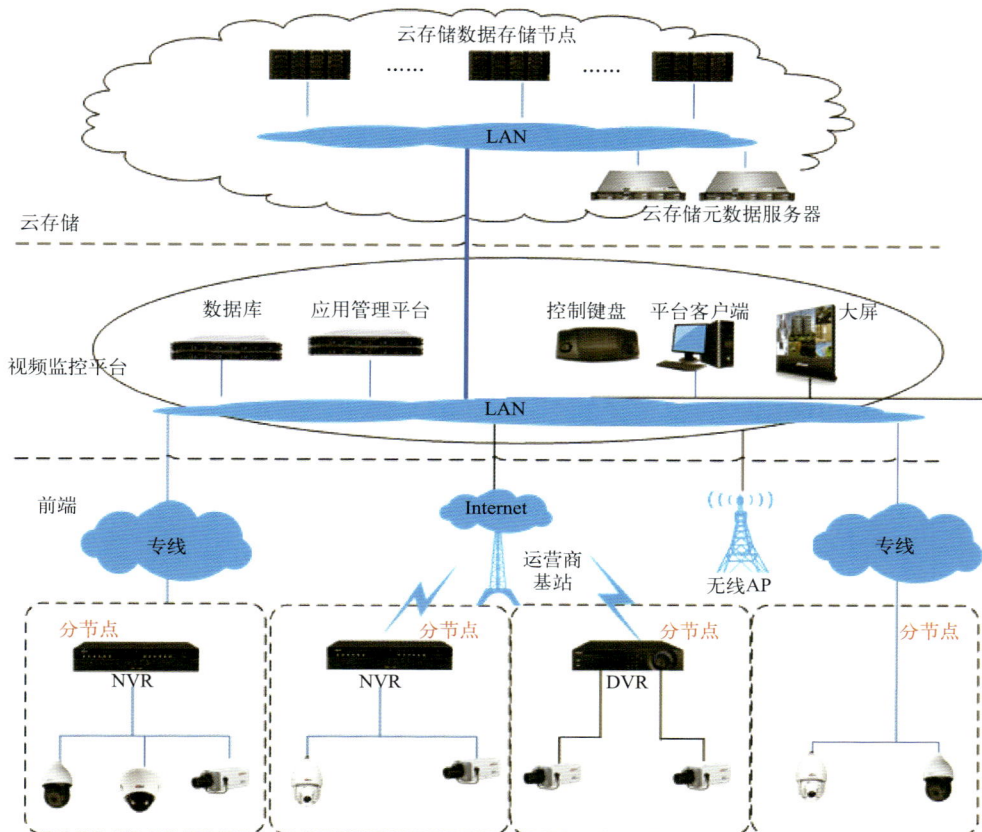

图 5-4    监控视频云硬件架构

理，元数据服务在逻辑上只有一个，但采用集群方式，保证系统的不间断服务；数据存储节点负责具体的数据存储工作，数据以文件的形式存储在数据存储节点上，数据存储节点的个数可以有多个，它的数目直接决定了视频云的规模；客户端对外提供数据存储和访问服务的接口，为云业务平台提供视频云的访问能力；同时，针对视频业务，在数据存储节点上集成了流媒体服务，让存储节点具备了流媒体直存能力，让前端视频流直接存储至云存储成为可能。

系统按照存储网络和业务网络分开部署建设，网络层次清晰，互不干扰，如图 5-6 所示。

从上往下看，存储网络按照万兆网络建设，系统恢复速度比千兆网络恢复速度更快（数据恢复速度快两倍），可靠性更高。交换机堆叠，存储节点和元数据服务器均通过两条万兆链路接到两台万兆交换机上，提供链路冗

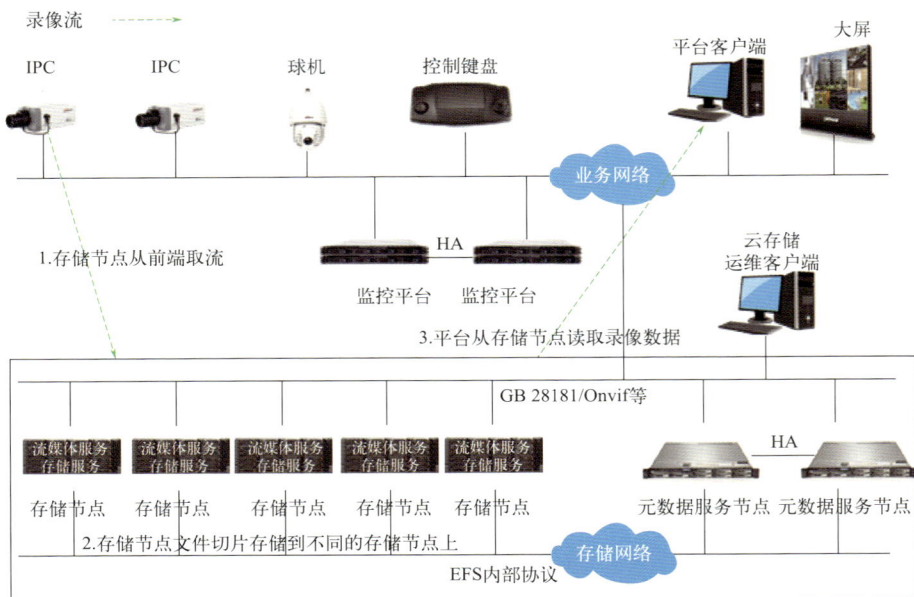

录像流 ┄┄┄→

IPC    IPC    球机    控制键盘    平台客户端    大屏

业务网络

1.存储节点从前端取流

HA
监控平台    监控平台

云存储
运维客户端

3.平台从存储节点读取录像数据

GB 28181/Onvif等

流媒体服务    流媒体服务    流媒体服务    流媒体服务    流媒体服务
存储服务    存储服务    存储服务    存储服务    存储服务

HA

存储节点    存储节点    存储节点    存储节点    存储节点        元数据服务节点 元数据服务节点

2.存储节点文件切片存储到不同的存储节点上

存储网络

EFS内部协议

图 5-5　视频云内部

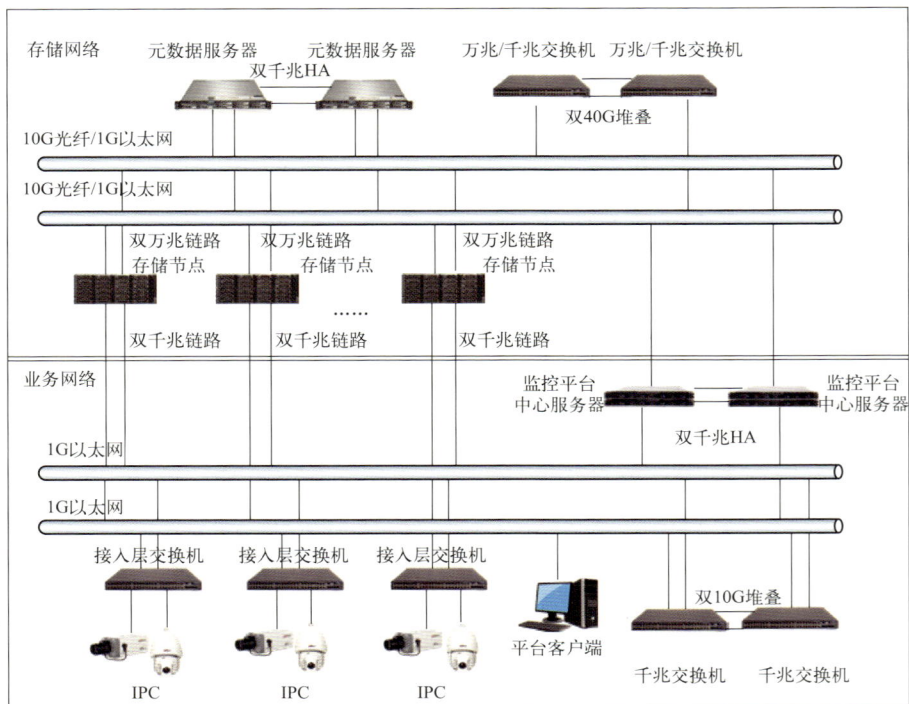

存储网络    元数据服务器    元数据服务器    万兆/千兆交换机    万兆/千兆交换机
双千兆HA

10G光纤/1G以太网        双40G堆叠

10G光纤/1G以太网

双万兆链路    双万兆链路    双万兆链路
存储节点    存储节点    存储节点

双千兆链路    双千兆链路    双千兆链路

业务网络        监控平台    监控平台
中心服务器    中心服务器

1G以太网        双千兆HA

1G以太网

接入层交换机    接入层交换机    接入层交换机        双10G堆叠

平台客户端

IPC    IPC    IPC        千兆交换机    千兆交换机

图 5-6　元数据服务器集群保存系统

余；两台元数据服务器用双千兆链路连接作为 HA 主备。存储网络也可以按照千兆网络建设。

业务网络按千兆网络部署。千兆交换机做堆叠配置，存储节点双千兆链路连接到业务网络千兆交换机，保证链路冗余；两台监控平台中心服务器，用双千兆链路连接作为 HA 主备；前端设备通过接入层交换机介入业务网络。

### （3）适用技术应用效果

视频云使得复杂的运算过程在云端进行，终端只需要处理最基本的网络接入、视频解码和交互处理能力，无须配置昂贵的计算能力。这大大节约了终端投资成本，同时也避免了频繁更换终端的弊端，保护了已有投资的价值。

视频云汇聚安防监控 / 视频监控平台支持多协议接入，包括国标 GB/T 28181 协议、GA/T 1400 协议、RTMP、RTSP/Onvif 协议、海康 Ehome、海康 SDK、大华 SDK、华为 SDK、宇视 SDK、乐橙 SDK、萤石云 SDK 等。在场景应用中可以直接接入现有的存量监控设备并整合到网络中，无须更换新设备，极大地降低了投入成本。

视频云实现了真正的多终端无缝迁移与覆盖，实现跨终端间的数据同步和服务同步。用户可以在不同位置、不同网络、使用不同的终端设备访问相同的视频云计算中心入口，随时随地获得相同的视频云计算在线服务，大大降低后续信息化系统集成对接视频的开发成本。

# 5.3　物联网平台

在万物互联的时代背景下，物联网平台解决方案作为连接智能设备、数据和应用的核心枢纽，其构建和优化变得愈发重要和紧迫。作为实现各行业数字化转型的关键支撑，物联网平台解决方案涵盖设备连接管理、数据采集与处理、应用开发与集成、安全与隐私保护等多个方面。为了全面提升物联网生态系统的效率、可扩展性和价值创造能力，必须从四个关键环节着手优化：设备接入与管理、数据处理与分析、数据安全管理、应用开发与部署。

① 设备接入与管理　可通过多协议支持、边缘计算、设备影子技术等，实现海量异构设备的高效接入和统一管理。

② 数据处理与分析　通过实时数据流处理、机器学习算法、时序数据库等技术，提高数据的价值挖掘能力和决策支持效果。

③ 数据安全管理　通过端到端加密、身份认证与授权、数据隐私保护

等机制，确保整个物联网生态系统的安全性和合规性。

④ 应用开发与部署　通过提供丰富的 API 接口、低代码开发平台、微服务架构等，加速物联网应用的开发周期和创新速度。

下面以江阴华西园区为例，介绍园区物联网平台技术的应用。

## 案例 17　物联网平台技术——江阴华西园区

### （1）适用技术应用场景概况

江阴华西园区总占地面积 34.23 公顷，现有员工 2900 人，位于江苏省江阴市华士镇华西村。2002 年 9 月注册成立，注册资金 5020 万美元，2003 年 12 月竣工投产，投资总额 17 亿元人民币。园区内入驻了多家化工企业，是一个综合型的大型化工园区，也是超低排放、绿色生产的践行者。

目前园区内基础设施繁多、各子系统呈烟囱式数据孤岛；园区接入设备众多、不同子系统的协议多种多样；传统集成平台扩展性存在局限，子系统对开发人员依赖高，对于代码修改工作无异于重做。

因此，园区需要将数据和流程打通，进行资源整合，提供安全、便捷、节能的园区生产、生活和办公体验，亟须一套集中化的数据采集以及管控平台系统。

### （2）可应用技术手段

① 设备接入与管理　随着企业规模的发展，园区引入了多家设备供应商的产品。各自使用专有协议，导致系统集成困难。例如，新增的智能电表无法与现有的能源管理系统直接对接，需要额外的协议转换设备。

传统园区的数据处理方案、生产管理系统、环境监测系统和安防系统分别由不同部门管理。当发生安全事故时，难以快速整合各系统数据进行分析，会延误应急响应时间。

② 数据分析处理　传统的园区虽然收集了大量生产和环境数据，但由于缺乏先进的分析工具，这些数据大多被归档而未能充分利用，错失了优化生产和预测市场需求的机会。此外，园区虽然安装了智能电表，但由于缺乏统一的数据分析平台，无法有效识别能耗异常或优化用电策略，无法达到节能降耗的目标。

③ 安全管理　园区虽然引入了各种智能系统，但由于缺乏统一的管理平台，各智能系统之间的信息不互通，同一访客可能在不同区域重复登记，导致访客在不同区域体验不一致。例如，有些区域可以使用手机 App 开门，而另一些区域仍需物理门禁卡。随着园区规模扩大和新技术出现，想要增加人

脸识别功能时发现，部分系统架构无法支持，需要重新开发整个系统。

传统园区管理方式在面对现代化、复杂化的园区运营需求时所遇到的各种挑战凸显了整合数据、统一管理平台、提高系统灵活性和实时性的重要性，也为引入像物联网平台这样的现代化解决方案提供了充分的理由。现代企业需要更加灵活、快速响应变化的解决方案来应对市场的挑战。

### （3）江阴华西园区实际技术应用

江阴华西园区项目利用了云计算、大数据、物联网等新技术，并集成到开源性的物联网平台里面，可以帮助园区及企业快速实现资源的整合和优化，提高数据的准确性，实时性和关联性，从而更好地满足市场需求和提高竞争力。

物联网平台是一个开源的面向物联网应用的开发者平台，业务层面上提供了设备接入、数据处理、安全管理等核心物联网功能（图5-7），为应对物联网碎片化的物联网应用市场，技术层面上系统采用的是多元计算模型，包括云计算、边缘计算、容器化和函数服务等技术，可以在多个设备和计算资源上分布式地运行应用程序和服务。

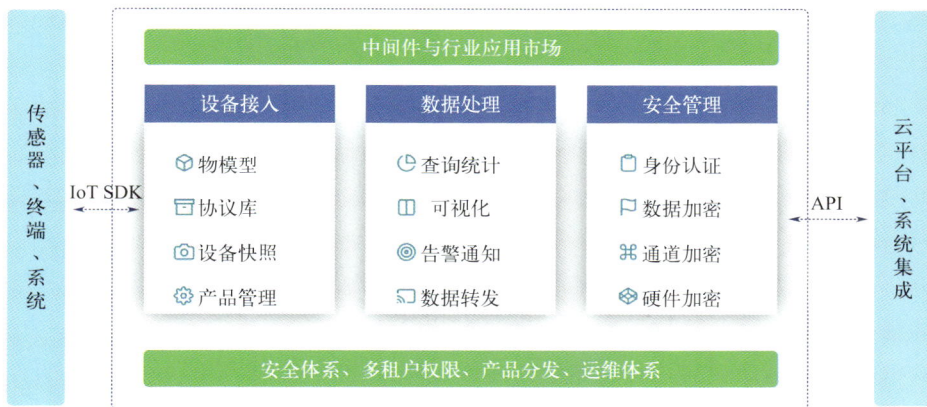

**图 5-7　物联网平台架构**

江阴华西园区各个现场部署的 IoT 平台实例，如图5-8所示，其连接的设备信息、采集的数据、生成的告警等都可以与用户部署在云端的 IoT 平台实现自动化同步。用户只需要在云平台的统一界面中，就可以查看连接的所有现场实例的设备、数据和告警信息。无须逐个去访问现场系统。云平台支持一键直达各现场系统的首页，园区管理用户可以随时查看任一现场的实时运行状态和细节。

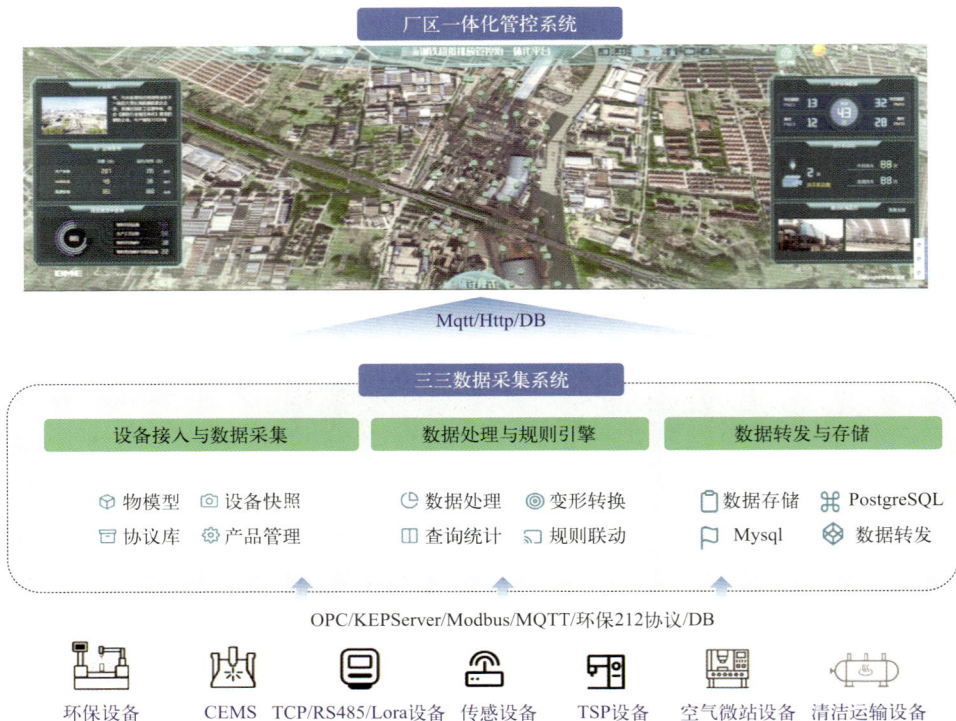

图 5-8　物联网平台

　　云端设备管理平台，如图 5-9 所示，实现云端和边缘端的设备、分组、产品、传感量、告警、配置、控制功能的协同。每项协同功能都可以单独打开或者关闭，使江阴华西园区用户在云端平台远程管理边缘端的设备和数据，就像管理云端自己的设备和数据一样简单。物联网平台的边云协同是多级协同、多端协同，每一个基于 IoT 的应用，都可以配置为主站或子站，或者既是主站也是子站，实现多级的协同，多级协同能力可以支持具有多级架构的管理组织，常见的比如省／市／县三级公司、总部／大区／小区、总部／大站点／子站等。

　　IoT 边云协同提供了强大的协同能力和灵活的多级组织管理。这些特点可以大幅简化工业互联网建设中云核心向网络边缘延伸的过程，助力用户打造协同高效的产业数字化管理体系。在边云协同能力上，除了数据和控制上的协同，IoT 还支持从云端分发和管理边缘侧的应用，小到进程、配置文件、服务的分发，大到整个应用的分发，对于 IoT 来说，帮助了江阴华西园区用户从云端管理边缘侧节点的服务和应用。通过物联网平台的边缘云协同能力，

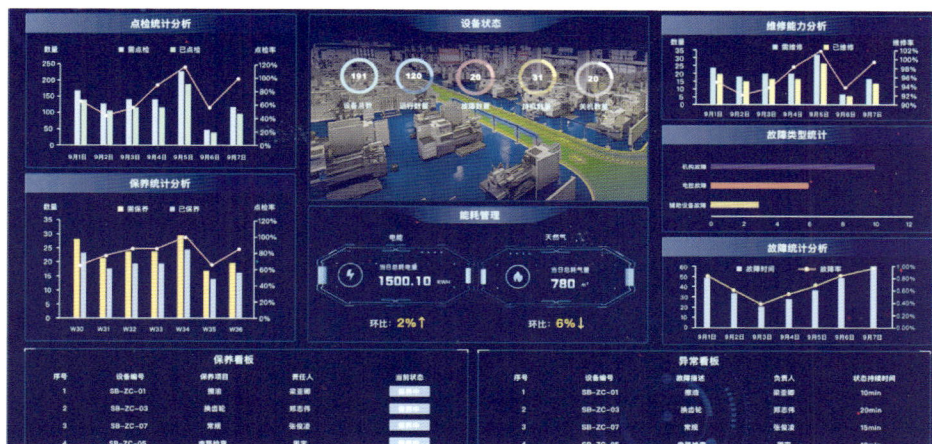

图5-9 云端设备管理平台

大大解决了江阴华西园区用户管理多现场系统数据孤岛及不易同步的痛点，可实现现场到云的无缝连接，大幅简化运维，提升工作效率。

**（4）适用技术应用效果**

通过物联网平台以及相应的技术应用方案，江阴华西园区达成了如下的效果。

① 实现数据全面采集和标准化处理　通过建立集中化数据采集系统和制定数据治理规则和流程，可以确保生产过程中的各种数据得到全面采集和标准化处理，相对于方案实施之前的数据孤岛，各个系统之间的兼容性提升到了96%以上。

② 提升生产效率和环保水平　通过实现数据的共享和协同，优化了生产流程、提高生产效率，并有效减少了无组织排放和大气污染物排放，提升园区内部的环保水平。

③ 提高竞争力和可持续发展能力　通过实现超低排放和绿色生产，江阴华西园区提升了产品质量、降低了生产成本，并树立了绿色环保的形象。

④ 促进园区企业内部协同和优化管理　通过集成多系统、多设备的数据，实现了江阴华西园区内部各单位、部门之间的数据共享和协同工作，优化了管理流程，提高了管理效率。

⑤ 提升园区企业智能化水平　通过提供开放接口和实现数据的共享和协同，促进了江阴华西园区内部的智能化应用开发和创新，提升了智能化水平。

# 5.4 融合通信平台

在化工园区应急响应过程中，每一分每一秒都极为宝贵，每耽误一秒钟，都有可能造成重大的人员和财产损失。如何改变传统的仅依赖调度电话通知的方式，减少化工园区应急响应环节，节省应急响应时间，保障突发事件情况下的通信和指挥调度需求，是化工园区应急管理数字化建设的重要课题。

通过数字化技术手段，利用有线、无线、卫星等多种通信手段，实现指挥调度信息的快速连接、快速分发、应急资源跟踪定位、任务跟踪反馈等功能，以短信、语音、视频、社交媒体等多种形式、多路并发，强化应急指挥通信保障和任务全过程可视化管理能力，是当下及未来智慧应急管理的主要趋势。

以惠州大亚湾石化工业区为例，通过建设园区级的融合通信平台，联动安全生产监管、物流运输管理、环保监测管理等业务系统，打通园区主要通信单元，取得了较好的应用效果。

## 案例 18　融合通信平台——惠州大亚湾石化工业区

### （1）适用技术应用场景概况

广东惠州大亚湾石油化学工业区（石化工业区）地处大亚湾开发区中部，园区规划面积 32.9 平方公里，已开发面积约 23 平方公里，是国家重点发展的七大石化产业基地之一。大亚湾石化工业区 2017 年获评国家第一批"绿色园区"，入选国家循环化改造示范试点园区。凭借石化区的规模质量优势，大亚湾开发区 2020 年获评国家新型工业化五星级产业示范基地。2019—2021 年连续 3 年综合实力位列化工园区高质量发展评价第一位，并于 2022 年进入智慧化工园区名录。

为提升园区资源配置、优化工艺流程和过程控制等智能化水平，大亚湾开发区于 2018 年 12 月启动"智慧园区"项目建设工作。利用新一代信息技术，建立安全、环保、应急、能源一体化"智慧园区"管理系统，完成"八柱"主体框架构建，构建了与世界一流绿色石化产业高地相适应的"四梁""八柱""智慧+"智慧园区框架体系。

在智慧化工园区项目建设之前，园区内虽已建成多个信息化子系统，但以单独领域业务管理为主。在发生应急事件时，由于缺少一个统一的在线通信

智慧化工园区建设与管理
Construction and Management of
Smart Chemical Industry Park
244

平台，仍然无法高效地找齐关键数据，难以快速全部呼通决策链干系人，难以实现在线有效的全员接入，来进行事件分析和研判，支撑救援处置决策。

因此，在智慧化工园区建设项目中，引入了融合通信平台，纳入智慧应急管理模块中，整合通信资源，打通应急数据，为应急事件处置提供可视化的、在线的通信服务支持。

### （2）可应用技术手段

大亚湾石化工业区的智慧化工园区建设项目中，根据《智慧化工园区建设指南》（GB/T 39218），系统性地以"四梁""八柱"的思路，规划了智慧安监、智慧应急、智慧环保、园区封闭、物流安全、能源管理、企业服务等业务模块。该项目充分考虑了大亚湾石化工业区已有的数字化资产，在充分利用的前提下，搭建平台，补齐应用，让园区的智慧化管理迈上了一个新台阶。

在智慧化工园区项目建成前，园区尚无完整的安全监管和应急管理信息化系统，对园区危化品的安全生产，对"两重点一重大"的监测预警能力不足，应急管理和指挥调度手段相对缺失，指挥调度以人工值班为主，存在极大不便的同时，更无法满足多路并发通信、应急资源实时调度、在线会商等要求，有可能在重大应急响应过程中，影响救援效率，错过最佳救援窗口。

在智慧化工园区项目中，规划了一套融合通信平台，将其集成在应急管理系统内，与园区智能运营中心（IOC）一道，依托整个智慧化工园区平台的能力，构建网络互联互通、信息资源共享、应用功能完备的应急管理信息化技防体系，提供监测预警、应急指挥和决策辅助的能力，从而提升应急管理部门快速反应的速度。

融合通信平台在智能运营中心构建了一套统一的通信集成系统，调度指挥音视频系统和视频会商系统，并配套相关的前端设备，构成一套完善而闭环的管理体系。使用融合通信技术，可接入园区内的视频会商、指挥中心大屏、值班坐席、执法记录仪、宽窄带集群、固话和移动终端、卫星电话、移动指挥车、无人机、移动 LTE 基站、现场视频布控球、企业会议平台等各类资源，汇聚到指挥中心，实现现场可视、资源可视、指挥可达。融合通信平台可集成能力如图 5-10 所示。

大亚湾石化工业区融合通信平台采用华为融合通信技术，结合多语音网络、多终端的语音融合，及多视频系统的视频融合，具有一体化接报调度、可视化精准指挥、高效响应突发事件的特点。该平台主要具有以下技术优势。

从系统功能方面看，具备软硬件解耦、多渠道接报、通信手段全融合、

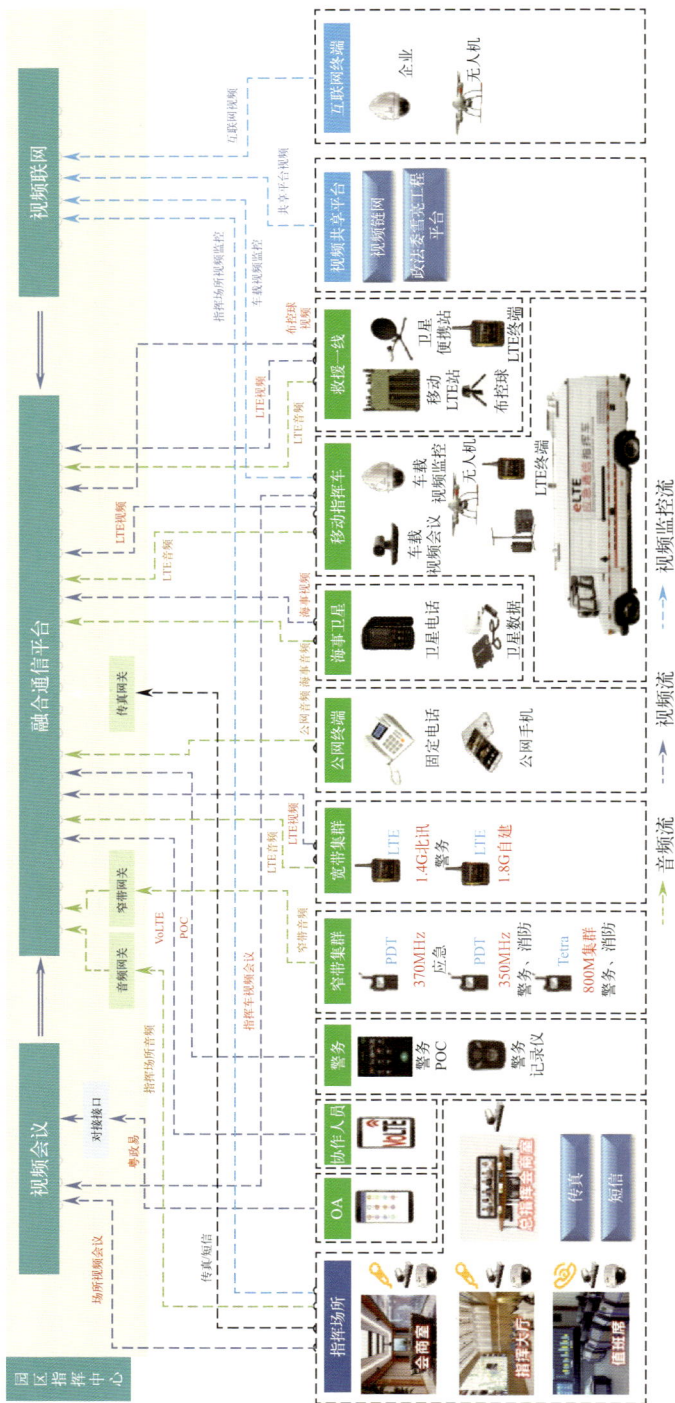

图 5-10 融合通信平台

Construction and Management of
**Smart Chemical Industry Park**

业务系统全融合、信息可视化的特点。

① 软硬解耦弹性架构　各个模块之间降低耦合度，可以独立部署，不同模块之间存在极低依赖关系，降低软硬件之间的关联度，微服务设计，高效部署，灵活易扩展。

② 接入多渠道接报　融合通信平台除了支持电话警情、短信警情、视频警情外，还支持邮件警情等其他各种来源的警情，并且能够根据这些警情自动生成事件，在地图上显示位置，播放实时视频。

③ 通信手段全融合　通过融合通信平台与 GIS、eLTE 集群系统、视频监控系统、电信网通信系统、视频会议系统、Internet 互联网等异构网络对接，完成异构网络的互联互通，实现通信手段的全融合。

④ 业务系统全融合　业务融合是当前指挥中心的发展趋势，指挥调度业务、视频监控业务、视频会议等都在朝着"集约化、融合化"的方向迈进。融合通信平台通过 SDK/API 丰富的开放接口将各种接报业务、GIS 地图业务、视频监控业务等整合到指挥调度业务软件操作界面，实现了应急指挥系统业务融合。

⑤ 信息可视化　融合通信平台通过接入固定视频监控、现场移动视频、个人终端实现了可视化融合指挥调度功能，信息可视化包括现场可视化、资源可视化、态势可视化。

从技术先进性角度来看，融合通信平台具有架构简单、适应性好、全开放、质量高、易部署、高可靠、高安全的特点。

① 融合通信平台架构简单　基于微服务框架进行开发部署，易于根据话务量规格进行扩展。采用分布式、B/S、多层架构的体系结构，适用性强。

② 适应性好　采用满足主流标准协议架构的音视频全融合方案。

③ 全开放架构　能够与所有支持标准协议的产品互通。能够支持 NO.7、PRI、Q.SIG、SIP、H.248、RTP/RTCP、SIP、GBT.28 181、H.323、ISDNPR 等主流协议和 G.711A/u、G.723.1、G.729A/B、AMR、VC1、H.264、MPEG2、MPEG4 等编码格式。

④ 质量高　完善的视频质量 QOE 技术，支持视频智能编码，速率和分辨率自适应；支持自动重复请求 ARQ 和 FEC 前向纠错算法等技术，保证通信的高质量。

⑤ 易部署　实现了全量组件原子化，支持内核灵活组合，服务按需构建，可以根据设备不同的资源能力和业务需求灵活构建，易部署。

⑥ 高可靠　支持主备双机、负载均衡和 A-S 异地容灾等能力，系统可靠性达到 5 个 9，可靠性和稳定性都能够满足化工园区要求。

⑦ 安全性好　融合通信平台提供安全的组网方案，通过部署防火墙实现隔离网络，在平台网络与外部网络、平台网络之间部署一道安全的防线，使平台核心功能实体与其他存在安全威胁的网络实现逻辑上的隔离。平台网络隔离组网，拒绝携带不安全因素的信令或媒体进入平台安全区域，保障 IP 网络安全、稳定地运行。包括安全组网、VLAN 划分；支持管理面与业务面的双面隔离设计，管理面与业务面使用不同的 IP 地址，基于 IP 网段实现网络层的隔离，以确保管理面有更高的安全性。

### （3）惠州大亚湾石化工业区实际技术应用

在智慧化工园区建设项目中，融合通信平台为 SaaS 层的安监、应急、环保等智慧化应用提供底层通信融合技术支撑。

该平台提供了 REST API 接口和 SDK 开发接口，实现与第三方业务应用系统的互联，供运营指挥中心的 IOC 平台或其他应用系统调用，实现音视频呼叫、录音、组呼、组呼通知、音频会议、视频会商等调度功能，还能够实现短信收发、传真收发等数据功能。同时，也能满足应急指挥对视频调阅的需求，针对 B/S 界面的系统提供 ActiveX 视频控件；针对 C/S 客户端的系统，提供 SDK 视频开发包。因此该平台具有良好的兼容能力，能够提供多种标准的硬件和软件接口，支持多种标准的信令协议，具备与其他设备对接的兼容能力。目前，融合通信平台已经成为大亚湾石化工业区日常通信和应急通信必不可少的基础支撑部分。

融合通信平台采用主流成熟的技术、分层解耦的体系结构来构建。平台通过 IP PBX、语音网关、无线网关、多功能发布网关等设备，将 PSTN/PLMN 网络、无线终端、视频终端、视频监控终端接入融合通信平台，实现音视频资源融合，提供呼叫、视频调用、视频会议能力。融合通信系统应用范围首先覆盖大亚湾石化工业区的核心产业区，并将园区所有工作人员的手持终端、值班值守固话等资源，汇聚到指挥中心，实现现场可视、资源可视、指挥可达。

例如，消防警情告警数据可以通过大亚湾石化工业区的数字平台同步到运营指挥中心 IOC 的 PC 端和作战终端，运营指挥中心通过融合通信平台一键向消防人员派发现场处置任务，消防人员在现场处置过程中，实时地通过融合通信移动端将现场音视频数据反馈回指挥中心，指挥中心也可会同救援专家向现场传递事件整体态势，周边安全风险信息，实现应急处置过程流转和闭环，保障安全高效处理事故。达到了业务和作战资源统一管理、高效协同的目的。

### （4）适用技术应用效果

在惠州大亚湾石化工业区智慧化建设和使用过程中，融合通信平台发挥了不可或缺的作用，其适用范围已从原来的安全监管、应急管理领域，扩展到了园区日常管理和应急处置的方方面面。通过融合通信平台的建设，实现了跨区域、跨部门的统一指挥协同，实现了对突发事件的快速上报、统一部署、迅速处置和联合行动，提高了园区的指挥调度能力。

在实际使用过程中，该平台与其他应用系统和园区大脑结合，能够实现在指挥中心对全园区资源的高效调度，提高了跨区域、跨部门应急响应的处理效率，增强了数据融合的广度，丰富了决策依据，缩短决策时间到秒级，对突发事件可快速上报、统一部署、联合行动、迅速处置。提升了园区管理人员服务园区的能力，减少了其他行政经费支出，经过测算，该平台在应急响应和处置领域的效率提升，可以节省大约30%的人力和资源投入。

同时，该平台也能满足园区各级部门开展巡逻巡检、日常办公、会议通信等业务的需要。为各部门联动办公、社会面信息发布和国家救援协作提供通信服务，实现全地域、全过程、全天候的通信保障。

# 5.5 集成平台模块

在"智能制造""工业互联网＋安全生产"建设大背景下，工业和信息化部、应急管理部等行业管理部门十分重视智慧化工园区建设，相继发布了《智慧化工园区建设指南》《化工园区开发建设导则》等一系列标准体系。其中，对于化工园区智慧化建设的先决条件——数据和业务集成，也在"智慧化工园区支撑平台"部分提出了较为详细的要求和指导。

我国化工园区数字化、智慧化建设工作启动较早。2016年左右，沿海地区的化工园区普遍开始了各类数字化系统的建设。随着时间推移，由于早期数字化认知的差距，在建设过程中也出现了一系列问题，主要体现在"系统陈旧，无法满足业务需求""信息孤岛严重，数据整合不足""管理对象繁多，业务流程不清""缺少统一管理平台，运维困难""数据不共享，标准不统一，简单的数据统计耗时耗力，且数据质量低下，更无法提供良好的管理决策辅助"等方面。

随着技术和架构的不断演进，尤其是云和大数据技术普及后，在一个统一的数字平台的支持下，对园区和企业内各类系统的数据进行集成，形成大数据底座，再进行业务的重构，可以实现区别于独立系统的联动管理效果，使得园区监控和管理效率大大提升。

以国家东中西区域合作示范区（连云港徐圩新区）为例，通过建设园区一体化管控平台（含集成平台，以下简称集成平台），集成超过 15 个业务子系统数据，联动安全生产监管、应急管理、物流运输管理、环保监测管理等业务系统，集中高效运营，取得了较好的应用效果。

## 案例 19　园区一体化管控平台——国家东中西区域合作示范区（连云港徐圩新区）

### （1）适用技术应用场景概况

徐圩新区（园区情况详见案例 3）早在 2016 年就开始启动化工园区信息化和智慧化的建设。但早期建设的安全生产、应急管理、环保管理、管廊管线管理、物流交通管理等应用系统均采用独立、分批建设的形式，久而久之，园区内各种应用系统混杂、数据难以打通、业务无法联动、部分业务系统的开发厂商不再提供升级更新服务等问题逐渐浮出水面，各个委办局所建设的单条线应用系统离散式建设，各维度的数据存储在本地系统内，未实现数据的互通互联，信息难以共享。这也是国内化工园区在智慧化道路上经常遇到的问题。针对这些问题，新区也采取了一些措施，包括对应用系统进行升级改造，补充采集数据，开发新功能，甚至更换应用厂商重新建设等，但都未从根本上解决问题。

因此，2021 年，新区管委会在进行了多次研讨后，决定进行一次内部信息化系统的整合，立项为"一体化平台"项目，通过搭建统一的业务支撑平台，将过往的 IT 信息系统在平台上进行融合，打通数据断点、融合业务服务，形成数据高度集成、业务高度联动的一体化管理效果。

### （2）可应用技术手段

徐圩新区"集成平台"（图 5-11）结合新区智慧化建设目标，以高起点、高格局、高标准的视角，抓重点、分步骤、急用先行地建设，补充完善一系列业务应用，充分利用大数据、云计算、物联网、5G 和移动互联网等技术，用"大集成、大融合、大联动"的思路进行建设，真正整合和优化园区海量的基础设施、复杂的业务应用、庞大的数据资产等信息化资源，促进园区安全、绿色、高效发展，实现全方位的智能化。

在新区智慧化顶层设计的指导下，整理了新区管委会各部门之间，企业与信息化应用之间，园区与上级部门之间的关系，同时，打通了新区与省、市级监管部门信息化平台（如省安监、省环保），实现了数据和业务互通。

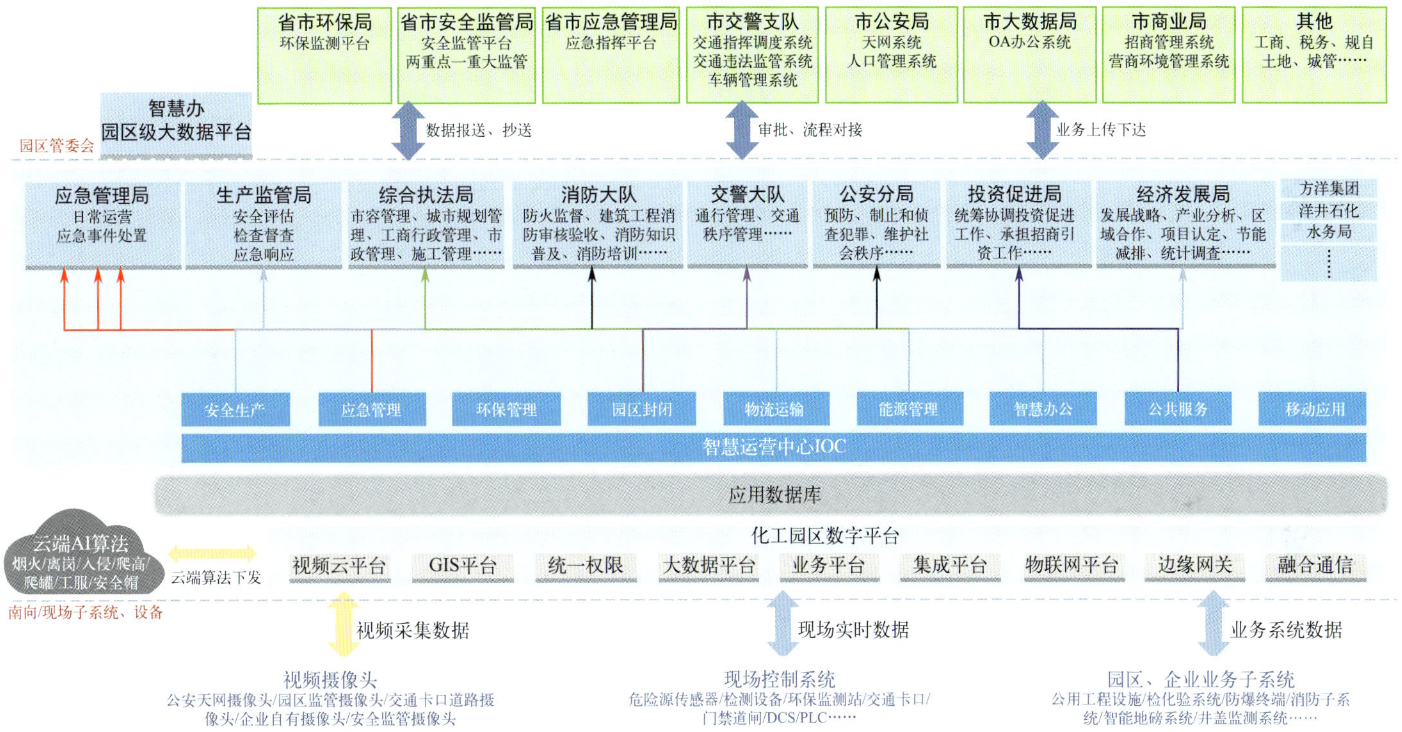

智慧办

园区管委会

园区级大数据平台

**应急管理局**
日常运营
应急事件处置

**生产监管局**
安全评估
检查督查
应急响应

**省市安全监管局**
安全监管平台
两重点一重大监管

**省市环保局**
环保监测平台

**综合执法局**
市容管理、城市规划管理、工商行政管理、市政管理、施工管理……

**消防大队**
防火监督、建筑工程消防审核验收、消防知识普及、消防培训……

**交警大队**
通行管理、交通秩序管理……

**公安分局**
预防、制止和侦查犯罪、维护社会秩序……

**投资促进局**
统筹协调投资促进工作、承担招商引资工作……

**经济发展局**
发展战略、产业分析、区域合作、项目认定、节能减排、统计调查……

**市交警支队**
交通指挥调度系统
交通违法监管系统
车辆管理系统

**市公安局**
天网系统
人口管理系统

**市大数据局**
OA办公系统

**市商业局**
招商管理系统
营商环境管理系统

**其他**
工商、税务、规自
土地、城管……

**省市应急管理局**
应急指挥平台

智慧办 园区级大数据平台

业务上传下达

审批、流程对接

数据报送、抄送

**方洋集团**
洋井石化
水务局
……

安全生产

应急管理

环保管理

园区封闭

物流运营

能源管理

智慧办公

公共服务

移动应用

**智慧运营中心IOC**

应用数据库

视频云平台

GIS平台

统一权限

大数据平台

业务平台

集成平台

物联网平台

边缘网关

融合通信

**化工园区数字平台**

视频接像头
公安天网摄像头/园区监管摄像头/交通卡口道路摄像头/安全管理摄像头

视频采集数据

现场控制系统
危险源传感器/检测设备/环保监测站/交通卡口/门禁道闸/DCS/PLC……

现场实时数据

**业务子系统**
园区、企业施工化信息系统/爆终端/消防子系统/智能管地的环系统/并监测系统

业务系统数据

**集成平台**

云端AI算法
烟火滴网/人脸/爬墙/爬栅
爬栅工业子系统、设备

南向现场子系统法下发

云端算法下发

图 5-11 集成平台

集成平台通过 Link-Soft 模块和 Link-Device 组件，为徐圩新区"一体化平台"提供 IT 系统和 OT 系统统一的数据集成能力。其中，Link-Soft 提供数据集成、消息集成和应用集成的能力，Link-Device 提供 OT 物联数据集成的能力。

① 数据集成支持对文件、数据库等对象的结构化和非结构化数据的集成。包括多源数据的无侵入式集成；支持常见异构数据源的读取和写入，如：Oracle、MySQL、SQLServer、PostgreSQL、Mongodb、MPPDB、Kafka、Hive、文本文件、消息、API、LDAP、Redis 等；支持对集成任务进行管理，包括集成任务创建、启动、停止、修改、调度（按时间、按数据量）、监控等。

② 消息集成支持多种主流消息中间件接入。例如消息的发布与订阅；消息队列 AMQP、STOMP、XMPP 等多协议的接入；查询历史消息、消息内容和消息偏移量；支持消息轨迹在线查询，记录消息从生产端到消费端的流转过程；支持消息的消费者以可视化形式查询消费者状态，包括在线情况、IP 地址信息、消费 TPS（成功／失败）、消费业务延迟时间等，以保障消息集成效果。

③ 应用集成应涵盖 API 网关、API 开发和 API 发布等功能，实现从 API 设计、开发、管理到发布的全生命周期管理。支持统一协议，通过 API 网关向应用端提供统一协议的 API；提供 API 注册、授权、测试等管理，能够进行 API 访问控制，允许第三方系统接入；支持 API 协议适配，安全防护和访问控制，能够通过服务编排完成 API 服务的编排封装；支持 API 生命周期管理，包括 API 创建、部署、发布、测试、监控、下线的全生命周期管理能力；支持对 API 流量控制、路由管理、监控统计、日志分析等的管理，确保 API 集成和使用效果。

④ OT 物联数据集成支持设备直接接入、边缘网关接入、第三方子系统接入等多种设备接入方式；支持以太网、光网络、双绞线、电力载波、Wi-Fi、运营商移动网络、NB-IoT 等多种网络接入方式；能够提供例如 OPC、MODBUS、DLT645、DNP3.0、IEC60870-5-101/102/103/104、CJ/T188 等适用于化工行业的常用标准协议栈和 MQTT、CoAP、HTTP（s）等网络通信协议；提供非标通信协议的开发对接能力，针对非标协议所开发的协议包，可以插件形式在 OT 集成模块上灵活部署。

**（3）徐圩新区实际技术应用**

徐圩新区智慧化工园区建设是一个以大系统集成为主要特征的信息化项目。如何完整、稳定、高效地从园区各部门业务系统、公用工程设施、企业现场生产系统和传感器接入监管数据，是项目成功的关键。

集成平台为徐圩新区提供了高可靠性的连接服务，事实上完成了 IT 系统和 OT 系统数据集成的统一。为南向子系统提供全栈的集成接入通道，包括服务集成、数据集成和消息集成等接入方式，支撑应用、数据、服务、资源等的协同。

设备接入服务是集成平台的重要组成部分，基于物模型，集成平台对物联设备进行建模和模型管理，进而实现 OT 设备的数字孪生。OT 设备可接入、汇聚、模型映射并进行本地控制，对下提供丰富的协议驱动，连接各种南向设备；对上屏蔽南向连接技术差异，对设备服务提供统一的数据上报和命令下发接口。相较传统的 IoT 平台，集成平台中的 OT 服务预先集成了大量设备和子系统厂商的设备和接口，最大可能地实现即插即用，稳定可靠，与一体化平台中的大数据服务、AI 服务天然互通，成为一体，减少项目中集成和数据方面的壁垒，保障了建设效果。

集成平台将连接能力进行开放，为园区提供接口，将园区数据开放给上层应用系统和上级管理部门。针对与集成平台对接的南北向应用系统，开放出相应的 API 接口供应用系统调用，以实现各类数据集成及高效管理。支持提供包括安全类、应急类、环保类、能源类、物流类等数据接口的对接调试开发。

下面，以集成平台对徐圩新区安全风险管控系统数据的集成进行说明。通过一体化平台中的集成平台（Link-Soft 模块和 Link-Device 组件）对现有的安全风险管控平台数据进行集成，单系统集成架构如图 5-12 所示。

徐圩新区已建的安全风险管控平台，数据来源于三个部分：①从第三方应用获取，例如 MAS 安全生产监管平台、地下管廊监管平台、环保监管系统等；②通过边缘网关直接从企业现场获取；③通过手工录入或导入部分数据，如企业基本信息、设施资产数据、危险源基本数据、位置信息、人员信息等。

集成平台以 Link-Soft API 形式从原安全风险管控系统获取相关数据，进入大数据平台，并进行数据库、主题库、专题库建模，以备调用。

原来由安全风险管控平台从第三方系统，如环保监测系统、危化品车辆管控系统、安全生产监管平台、应急管理系统等集成的数据，改为由集成平台，从第三方系统获取并集成到大数据平台中，再通过 API 接口，提供给安全风险管控平台使用，实现业务数据的联动（注：安全风险管控平台和安全生产监管平台是两套不同的系统）。

原来由安全风险管控平台经边缘物联网网关从企业现场采集的数据，仍保持原集成路径，但采用集成平台的 Link-Device 组件从安全风险管控平台获取此部分数据；未来新增的现场生产控制系统数据和新增传感器数据，以

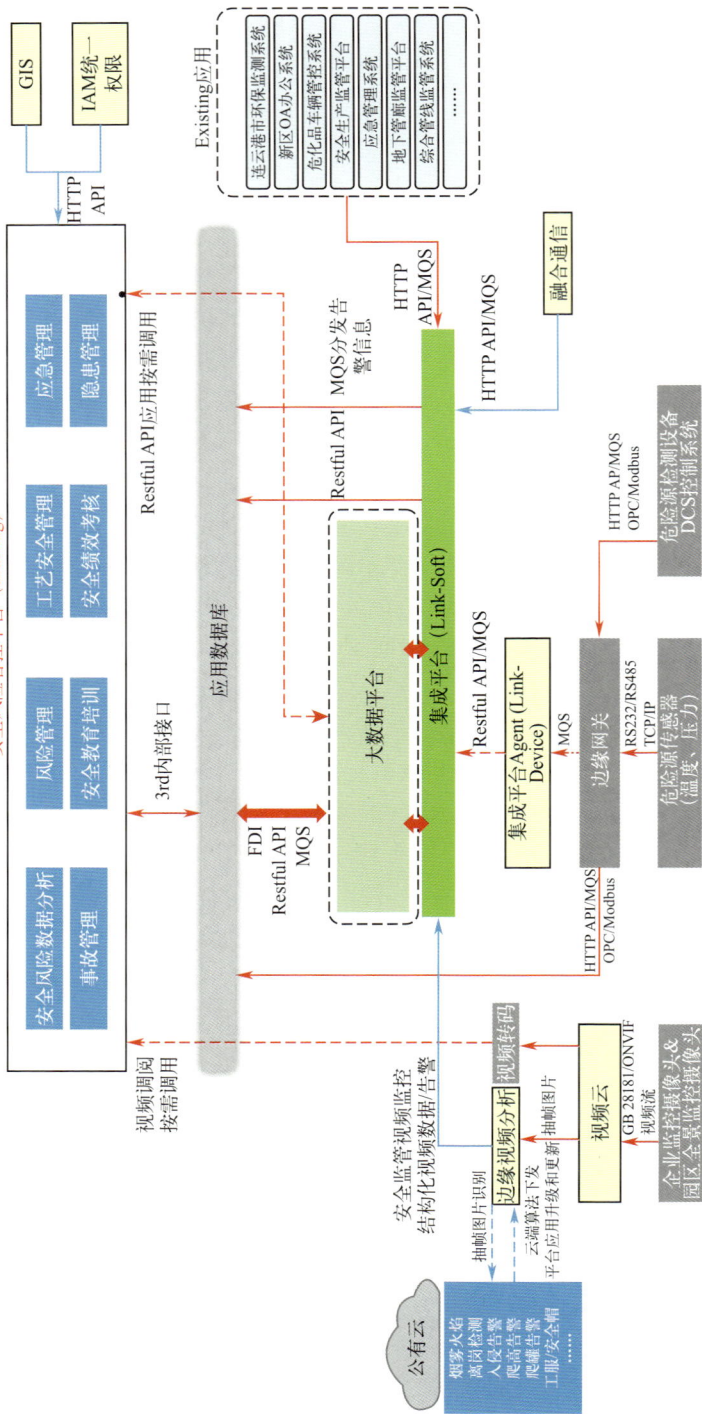

图5-12 单系统集成架构

Link-Device 组件，直接从边缘物联网网关采集，经集成平台、大数据平台再提供给安全风险管控平台使用。以实现徐圩新区数据集成的整体性和统一性。

# 5.6　地理信息系统

传统的化工园区通常面临数据孤岛、信息不对称、缺乏统一的数据管理和分析平台等问题。主要表现为园区内各个部门或系统之间数据不互通，导致数据分散，形成数据孤岛，难以实现数据的全面整合和有效利用；园区缺乏统一的数据管理和分析平台，导致各部门之间信息传递不畅、信息不对称，影响了决策的准确性和及时性；并且数据分析能力不足，随着园区的不断发展，往往难以支持园区较为复杂的业务需求。

针对这些问题，地理信息技术为园区建立统一的二/三维信息平台，通过数据的聚合、叠加，将园区各类数据整合在一张地图上；利用地理信息的空间查询定位能力、空间统计分析能力和直观生动的信息展现能力，为辅助决策分析、监测数据统计分析、基础设施资源查看、资源分布查询等提供更为丰富的信息服务支持，从而提高管理的高效性和科学性。

下面以衢州高新技术产业园区（现为衢州智造新城）为例，介绍地理信息技术在园区的应用。

## 案例 20　地理信息技术——衢州高新技术产业园区（衢州智造新城）

### （1）适用技术应用场景概况

衢州高新技术产业园区作为国家高新技术产业开发区，是浙闽赣皖四省边际基础设施配套最完善的多功能综合性产业园区之一，目前已形成氟化工、有机硅、无机硅三大产业链。园区作为一个多区合一的综合园区，规划面积 121 平方公里，目前已集聚巨化集团、华友钴业等 1100 多家重点企业，其中规上工业企业 324 家，主板上市企业 5 家，新三板上市企业 11 家，国家级高新企业 217 家。高新区内配备有给水、排水（污水、雨水）、电力、通信（电信、移动、联通、广电等）、燃气、热力、工业、路灯等各类地下管线总长度约 700 公里，以及给水、工业、电力、通信、燃气、热力等入廊管线的地上工业管廊约 18 公里，园区整体地上地下建构筑物、基础配套设施等类型繁多、分布错综复杂。

衢州高新技术产业园区在基础设施、信息化建设、人才队伍建设等方面已具有一定的积累，已能够满足业务部门一定的业务需求，在资源集约利用、环保问题集中治理、安全问题统一监管、产业协同发展和转型升级等方面具备一定优势。为更好地满足园区信息化管理的需要，园区考虑依托现有信息化基础，将园区各专题、专项管理信息化成果集中整合，形成园区信息化管理一体化监管平台。

因此，衢州高新技术产业园区需要一个地理信息平台，能够全面整合衢州高新技术产业园区信息化资源，融合物联感知数据、园区业务数据等多源数据，打造园区地上地下一体化、二/三维一体化的数字孪生底座。

### （2）可应用技术手段

地理信息技术，是实现物理园区向虚拟园区映射的有效的技术方法，是建设数字孪生园区的核心技术之一，也是一种对空间相关数据进行采集、储存、管理、运算、分析、显示和描述的系统技术。三维地理信息系统可以将采集的现实世界中对象的相关属性与空间位置进行有机结合，通过坐标数据与高程数据对空间对象进行位置信息及属性信息的描述，并在此基础上叠加其他数据信息，进而打造园区统一的三维数据底图，为智慧化工园区建设提供空间基础信息支撑服务。在此基础上，进一步实现对园区数据的融合、治理、分析和挖掘，为各专题系统业务的空间分析需求提供数据和能力支撑，为数字孪生园区建设奠定基础。应用地理信息技术建设智慧化工园区总体架构如图 5-13 所示。

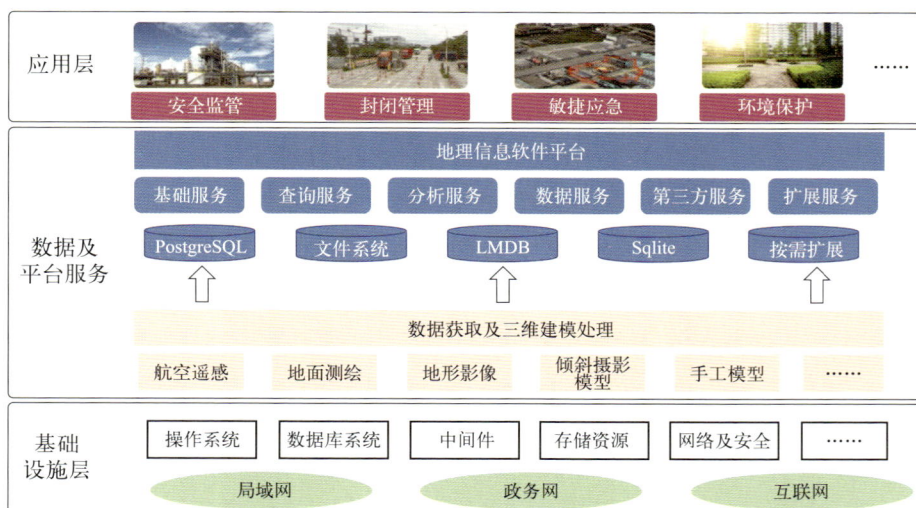

图 5-13　应用地理信息技术建设智慧化工园区总体架构

三维地理信息技术具体包括数据获取及三维建模技术、地理信息软件平台建设技术。

① 数据获取及三维建模 地理信息数据的获取一般可通过无人机倾斜摄影、地面测绘、地下空间探测以及工程物探等手段采集初始空间数据并进行数据的处理和检查，缺乏数据采集自有能力的，也可通过接入其他现有地图数据的方式获取地理信息数据；完成数据获取后再利用处理后的数据信息进行三维建模，行业内普遍采用倾斜摄影数据或直接手工搭建白模进行贴图的手段，实现园区三维实景建模。

② 地理信息软件平台 通过聚合、叠加的方法，将各类数据整合在一张地图上；利用系统的空间查询定位能力、空间统计分析能力和直观生动的信息展现能力，为辅助决策分析、监测数据统计分析、设施资源查看、资源分布查询等提供更为丰富的信息服务支持，从而提高管理的高效性和科学性。

### （3）衢州高新产业园区实际技术应用

衢州高新产业园区在智慧化建设中采用的地理信息系统技术，不仅完成了园区地上地下全空间的空间基础数据信息采集处理和存储工作，同时还利用地理信息系统实现对衢州高新产业园区数据信息快速时空全周期可视分析，为园区规划、建设和管理提供技术支撑。系统提供数据融合与治理、可视化与空间分析、平台开发接口等功能，为园区上层智慧化专题应用，如园区安全风险动态分析、敏捷应急指挥、污染溯源等各业务板块提供空间数据应用支撑。

① 在园区数据获取及三维建模处理方面，衢州高新产业园区综合利用倾斜摄影测量、矢量拉体自动化建模以实现地理信息数据快速采集和三维实景快速成图，能够对摄影影像的高度、长度、面积、角度和坡度等进行测量，分辨率可达 2cm，同时降低了园区三维建模的成本。此外，针对衢州高新产业园区规模庞大的地下管线，采用"地下管线批量三维建模技术"，在管线三维建模软件中内置地下管线相关标准，批量快速生成管线、管点、附属物等三维模型，并按照相关标准进行三维可视化表达。最终实现衢州高新产业园区地上地下全空间地理信息数据高效采集和快速精细化建模，形成融合园区 25.29 平方公里的地上三维模型和总长度约 700 公里的各类地下管线三维建模的地上地下三维数字底座。

② 在全空间多源数据融合方面，衢州高新产业园区更加重视对于园区地下空间，通过三维立体空间索引，实现地上倾斜摄影模型和地下空间三维模型相融合，形成园区地上地下全空间数据底座，并基于统一时空基准，以

地理时空编码为纽带，将园区内安全、环保、封闭、应急、物流、服务等相关数据进行有效关联和融合，形成数字孪生园区智慧化应用的"块数据"，有效解决了系统碎片化、数据不一致问题，赋能园区安全、环保、封闭、物流、服务等业务专题精细化管控。

③ 在地理信息数据的快速调度和三维可视化渲染方面，衢州高新产业园区智慧园区项目优化了海量二 / 三维时空地理信息数据的加载显示能力，采用多级缓存、分布式空间数据库、基于视锥剪裁的高密度数据简化等技术手段，使普通的应用系统具有 PB 级海量二 / 三维时空地理信息数据加载能力；同时，对大型化工园区三维模型数据量大的特点，为解决传统三维渲染技术很难将庞大的三维场景快速渲染起来这一难题，衢州高新产业园区智慧园区项目通过对三维模型轻量化处理技术和数据快速加载渲染技术的优化应用，有效提升了园区三维模型可视化呈现效果、提高了系统应用的流畅性和模型浏览效率。

④ 在地理信息系统平台的时空分析服务方面，衢州高新产业园区智慧园区项目除了为专体应用系统提供必要的数据支撑和基础空间分析能力外，还将时空数据分析与事故后果分析模型相结合，构建基于地理信息的事故后果分析模型。传统事故分析相关算法模拟相对粗略，并不能准确评估事故的真实状态和影响范围，提供的应急指挥信息在关键时刻还需要人工核实。为了解决这一难题，通过将事故现场地理条件（园区地形、建筑物分布、高度等）纳入模型指标体系，对灾难事故的发生机理、严重程度、伤害效应进行定量化的计算评估修正，以提升评估精度。

**（4）适用技术应用效果**

地理信息平台作为衢州智慧化工园区的基础应用支撑之一，该技术在对园区地上、地下多源异构空间数据融合和管理方面具有突出的创新性和突破性，创造性地实现对衢州高新技术产业园区地上、地下全空间、不同时间获取到的多源异构时空数据从汇聚、处理、融合到管理、发布和应用挖掘的全流程支撑，建设园区时空大数据中心，结合大数据、人工智能、分布式计算等技术手段为园区各部门提供时空信息服务和辅助决策支持。

① 形成园区运行"全景图" 通过园区地理信息系统提供二 / 三维地图服务发布与维护，基于数字孪生建设理念，利用数据接口按需集成园区安全生产、环境保护、应急指挥、封闭管理、交通运输等业务数据，同时按照物联网集成标准接入物联网实时监测数据，进行重点信息提取和综合分析，实现园区建设运行情况整体可视化呈现，形成园区运行"全景图"（图 5-14），

图 5-14　园区运行全景图

实现园区运行态势一目了然，为园区高效管理服务提供数据支撑。

　　② 数字空间模拟分析能力提升　基于大数据、时空分析和网格码等技术，平台实现了多种空间分析功能，可针对具体业务需求进行空间数据相关计算、分析、查看、展示，可通过数据建模、事态拟合，进行某些特定时间的评估、计算、推演，为方案和预案提供结果信息参考，与物理世界相比，数字世界具有可重复性、可逆性、全量数据可采、重建成本低、实验后果可控等特性，为园区各专项业务精细化管理能力提升提供抓手。

　　将地理信息系统与事故风险评估模型相结合，开发出多种三维场景下的事故风险评估模型，提供基于三维时空数据下灾害后果分析、污染溯源分析、车辆调度分析等复杂场景下空间分析与建模能力，对灾难事故的发生机理、严重程度、伤害效应进行定量化的计算评估，提升评估精度，并对事故场景进行可视化的仿真模拟分析，实现事件模拟预测和场景可视化呈现的整体实现。

　　③ 间接降低三维建模建设使用成本　地下管线自动化三维建模及矢量拉伸自动化建模等工具，支持地下管线和三维矢量等模型的快速、批量、自动化、低成本构建。二维管线自动三维建模支持根据百万级管线二维地理空间数据及属性信息快速生成三维模型；二维矢量面自动三维建模，支持根据建筑物二维地理空间数据及属性信息快速生成三维模型不低于 1000 个每秒（单个服务器情况），同时支持分布式，随着服务器节点扩展，性能可进一步提升。

④ 事件安全预警与敏捷应急能力提升　当发生突发事件时，根据物联网报警数据及人工上报事件信息，基于地理信息技术，可以准确地展示突发事件空间分布，并以事件位置为中心，查找事故周边应急物资和设备设施情况，支持对事故周边重大危险源、化工设施等进行重点隔离保护对象进行标注，查看周边物联监测数据和视频数据，并进行事故态势模拟分析，确定事故影响范围，辅助救援人员确定事故隔离、疏散、管制范围，提高事故救援效率。

# 5.7　统一身份验证技术

随着信息技术的飞速发展，企业、政府及个人在网络上的活动日益频繁，伴随而来的是数据量与系统数量的爆炸式增长。传统的分散式身份认证模式，因其固有的局限性，已难以适应现代社会对高效、安全认证机制的迫切需求。加之数据泄露事件频发，企业、政府及个人对数据安全与隐私保护的重视达到了前所未有的高度。园区平台在当前复杂环境下，各类系统与服务林立，各自为政的身份认证机制要求用户频繁地在不同系统间切换并重复输入认证信息，不仅极大降低了操作便捷性，还显著增加了管理与维护的成本。这种碎片化的认证体系成为制约平台整体效能与用户体验的关键因素。为应对上述挑战，园区平台亟须从用户认证、系统安全、业务整合及体验提升四个维度进行全面优化。

① 在用户认证方面　引入统一身份认证平台，实现单点登录（SSO），让用户仅需一次认证即可访问所有授权系统，减少重复操作，提升认证效率与安全性。

② 在系统安全方面　通过集中化的身份管理与权限控制，加强访问控制策略，确保敏感数据的访问仅限于授权用户，有效防范数据泄漏风险，提升系统整体安全水平。

③ 在业务整合方面　打破系统间壁垒，促进数据在合法合规前提下的共享与交换，优化业务流程，实现各系统间的无缝对接与协同工作，提升整体业务效能。

④ 在体验提升方面　简化认证流程，减轻用户操作负担，同时根据用户角色与权限提供个性化服务界面，提升用户体验满意度。

下面以浙江杭州湾上虞经济开发区为例，介绍统一身份认证平台在园区的应用。

## 案例 21  统一身份认证平台——浙江杭州湾上虞经济开发区

### （1）适用技术应用场景概况

杭州湾上虞经济开发区成立于 1998 年，前身为 1998 年浙江省石化厅批复成立的上虞精细化工园区，规划面积 10 平方公里，属于杭州湾南岸的滩涂围垦地。2002 年，浙江省经贸委批复上虞精细化工园区二期规划，新增面积 11 平方公里，园区总面积增加到 21 平方公里，并更名为杭州湾精细化工园区。2006 年，国家发展和改革委核准保留为省级开发区，并更名杭州湾上虞工业园。2013 年 11 月，开发区由国务院批准升格为国家级杭州湾上虞经济技术开发区。2019 年初，国家级杭州湾上虞经济技术开发区和省级浙江省上虞经济开发区（南片）实现跨区域整合，并正式挂牌。

随着园区的发展，杭州湾上虞经济开发区根据不同时期的业务需要由不同的建设方构建了不同的应用系统，各应用系统都有独立的用户库，用户在每个应用系统中都有独立的账号。随着业务系统不断地增加，在访问不同的应用系统时，需要记录对应的用户名和密码，多个用户名和密码极易记混，如果忘记或记错某一个业务系统的用户名或密码就无法登录。

因此，杭州湾上虞经济开发区对园区内系统优化，建设统一身份认证平台，确保系统内用户只需记录一个用户名密码，登录一个平台后即可实现访问不同时期、不同建设方构建的应用系统，以及实现各应用系统的透明跳转，提升信息化给园区带来的快捷性和高效性。

### （2）可应用技术手段

面对身份认证优化的目标，一般技术手段包括 AD、LDAP、数字证书、智能卡与 USB 接口等方式，统一身份认证系统架构图如图 5-15 所示。

① 基于 LDAP 构建的身份认证平台提供一种标准方式来存储、检索和管理网络中的用户、设备、资源等对象的属性信息，但 LDAP 协议本身相对复杂，需要专业知识进行配置和管理，增加了管理和维护的难度，并且在未正确配置或更新时，可能存在安全漏洞。在某些情况下，LDAP 的扩展性可能受到限制，特别是在大型企业和多地区环境中，数据同步和访问速度可能受到影响。LDAP 虽然是一个开放的标准协议，但在与某些流行的云计算集成方面可能存在一定的兼容性问题，限制了选择云服务时的灵活性。

② 基于 AD 构建的身份认证平台在部署和配置上相对复杂，并且 AD 是微软公司开发的目录服务技术，一些现代化的云计算和 SaaS 不完全支持 AD 的集成，并且随着网络规模的扩大和用户数量的增加，管理成本可能会上升。

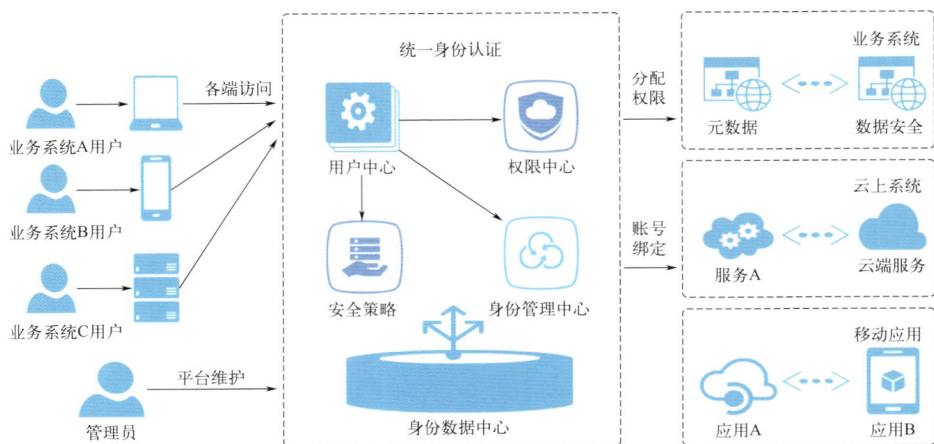

图 5-15　统一身份认证系统架构

③ 基于数字证书、智能卡与 USB 的身份认证平台通过使用密钥基础设施，包括证书颁发机构（CA）、数字签名和数字证书、密钥等，实现用户身份的安全认证。但需要较大的初始投入，包括硬件、软件以及人力成本，一旦丢失或损坏可能导致用户无法正常访问受保护的服务，并且最终用户在使用 PKI 与数字证书、智能卡与 USB 接口过程中存在一定难度。

### （3）浙江杭州湾上虞经济开发区实际技术应用

浙江杭州湾上虞经济开发区通过集成用户认证协议构建统一身份认证平台，为园区提供了一种更为便捷、高效且经济的身份认证管理体系，园区可根据实际需求，使用统一身份认证平台服务构建及整合内部账号体系，实现跨应用、跨系统的身份管理和权限控制。

系统的技术架构如图 5-16 所示。

浙江杭州湾上虞经济开发区创新性地融合了先进的认证协议，增加访问控制模型、虚拟专用网络、IAM 身份即服务及账户全生命周期管理等功能，全方位提升了园区的身份验证集成度、安全防护层级及用户体验。与传统技术手段对比，平台通过构建一站式组织架构解决方案，实现了账户从创建到注销的全生命周期自动化管理，同时支持应用接入的单点登录（SSO）机制，极大地简化了用户操作流程并精细控制了账号权限分配，确保了资源访问的合规性与高效性。同时引入了多样化的认证机制，包括但不限于强密码策略、多因素认证等，以满足不同安全需求场景。同时，配备了全面的审计系统，能够实时记录并追溯每一次访问过程与内容，为安全事件的调查与响

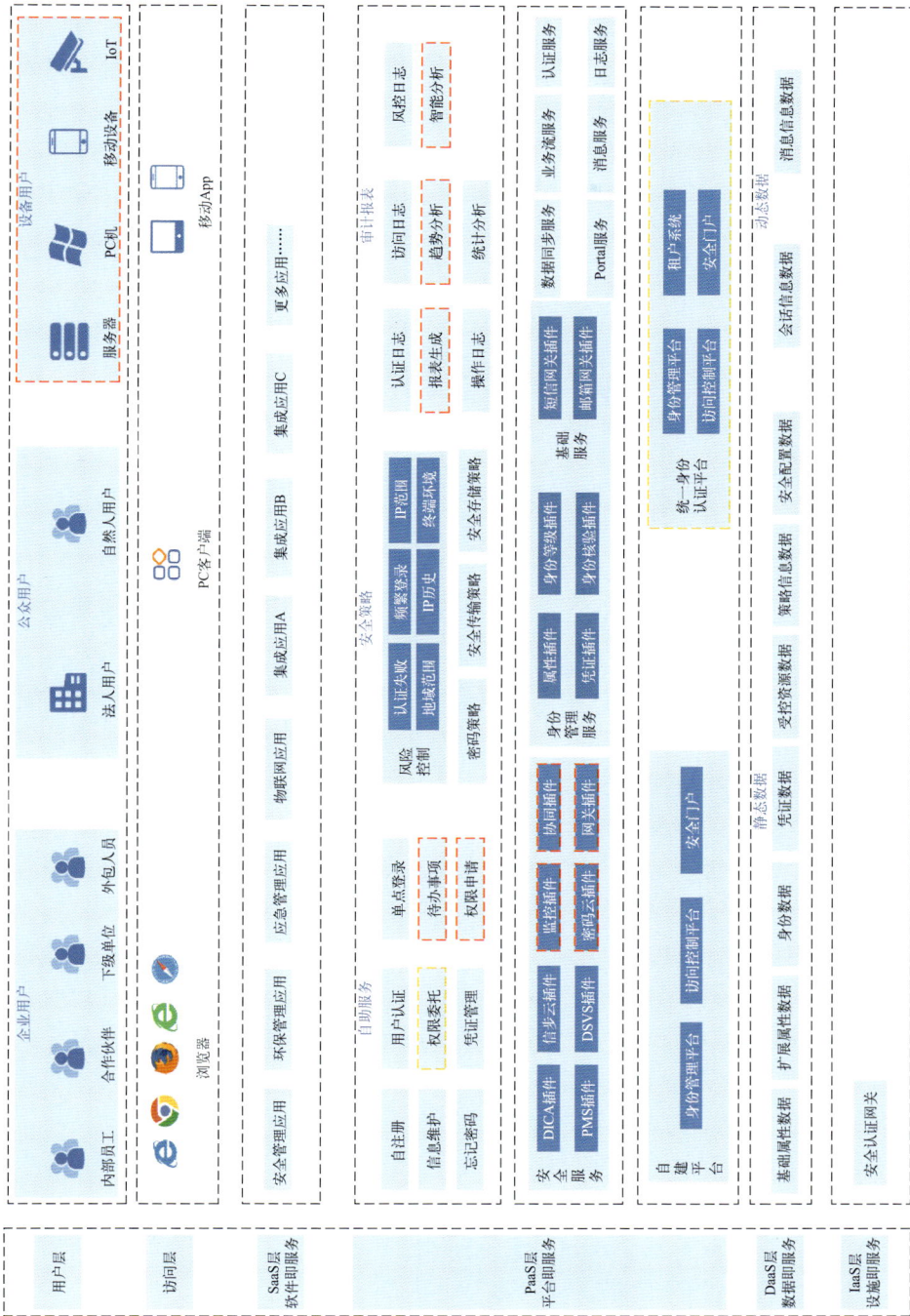

图5-16 系统的技术架构

**用户层**

企业用户：内部员工、下级单位、外包人员、合作伙伴
公众用户：法人用户、自然人用户
设备用户：服务器、PC机、移动设备、IoT

**访问层**

浏览器、PC客户端、移动App

**SaaS层 软件即服务**

安全管理应用、环保管理应用、应急管理应用、物联网应用、集成应用A、集成应用B、集成应用C、更多应用……

**PaaS层 平台即服务**

自助服务：自注册、信息维护、忘记密码；用户认证、权限委托、凭证管理；单点登录、待办事项、权限申请

安全策略：
风险控制：认证失败、地域范围、频繁登录、IP历史、IP范围、终端环境
密码策略：安全传输策略、安全存储策略

身份管理服务：属性插件、身份等级插件、凭证插件、身份核验插件
基础服务：短信网关插件、邮箱网关插件

审计报表：认证日志、报表生成、操作日志、访问日志、趋势分析、智能分析、风控日志、统计分析

数据同步服务、业务流服务、Portal服务、消息服务

安全服务平台：
身份管理平台：DICA插件、PMS插件、信息云插件、DSVS插件、监控插件、密码云插件、访问插件、网关插件
访问控制平台、安全门户

自建平台：
身份管理平台、访问控制平台、安全门户
统一身份认证平台
租户系统、安全门户

**DaaS层 数据即服务**

静态数据：基础属性数据、扩展属性数据、凭证数据、身份数据、受控资源数据、策略信息数据、会话信息数据、消息信息数据
动态数据：安全配置数据

**IaaS层 设施即服务**

安全认证网关

应提供了坚实的数据支持，进一步增强了园区的整体信息安全防护能力。

① 在身份认证方面　采用 Security+OAuth+ 密钥方式实现身份认证，OAuth 允许在用户授权的前提下访问特定资源，而不是直接获取用户的账号密码，并且支持多种授权模式，适应不同应用场景需求。统一身份认证流程如图 5-17 所示。

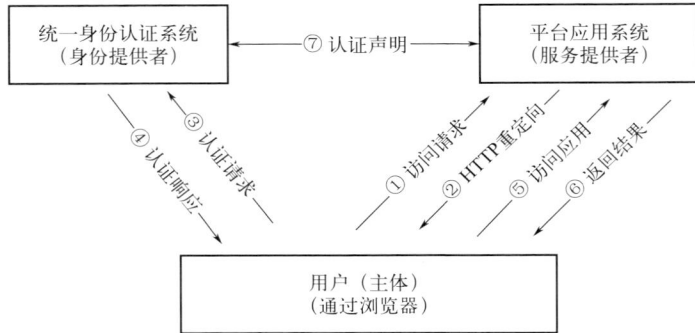

图 5-17　身份认证

② 在业务整合方面　OAuth 为行业标准协议，大多数现代网络服务均支持 OAuth，方便开发者集成。平台开放身份和访问管理（identity and access management，IAM）功能提供给园区开发商，通过 Security+OAuth+ 密钥方式可以简化第三方开发商的身份管理和访问控制，开发商通过云端集中化地创建、管理和维护数字身份及其相应的权限与访问策略，通过标准化协议（如 SAML、OIDC、OAuth 等）实现单点登录，简化多应用环境下的用户身份验证流程，能够轻松集成各种云应用和本地应用资源。

③ 在安全方面　在安全框架基础之上重写密钥格式，采用 SHA256+ 随机盐（salt）对原始密码进行混淆，并进行 1024 次加密迭代，防止彩虹库的攻击，杜绝了中间人监听，实现了各个应用系统统一账号、统一认证、统一授权、统一审计，为用户提供多个应用一键单点登录的功能，实现了数据的集中管控。在安全通信上采用虚拟专用网络（VPN）控制和 SSL/TLS 相结合的模式，通过 SSL/TLS 实现应用层面的安全通信，VPN 实现端到端网络层面的整体安全，对通过连接的所有网络活动进行加密，包括但不限于网页浏览、邮件发送、文件传输等，提供了全面的网络层加密。对于第三方应用，平台提供临时或角色 -based 的访问权限，确保开发商只能访问他们所需的特定资源，从而保护敏感数据和系统。

④ 在体验提升方面　为园区内供应商开发人员、园区用户、企业用户

根据角色和权限设定不同的访问规则，确保只有授权用户才能访问特定的内部资源，允许用户在任何有互联网接入的地方（如家庭、咖啡馆、酒店或出差途中）访问原本仅限于内网的资源，保障园区数据的安全流动。

### （4）适用技术应用效果

系统运行期间，杭州湾上虞经济开发区基于统一身份认证平台，对园区内系统进行优化升级，使园区在用户体验、安全性、管理和监控的便利方面有明显的提升效果。

① 在用户体验的提升方面  杭州湾上虞经济开发区监管平台原先多个独立的业务系统，包括安全、环保、应急、安防等业务的安全监管平台、雨水管控平台、危化品车辆的定位系统、异味评价系统、融合通信系统等，通过统一身份登录认证，园区用户只需要使用一组用户名和密码就可以访问多个应用程序，不需要记住多个账号密码，园区监管人员只需一次登录，就可以访问所有授权的内部系统，提高了工作效率并减少了记忆多个用户名和密码的困扰，提升了用户的使用效率、便利性和用户体验。

② 在安全性提升方面  杭州湾上虞经济开发区下平台系统的账户管理、身份认证、用户授权、权限控制等由统一身份认证平台处理，同时对于杭州湾上虞经济开发区第三方应用系统提供安全的通道，通过授权认证接口，可以获取用户身份认证、用户信息、单点登录、获取用户权限列表等信息，为数据的涉密性、账号的安全性提供了更好的保障，确保只有授权的用户才能访问特定的应用程序和服务，同时支持加强密码策略和访问控制，减少账号密码被盗用的风险。

在杭州亚运会期间，杭州湾上虞经济开发区在攻防演练行动中，统一身份认证平台通过使用强密码、定期更改密码、多因素身份验证、账户锁定等功能措施有效地防范了暴力破解、字典攻击、默认密码攻击、彩虹表攻击等，保障了园区信息系统的安全运行。

③ 在管理和监控的便利提升方面  统一身份认证平台集中管理和监控用户的访问行为，包括登录时间、地点、IP 地址等信息，方便杭州湾上虞经济开发区对平台的操作进行审计和监管。

# 5.8　园区定位系统

近年来，化工园区快速发展，规模越来越大，在为地方经济带来巨大贡献的同时，也带来了巨大的安全风险问题。从目前的情况来看，园区仍然存在着一些管理漏洞，例如，难以实时监管出入人员的状态与行动轨迹、重要区域监管不到位、巡检工作容易发生疏漏等。这既对园区智慧化管理系统建设的信息化水平提出了更高要求，也需要各大企业就如何采用更加先进、可靠、便捷的手段精准获取人员实时位置和移动轨迹，开展科学深入的探讨，以提升企业自身的安全管理水平与核心竞争力。目前主要应用的定位系统有蓝牙信标定位、UWB 定位系统、全球定位系统（GPS）、北斗卫星导航系统（BDS）等多种技术手段。

蓝牙信标定位是一种利用蓝牙信标技术实现对物体或人员位置进行精确定位的技术。与传统的 GPS 定位不同，蓝牙定位主要在室内环境中应用，通过合理部署在室内的蓝牙信标和移动设备之间的信号强度来确定位置。工业安全生产也是蓝牙信标定位技术的适用场景，包括化工厂、建筑工地、地下管廊等，目的是对工作人员进行实时定位追踪，提高人身安全的保障。被定位的对象通常是工作人员佩戴的工卡、手环、安全帽等可穿戴设备。

UWB 定位系统是一种基于超宽带技术的定位系统，它利用高频率、短脉冲的电磁波来实现精准的定位。相比传统的蓝牙信标定位系统，UWB 定位系统具有更高的精度和更低的误差。在工业领域，UWB 定位系统可以用于人员车辆定位管控、机器人导航、物流管理等，提高生产效率和安全性。但 UWB 定位系统也面临着硬件设备要求、定位误差、法规频谱等因素的挑战和限制，对于 UWB 定位系统的进一步研究和优化仍然是一个重要的课题。

GPS 是美国研制发射的一种以人造地球卫星为基础的，向全球各地全天候、实时性地提供三维空间位置、三维速度等信息的高精度无线电导航的卫星定位系统，是全球范围内应用最广泛的定位导航系统。

BDS 是中国着眼于国家安全和经济社会发展需要，自主研发建设、独立运行的全球卫星导航系统，是为全球用户提供全天候、全天时、高精度的定位、导航和授时服务的国家重大的时空和信息化基础设施，也成为体现中国现代化大国地位和国家综合国力的重要标志。2020 年 7 月，北斗三号全球卫星导航系统正式建成开通，进一步提升了北斗系统的定位导航与短报文通信等服务能力，为北斗的行业化应用与产业化发展开拓了更加广阔的前景。

基于化工园区对于人员状态管控的要求，着眼于及时掌握人员位置信息、移动轨迹以及对危险区域人车聚焦数据进行统计，结合园区的智慧管理信息化系统，利用北斗高精度定位技术实现对园区人员位置实时监控与安全管控，可提升园区智慧管理的信息化、精细化、智能化水平。

下面以中国石油化工（钦州）产业园为例，介绍北斗高精度定位技术在园区安全生产智慧化管理的应用。

## 案例 22　北斗高精度定位技术应用——中国石油化工（钦州）产业园

### （1）适用技术应用场景概况

中国石油化工（钦州）产业园（园区其他情况详见案例 12）涉及原油、柴油、汽油、石脑油、苯、丙烷、液化石油气、液氨、液氯等易燃易爆、有毒有害的危险物质 100 余种，集大型罐区生产、存储、运输于一体，储罐密集，危化品储量大，化工园区内道路危险品物流车辆密集、流量大。为了加强园区化工（危险化学品）企业生产区域人员管控，精确显示生产区域内在线人员动态，第一时间掌握企业应急状态时涉险人员情况，提高应急救援效率，杜绝未经培训、未经批准人员进入生产区，园区急需实施智慧化管理，特别是需要精准定位技术。

### （2）可应用技术手段

为解决园区智慧化管理中的人员位置实时监控与安全管控问题，通常会采用卫星定位＋蓝牙定位技术与图像识别技术相结合的手段。

① 定位技术方面　为园区人员配备具有室外区域 GPS/ 北斗卫星单点定位能力的普适型手机 /PDA/ 工卡等便携终端，在此基础上通过在园区室内区域部署蓝牙信标，补充提供基于蓝牙定位技术的室内定位能力，从而能够实现基本覆盖整个园区的米级定位（图 5-18）。但卫星单点定位和蓝牙定位这两种技术均存在一定局限性，性能受周边地形环境影响较为严重，定位精度较低（米级），且室内外切换时两种定位技术间难以做到快速流畅切换以保持连续稳定定位，因此该手段难以持续可靠地掌握人员的实时位置和移动轨迹，也难以根据人员位置准确判断是否发生人员聚集 / 高风险区域作业等情况，从而无法为人员安全管控提供有效支撑。

② 图像识别方面　通常采用影像信息采集 +AI 识别算法的手段，在园区内需要监控的关键区域部署高清视频摄像头等视频 / 图像采集终端，将 AI 图像识别算法搭载于前端终端内或者部署于后端管控平台，通过对实时采集的高清监控影像进行智能识别，判断监控区域内的人员状态是否出现异常并第一时间告警（图 5-19）。但一方面受限于园区环境，部分区域可能不具备部署图像采集终端的条件（处于高危区域或存在安装 / 供电等因素的限制）；另一方面，单个终端可监控的范围有限，若要采用该手段覆盖整个园区的监控管理，会大幅增加建设成本，是企业在开展智慧化管理时不得不考虑的重要制约因素。

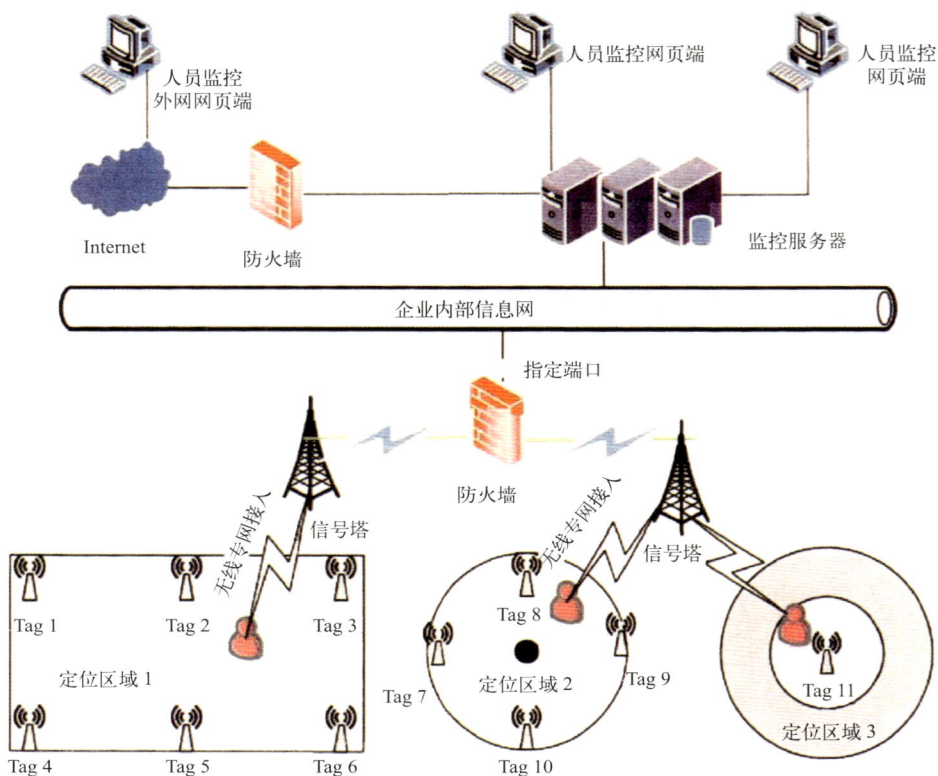

图 5-18　定位技术

　　为此，中国石油化工（钦州）产业园为园区内的人员和车辆配备了北斗高精度定位工卡，可实时精准获取人员车辆的动态位置信息（定位精度可达亚米级），并通过运营商网络上传至配套建设部署的北斗定位管理子系统。北斗定位管理子系统在获取北斗定位工卡实时长传的定位数据的基础上，集成远程目标监控、重点部位可视化监察、车辆动态管理、人员定位规则管理、模拟演练系统、应急广播系统等于一体，利用 GIS 图控技术，可方便地建立起整个园区的可视化、数字化信息管理平台，并通过数据与应用接口服务于整个园区智慧化管理系统，为系统的区域管理、人车进出管理、车辆统一管理、综合实时监测、数据智能分析和预警控制等功能提供技术支撑，并能够结合视频监控、无人机、室内蓝牙/UWB 等其他定位监控手段实现园区内全方位无盲区的监测管控。

　　该定位工卡（或其他载体）通过基于北斗三号卫星导航系统的高精度多模、多频芯片，在工业物联网背景下开展深度规模化应用，针对化工行业对

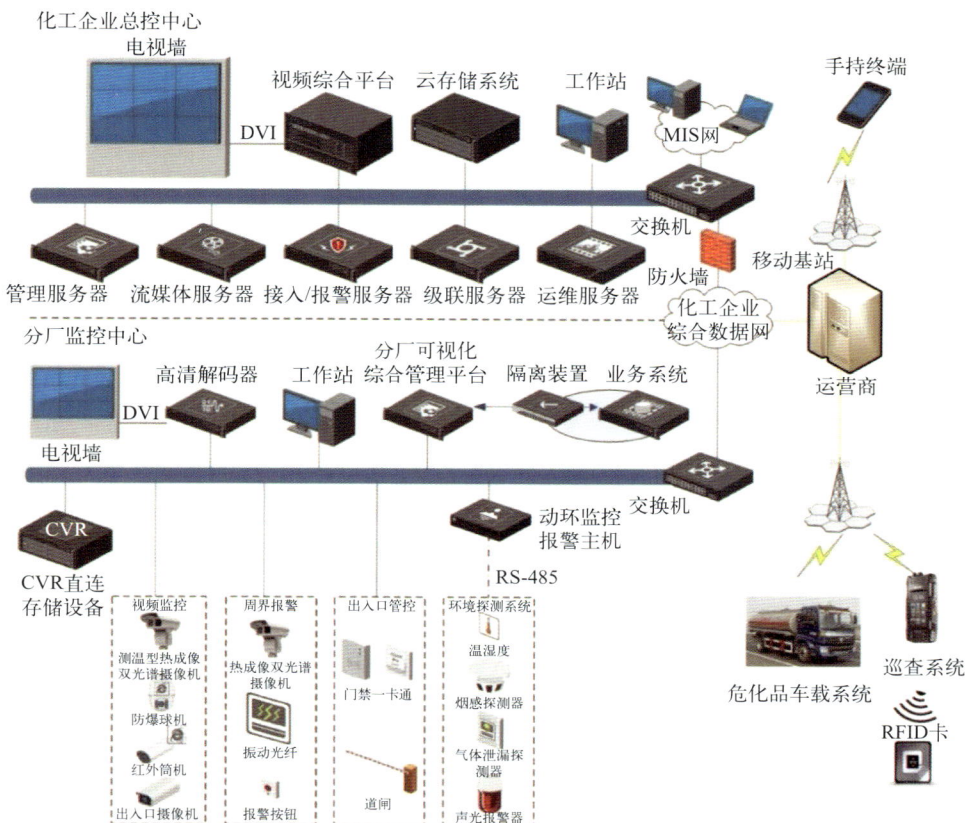

图 5-19　图像识别

北斗卫星系统终端产品体积小、功耗低、防爆性能高等要求，从顶层设计入手解决好系统指标分配、频率规划、算法方案、接口规范等，满足市场对性能、成本、功耗、面积越来越高的需求，创新性地以"北斗高精度定位工卡＋北斗定位管理平台"软硬结合的形式应用到了化工园区管理领域，基于通过北斗系统获取的人员车辆实时动态精准位置信息，有效解决了园区智慧管理的人员车辆作业监控与安全管控问题，大幅提升了园区智慧管理的信息化、精细化、智能化水平。

该应用在园区建设部署的定位管理平台以及北斗基准站等软硬件资源，未来还能够为拓展园区其他类型的北斗技术应用场景（例如管廊和罐体的形变／沉降监测等，参见表 5-1）提供理论依据与基础能力支撑，有效节省了后期的拓展建设成本，让北斗技术能够更加科学高效地助力化工园区迈向更加智慧化、高效化的管理模式。

表 5-1  应用场景

| 类型 | 应用场景 | | |
|------|----------|----|----|
| | 位置服务 | 高精授时 | 短报文通信 |
| 化工厂建设 | 野外地质调查、勘探；红线规划、测绘测量；基坑监测；GIS 地图采集、三维建模 | | |
| 化工厂运营 | 人员定位、受限空间定位；车辆位置、速度、轨迹的监控和报警（危化品车辆、工程、公务、通勤车辆等）；管道巡检；生产装置巡检；码头无人驾驶运送车辆；建筑物、装置、罐体变形监测；地面沉降监测 | DCS 控制系统、信息系统的精准授时；大型服务器和精密仪器的精准授时 | 物联网终端监测数据采集传输 |
| 产品销售 | 码头无人驾驶运送车辆导航、水路运输船舶定位（一次物流配送）、油罐车等危化品车辆定位（二次物流配送） | 罐体液位仪和自助发货系统的授时 | 应急通信 |

### （3）中国石油化工（钦州）产业园实际技术应用

北斗高精度定位工卡在室外使用北斗导航卫星定位，通过获取北斗定位基准站播发的差分改正数据，使定位终端实现亚米级高精度定位。在室内场景使用蓝牙定位技术现室内场景定位。定位终端通过运营商 4G/5G 网络将位置数据回传至服务器，服务器解算后，在平台端进行展示。系统主要由北斗高精度定位工卡、北斗定位基准站、蓝牙信标及管理平台组成，涵盖室外和室内两大场景。系统架构如图 5-20 所示。

室外定位：在园区室外区域，采用北斗卫星定位技术进行定位，为达到高精度定位效果，可通过使用北斗定位基准站系统，对定位数据进行改正，使定位设备可达到 1 米以内定位精度。

室内定位：在生产车间区域，通过部署蓝牙信标的方式来定位，实现园区生产车间内定位。

系统基于多系统的融合算法引擎，可做到室内室外流畅切换连续定位，有效解决室外光域部署成本高、精度差、室内外切换难等问题。

人员定位系统也称"智能化二道门人员管理系统"，以人员定位技术为核心，整合访客管理、出入口控制、地图、人脸识别、视频监控数据采集等各种管控技术，平台含有精准实时定位、轨迹查询、报警管理、电子围栏、智能统计、设备管理等功能。

系统可通过配置人员定位规则实现自动报警。支持基于以下类型定位规则触发。①安全边界：无授权人员闯入安全区域，或者无授权人员离开安全

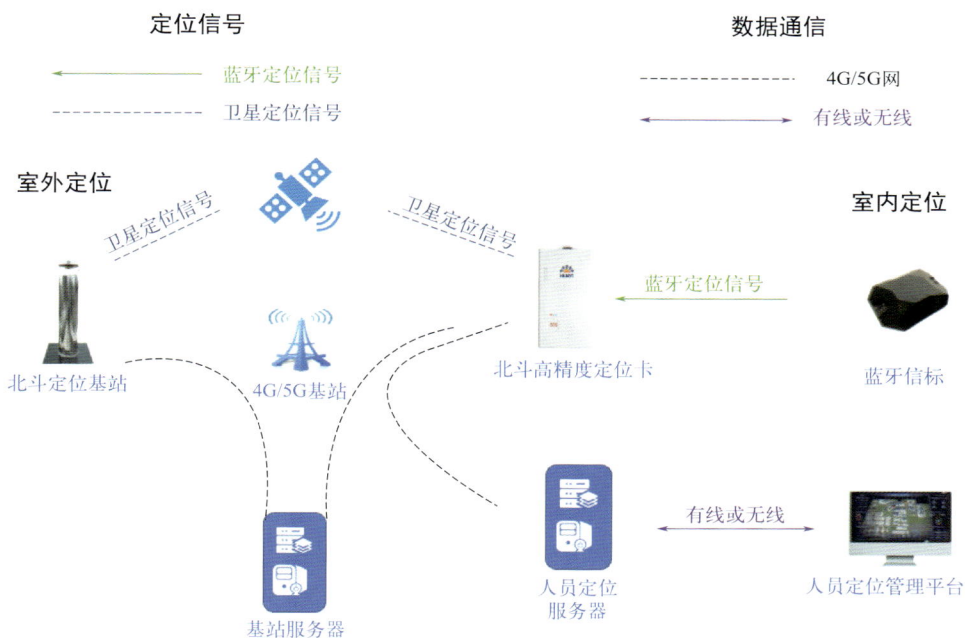

图 5-20  北斗高精度定位系统架构

区域；②人员滞留：人员在某个区域滞留时间超出限度；③人员聚集/离散：某个区域人数超出上限或不到指定人数时，触发超员/缺员报警。同时还支持 SOS 一键呼救报警、低电量报警、离线报警，且支持与安全作业应用联动，可展示并记录安全作业相关报警（作业超时、未定期检测有害气体、作业区域非法闯入等）。

基于园区高清地理数字地图的综合展示/查询功能，实现通过北斗高精度定位获取人员/车辆实时位置查询、人员定位在岗、实时分区域分类别统计分析、人员/车辆轨迹查看、特定安全行为识别报警等功能。满足直观、可视化，以流程图等展示形式，方便调度人员根据实际工况展现及预测，通过图形中的点信息，可以弹出表格或趋势图，直观分析实时和历史数据情况（图 5-21）。

北斗高精度定位工卡除了为长期在园区内工作的车辆统一配备外，还将给进入化工园区的所有临时车辆发放，并在电子地图上实时展示所有车辆的运行轨迹，对运输的货物、运输线路、处置等过程智能化监控，感测、分析各项关键信息，及时准确识别出违法违规行为，形成报警信息及时通知相关管理人员和相关企业管理者，以实现对违法违规行为的及时纠正和处理，并能提供视频回放和拍照取证（图 5-22、图 5-23）。

图 5-21　基于 GIS 可视化管理

图 5-22　对于车辆统一管理

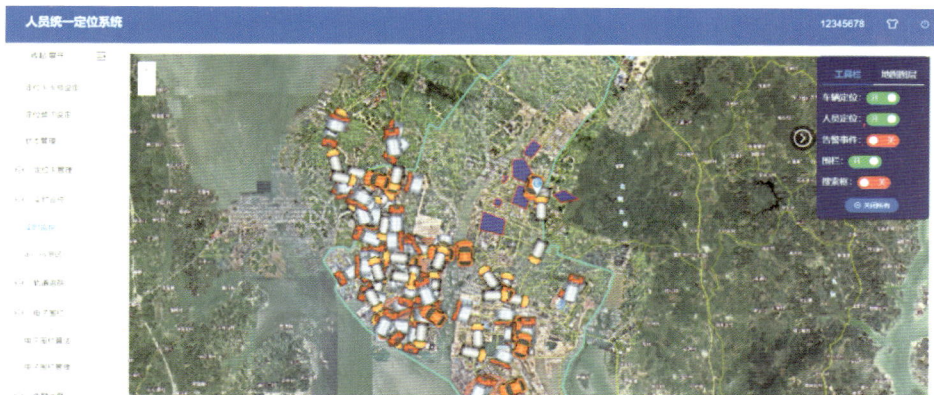

图 5-23　车辆定位

　　在此基础上，结合化工园区的特殊业务需求，为园区管理者提供可视化监管、远程调度、流程优化等辅助手段，最终辅助园区提升生产安全水平。

### （4）适用技术应用效果

　　目前园区已应用 8000 张北斗高精度防爆定位卡和 2000 张北斗高精度常规定位卡，并配套建设了一座北斗差分定位基准站和一套人员定位管理平台，主要用于园区内企业人员的定位管理和园区访客的定位管理。该应用模式在园区内化工企业陆续投入使用并取得显著成效。通过定位卡实现的人员定位效果良好，在室外开阔环境中定位精度非常高（误差不超过 1m），有效消除了传统的蓝牙等定位手段中信号的漂移和误差，精准还原了人员的移动路径，即使定位卡置于车辆内，也能够达到移动轨迹准确贴合园区道路的水平，从而为园区的人员车辆安全管控提供了精准可靠的位置信息支持。该应用模式已开始着手推广至新疆第七师胡杨河经开区重点化工产业聚集区等其他各省市园区，带动化工行业内相关企业跟进采用相关应用模式，实现化工园区的智慧管理与风险安全管控。

# 第6章

# 智慧化工园区
# 业务应用实例

智慧化工园区
建设与管理

Construction and Management of
**Smart Chemical Industry Park**

平台应用层有智能化处理、自适应性强、高度集成、用户体验优化等多种优点。其功能主要有智能数据管理、智能设备管理、智能服务提供、智能安全与隐私保护、智能资源优化、互操作性增强。其作用在整个体系中至关重要，它不仅确保系统的稳定运行，同时还提供了构建创新应用的基础，通过平台应用层，系统能够实现智能化的数据处理和决策，从而为化工园区各项管理提供有效的支持。

# 6.1　园区安全生产

化工行业普遍存在生产流程长、过程复杂、危险化学品种类繁多、安全风险及安全管理压力大、专业复合型人才短缺等问题。化工园区对企业的安全生产管理，通常以企业安全生产履职、工艺过程安全管理、作业过程管理、安全培训管理、应急管理、事故事件管理、安全生产检查、安全生产标准化、危险化学品安全生产的监督和指导管理为主要管理重点。

① 企业安全生产履职　是指强化安全生产体制、机制建设，建立健全企业全员安全生产责任体系。

② 工艺过程安全管理　是指强化工艺过程安全管理，提升本质化安全水平。

③ 作业过程管理　是指加强作业过程管理，确保现场作业安全。

④ 安全培训管理　是指实施规范化安全培训管理，提高全员安全意识和操作技能。

⑤ 应急管理　是指加强应急管理，提高应急响应水平。

⑥ 事故事件管理　是指加强事故事件管理，提升事故防范能力。

⑦ 安全生产检查　是指建立完善的安全生产监督检查制度，采取定期和不定期的形式对各项管理制度以及安全管理要求落实情况进行监督检查。

⑧ 安全生产标准化　是指积极推进企业安全生产标准化工作，提高企业安全管理水平。

⑨ 危险化学品安全生产的监督和指导管理　是指加大安全监管力度，强化对危险化学品安全生产工作的组织领导。

下面以重庆长寿经济技术开发区为例，介绍化工园区企业安全生产技术在园区的应用。

## 案例 23　园区安全生产技术——重庆长寿经济技术开发区

### （1）适用技术应用场景概况

重庆长寿经济技术开发区（简称长寿经开区）为国家级经济技术开发区，管理服务面积 102 平方公里，累计开发面积达 45 平方公里，市场主体 2 万余家，其中各类工业企业 347 家（其中化工企业 88 家，工贸企业 259 家）。开发区重点发展天然气化工、石油化工、化工新材料新能源、钢铁、装备制造等产业，是国家级循环经济试点经开区、国家化工新材料高新技术产业化基地和重庆市重化工产业基地。

重庆长寿经济技术开发区近年来经济快速发展，已经步入千亿级开发区行列，但安全生产信息化水平与经开区社会经济发展、安全生产管理需求之间存在较大的滞后性，特别是在督导企业履行安全主体责任上，监管水平和信息化能力有待提高。长寿经开区还处于发展阶段，在安全生产档案规范化的管理方面就必须保证安全生产档案的完整性和管理有效性，以面对安全生产档案类型、版本多及有效期多样的复杂情况，这对企业和园区的安全生产规范化极为重要。长寿经开区北片区为重化工企业聚集地且临近长江的区域，一旦发生火灾、爆炸或毒物泄漏扩散事故，将对长江水质安全和经开区人民生命健康构成严重威胁，因此，必须强化园区安全实时动态监控和安全监管，预防和消除事故风险。对企业日常安全生产管理履职执行情况通常采用线下监督、检查模式，存在线上监管覆盖面不全、非连续式管理、大量依赖人力资源投入、人力专业能力要求高等问题。园区及安全生产主管部门的定期、不定期检查评估，通常需要耗费较多的人力，且仅能反映检查期间的情况，难以适应化工企业安全生产主体责任动态履责评估的要求，特别是在新项目建设投运、产品线开停机、人员及其资质变动、特种设备检定等环节，难以实时督导企业安全生产履职，不少企业存在平时不注重日常的安全生产规范化管理，在临近检查时突击补材料、突击补漏洞的行业痼疾，事实上积累了安全生产风险。此外，园区内企业数量众多、化工工艺复杂程度高，而园区管理人员数量、专业水平存在较大的缺口，迫切需要采取新的管理方法和管理工具，帮助园区全面、实时了解企业安全生产动态和履职情况。

因此，重庆长寿经济技术开发区对园区内安全生产管理系统进行统一建设、实时监测预警、业务化应用，提升企业风险管控能力和本质安全水平以及园区的重大安全风险防控能力，助力园区应急管理体系现代化、化工行业高质量发展。

## （2）可应用技术手段

在应急管理部〔2022〕5号文件指导下，全国化工园区安全风险智能化管控平台建设已初具雏形，基于二/三维地理引擎等技术构建园区地理信息场景，实现对园区企业基本情况、装置开停车、园区风险分区、重大危险源、风险隐患、报警分布、特殊作业、人/车/物流、公共区域异常情况、应急救援等多形式、多模式、多维度的可视化监测预警、统计分析和智能化管控调度。

传统安全生产管理系统架构图如图6-1所示。

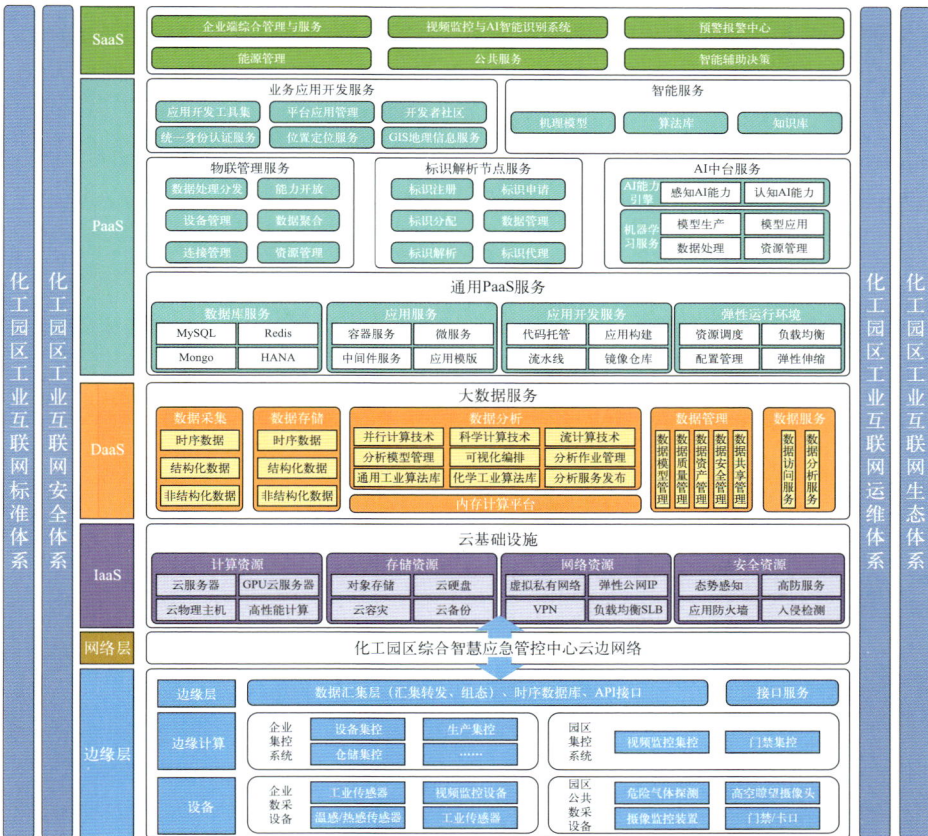

图6-1　传统安全生产管理系统技术架构

传统安全生产管理系统，重点实现安全基础管理、重大危险源安全管理、双重预防机制、特殊作业管理、封闭化管理、敏捷应急、气体探测和大范围速扫等功能，通过"搭积木"方式实现化工园区安全生产管理。

① 在安全基础管理方面　实现园区基础信息管理、安全生产行政许可

管理、装置开停车和大检修管理、第三方单位管理、执法管理等。

②在重大危险源安全管理方面　实现重大危险源的安全包保责任落实监督、在线监测预警、重大风险管控、评价/评估报告管理及隐患管理和重大危险源企业分类监管。

③在双重预防机制方面　实现与企业双重预防机制信息系统对接、双重预防机制建设及运行效果抽查检查和隐患整改情况督办提醒等，推动企业有效运行双重预防机制，提升安全风险防控水平。

④在特殊作业管理方面　实现园区内企业特殊作业的报备、统计分析、线上抽查检查，有效防范化解特殊作业安全风险。

⑤在封闭化管理方面　在建设完善园区门禁/卡口、周界防入侵、人员/车辆定位、流量管控、危险化学品车辆专用停车场等硬件设施的基础上，过程动态监测定位出入化工园区的人员、车辆、货物，实现化工园区人流、车流和物流出入管控及运动路径的规范和优化，确保区域安全风险有效隔离，切实防范外来输入风险。

⑥在敏捷应急方面　实现安全生产应急预案管理、应急演练管理、应急资源管理、应急指挥调度、应急辅助决策，推动园区、企业落实日常应急管理及与各级政府间的应急联动，为事故应急提供技术支持，辅助园区进行快速、精准、科学应急响应。

⑦在气体探测和大范围速扫方面　实现园区公共重点区域危险气体浓度实时监测、泄漏及时报警；实现对公共管廊关键部位视频图像、物料泄漏、地基沉降等的实时监测、预警；实现公用工程（水、污水、电、气、热）安全风险实时在线监测。

### （3）长寿经济技术开发区实际技术应用

长寿经济技术开发区在广泛采用物联网、互联网技术等现代信息技术的基础上，构建了完善的安全生产管理系统，在化工园区安全风险智能化管控平台常规六大功能模块基础上，构建企业安全生产行为智能评价，通过信息化方式监管企业安全生产履职尽责，全面提升企业本质安全和安全生产履职水平角度，从根本上化解园区安全生产风险。长寿经开区安全生产管理系统的技术架构如图6-2所示。

企业安全生产行为智能评价以安全生产管理系统平台汇聚的企业数据为数据基础，以园区实际企业安全生产监管工作需求为业务基础，建立安全生产积分管理制度，配套线上线下融合的企业安全生产行为智能评价工具和管理模式，利用平台汇聚的企业安全生产行为数据及园区、职能部门监管信息，图中技术架构内容：

左侧纵向：化工园区工业互联网标准体系 | 化工园区工业互联网安全体系
右侧纵向：化工园区工业互联网运维体系 | 化工园区工业互联网生态体系

**SaaS**
- 企业安全生产行为智能评价
- 企业端综合管理与服务 | 视频监控与AI智能识别系统 | 预警报警中心
- 能源管理 | 公共服务 | 智能辅助决策

**PaaS**

业务应用开发服务
- 应用开发工具集 | 平台应用管理 | 开发者社区
- 统一身份认证服务 | 位置定位服务 | GIS地理信息服务

智能服务
- 机理模型 | 算法库 | 知识库

物联管理服务
- 数据处理分发 | 能力开放
- 设备管理 | 数据聚合
- 连接管理 | 资源管理

标识解析节点服务
- 标识注册 | 标识申请
- 标识分配 | 数据管理
- 标识解析 | 标识代理

AI中台服务
- AI能力引擎：感知AI能力 | 认知AI能力
- 机器学习服务：模型生产 | 模型应用
- 数据处理 | 资源管理

通用PaaS服务
- 数据库服务：MySQL | Redis | Mongo | HANA
- 应用服务：容器服务 | 微服务 | 中间件服务 | 应用模版
- 应用开发服务：代码托管 | 应用构建 | 流水线 | 镜像仓库
- 弹性运行环境：资源调度 | 负载均衡 | 配置管理 | 弹性伸缩

**DaaS**

大数据服务
- 数据采集：时序数据 | 结构化数据 | 非结构化数据
- 数据存储：时序数据 | 结构化数据 | 非结构化数据
- 数据分析：并行计算技术 | 科学计算技术 | 流计算技术 | 分析模型管理 | 可视化编排 | 分析作业管理 | 通用工业算法库 | 化学工业算法库 | 分析服务发布
- 数据管理：数据模型管理 | 数据质量管理 | 数据安全管理 | 数据共享管理
- 数据服务：数据访问服务 | 数据分析服务
- 内存计算平台

**IaaS**

云基础设施
- 计算资源：云服务器 | GPU云服务器 | 云物理主机 | 高性能计算
- 存储资源：对象存储 | 云硬盘 | 云容灾 | 云备份
- 网络资源：虚拟私有网络 | 弹性公网IP | VPN | 负载均衡SLB
- 安全资源：态势感知 | 高防服务 | 应用防火墙 | 入侵检测

**网络层**
- 化工园区综合智慧应急管控中心云边网络

**边缘层**

边缘计算
- 数据汇集层（汇集转发、组态）、时序数据库、API接口 | 接口服务
- 企业集控系统：设备集控 | 生产集控 | 仓储集控 | ......
- 园区集控系统：视频监控集控 | 门禁集控
- 设备：
  - 企业数采设备：工业传感器 | 视频监控设备 | 温感/热感传感器 | 工业传感器
  - 园区公共数采设备：危险气体探测 | 高空瞭望摄像头 | 摄像监控装置 | 门禁/卡口

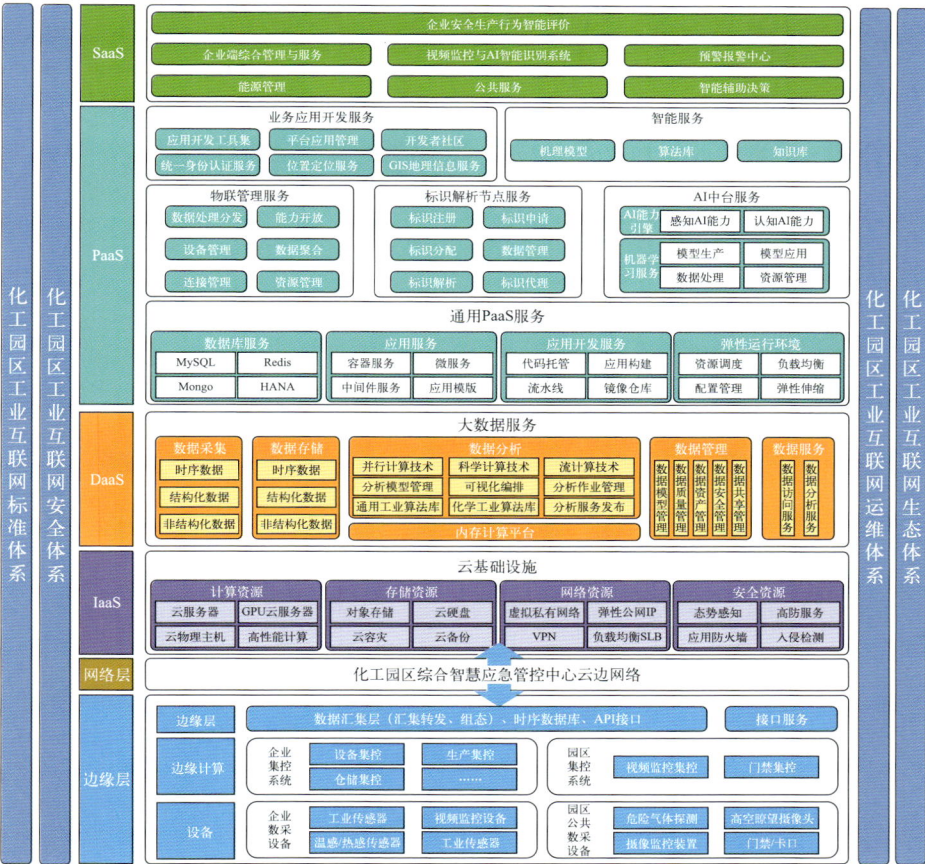

图6-2　长寿经开区安全生产管理系统的技术架构

实时动态评估企业安全生产行为并给予加分、减分评价激励，快速及时地传递管理压力和督导要求，促进企业安全生产行为时刻保持警惕，及时快速处置相关异常和风险，确保企业安全生产行为时刻可知、可控、可防、可救。

以重庆长寿经开区的企业安全生产行为智能评价工作流程进行举例说明，具体工作方法如下。

① 建立企业安全生产行为积分管理制度　园区制定《长寿经开区安全生产积分管理实施细则》（图6-3），对适用范围、积分管理、积分结果运用、企业分类方法进行规定；根据园区实际情况，将园区企业按照安全风险等级分为4类管理，给予企业初始安全生产积分，并明确企业安全生产扣分、加分项及具体要求，并设置部分与信息化管理密切相关的指标项，一方面帮助园区客观、全面地评价企业安全生产行为，并通过灵活设置积分项和积分分值，

体现园区安全生产管理导向；另一方面帮助企业客观评价自身安全生产主体责任履责的情况，及时发现不足和薄弱环节，并及时给予纠正；此外，将安全生产积分与园区生产要素配置、支持政策相关联，促进企业将安全生产主体责任履责与生产发展的核心需求相关联，促进安全生产管理内需化、主动化。

**长寿经开区安全生产积分管理实施细则**

**第一章 总则**

**第一条** 为贯彻"安全第一、预防为主、综合治理"的方针，进一步加强经开区企业安全生产监督管理工作，严格落实企业安全生产主体责任，防止和减少安全生产事故发生，根据《中华人民共和国安全生产法》《重庆市安全生产条例》等相关法律法规要求，结合经开区实际，制定本实施细则。

**第二条** 本实施细则所称积分管理，是指经开区将企业安全生产工作情况量化成分值，在一个计分周期内进行动态的加分或扣分，并将结果运用到对企业的奖惩。

**第三条** 本实施细则所称重大隐患，遵从应急管理部门颁布的标准。

**第四条** 本实施细则所称相同隐患，是指企业在安全管理、设施设备、作业等过程中出现的同一类型隐患。

**第五条** 本实施细则所称受帮扶企业，是指经开区指定的，以年为周期，由第三方安全协助监管单位帮助其提升安全管理水平的企业。

**第六条** 本实施细则所称四类企业，是指经开区根据安全风险分级管控要求，将企业分成红、橙、黄、蓝四种安全风险等级。其中，红色企业为特别监管企业；橙色企业为重点监管企业；黄

图6-3　企业安全生产积分管理制度截图

②搭建企业安全生产行为智能评价功能模　依托智慧化工园区平台，搭建企业安全生产行为智能评价功能模块，实现评价指标体系所需在线数据的实时采集、申报数据的采集，与智慧化工园区平台建立了良好的数据共享、信息安全保障、系统兼容性和匹配性联动。企业安全生产行为智能评价技术构建了安全生产主管部门联动、上下协调、分级负责、分类监控的工作机制，形成权责清晰、全面覆盖、管控有效的工作格局，有效缓解当前安全生产监管范围广、数量大、任务重与监管力量严重不足的矛盾。

③建立线上线下协同的工作机制　企业安全生产行为智能评价技术在企业系统管理员、园区网格员、园区各级分管领导、园区系统管理员等各级管理人员共同配合下，构建各安监主管部门联动、上下协调、分级负责、分类监控的工作机制，形成权责清晰、全面覆盖、管控有效的工作格局，极大提升了园区安全生产管理工作效率。

④细化考核企业安全生产信息化管理实施行为　该技术将企业安全生产行为评价与智慧园区平台相结合，将企业的信息化程度纳入积分考核标准之中。具体的示例如下：其一，及时新增信息化、智能化的安全生产信息系

统和智慧应急系统的，加 5 分；其二，未按照规定填报企业每日生产动态和安全状态的，减 1 分；其三，接入经开区的企业视频不能正常调取的，减 5 分；其四，根据企业的性质进行分类管控。例如，危化企业需要 24 小时有人值守，并定位打卡；工贸企业可以申请备班，备班期间可以电话值班，无须定位打卡；不符合的减 5 分。

　　图 6-4 ～图 6-6 是部分平台计算、评价结果实例。

图 6-4　评价指标体系及配置示意

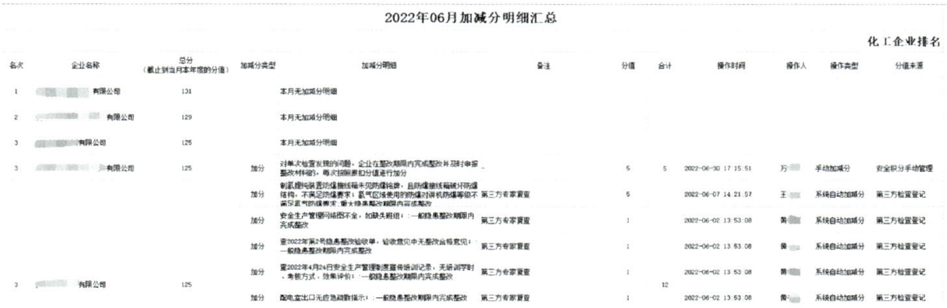

图 6-5　评价月报及扣减分汇总表示意

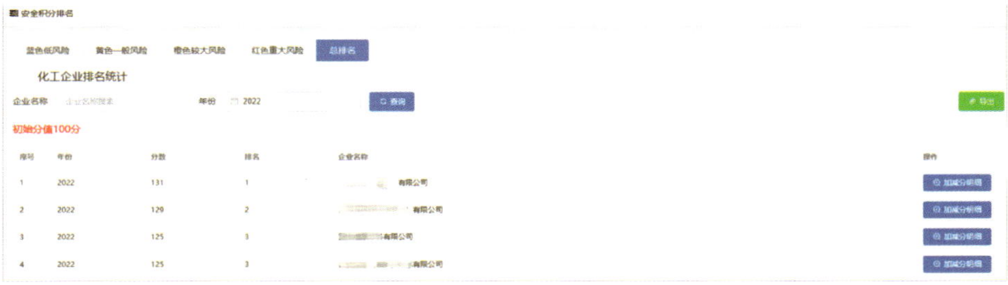

图 6-6　企业分类监管示意

### （4）适用技术应用效果

企业安全生产行为智能评价技术作为智慧化工园区安全生产管理系统的一个子模块，与传统的线上业务功能"搭积木"方式、线下靠人工管理模式相比，有着明显的优势：其一，基于信息化平台，数据来源、评价体系可靠，减少人为干扰；其二，量化企业安全生产行为评估；其三，权限设置、多方协作节省人力；其四，充分发挥信息化平台的数据自动更新能力，实现评分周期内评价结果及时动态更新；其五，评价指标体系可根据园区需求进行定制及适时调整，体现园区及政府管理导向；其六，实现企业安全生产分类管控，将有限的监管力量集中到高风险生产经营单位。

重庆长寿经济技术开发区应用该技术取得了以下应用效果。其一，提高了园区监督管理质量和效果。由于安全生产积分直接与生态要素配置、政策享受挂钩，企业更加重视加减分制度，积极配合园区监管工作。其二，提升了企业的信息化水平。目前共计监管 350 家企业，其中 71 家化工企业已接入园区重大危险源系统，园区监管部门可以监管接入企业的危险源实时动态；317 家企业完成了基本档案的填报，相较上年提升了约 72.28%；此外，其中 231 家企业已完成安全、环保、应急等基础数据的填报工作，数据信息归集效果显著提升。其三，提高了企业的安全生产意识。2023 年当日企业签到最高次数为 181 次；2024 年截至 4 月 17 日企业签到打卡率相比 2023 年提高了约 28%，企业安全生产关注程度显著提高。其四，指明安全监管方向。2022 年度共筛选出特别监管化工企业 9 家、工贸企业 29 家，为园区安全生产管理提供了明确方向。

后续可充分应用大数据分析技术，对企业失分项进行综合分析，逐步优化、迭代升级企业安全生产行为智能评价体系，不断适应园区管理要求。

# 6.2　园区安防平台

危险化学品企业属于高危行业，易发生安全生产等各类事故，一直是国家安全防范的重点对象，对于安全等级的要求甚高。随着化工园区信息化建设稳步迈进，很多化工园区开始建设安防系统。安防系统主要包括：视频监控系统、周界报警系统、门禁系统、火灾报警系统、有毒有害气体浓度报警系统、手动报警和程控电话报警系统、公共广播系统等。

① 视频监控系统（工业电视监控系统）　主要布设在园区调度值班中心、

主要出入口、主要道路、危险化学品运输车辆专用停车场、园区公辅工程、园区高点等公共区域，企业物流门、中控室、危化品仓储、重点作业场所、危险固废暂存库、排污口等重点区域，提高园区的安全环保监管、交通治安防范、区域综合设施管理、防灾预警及处置突发事件的能力。

② 周界报警系统 主要在园区边界及企业边界布设周界报警系统，防止外来人员闯入。

③ 门禁系统 主要布设在园区管委会或企业厂区大门人员出入管理系统和紧急逃生系统。

④ 火灾报警系统 主要指化工企业及园区公共重点区域的火灾报警探测器及紧急按钮。

⑤ 有毒有害气体浓度报警系统 主要布设在化工企业及园区公共重点区域，当监测区域有害气体浓度超过预设值，将产生报警信息。

⑥ 手动报警和程控电话报警系统 为防范火灾报警和有毒有害气体浓度报警可能出现的监控盲区，在化工企业及园区公共重点区域布设手动报警和程控电话报警，当按钮被按下或程控电话摘机时，系统将自动产生报警信号。

⑦ 公共广播系统 可以根据实际情况启动相应区域内公共广播，进行紧急疏散和通知等。

近年来随着视频监控技术的迅速发展，国家发布了多项政策文件，均要求化工园区加强视频监控。随着摄像头数量的快速增多，大量的视频数据给实时监视报警和视频数据的有效使用带来了挑战。在园区日常管理中，园区没有足够的人力值守和利用数据资源，工作人员通过观测每一组视频来发现报警事件变得非常困难。

下面以江苏滨海经济开发区沿海工业园为例，介绍视频监控与智能识别应用在园区的应用。

## 案例 24 视频监控与智能识别应用技术——江苏滨海经济开发区沿海工业园

### （1）适用技术应用场景概况

江苏滨海经济开发区沿海工业园创建于 2002 年，规划面积 16.2 平方公里，现有化工生产企业 30 家，配套服务企业 9 家，初步形成新医药、新材料两大特色产业。

江苏滨海经济开发区沿海工业园建立了覆盖公共区域、企业安全、企业环保等场景的大量视频监控，园区视频资源如何充分发挥作用显得尤为重要。

传统的视频监控多是单独建设视频管理平台，对接各个场景的视频监控，实现单个视频的轮巡播放、实时查看，视频监控资源仅停留在查看层面，无法将大量的视频监控与业务化管理工作相结合，无法最大化发挥视频监控的价值。

因此，江苏滨海经济开发区沿海工业园对园区内视觉监控与智能识别应用进行统一建设、场景化智能识别、业务化功能应用，提高视频监控效率、降低人工成本，达到降本增效的目标。

### （2）可应用技术手段

在化工园区，视频安防应用主要分为三个部分：一是工业电视系统，主要应用在化工企业的生产环节；二是综合安防系统，主要应用于园区安保监控；三是视频智能识别分析系统，主要应用于重点场所的视频识别分析。视频监控应用一般技术手段包括视频对接、视频实时监控、视频识别应用、视频报警等，视频监控管理平台技术架构如图6-7所示。

| 法律法规与标准规范体系 | 业务应用 | 视频实时监控 | 视频识别应用 | 视频报警 | 安全与运维保障体系 |
|---|---|---|---|---|---|
| | 支撑平台 | 视频管理平台 | | | |
| | 前端感知系统 | 安全生产视频监控 | 封闭化视频监控 | 生态环境视频监控 | 高空瞭望　移动监控　…… |

图6-7　传统视频监控管理平台技术架构

在视频管理平台方面，遵循GB/T 28181、RTSP等协议，实现视频对接、级联资源同步应用。

在视频实时监控方面，具有在开放互联网和局域网对监控设备进行预览、储存、回放、查询、放大、轮巡、变焦、云台控制等功能。

在视频识别应用方面，重点针对中控室人员脱岗、明火、烟雾等的自动识别和报警，将视频报警信息传达给相关人员。

在视频报警方面，实现视频识别结果的报警和信息推送。

### （3）江苏滨海经济开发区沿海工业园实际技术应用

江苏滨海经济开发区沿海工业园采用了视频监控与智能识别应用技术，对化工园区及企业内的重点场所进行视频监控，并结合管理业务进行视频识别智能应用，实现园区安全监管从传统视频排查向实时监测报警的转变，实现了对园区化工企业、重要化工装置、危化品运输车辆的全面覆盖、实时监测和有效管控。系统的技术架构如图6-8所示。

| 法律法规与标准规范体系 | 业务应用 | 视频全方位实时监控 | 视频多领域识别应用 | 视频分级分类报警 | 视频业务化应用 | | 安全与运维保障体系 |
|---|---|---|---|---|---|---|---|
| | 支撑平台 | 视频管理平台 | | | | | |
| | 前端感知系统 | 安全生产视频监控 | 封闭化视频监控 | 生态环境视频监控 | 高空瞭望 | 移动监控 | …… | |

图6-8 视频监控及智能识别应用平台技术架构

江苏滨海经济开发区沿海工业园基于视频实时监控，将视频监控与业务化应用相结合，实现多领域视频智能识别分析，建立分类报警信息发布。

在视频全方位实时监控方面，建立更全面、更广泛的视频监控领域，建立覆盖企业、园区、园区高点的完整视频监控网络。企业视频监控包括公辅工程、仓库、车间装置、罐区、废水治理设施、废气治理设施、储罐、重大危险源、雨水排放口、废水排放口、废气排放口、中控室、消防设施等，用于动态了解园区内危化品企业安全生产作业情况、危险品的储存量、高风险场所视频图像、装置的运行管理状况等信息；在园区制高点建设高空瞭望系统及热成像系统，由高性能成像系统、云台控制系统、热成像仪等相关内容组成，实现高空瞭望视频及热成像数据的实时回传园区运营指挥中心。在园区大气监测站、地表水监测站、公共事故应急池、水环境三级防控设施、明渠、应急取水口、取水码头、卡口、道路、消防设施处等建设视频监控，实现对园区公共区域风险的感知。

在视频多领域识别应用方面，在常规的安全重点管理领域的视频识别基础上，根据安全、环保、封闭化等多个领域，结合管理需求进行视频识别，主要包括：①危化品企业重点区域进行视频识别分析，实现火焰、烟雾、人员脱岗、"睡岗"、人员工装识别（未戴安全帽）、人员吸烟、占用消防通道（含智慧社区消防通道）等风险场景的识别，此外，对雨水排放口进行识别，判断企业是否正在排放雨水，为雨水排放的联动监管提供支撑；②在园区主要干道口及企业物流门配套高清枪球一体机，实行车辆违停或拥堵视频识别分析，以便及时处置或交通疏散；③在园区选取4家试点企业的装卸点位，每个点位配备防爆智能筒机、双光谱筒型摄像机，进行装卸视频智能分析，实现装卸车辆识别、装卸作业规范识别，主要包括货车车牌识别、枕木识别、货物火点识别、温度异常识别、作业人员未戴安全帽、未穿工作服识别、卸货人体危险动作识别、装卸物料泄漏识别；④在危化品车道配套人车核验一体机（主机＋辅机搭配使用），进行危化品车辆卡口人脸识别分析，实现本地人车一致性核验。

在视频识别分类分级报警方面，视频识别通常会产生大量的报警，如果不加以甄别和分级分类将对日常管理工作造成巨大的负担。在常规的视频报警基础上，实现视频预警报警信息分类分级推送，分为低风险、一般风险、较大风险、重大风险四类，按不同风险采取不同的处置对策。例如，二道门内未戴安全帽、未穿工作服为低风险，系统自动记录报警信息，通过 App、短信推送给企业安全管理部门负责人自行处置，处置时限为 48h，园区负责抽查；工作区内未戴安全帽、未穿工作服为一般风险，系统自动记录报警信息，通过 App、短信推送给企业安全管理部门负责人、企业安全总监自行处置，处置时限为 24h，园区负责抽查；中控室人员脱岗、人员闯入受限空间为较大风险，系统内弹窗强提示，经值班人员核实为有效报警后，通过 App 推送给企业安全管理部门负责人、企业安全总监、企业分管安全的领导自行处置，同时通过 App、短信推送给负责该企业的安全科网格员，处置时限为 4h，企业逾期未消警时园区安全科进行现场检查；中控室人员脱岗超过 15min、人员闯入受限空间超过 30min、火焰报警、烟雾报警时为重大风险，系统内弹窗强提示，同时自动触发声光电报警，经值班人员核实为有效报警后，通过 App、短信推送给企业安全管理部门负责人、企业安全总监、企业分管安全的领导、企业负责人进行处置，同时通过 App、短信推送给园区安全科科长、园区分管领导，处置时限为 24h，企业逾期未消警时园区安全科进行现场检查。

在视频业务化应用方面，将常规的视频查看与管理业务相结合，利用视频监控网络对环保（企业排放口、污控设施、危废仓库、水环境三级防控等）、安全（重大危险源、危化品仓库、高危装置区、特殊作业等）、封闭化（卡口、危化品车辆、封闭化人员线下巡查＋视频线上巡查等）、应急指挥调度等进行全方位监控，为园区的污染溯源、证据锁定、实时监控提供技术支撑。例如，建立完善的封闭化管理制度，实现系统连续自动监管＋卡口不定时抽查、人员线下巡查＋视频线上巡查的管理模式，强化园区封闭化安全管控能力，有效降低园区安全风险；建立水环境三级防控，基于 GIS 地图，对地表水系／明渠分布及流向、监测站点位置、实时在线监测数据、企业清下水排放口位置、实时在线监测数据、闸阀开关状态及阀门开关控制、视频监控位置及实时视频等进行展示，实现对地表水系的直观和快速管理；在事故应急状态下，可快速汇聚事故发生地点附近的视频监控，实现视频调度，方便及时了解现场情况。视频业务化应用见图 6-9。

Construction and Management of
Smart Chemical Industry Park

封闭化人员线下巡查+视频线上巡查

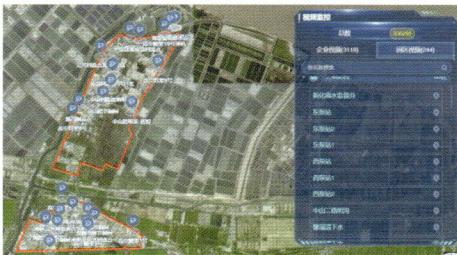

水环境三级防控及视频监控

应急状态下视频调度

图 6-9　视频业务化应用

### （4）适用技术应用效果

视频监控与智能识别应用技术，对于化工企业的视频可实现全天候实时监控、智能识别，降低工作人员人数要求和工作负担，并对人员不易发现的场所进行全覆盖的监控，大大提升园区的管理水平，充分发挥视频监控的实用价值。

园区现有企业 47 家，企业视频共计 3118 路，园区视频 244 路（其中高空瞭望 14 路），通过智慧化工园区平台的基于人工智能技术的化工园区视觉识别应用功能，以 2024 年 6 月为例，视频识别有效预警报警信息 751 条，均为低风险报警，推动信息及时闭环处理率 100%。2023 年共执行 73 次特殊作业抽查，抽查时同步查看现场作业视频，抽查发现风险问题及时与现场作业人员进行了沟通。

# 6.3　园区环境管理监测

随着我国化工企业由原来的分散分布逐渐向集约化、规模化的方向发展，化工园区在调整化工行业产业结构、提高行业集聚度的同时，也因为园区内化学储罐多且种类繁杂，化工生产所涉及的物质多为危险化学品，使得化工园区逐渐成为危险化学品、有毒有害物质的最主要聚集地，给园区及周边环境带来较高的潜在的环境和安全风险。

为有效解决化工园区带来的环境风险及污染隐患，通过大气环境、水环境等各类环境监测技术及大数据分析的应用，可以实现对各类监测数据的快速收集、整理及信息资源的共享，使环境管理人员全面、及时、准确地了解化工园区及周边环境存在的污染状况及环境风险因素或者突发环境事件，进而采取更加科学合理的决策，控制环境污染、管控环境风险、解决突发环境事件，切实提高园区的环境质量并保证园区环境风险整体受控。

化工园区环境管理监测就是通过对园区环境监测数据的研究与评估，探讨环境污染源及其变化趋势，描述环境受污染的程度，全面、准确、及时地反映环境现状及其发展趋势的过程。

环境管理监测是化工园区环境保护的重要手段，是环境管理的基本手段，是环境决策的技术基础。因此监测数据的科学、准确、及时、可靠就关系到整个环境监测甚至环境保护工作的成败。

根据监测介质的不同，环境管理监测技术大致可以分为水质污染监测技术、大气污染监测技术、土壤及固体废弃物监测技术、噪声污染检测技术等几大类。

下面就以江阴临港化工园区为例，介绍化工园区的大气环境污染监测和水环境污染监测技术与应用。

## 案例 25　园区大气环境污染监测和水环境污染监测技术与应用——江阴临港化工园区

### （1）大气环境污染监测技术与应用

① 适用技术应用场景概况

江阴临港化工园区位于江苏省无锡江阴市，作为临港经济开发区的特色园区之一，于 2020 年 3 月经无锡市人民政府批准设立。2020 年 10 月江苏省人民政府认定园区为全省 14 家化工园区之一。

江阴临港化工园区分为东西两个片区，规划面积 6.1196 平方公里，建成面积 5.1912 平方公里。园区内现有企业 37 家，市级 500 强投资企业 3 家，上市企业或上市公司的投资企业 7 家。2022 年，园区内企业实现销售收入 395 亿元。园区打造了以高分子材料和生物医药为主导的两条特色产业链，形成了企业品质高、经济效益好、产业链特色显著的发展优势。化工园区发展定位为长三角重要的临港化工产业基地、以高分子材料和生物医药等产业为主导的循环经济产业园区、安全生态环保的工业园区。

在大气污染物监测防控方面，园区内排放废气的企业均按照规定安装了废气处理装置，废气经处理后达标排放。同时，重点排污企业均在废气排放出口安装了在线监测设备，实时监测废气处理系统的工况和运转状况，在企业厂界安装了厂界监测站。

在园区以及园区周边环境敏感区域内建设了 4 座空气质量自动监测站、4 座 VOCs 自动监测站、55 座微型空气质量监测站、2 台恶臭电子鼻，对园区以及园区周边的环境敏感区域进行环境空气质量以及污染物逸散情况的监测。

园区内企业以及园区范围内的监测设备均已接入园区监控平台，只要发生异常工况、废气处理系统出现故障或出现任何监测数据的超标异常，都可在第一时间发现预警，并采取措施进行闭环控制。

随着生态环境部《关于加快解决当前挥发性有机物治理突出问题的通知》的下发以及《江苏省"十四五"生态环保规划》中提出"持续改善环境空气质量、推进大气污染深度治理、加强 VOCs 治理攻坚"的总体要求，深入打好污染防治攻坚战，强化细颗粒物和臭氧协同控制，解决挥发性有机物治理存在的问题关成为摆在临港化工园区面前的新课题。

② 可应用技术手段

面对强化细颗粒物和臭氧协同控制、解决挥发性有机物治理存在的问题，一般的技术手段是加强"末端管控"，通过增加对大气污染物末端排放的监测，了解园区大气污染物现状，结合企业污染物排放名录，反推造成园区大气污染的源头，从而达到控制园区内细颗粒物、臭氧和挥发性有机物的目的。传统系统架构图如图 6-10 所示。

对大气污染物末端排放监测的加强一般是通过增加感知层设备实现，具体表现为要求企业安装废气排放在线监测设备、增加监测颗粒物的空气质量监测设备、增加监测挥发性有机物的 VOCs 监测站等，通过更多的设备仪器监测获取更多的数据，然后利用应用层的废气监测、空气质量和 VOCs 监测与分析功能，一旦出现监测数据的异常或超标报警，结合溯源分析与特征污染物名录库功能，溯源分析造成监测数据异常的可疑企业，通过对可疑企业的现场核查与处置，减少污染源的排放，从而实现污染物的协调控制与治理目的。

但是单纯在感知层增加设备数量并不能带来等比的收效。反应在应用层，不同的监测设备收集的数据，并没有根据监测区域以及监测内容进行有

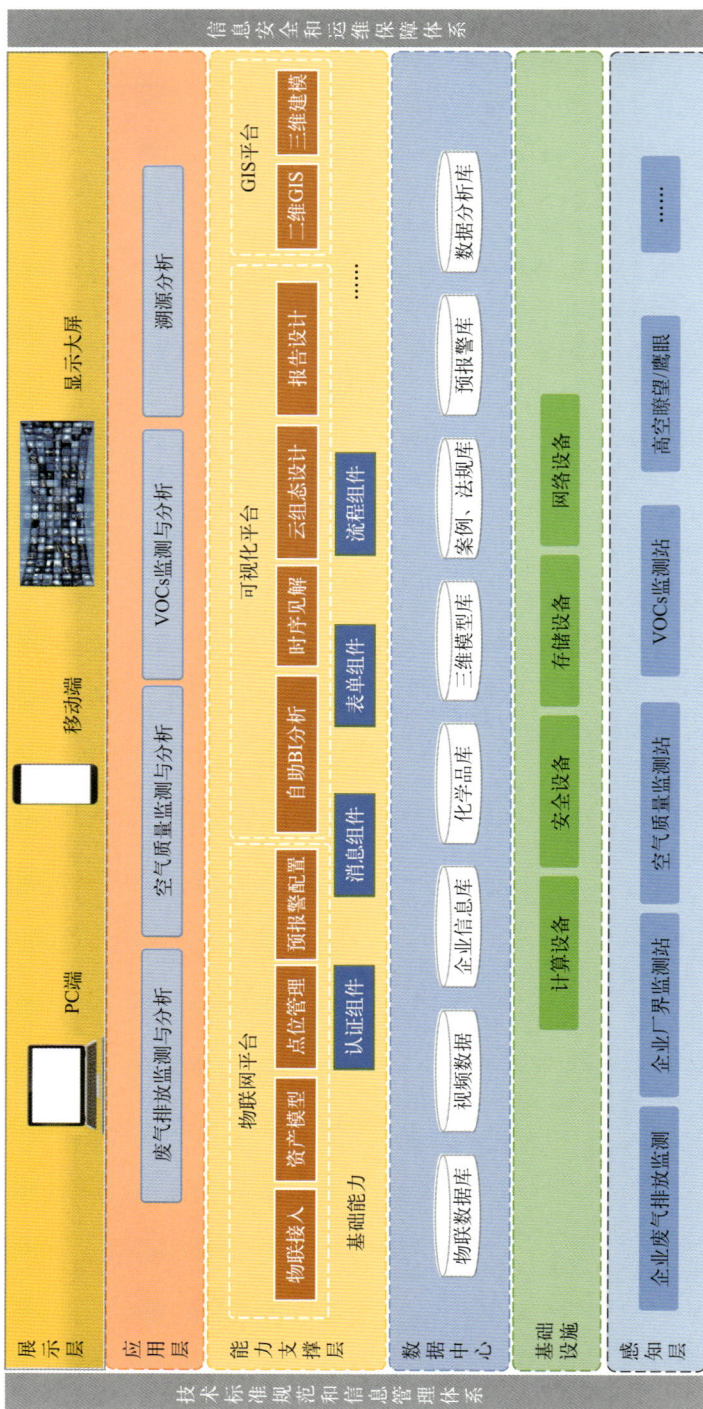

图6-10 传统系统架构

机的互补，反而形成了一个个信息的孤岛，造成监测数据的汇总统计分析存在天然的隔阂，因而不能帮助园区管理人员实现对大气污染物的精准溯源和精细化管理。

③ 江阴临港化工园区大气环境污染监测实际技术应用

江阴临港化工园区采用的大气污染物管控思路是"源头预防、过程控制、末端管控"。在"源头预防"上做好规划环评，建立严格准入要求，建立环保的准入清单，对于规划环评未通过审查或未达到园区规划环评要求的企业，一律不得进入园区；在"过程控制"方面，组织园区内企业按照国家和省市环境主管部门的要求实施 LDAR 泄漏检测与修复工作以及安装污染物治理设施，减少生产过程中各类污染物的排放；在"末端管控"方面，对园区内监测设备进行梳理与增加，综合了大气环境质量监控以及化工园区有毒有害气体环境风险监测预警的要求，按照"点、线、面"+ 移动监测的思路构建了全覆盖立体化的监测网络，对大气污染数据动态分析、精准掌握气体污染物排放全过程，实现了大气污染溯源和精细化管理，以及对园区全方位立体化的监管。

江阴临港化工园区建设有完善的大气环境监测监控系统，对环境质量、污染源进行持续有效的监测，通过对"源头预防、过程控制、末端管控"管理思路的贯彻，控制园区内各类污染源、减少污染物排放，使园区环境质量持续改善。系统架构图如图 6-11 所示。

江阴临港化工园区大气环境监测系统（图 6-12）在应用层增加评价分析报告管理功能，加强"源头预防"，评价分析报告管理功能主要是对园区及园区内企业环境影响分析报告等评价分析报告的管理，了解企业的生产工艺污染情况以及能源利用是否清洁低碳；增加污染治理设施监管和 LDAR 检测与修复管理功能，加强"过程控制"，污染治理设施监管是通过实时采集和处理各种污染源在线监测仪表、治理设施和排污设备的关键参数，达到监控设施的运行状况和净化效果的目的，LDAR 泄漏检测与修复系统集成数据采集、传输、存储、应用分析，构建了全面的 LDAR 泄漏检测与修复监控网络和预报警管理系统，可有效提升园区对企业 LDAR 检测开展过程中的监管能力；增加大气三级防护监控和移动监测功能，加强"末端管控"，大气三级防护监控和移动监测打破了监测设备之间的数据隔阂，融合"企业排口及分布式多通道 VOCs 在线监测、厂界及园区空气质量监测站和特征污染因子监测、环境敏感区域恶臭气体和空气质量监测"等各类监测设备的数据，多维度描绘园区污染及环境风险状况，使园区管理人员能够更细致、高效、全面地了解园区环境状况，并针对性地进行环境管理决策。

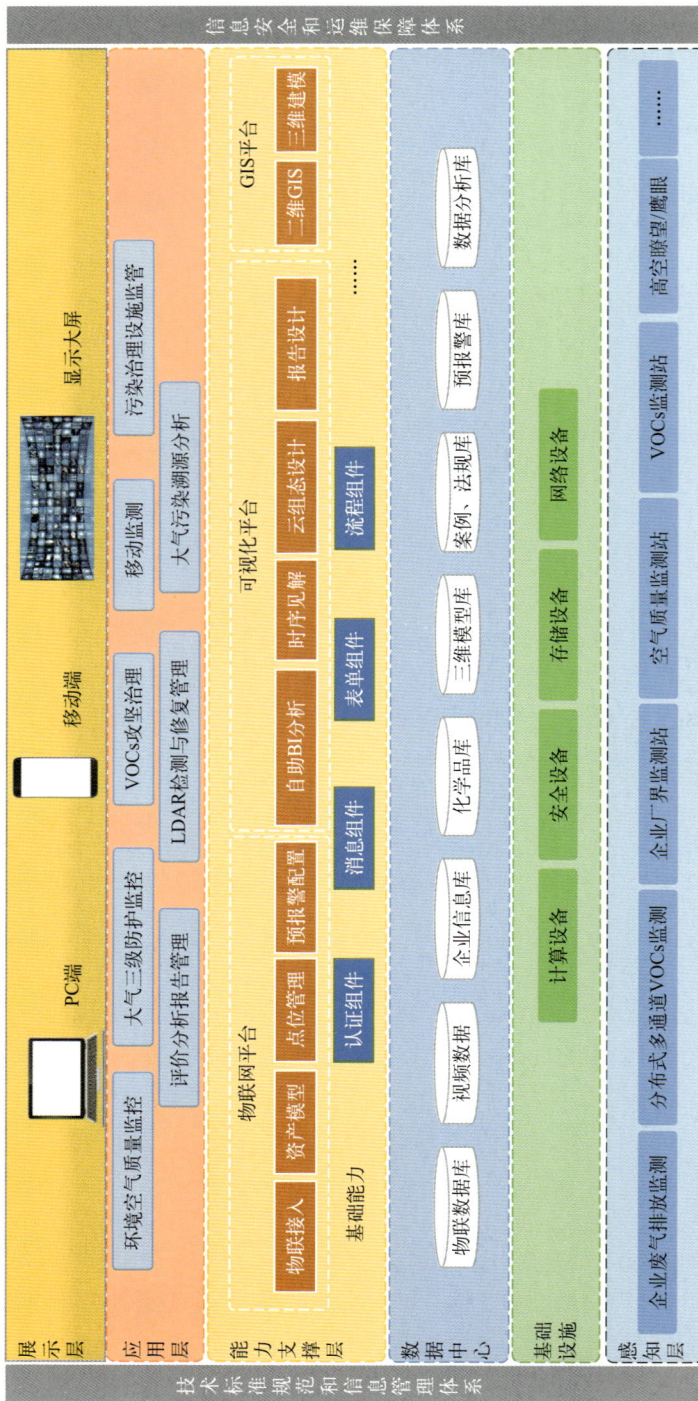

图6-11 系统架构

图 6-12    大气环境污染监测系统

同时为了解决挥发性有机物治理存在的问题，在感知层，江阴临港园区创新式地使用了秒级响应的质谱监测技术，利用分布式多通道 VOCs 在线监测系统（图 6-13），建立厂区网格化在线监测系统，实现对企业环境风险单元 VOCs 的污染物实时监测，通过污染物数据库，获得污染物的时空分布和变化规律，实现对异常浓度污染物数据的即时分析应对，对污染物排放源进行精确定位管控。

图 6-13    在线检测系统

分布式多通道 VOCs 在线监测系统是一种基于飞行时间质谱分析仪的新型 VOCs 无组织排放监管工具，集多因子、秒响应、高灵敏、多触角于一体，形似"八爪鱼"，以质谱仪为"躯干"，一套系统最多可拓展 50 多个"触角"，各"触角"可同时对上百种挥发性有机物进行在线定性定量分析。

目前，江阴临港化工园区东西片区各采用一套分布式多通道 VOCs 在线监测系统，实现了对园区 15 家企业 60 个采样点的 VOCs 实时监测。

④ 适用技术应用效果

江阴临港化工园区智慧平台大气环境监测系统使用以来，园区范围环境空气质量（AQI）从 2021 年以来一直实现优良率 95% 以上，园区周边居民生态环境公共满意度达 80% 以上，环境监测报警闭环整改率 100%；园区全面实施 LDAR 泄漏检测与修复、LDAR 日常检测、涉气作业计划报备，2023年 VOCs 减排 3139.94kg、减排率 12.23%，VOCs 泄漏量连年下降；园区源头控制小散乱污企业，从 2023 年至今陆续腾退富菱化工、建恒化工、中基化工、中意漆业、大洋固废等企业近十家。

分布式多通道 VOCs 在线监测系统作为大气环境监测网络的重要补充，结合园区智慧管理系统实现了大气环境管理三个方面的提升。

一是完善大气预警平台，提升决策智能化水平：进一步完善了大气预警平台，构建集预测预警、评估及管控技术于一体的智能化应对机制，为区域空气污染预警、管控措施实施提供有力技术支持和决策参考。

二是全过程支撑污染应对，提升治气精细化水平：针对大气复杂的扩散形势，平台的快速溯源技术，利用粒子扩散模型及排放清单反演特征，精准确定污染因子。

三是深化监测数据融合，提升污染定位精准水平：结合走航、红外、遥感等监测数据，建立了"空天地"立体化污染源立体监测预警体系，做到了发现即处理，阻止了污染的进一步升级。

### （2）水质污染监测技术与应用

① 适用技术应用场景概况

江阴临港化工园区地处长江经济带、苏锡常"金三角"的几何中心，同时也是长江入海的咽喉位置。其交通便捷、航运发达，历来都是大江南北的重要交通枢纽和江海联运、江河换装的天然良港。在长江水质大保护的背景下，园区及周边水环境极其敏感，一旦发生事故，会给周边及长江下游水环境带来极高的风险隐患。

园区水系较为明晰，东西片区内部水系均流至两侧河流，其中西片区周边主要河流为老桃花港河、新桃花港河；东片区周边主要河流为利港河和芦埠港河。周边四条河流均向北最终汇至长江，园区紧邻长江饮用水源地，其中距离江阴临港化工园区最近的水源地为西石桥水源地。

在水污染物监测防控方面，园区内企业安装了雨水和污水在线监测系统，在园区周边河流安装了地表水在线监测系统，通过水环境监测 GIS 地图，构建了"园、网、厂、河"水环境三级防控网络，通过水环境监控分析系统，掌握区域水环境变化趋势，全面监控水环境管理详细信息，分析园区水质变化、自动识别引起水质超标的主要污染因子。

随着生态环境部关于"南阳实践"实施技术指南的印发，江苏、浙江等省份陆续开展突发水污染事件的应急防控试点工作，这也就意味着只是实现平时的水环境监测监控已经难以满足应急状态下的需求，如何实现应急状态下的应急处置管控成为江阴临港化工园区新的课题。

② 可应用技术手段

对水环境污染物在日常和应急状态下的管理，一般情况下仍然还是采用加强"末端管控"的方式，加强对园区内企业废水和雨水外排的监测，加强对园区纳污河和周边其他河流的地表水质监测，通过对监测因子设置预报警阈值，当出现废水、雨水、地表水等的水质异常预警或者超标报警，推送预报警到对应企业，然后由企业进行线上的处置。传统系统架构如图6-14所示。

在感知层一般是接入园区内各企业包括污水处理厂的雨污水在线监测以及园区纳污河的地表水质在线监测数据，通过预先在后台配置各类水质监测因子阈值，一旦发生水质异常和超标就会发出预警、报警，按照分级处置的原则推送给园区和企业各级主管领导、技术人员，然后进行线下的处置及线上预报警状态的闭环恢复。

在应用层一般是设置产污企业污水和雨水排放监测、污水处理厂进出口的监测，以及纳污河的地表水质监测功能，监测功能一般包括各类在线监测设备的实时、时均、日均数据的展示，以及趋势分析与排量计算，地表水质监测还会有计算水质类别及水质达标判断等功能。

整个系统在整个日常和应急状态下的处置，没有实现远程的智能管控，也没有发掘在应急状态下对园区和企业各类事故应急池、控源截污池、初期雨水池等应急空间的统筹规划和合理使用，应该说是跟事故实际发生时的处置过程相差甚远。

③ 江阴临港化工园区水质监测实际技术应用

江阴临港化工园区的水环境污染物管控同样是采用"源头预防、过程控制、末端管控"的思路。在"源头预防"上同样是做好规划环评，建立严格准入要求，建立环保的准入清单，对于规划环评未通过审查或未达到园区规划环评要求的企业，一律不得进入园区；在"过程控制"方面，组织园区内企业按照国家和省市环境主管部门的要求安装废水污染物治理设施（企业内污水处理站），减少企业生产过程中废水污染物的排放；在"末端管控"方面，对园区内监测设备结合"南阳实践"经验，借鉴"以空间换时间"理

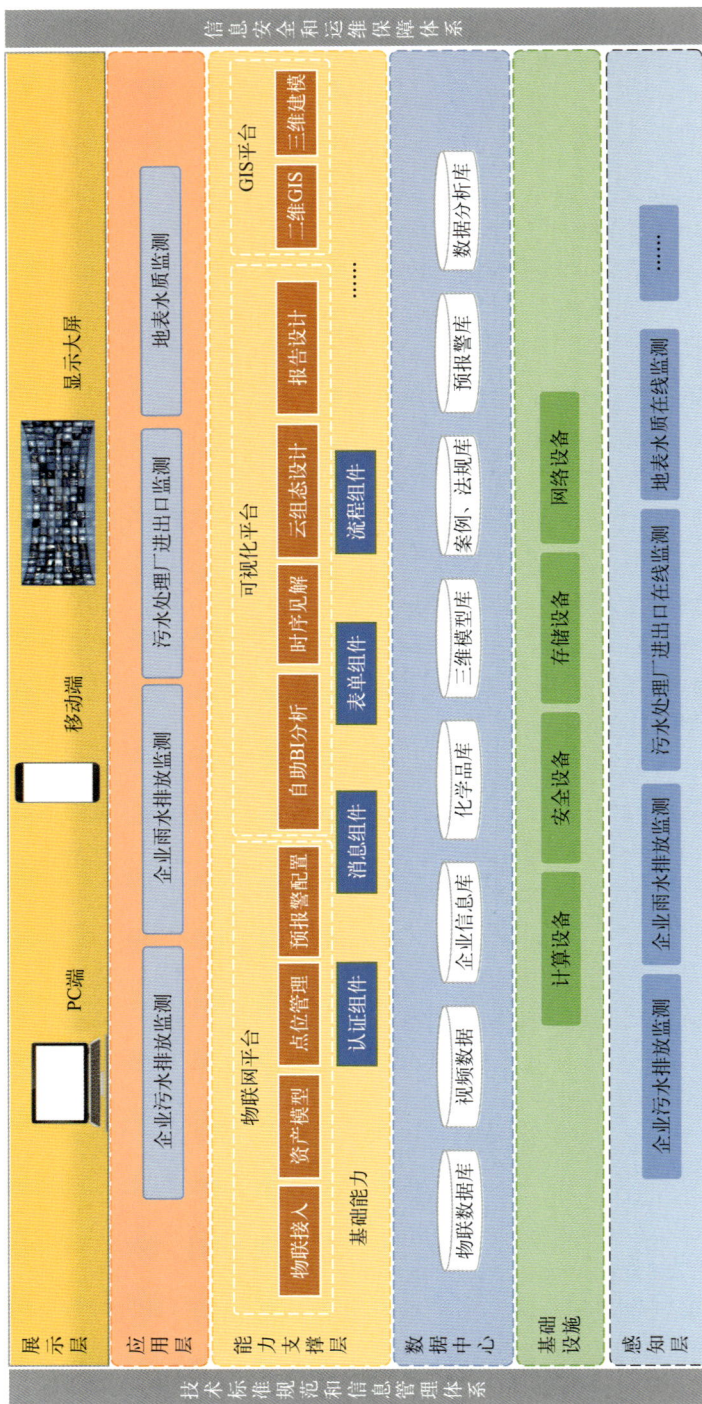

图6-14 传统系统架构

Construction and Management of
Smart Chemical Industry Park

念，按照"一级防控不出厂区、二级防控不进内河、三级防控不出园区"的总体目标，建设园区企业层面、园区内部层面、园区周边水体层面的三级管控监测网络。

江阴临港化工园区建设了完善的水环境监测监控系统，贯彻"源头预防、过程控制、末端管控"的管理思路，实现了园区企业的雨污水排放和园区及周边水域的地表水质的持续监测监控以及对园区内企业雨污水排口及内河闸阀的远程智能闸控。系统架构图如图6-15所示。

江阴临港化工园区水环境监测系统（图6-16）相较于大气环境监测系统在应用层同样有评价分析报告管理和污染治理设施监管功能，同时增加了水环境三级防护监控、移动监测和雨水管控功能加强"末端管控"，水环境三级防护监控、移动监测和雨水管控融合了企业雨污水排口及地表水站的监测数据，增加了对雨污排口和内河闸阀的远程闸控功能，使园区管理人员在获取精准监测数据的同时能够根据数据分析结果判断实施对各类闸阀的操作控制；增加了突发水污染事件三级防控功能，通过在三维GIS地图标注园区企业、园区边界、下游重点环境敏感目标间的水系连接关系，凸显可用的企业级、园区级及周边水体环境应急空间与设施，优化线上演练检验功能，有效提升了化工园区突发水污染事件应对准备能力，为化工园区突发水污染事件日常管理和快速应急提供了有力支撑。

江阴临港化工园区水环境三级监测防控网络如下：一级企业防控的监测是对企业污水排口、雨水排口、事故应急池、初期雨水池等的在线监测；二级园区内部防控是对园区内河、事故应急池、雨水管网、污水处理厂进出口等的在线监测；三级园区周边防控是对进出园区河流、周边重要水体等的在线监测（图6-17）。

为实现突发水污染事件应急状态下的处置管控，在第一级的企业内防控层级，江阴临港化工园区充分运用智慧赋能、技术助力，推动化工园区企业安装雨污排口在线监测及自动闸控设备，园区31家企业安装了雨水自动闸控设备，25家企业安装了污水自动闸控设备，完成了雨污闸控智能化升级改造。在第二级的园区内防控层级，新建10000m³应急池1座、1000m³缓冲池2座，270m³截污池1座，配套铺设各类事故水转输管线约10公里。并在各应急空间安装在线监测设备。在第三级的园区周边防控层级，依托园区内水系及周边水系闸坝，构建区内应急缓冲空间。在园区内河连接周边河流的位置建设闸站，在西片区新、老桃花港河入江口，东片区的芦埠港河和利港河入江口分别建设闸坝，必要时在上游建设临时筑坝点，形成三级河道缓冲空间，进一步筑牢了长江水质安全防线。

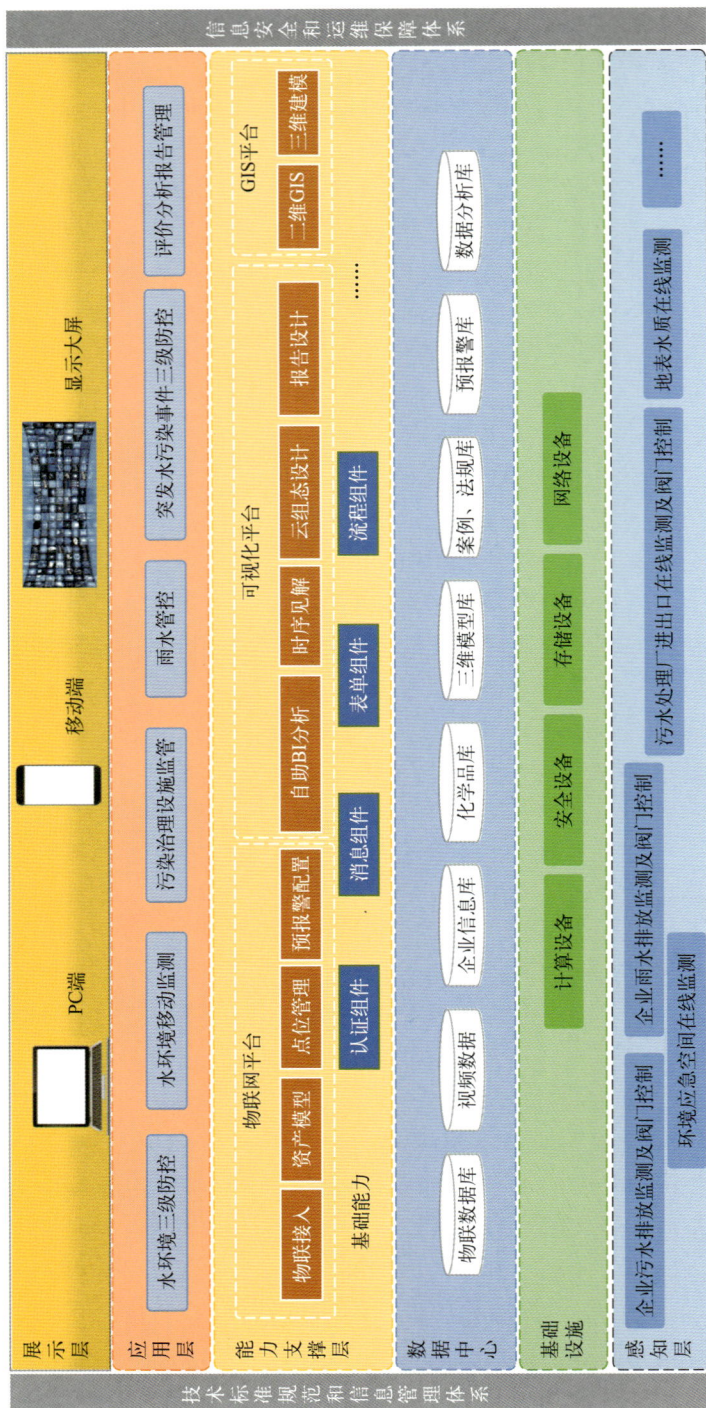

图6-15 系统架构

图6-16　水环境检测系统

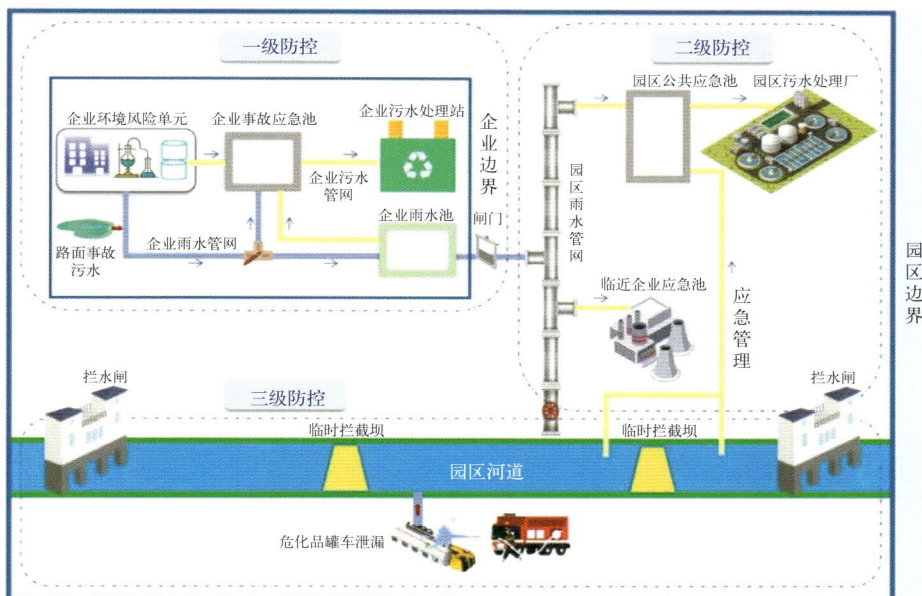

化工园区突发水污染事件环境应急三级防控体系示意图

图6-17　江阴临港化工园区水环境三级监测防控网络

　　突发水污染事件三级防控系统与园区的智慧监管平台相连（图6-18），实时显示每个排口和事故应急池等应急空间的水质监测数据、开关情况，监管人员可以通过在线自动分析，及时判断各个排口的水质排放是否达标。一旦企业排放的雨水或者污水污染物超标，园区可立即通过雨污水闸阀反控系统远程关闭企业雨污水闸门或者将超标废水通过应急管网输送到邻近的应急空间然后再行处置。

　　④ 适用技术应用效果

　　江阴临港化工园区智慧平台水环境监测系统使用以来，园区所属省考断面地表水质有较明显提升，在江苏省63个市（县、区）的地表水环境质量

图 6-18　监管平台显示情况

排名中，江阴市从 2020 年上半年未进入前 10，到 2022 年 1—6 月排名第 7，2024 年 1—6 月排名第 4，同期园区及江阴市省考断面整体水质呈上升趋势。

在突发水污染事件应急监测防控方面，企业雨污闸控系统及环境应急空间监测与园区智慧平台相结合，大幅提升了化工园区水环境管理效能。

一是强化水环境监测能力：通过雨污排放口的水质在线自动监测及智能闸控，实现水质的实时连续监测和远程监控，第一时间掌握水质排放达标情况。

二是加快突发事件处置速度：园区建立动态监测与预警机制，通过智慧监管平台与雨污闸控系统联动，一旦出现排放的雨水或者污水污染物超标，立即通过闸阀反控系统远程关闭企业雨污水闸门。

三是提升精细化管理水平：在线分析仪及时、准确掌握企业雨水排放的质量及变化规律，为水环境管理和水污染防治提供有效的科学依据和准确的采样数据。

随着技术的不断进步和政府的大力支持，环境监测技术将逐渐完善和普及，为环境保护提供关键的信息支持，为化工园区生态环境保护和实现环境的可持续发展提供更加强大的支持。

# 6.4　园区应急管理

随着社会经济的快速发展，园区作为重要的经济载体，在面对自然灾害、生产安全事故等突发事件时，必须具备有效的应急管理能力。提升园区应急管理技术与应用，可以有效减少事故发生概率，降低事故带来的损失。为了提升园区应急管理水平，可以通过 5 个环节来落实，具体包括风险识别与评估、应急预案制定与演练、应急资源调配与指挥调度、应急响应与处置和事后恢复与评估。

下面以盘锦辽滨沿海经济技术开发区为例，介绍应急管理技术在园区的应用。

## 案例 26　园区应急管理技术——盘锦辽滨沿海经济技术开发区

### （1）适用技术应用场景概况

盘锦辽滨沿海经济技术开发区（经开区）位于新兴的石油化工城——盘锦市南端，地处大辽河入海口右岸，规划面积 306 平方公里，经开区着力发展石化及精细化工、特色装备制造、粮食物流加工、高新技术产业、旅游与现代服务业 5 大产业。园区入驻企业种类多，每日出入园区人流、车流、物流量大，园区管理情况复杂，给园区应急管理工作带来了巨大压力。提升园区应急管理技术与应用水平显得尤为关键。

盘锦辽滨沿海经济技术开发区作为全国化工园区高质量发展前 30 的园区，在关注经济发展的同时也高度重视园区的应急管理工作。依据"应急资源可视化、应急职责清单化、指挥调度体系化、应急处置流程化、事故推演自动化、模拟分析智能化"等原则，盘锦辽滨沿海经济技术开发区构建数字化应急预案体系，实现"纵向到底，横向到边"一体化应急管理能力，可以为各种应急情况提供快速、准确的响应和决策支持。数据驱动和应用平台全域可视推动应急整体管理规范化、科学化，进一步提高应急管理体系智能化水平，提升园区应急处置能力，为企业安全生产和政府监督管理提供高效实时的智能应用与服务。

### （2）可应用技术手段

为了提升应急管理系统在园区日常安全、应急中的应用，一般技术手段主要包括风险评估与预防、实时监测预警、应急资源配置、应急演练与培训等，帮助园区在常态实现应急值守、应急预案、应急物资等管理，在非常态实现应急接报警、应急联动、应急救援指挥，实时掌握应急指挥救援态势。传统应急管理系统架构如图 6-19 所示。

① 在风险评估与预防方面　利用系统数据分析对历史事故数据进行挖掘，找出潜在的风险因素，为制定预防措施提供依据。通过安装传感器收集实时数据，监控化学品的存储条件和环境参数，确保在异常情况下能够立即发现。

② 在实时监测预警方面　实时监控系统，利用视频监控、传感器数据等实现实时监测和自动报警。

③ 在应急资源配置方面　通过系统可以对所有应急资源进行实时监控和管理，确保资源调配的及时性和准确性。

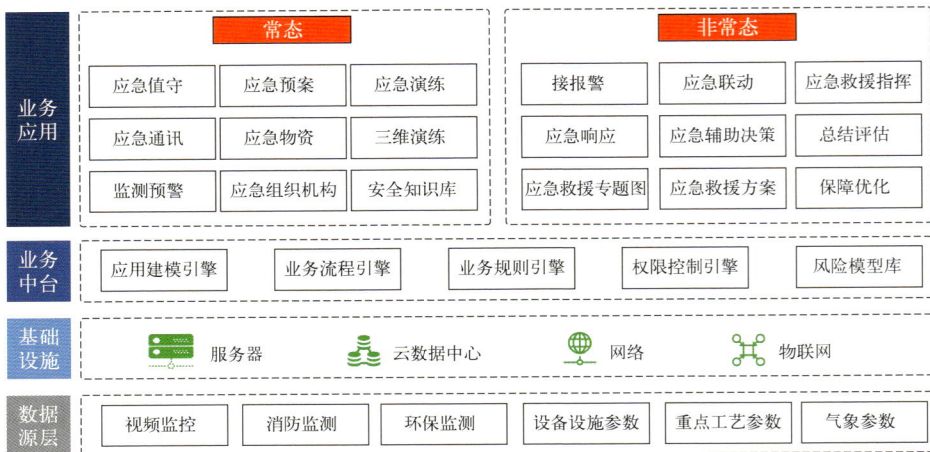

图 6-19　传统应急管理系统技术架构

④ 在应急演练与培训方面　通过系统在线培训功能进行远程教育，确保员工能够随时更新安全知识和应急技能。

### （3）盘锦辽滨沿海经济技术开发区实际技术应用

盘锦辽滨沿海经济技术开发区 5G+ 智慧园区平台打造应急全生命周期管理，在传统应急管理系统的构架基础上，园区采用了一套新的应急管理流程，重点围绕事故的事前、事发、事中、事后，构建了涵盖预防、准备、响应、恢复为主线的应急全链条管理，做到管理风险、预防事故、平时防控、战时响应、科学决策，有效控制和降低事故发生概率，帮助园区掌控各企业的安全生产应急管理态势，实现园区企业安全生产应急管理的持续健康稳定好转。

全新的应急管理系统业务流程图如图 6-20 所示。

① 事前　在事前阶段的应急日常准备工作中，系统提供应急资源管理、数字化预案、应急知识库和模拟演练四个方面的支撑。在应急资源管理方面，系统不仅能实现应急资源的列表登记，还包含应急资源相关负责人及其联系方式的信息登记。在应急预案管理方面，系统不仅支持传统预案的登记录入，还支持对预案进行结构化的分解，形成数字化应急预案；应急知识库主要包含危化品的应急处理和救护知识，以及历史事故的救援案例，方便园区应急管理工作人员平时阅读学习。模拟演练则是用于记录园区平时桌面演练和现场演练的相关信息。

② 事发　事发阶段主要分为值守接报和应急响应两大模块。值守接报主要用于应急值班人员的日常排班管理、监测预警信息的查看，以及现场视

图 6-20　应急管理系统业务流程

频监控画面的调阅。应急响应则是在事故发生后用于记录接收到事件信息，系统支持事故的续报、再报，充分记录事故接警信息。值班人员可与带班领导充分沟通后，初步确定事故的等级，并选择和启动相应的应急预案。

③ 事中　在事中处置救援阶段，系统支持基于融合通信系统实现各级多部门的协调联动和统一指挥。指挥人员可以通过视频监控，监测预警和前方人员回传的信息，快速了解事故现场情况，并通过应急一张图，快速获取事故周边的敏感点位信息和应急资源。还可通过辅助决策系统了解事故可能造成的后果和波及的范围，及时组织人员撤离。

④ 事后　系统支持对整个应急救援处置过程相关数据和指令信息的全记录，从而为整个救援行动的复盘提供历史数据。帮助工作人员发现救援过程中存在的问题与短板，从而为改善应急救援工作，提升应急救援处置能力提供数据支撑。

目前盘锦辽滨沿海经济技术开发区 5G+ 智慧园区平台涵盖应急预案 110 篇（综合预案 81 篇、专项预案 27 篇、现场处置方案 2 篇）、应急物资 2350 种（应急装备 1725 种、应急设施 344 种、应急资源 281 种）、应急力量 197 个（应急队伍 39 支、应急专家 136 位、救援机构 22 家）等。平台实现行业最先进的技术应用，进一步提升了盘锦辽滨沿海经济技术开发区安全应急整体监管水平，具体包括。

① 5G 网络全覆盖　盘锦辽滨沿海经济技术开发区完成了 33 个 5G 机站建设，实现了 5G 网络全园区覆盖。5G 网络安全高速的数据传输有效突破了监测预警系统、视频监控系统、融合通信系统之间的通信屏障，解决了不同

系统之间、现场和指挥中心之间的数据融合交换，满足了园区应急管理业务突发、紧急以及高接入的需求。

② 风险信息全域感知　通过在园区企业现场物联网云主机接入企业各类安全生产数据（自控、监控、报警、环境等），实现对盘锦辽滨沿海经济技术开发区内各个关键区域和设备的实时监控，对泄漏、烟雾、火焰、温度、压力、液位、气体浓度等多维感知信息异常状态全覆盖监测预警。同时盘锦辽滨沿海经济技术开发区 5G+ 智慧园区平台积极探索 AI 应用，在数据分析中，对异常数据进行智能识别和预警，提前预防事故的发生。管理人员能够迅速响应并采取必要的措施，避免事态进一步扩大，保护人员生命安全和设施资产安全。接报警体系构建了以电话、移动端、物联网预警信息多方式多渠道统一接报警模式，灾害事故信息的共享互通一键转应急处置，提高风险感知水平、拓展灾害事故报送渠道、保障应急响应效能。

③ 应急能力评估　应急管理能力评估是一套科学、系统、实用的评估工具，分析园区、企业安全生产特点，构建园区、企业应急能评估指标体系，旨在帮助园区和企业全面、客观地评估其应急管理能力，发现问题、改进不足、提高应急管理能力。利用大数据分析对历史事故数据进行深度挖掘，找出潜在的风险因素，为制定预防措施提供依据。

④ 数字化预案　将园区及企业应急预案进行结构化管理，预案分解为各类型要素，包括分级响应、救援组织、职责、处置任务、资源保障等，形成全面、直观、高效的应急预案。战时预案智能推荐，一键执行响应等级对应的预案救援体系，进行任务管理、任务派发、任务跟踪、情况汇总等。实现应急行动快速部署或响应升级，保障应急救援行动迅速、有序、有效地开展。根据实时情况调整预案内容，并通过机器学习不断优化预案策略。同时，使用工业互联网底座平台存储和管理预案，并通过定期的在线测试和评估来验证预案的有效性，确保预案能够高效更新和快速共享给所有相关人员。

⑤ 一体化应急通信保障体系　形成政府、园区、企业、社会为一体、上下协同应急联动通信体系一张网。利用融合通信技术将手机、对讲机、固话、广播等通信终端进行互联互通。在平台上实现单人多人语音视频通话、短信推送、对讲、广播等通信场景。构建高效的跨区域、跨组织应急联动机制，强化应急通信保障能力。

⑥ 智慧协同业务应用　从提高应急支撑能力出发，对化工园区内资源的高效利用和协作配合。搭建了应急资源管理平台、数字化应急预案库、应急演练计划与实施、应急值班值守，汇聚社会单位相关数据，推进了数据共享互通。智能调度功能通过启动不同的响应级别，能够主动推荐园区、企

业、社会救援物资及力量进行一键调度，调度进展跟踪并汇聚展示，确保在紧急情况下资源的最佳配置和协同行动，迅速集结力量，形成有力的应急响应力量。同时，结合 GIS 定位资源和事故发生地，最小化响应时间并优化资源调配路径。上下贯通的应急指挥体系，有力支撑统一指挥，提高应急救援的效率和成效。

⑦ 智能化综合决策分析　平台汇聚园区高精度三维倾斜摄影数据资源，整合盘锦辽滨沿海经济技术开发区园区安全生产、视频监控、应急资源、人员定位、车辆定位、无人机等重要点位多图层标绘数据，将来源及结构多元化数据集成。在 GIS 地图上对警戒隔离区、安全区、队伍部署、车辆人员部署等进行规划、标绘、分发。可视化展示相关已调度救援物资、力量当前状态及位置。有利于作战方案研究及输出，形成基于一张图的全空间态势感知。通过数据分析和算法处理，提取有价值的信息和洞察。帮助用户理解当前状况、趋势和风险，并支持制定准确的决策和行动计划。精准识别，精准施策，精准防控，切实提升应急管理救援能力。

⑧ 应急演练与培训　平台支持模拟演练，提高员工的应急处理能力和现场适应性。同时在线培训平台进行远程教育，确保员工能够随时更新安全知识和应急技能。

⑨ 事故后果模拟　盘锦辽滨沿海经济技术开发区 5G+ 智慧园区平台支持事故后果模拟，发生一级单元事故，通过机理模型能有效地预测次生事故的发生概率及后果，基于地图进行可视化展示。从而有针对性地对发生次生事故概率较大的装置采取相应的预防措施，降低次生灾害的发生率。

⑩ 移动应用平台（App）　充分利用移动通信（5G）、卫通等技术，集成北斗 /GPS、GIS、图像采集接入等系统，实现多终端、多数据、多业务的融合移动应用。将险情研判、事故态势、资源查勘、指挥救援、任务管理、辅助决策、协同会商等核心业务移动化，提高应急处置效率。

### （4）适用技术应用效果

盘锦辽滨沿海经济技术开发区通过 5G+ 智慧园区应急管理平台建设，打造"全面感知、数据汇聚、协同联动、科学救援"的应急救援新模式。平台实现了园区灾情信息全面汇聚、专题分析研判、信息上传下达、协同会商、指挥调度和智能决策等，全面保障应急救援指挥作战。为园区构建一个听得见、看得清、能分析、能决策、可模拟、可演练的高效应急管理体系，实现公共安全从被动应对型向主动保障型、从传统经验型向现代高科技型的战略转变。提高园区应急监管水平、应急救援能力。

具体实现效果如下。

① 应急通信更稳定顺畅　利用 5G、有线等多种通信手段结合，实现指挥调度信息一键快速分发、应急资源跟踪、任务跟踪反馈等功能，有效提高应急通信效率，为科学救援工作的开展提供有力支撑。

② 源管理更全面高效　基于 GIS 对应急所属各类资源进行管理和维护，动态掌握救援物资及力量的分布情况，为突发事件所需应急资源的分析配置提供数据基础，满足应急救援工作的需要。

③ 预案管理更直观生动　实现园区及企业综合、专项、现场应急预案备案结构化管理。将预案分解为各类型要素，明确各应急人员职责及任务，形成全面、针对性强、直观高效的应急预案，保障迅速、有序、有效地开展应急救援行动。

④ 应急演练更贴合实战　实现演练计划制订、过程登记、总结复盘。通过复盘评估应急能力，优化预案流程，全面提升应急反应和救援能力。

⑤ 应急值守更高效快速　实现园区、企业常状态下的值班管理，对值班过程进行数字化记录与管理。强化响应、过程管理，出现突发事件后能第一时间快速反应，高效处置。

⑥ 应急调度更科学智慧　系统支持应急状态下的接处警、险情研判、资源调度、指挥调度、救援态势、辅助决策等。平台整合园区、企业、社会相关救援物资及力量，在发生突发事件后，能够根据灾情、响应级别实时优化资源调度。分析资源分布和可用性，并基于实时数据提供最佳的调度方案，进行一键快速调度或响应升级调度，调度态势集中展示。以确保物资、队伍等资源的最优利用，提高救援效率。利用平台内置智能算法和专业模型，能够根据实时数据，为救援工作提供科学的决策支持，如：路径规划、态势标绘、后果模拟、同例案例分析、事发危险物质理化特性等。基于分析结果和预测模型，辅助生成优化应急响应方案和资源调度策略，辅助用户迅速做出决策。

# 6.5　园区封闭化管理

近年来，危险化学品运输安全生产重特大事故时有发生且呈现高发状态，此类事故对社会经济发展造成巨大危险，严重危害人民群众的生命财产安全和生存环境，国务院安委会也发文结合园区产业结构、产业链特点、安全风险类型等实际情况，逐步推进园区封闭化管理。

在国内的大多数化工园区周边存在大量的居民点，穿越化工园区的社会闲杂车辆较多，园区危化品企业密集，出入化工园区的危险化学品量也比较大，此种情况给化工区的安全管理带来重大安全隐患。发生事故时，为了能够准确定位事故车辆及运输危化品信息，进行快速、高效、有序地实施救援，也需要对园区进行封闭化的车辆管理。具体可以在 5 个方面进行信息化的进一步建设，周界设施、门禁／卡口设施、标志与标线设施、配套用房、配套设备。

① 周界设施　物理周界设施、电子围栏等。

② 门禁／卡口设施　车道计算机、电动栏杆机、车辆检测器、通行信号灯、闪光报警器、亭内摄像机、车道摄像机、主要路口摄像机、安全防护设备和门岗等。

③ 标志与标线设施　交通设施布置、交通标志牌、标线等。

④ 配套用房　与通行凭证办理、信息管理、计算和存储设备、监控指挥调度、日常值班、应急指挥等功能相适应的配套用房，配套部署监控、出入控制、通信、信息发布及其他必要设备。

⑤ 配套设备　综合管控、视频监控、门禁／卡口管理、危险物品和危险废弃物运输车辆运输管控系统、巡查管理、接警处置、信息发布、公共接口、移动应用等。

为进一步加强化工园区安全管理，降低系统安全风险，增强安全应急保障能力，提升本质安全水平，对化工园区施行封闭管理是非常有意义的。

下面以泰州滨江工业园区为例，介绍封闭化管理技术在园区的应用。

## 案例 27　园区封闭化管理技术——泰州滨江工业园区

### （1）适用技术应用场景概况

泰州滨江工业园区位于长江以北、南官河以西、扬州江都界以东、336 省道通港路段以南。交通主干道穿越园区，同时对外的路口比较多，进出园区的人员和车辆复杂，对园区的安全监管带来诸多风险。因此危化品运输车辆的监管亟须必要的技术手段。相关企业虽然已在危险化学品运输、道路车辆检查等方面做了一些管理工作，但由于人员数量的原因，监管难度非常大，需要关键技术手段支撑。通过全国各地化工园区曾发生的安全生产事故原因以及其产生的巨大的损失分析，加强对进出化工园区车辆的监管尤其重要，特别是要加强对危化品运输车辆的全过程监管。因此，为了达到建成一个健康、安全、可持续发展的滨江工业园区的目标，积极推动园区封闭化管理势在必行。

### （2）可应用技术手段

园区通过封闭化管理实现隔离外部风险、掌握安全信息、管控移动风险、快速应急处置的目标。一般封闭化管理，通过建设简单的门禁／卡口、视频监控等硬件设施实现园区初步封闭化管理，同时部署封闭化管理系统，实现车辆进出园区的管控。

建设封闭化管理系统主要包括门禁／卡口管理、出入园管理、人员分布管理、危化品运输车辆动态管理、危化品运输车辆停车场管理，传统系统架构如图 6-21 所示。

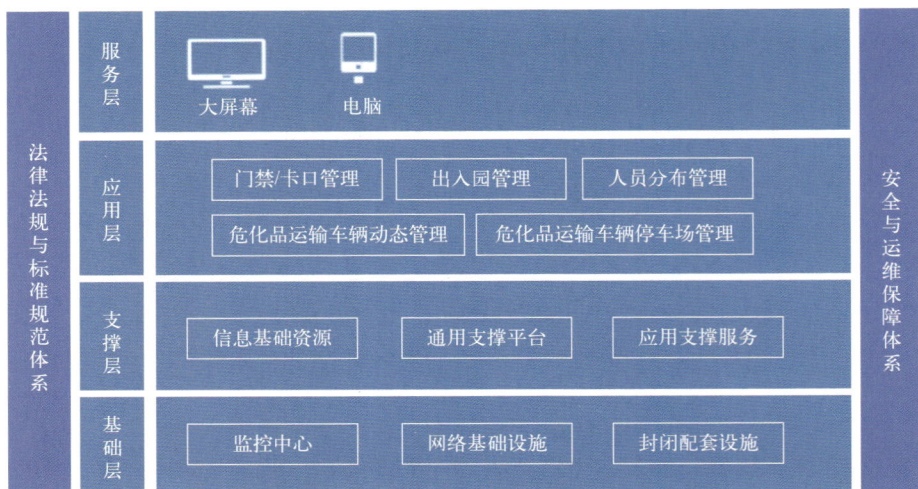

图 6-21　传统封闭化管理系统架构

### （3）泰州滨江工业园区实际技术应用

泰州滨江工业园区利用人脸识别、智能分析、墙球联动、门禁道闸、高空瞭望、电子围栏、多系统联动等先进新技术，对园区关键区域实施封闭化管理，进出封闭区域车辆、人员都需预约上报到系统并通过审核后方可通过闸口，通过闸口时自动抓拍车牌，识别人脸，自动验证通过后进入园区，解决园区人、车、物的管控。真正实现化工园区人流、车流和物流出入管控及运动路径的规范和优化，确保区域安全风险有效隔离，切实防范外来输入风险。

泰州滨江工业园区封闭化管理，以封闭化园区管理需求为基础，建设完善园区门禁／卡口、周界防入侵、人员／车辆定位、流量管控、危险化学品车辆专用停车场等硬件设施的基础上，部署化工园区封闭化管理系统，同时融入园区已建设的智慧园区平台，全过程动态监测出入化工园区的人员、车辆、货物。

泰州滨江工业园区封闭管理系统架构如图 6-22 所示。

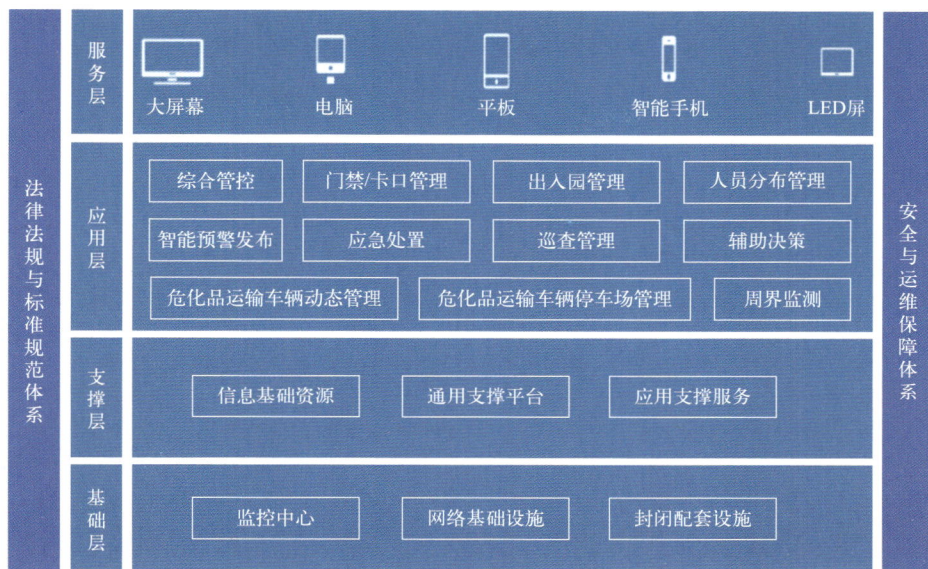

图 6-22　泰州滨江工业园区封闭管理系统架构

泰州滨江工业园区实施封闭化管理以后，针对人员、车辆、货物的管理，利用封闭管理系统，制定了一系列的管控措施和制度，实现了园区封闭化管控，对核心区域车辆及人员进行管控，进出园区的人员和车辆得到有效监管，"无管车辆不进入，不合格车辆不进入，进入车辆全监管，进入人员全识别，危险化学品车辆进入园区全过程监管"所有进出园区的车辆按规定行驶。

泰州滨江工业园区面积广阔，有限的人力不可能有效地监控整个园区，因此通过交通感知及智能视频监控系统有效提高监控效率、实现自动报警的目标。当有异常情况时，通过公共广播系统、电子公告发布系统、有效地警告或通知当事人，制止不当行为。另外，信息发布系统在日常和应急时应可快速有效发布各项日常管理或应急的相关信息。封闭管理系统同时接入园区重点企业的二道门系统，实现对企业生产区域人员进行有效监管。有毒有害气体周界监测预警系统针对危化品停车场及周边道路实现气体泄漏实时监测预警。

泰州滨江工业园区封闭化管理项目建设结合园区实际情况，建设符合园区特色的封闭化管理系统，具备比较明显的技术优势。首先是预约审核移动化，入园车辆 / 人员可通过微信小程序进行入园预约申请，园区企业通过

App 对预约信息进行审核。系统充分利用微信小程序的普遍性、简易性使预约更加简单、便捷，实现"无障碍预约、零等待审批"。其次是园企联动智慧化，通过车辆进出数据的智能分析，实现园区门禁闸口、危化品专用停车场、企业门禁闸口的智能联动，园区门禁闸口可根据企业门禁闸口（危化品停车场）容量承载情况、货运情况、等待时间情况等确定进出车辆的放行速度、通道开放数量等，为园区车辆进出提供整体安全规划。再次是智能预警发布，采集园区车辆、视频、重大危险源等相关信息，通过平台智能分析、整理并结合其他相关系统数据做出精准的预警，并通过相应的信息发布手段向园区内企业以及园区内相关人员发送，同时为突发事件指挥救援提供重要的依据。实现多渠道、多终端、语音、文字、图像等形式预警信息发布，为应急状态下的人员精准、快速疏散、车辆及时有效管控奠定基础。最后是危化品车辆多维感知，通过在园区内道路设置园区交通多维感知系统，结合大数据和 AI 智能算法能力，构建危化品车辆全域管控系统，实现对危化车辆在园区内超速、不按专用车道行驶、违停等违规行为进行监测预警，降低园区内车辆行驶风险。

### （4）适用技术应用效果

泰州滨江工业园区封闭化管理项目建设是结合自身产业特点以及实际情况进行建设，项目建设具备明显的特色亮点。项目在建设过程中进行统筹规划、合理布局（科学合理、前瞻性），根据泰州滨江工业园区的产业分布和交通地理条件，统筹部署各系统公用传输线路与供电线路。在光缆线路和供电系统敷设规划时，充分考虑路灯、供水、天然气、污水管道等基础设施的建设情况和规划情况，做到各基础设施既符合系统的功能需求和园区整体规划设计，又不相互冲突。同时充分考虑资源共享、接口统一（扩展性），园区封闭化管理系统统一评估了各系统的数据传输需求和供电需求，进行光缆敷设和电缆统一考虑，实现了资源共享，既节省了成本，又方便管理。封闭化管理系统还具备高度集成，实现联动的特点，通过系统与系统间的有效联动，实现高效管理。如发现危化车辆偏离路线，联动产生声光或文字报警，并可将对应视频自动切换到大屏上。通过系统与系统间的相互联动，信息之间将不再孤立，而是多方面相互关联，使信息更加完整、准确。封闭化管理系统充分考虑平战结合，实用有用（稳定性、易用性），具备两个方面功能：一是平时，主要用于安保、治安、交通、反恐等部门的日常监管等；二是在发生各类突发重特大事故时，可用于预测预警、指挥调度，真正实现平战结合。

泰州滨江工业园区封闭化管理项目建设解决了危化品车辆违停的问题，

解决了无关车辆、人员进出园区的问题，并能够对可疑车辆进行定位和跟踪，一旦出现偏离、超速、违法、离开限定区域、异常停车等将及时预警，从而有效地提高了园区的安全性，减少了事故的发生。发生事故时，可以第一时间监测并预警，并能够持续为应急救援提供全方位的支撑数据，最终实现快速、精准的应急救援服务。具体建设效益如下。

① 降低车辆在园平均滞留时间　通过提前预约，企业、园区双重审核，园区、企业联动，按需放行，减少危化品运输车辆在园区滞留时间，减少风险。

② 规范危化品车辆安全行驶行为　通过对危化品运输车辆的全过程监管，对车辆违规行驶行为进行监测报警以及闭环处置，规范危化品运输车辆安全行车行为。

③ 严格控制外来车辆进出　通过封闭化管理，严格管控园区进出车辆，禁止无关车辆、不合格车辆进出园区。

④ 解决重点路段违停现象　通过对重点路段的违停监管，及时对违停车辆进行报警以及处置，极大减少了车辆乱停乱放的现象。

# 6.6　园区危化品运输监管

危化品运输车辆违停、聚集等不安全现象在化工园区经常可以看到，危化品运输车辆络绎不绝，与普通车辆混杂行驶、违规乱停、危化品车辆聚集等现象屡见不鲜，这对园区日常安全管理造成极大的挑战。针对危险化学品车辆形成特定的监督管理机制是危险化学品全流程监管的重要一环，也是平台应用层的重要环节。

① 在危化品监管环节，利用物联网、图像识别、人工智能等技术对危化品生产、储存、运输、使用、危废处理等危险作业环节进行在线风险监测预警，对人的不安全行为、物的不安全状态等进行视频预警提醒，提高事前预警管理能力。

② 在企业人员、驾驶员、押运员等相关人员监管环节，统一进行上链管理。平台对接交通运输部门驾驶员安全行为监测系统，对客运车辆驾驶员的行为进行视频智能分析，及时发现违规行为并通过语音进行实时预警，提醒驾驶员正常驾驶。违规信息以短信方式发送到承运企业监管人员手机中，对违规过多的驾驶员进行黑名单管理。

③ 在危化品运输车辆监管环节，基于交通运输部危化品运输车辆实时数据，结合 GIS 地图，对进入管辖区域的危化品运输车辆实行全天候全过

程实时监控，实时了解驾驶员、押运员、车辆基础信息，为监管提供基础数据。并对危化品车辆轨迹进行实时回放，为数据分析、溯源提供数据支撑。

下面以国家东中西区域合作示范区（连云港徐圩新区）为例，介绍危化品运输车辆监管平台技术在园区的应用。

## 案例 28　园区危化品运输车辆监管平台技术——国家东中西区域合作示范区（连云港徐圩新区）

### （1）适用技术应用场景概况

随着石化产业基地中的产业项目陆续建成投产，徐圩新区（园区情况详见案例 3）内危化品运输业务量也在逐步增长。从 2020 年下半年，每日进入石化产业基地作业的危化品车辆，由之前的 200 辆以内增加至 600 辆以上。随之而来的是，越来越多的危化品车辆的违停、超速等违章行为增加，在港前大道、228 等主要道路上随处可见扎堆乱停的危化品车。同时，危化品车辆在厂区门口排队积压事件也屡屡发生，造成较大的安全隐患。

为化解因此所带来的入园危险品车辆多（含过境危险品车辆）、危险品车辆监管盲区多等痛点问题，徐圩新区建设危化品运输车辆监管平台尤为重要。

### （2）可应用技术手段

针对危化品运输车辆不规则停靠，在园区内"疏堵"问题，传统的管理手段和普通停车场的停放规则，将不再满足于化工园区日常安全运行的要求和维护园区本质安全的初衷。

普通的危化品运输车辆监管技术侧重监测危运货车包括车辆分布位置、在线车辆数等基础信息，传统危化品车辆监管技术平台架构如图 6-23 所示。

在技术层面，从数据采集、网络传输、智能应用 3 个层次解决危化品物流中的安全监管与信息共享问题，并基于位置服务的定位术、地理信息系统技术和多传感器信息融合技术，构建危化品车辆监控与应急联动系统，提升在途危化品车辆位置感知精确度。

在功能方面，主要通过对装卸环节、运输环节、货物在途状态以及业务数据进行实时可视化监控，以此提升危化品运输的安全指数。

### （3）连云港徐圩新区实际技术应用

连云港徐圩新区使用的危化品车辆监管技术平台架构如图 6-24 所示。

在技术方面，采用了 Spring Boot 框架和 MyBatis-plus ORM 框架，实现了代码的快速开发和交付。同时，通过 Nacos 注册中心和配置中心搭建

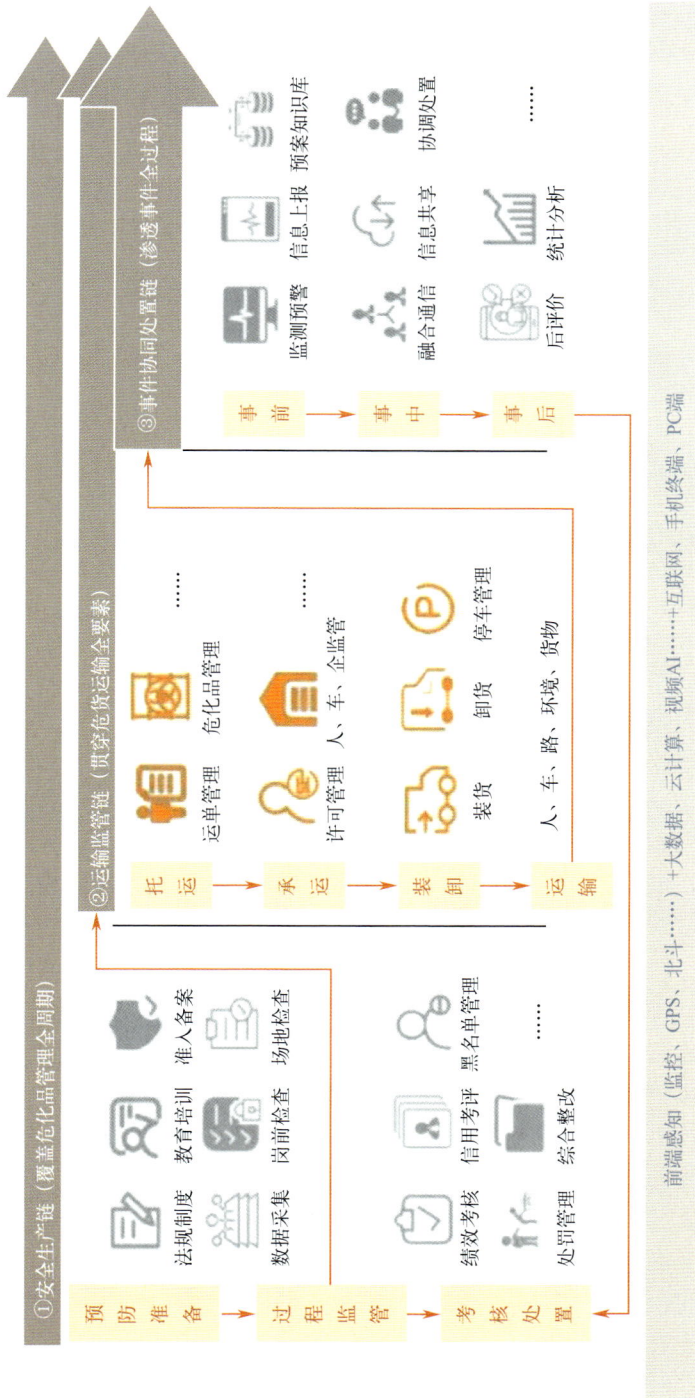

图6-23 传统危化品车辆监管技术平台架构

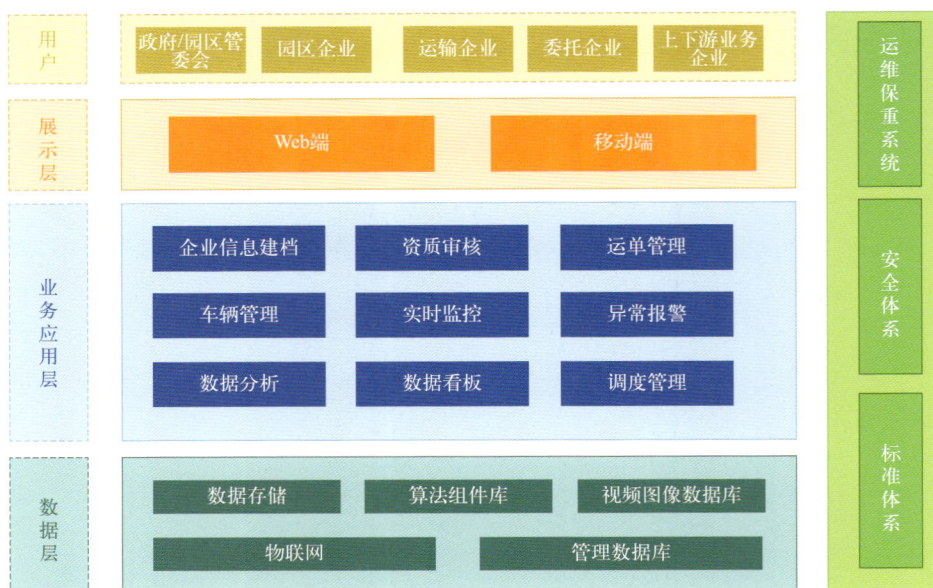

图 6-24　连云港徐圩新区使用的危化品车辆监管技术平台架构

微服务体系，将不同业务请求通过网联引入不同的服务，解决了请求慢和资源分配不均衡的问题。采用 Redis 缓存技术将常用数据和用户登录信息放入缓存，提高数据获取效率。应用 Redis 锁保证数据单一性，同时避免修改 MySQL 的实务等级。采用冷热分离概念将数据量大的次要业务数据进行冷热分离，降低数据库压力。通过 WebSocket 技术实现后台主动将数据推送到浏览器，实现用户通知功能。通过 MySQL B+ 树结构的索引创建优化业务主体数据量大查询慢的问题。采用涛思数据库和 OpenTsdb 时序数据库存储车辆 GPS、轨迹数据，满足大屏、轨迹追踪等场景的实时定位和历史轨迹的查询需求。

徐圩新区在针对化工园区危化品运输车辆监管的难题，采用了从入园申报、园企调度、在线装卸、快速回单到预警报警的运输全流程解决方案。通过多方的运营协同，打破数据壁垒和孤岛现象，实现数据的共建、共享、共治。整体实现了车辆行驶路径的规划、园区监管全域感知等功能。

信息安全方面，徐圩新区采用了统一身份认证系统校验登录系统的用户身份，需要手机号、验证码、实名认证才可正常使用系统，保证了园区的运营安全。同时，采用了基于 OAuth2 的认证框架、restful 的接口规范和标准的网联数据传输协议，保证了园区数据的安全性、完整性和数据共享能力。

在功能方面，徐圩新区建设主要包括危险化学品运输车辆监管、车辆调度与路径规划、协同运营与调度等功能模块。通过平台实现对危化品运输车辆的全面监管，确保园区安全风险的有效隔离。并基于园区布局及重点危险区域，为园区内企业提供车辆路径规划功能，规范危化品运输车辆的行驶路径，避免出现违规行为。支持危化品运输车辆在化工园区封闭区域的快速、无感通行，并实现与企业之间的协同调度，提高装卸货效率和运输能力。

园区通过对车辆 GPS 轨迹数据分析，实时监测车辆的超速、违停、禁行等异常行为，并及时向监管单位推送预警报警信息，实现快速闭环处置。

徐圩新区借助该平台实现同企业、停车场、园区监管、公安交警等多部门的协同调度监管，同省、市、部门之间危化品运输电子运单数据信息的联动互通，将预警报警信息实时同步推送多部门联合处置，增强监测预警能力，实现危化品运输全过程可知、风险可控、效率可见，从而提升整体园区运输安全。徐圩新区危化品车辆监管技术平台流程如图 6-25 所示。

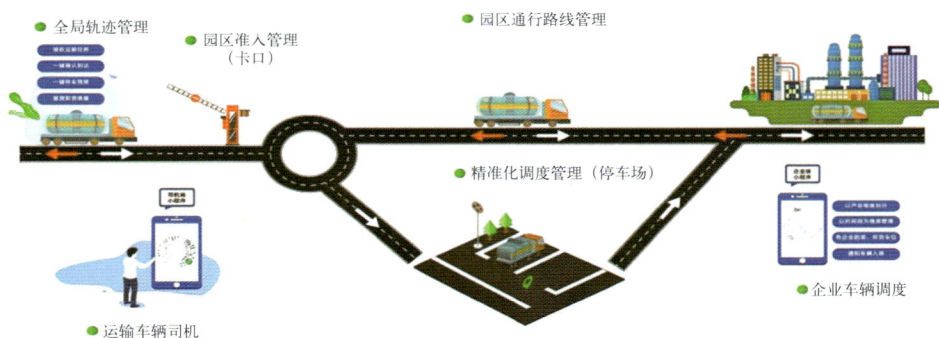

图 6-25　徐圩新区危化品车辆监管技术平台流程

徐圩新区通过危化品车辆监管技术平台对全域危化品车辆进行日常监管工作，危化品运输车辆驾驶员通过 App 预约或企业代预约模式进行车辆入园预约申请；被访企业通过系统平台进行审核；卡口通过识别车辆、人员信息进行识别放行。对于未被叫号的车辆，会先驶入园区危化品运输车辆停车场，待企业叫号，停车场放行，被叫号车辆进入企业进行装卸货工作。平台同时实现针对车辆全程轨迹跟踪和对行驶路线进行规划、优化工作。

通过该平台，结合根据园区已实施项目数据统计，危化品运输车辆入园监管率提升明显，道路拥堵、车辆违章等交通风险事件显著降低，园区内企业作业效率提升，危化品运输车辆在企停留时间显著降低。

同时，徐圩新区借助平台具备自动修复和故障排除功能的优势，减少了人工干预，降低后期维护成本。

### （4）适用技术应用效果

徐圩新区通过该平台实现了危化品运输的全面监管，降低了危险化学品车辆引发的安全事故风险，保障了园区和企业的安全生产环境，有助于提高园区的社会形象和声誉，向外界展示园区在危化品运输管理方面的专业性和责任心。同时通过构建高效的协同机制，有效提高了危险化学品的运输效率，降低了企业运输成本，具有切实的经济效益。

徐圩新区将化工园区危化品运输车辆监管平台作为快速推进全景监控系统、安全应急一体化平台、全封闭管理系统建设的重要组成部分，也是园区信息化、智能化转型的战略布局，用实践证明了数字化转型的经济价值和社会效益，对推进园区转型升级具有重要意义。

# 6.7　园区能源管理

在全球能源日趋紧张、环境污染日益严重的当下，园区能源系统的节能减排工作显得尤为迫切和重要。作为众多企业的聚集地，园区内的能源需求主要涵盖煤炭、石油、天然气、电力、蒸汽、燃料、氢气以及可再生能源等多个领域。为了有效应对这一挑战，必须优化能源供应、能源转换、能源储存和能源利用四个环节。

① 针对能源供应环节，可通过能源设备的合理配置、节能技术的应用、能源系统的灵活调度等技术实现对能源供应系统的优化。

② 针对能源转换环节，通过技术创新与设备升级、优化能源种类选择、改进能源转换过程、不同系统整合与优化等技术提高能源转换效率。

③ 针对能源储存环节，通过技术选择与创新、多元化储存策略等实现能源储存系统的优化。

④ 针对能源利用环节，通过高效的设备和技术、先进的能源管理系统、能源回收与再利用等，实现能源配置的合理化和能源利用效率的大幅提升。

下面以揭阳大南海石化工业区为例，介绍碳管理及能源管理应用技术在园区的应用。

### 案例 29　碳管理及能源管理应用技术——揭阳大南海石化工业区

#### （1）适用技术应用场景概况

揭阳大南海石化工业区位于广东省东南沿海突出部、珠三角与海西经济区的黄金切点揭阳惠来县，规划面积 42 平方公里，重点发展石油炼化、精细化工、新材料、生物医药、高端装备制造等支柱产业，并配套建设了热电联产厂、供水工程、污水处理厂等基础设施。在全球能源紧缺、环境污染严重的背景下，园区能源系统节能减排显得尤为重要。

大南海石化工业区作为"世界级绿色石化产业基地"，园区在建设初期就亟须实现节能减排、清洁化和环境友好的目标。由于园区内企业众多，其涉及的能源系统非常复杂，如蒸汽系统、电力系统、氢气系统、燃料系统、可再生能源系统等，需要提高整个能源系统实时信息的可见性。传统的能源系统建设多是单独建设，多个系统并存，系统间孤岛运行，而且，多数系统仅停留在数据采集、报表展示层面，无法同时考虑工艺区能源的频繁变化、关键的制约因素（操作、环境、合同等）、电力外购价格波动等，并进行协同管理及优化，有效指导生产等。

因此，大南海石化工业区对园区内能源系统统一建设、实时监测、协同优化，指导生产，实现了提高能源效率、降低能源成本，达到了节能减排的目标。

### （2）可应用技术手段

面对节能减排的目标，一般技术手段包括能源数据采集与监测、能源数据分析与报告、能源效率评估与优化、能源消耗预测与控制等，传统能源系统技术架构如图 6-26 所示。

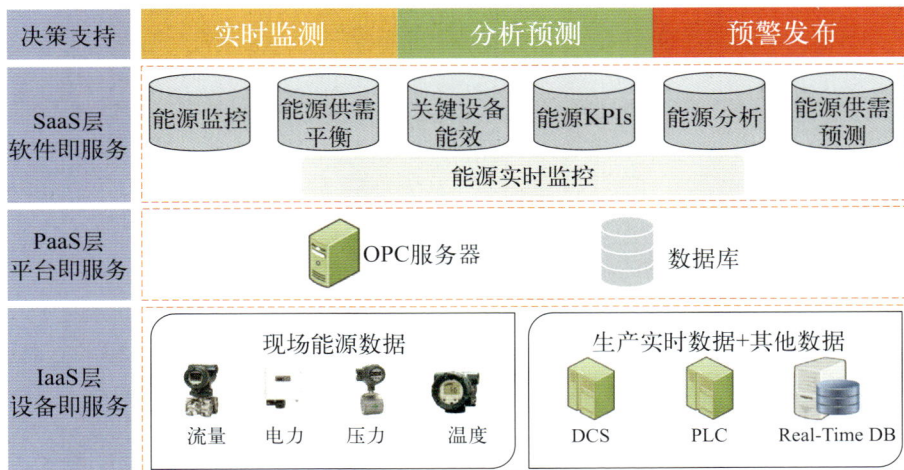

图 6-26　传统能源系统技术架构

在实时监测方面，基于现有的测量设备，使用通用数据接口收集当前和历史数据，进行数据的采集及呈现，如建立数据采集和数据分析系统，实时监测企业的能源消耗状况，为能源管理提供依据，包括能源监控、能源供需平衡、关键设备能效、能源 KPIs 等。

在分析预测方面，基于当前和历史数据，进行能源效率评估和能源供需预测，发现能源浪费点并提出改进措施，实现能源的高效利用。但是仅根据现有数据分析，无法对系统进行更深入的分析，识别减排机会、进行减排潜力分析、决策支持等。

在预警发布方面，根据现有数据分析结果，预测能源系统未来趋势和潜在风险，确定预警级别和紧急程度，通过适当渠道和方式将预警信息传达给相关人员。

### （3）大南海石化工业区实际技术应用

大南海石化工业区在园区内部分企业采用了碳管理及能源管理技术，对企业内的炼油区、化工区、公用工程等多能源系统进行统一建模和优化，减少了重复投资，实时计算并跟踪多个能源 KPIs，生成操作建议进行决策支持，减少了能源消耗、碳排放。系统的技术架构如图 6-27 所示。

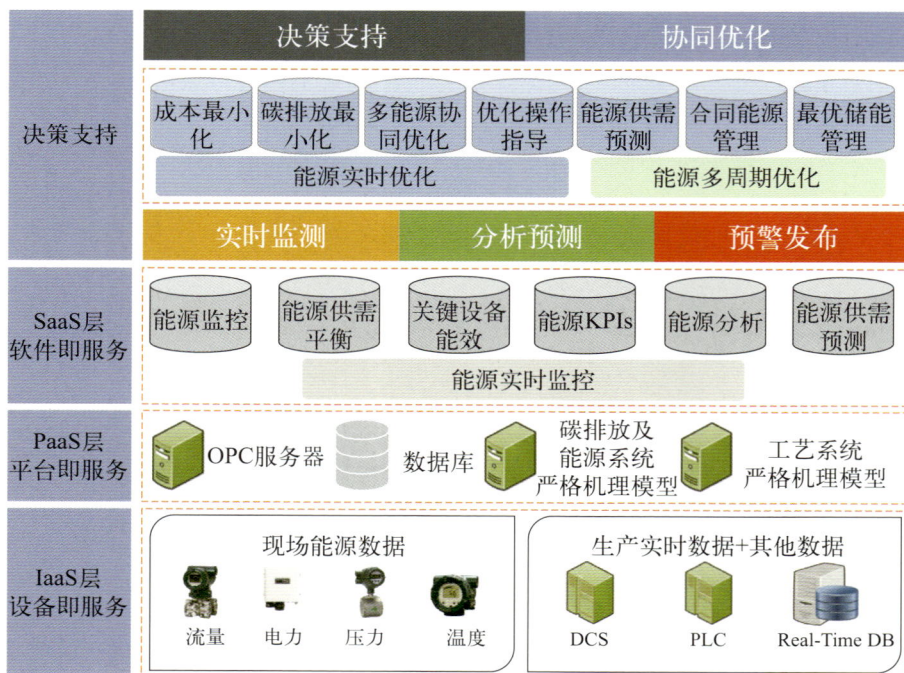

图 6-27　碳管理及能源管理系统技术架构

大南海石化工业园区采用的技术基于实时监控、分析预测、预警发布，增加了决策支持、协同优化功能，基础功能主要是扩大园区的可视化范围及程度，新增功能增强了园区决策智能化程度，同时能够实现多能源系统的协同优化。可视化及优化功能的深入应用，更深层次地实现能耗成本的降低、运行效率的提升。与传统技术不同的是，该技术采用严格机理的数字孪生模型，不仅有能源侧的严格机理模型，也能涵盖工艺侧的严格机理模型。其中能源系统严格机理模型涵盖所有的典型的设备和能量系统，如蒸汽、水、燃料、动力、空气等。基于该模型，能够对任何复杂的能源系统进行统一建设，如建模、监控、优化和调度等，避免多个系统单独建设带来的重复投资、系统间孤岛运行等。

① 在实时监测方面　与传统技术相比，采集的数据不会直接进行分析，而是将数据经模型校正后再使用。如模型在线运行前，会对收集到的数据进行稳态检测，当检测到不稳定时，模型不会运行，一旦装置稳定，模型就会运行。使用验证后的数据对模型进行模拟和优化，并生成操作改进报告。

② 在分析预测方面　相比于单一的历史统计数据，基于严格机理的数字孪生模型，通过对各生产装置的工艺以及能源系统的模拟计算，能够对系统深入分析，进行减排的潜力分析，识别减排的机会，发掘园区内企业节能减排的最大潜力。

③ 在预警发布方面　基于严格机理的数字孪生模型，提供的一组数据，建立预警关键指标，如全厂的碳排放情况，快速定位至排放点，根据排放严格模型，深入分析排放系统未来趋势和潜在风险。

④ 在决策支持及协同优化方面　通过工艺及能源系统的优化、数字化的咨询、最优节能减排战略，实现企业效益最大化。如能够对能源运营成本、碳排放进行模拟及优化计算，得到能源成本最小化及碳排放最小化优化操作建议，建议涵盖了一系列优化处理。

该技术关注碳管理，同时涵盖能源供给侧、能源需求侧以及热量回收利用等多个方面，是比较完整综合性的技术，实现碳排放及能源实时监测、预测分析、决策支持、协同优化等，使得园区能够在整个能源利用过程中都能够最大程度地优化能源效率和减少碳排放。

以下对蒸汽系统进行举例说明，该系统包括工艺装置产用汽系统、自备电厂产用汽系统、全厂蒸汽管网等，细化至产汽设备、用汽设备、蒸汽管网、计量仪表等，模型数据为工厂实时数据。以下为自备电厂产用汽系统，系统流程如图 6-28 所示。

该蒸汽系统流程简单描述如下。

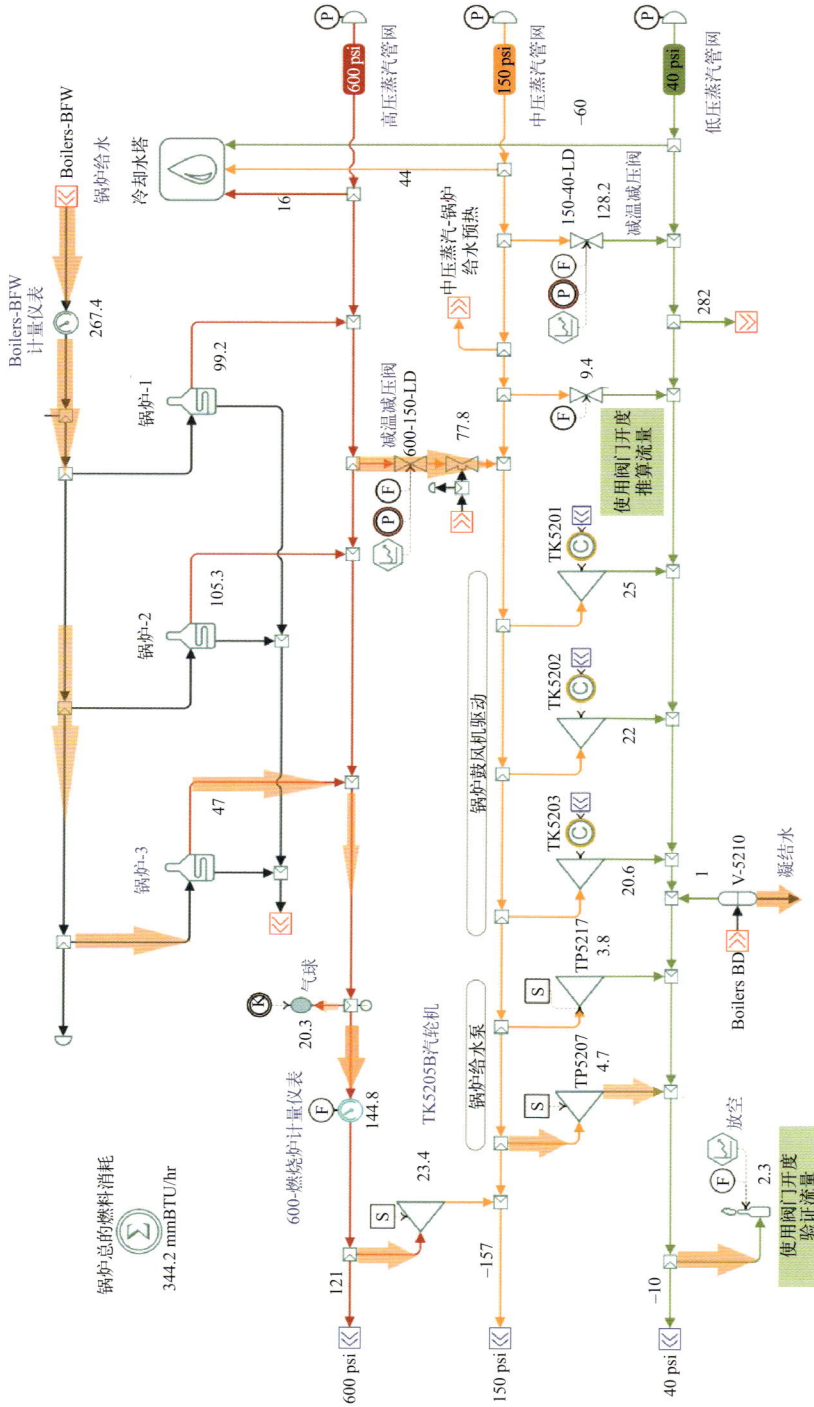

图6-28 蒸汽系统

锅炉给水（Boilers-BFW）流经计量仪表后输送至给水总管，供给各产蒸汽设备，如锅炉、蒸汽发生器等，3# 锅炉（Boiler-3）生产的高压蒸汽（600psi）输送至高压蒸汽管网。高压蒸汽经过气球模块后流经蒸汽计量仪表，再由高压蒸汽管网供给各用气设备，如汽轮机、减温减压器等。汽轮机（TK5205B）背压后产中压蒸汽输送至中压蒸汽管网（150psi），由中压蒸汽管网供给不同的用气设备，中压设备用后减压至低压蒸汽管网（40psi），低压蒸汽用户用后，产生的工艺凝液可经除油除铁后循环使用，低压蒸汽也可能存在放空等。

流程中的计量仪表数据与现场计量仪表实时连接，提供现场实时数据，当现场数据存在不平衡时，特殊的气球模块，能够快速锁定不平衡位置，对能源数据平行进行校正。园区现场锅炉设备缺少单个蒸汽计量仪表，可根据流程中锅炉设备的严格机理数字孪生模型，通过热力学计算，对产蒸汽的温度、压力、流量、焓值进行严格计算，从而对蒸汽总表进行校准，还可以对设备性能进行监测，如锅炉效率监测、锅炉排放监测等。

图 6-29、图 6-30 是部分关键性质计算实例。

线路类型
**线路类型: 蒸汽 / 水**                                                                      ✕

| 📋 | # | 流量 (klb/h) | 温度 (°F) | 压力 (psi) | 焓值 (Btu/lb) | 质量 | 子/过 (°F) |
|---|---|---|---|---|---|---|---|
| ✕ 👓 ⬈ | 218 | 268.68 | 267.89 | 600 | 237.96 | 0 | -221.02 |

图 6-29　蒸汽 / 水性质计算示例

燃烧属性
**Boiler-3 FG Eff**　　　　　　　　　　　　　　　　　　　　　　　　　👓 ✓ ✕

| 方案 | 烟道气流量 (klb/h) | 烟气体积流量 (MSCF/h) | 烟气密度 (lb/SCF) | 二氧化碳流量 (klb/h) | 二氧化硫流量 (klb/h) |
|---|---|---|---|---|---|
| 模拟 | 54.25 | 754.30 | 7.19E-2 | 7.18 | 5.14E-2 |
| 全部优化 | 52.33 | 727.58 | 7.19E-2 | 6.94 | 4.79E-2 |
| 全部变量△ | -1.92 | -26.72 | 9.12E-6 | -0.25 | -3.56E-3 |
| 整体最优值 | 52.31 | 727.27 | 7.19E-2 | 6.93 | 4.91E-2 |
| 整体变量△ | -1.94 | -27.04 | 2.71E-6 | -0.26 | -2.36E-3 |

图 6-30　锅炉排放计算示例

**（4）适用技术应用效果**

系统运行期间，基于碳管理及能源管理系统严格机理模型，对系统进行实时模拟及优化计算，计算当前运营成本及优化运行成本，如图 6-31 示例的 814.23$/h 的优化节省效益。

| | 模拟<br>($/h) | 全部优化<br>($/h) | 节省效益<br>($/h) | 整体最优值<br>($/h) | 节省效益<br>($/h) |
|---|---|---|---|---|---|
| 燃料用量 | 16576.44 | 15286.03 | 1290.41 | 16037.92 | 538.52 |
| 动力用量 | −737.86 | 349.25 | −1087.11 | −1013.63 | 275.77 |
| 其他用量 | 1651.46 | 1651.50 | −0.05 | 1651.51 | −0.06 |
| 总运营成本 | **17490.03** | **17286.78** | **203.25** | **16675.80** | **814.23** |

图 6-31　实时运营成本及优化效益

系统为达到以上优化运营效益，需要对操作变更，如锅炉燃料用量调整、燃气轮机发电量调整、余热锅炉发汽量调整、汽轮机发电量调整、常压炉燃料油用量调整等。例如，在图 6-32 的操作指导中，可提高余热锅炉（HRSG-1/2）发气量，通过换热网络优化减少常压炉燃料油（Boiler-1 FO）消耗量，增加透平（Turbine-1/2）发电量。

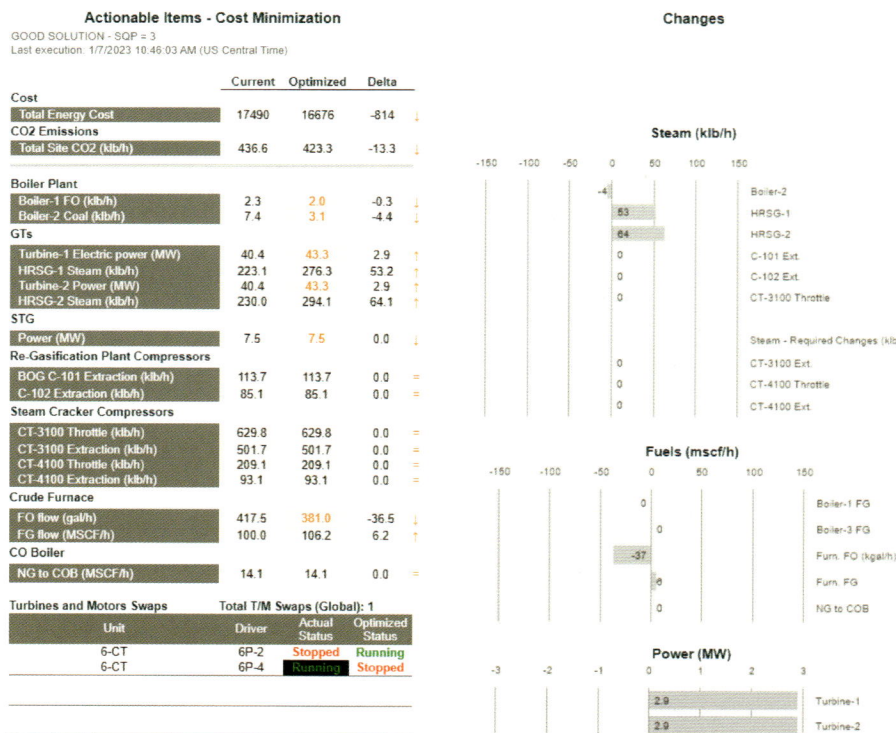

图 6-32　在线优化操作指导报告

系统建设实施后，扩大了园区可视化范围，提升了园区精细化管理水平；增强了园区决策智能化程度，实现能源多系统协同优化、能源供需侧同步优化、热量回收深度优化、碳排放智能优化，实现降低能耗成本，提升运营效率，实现成本的优化控制，实现 2.2% ～ 3.8% 的能源成本节省。

该系统还具备显著的成本优势，相对于多个系统单独建设，该系统避免了重复投资，多系统集成建设，可扩展性强。基于该系统，提高了园区竞争力，吸引了更多环保意识强的企业进驻，形成了良性竞争氛围，提升了园区品牌价值。园区整体推进碳管理及能源管理系统建设，将进一步减少园区整体的碳排放，降低环境污染和生态破坏，有利于维护园区周边生态环境的健康，促进园区可持续发展。

# 6.8　园区智慧办公

智慧办公的兴起，根植于数字化转型的大潮与企业对高效、灵活工作模式的追求。在互联网、物联网、大数据、人工智能等技术的推动下，传统办公模式正经历着深刻的变革。智慧办公通过集成智能硬件与软件系统，实现了办公环境的自动化、智能化，覆盖了从任务管理、请求协作、文件管理、绩效考核、员工画像到工作流程优化、数据分析决策等多个环节。这种全新的办公模式不仅极大地提升了工作效率，减少了资源浪费，还为员工创造了更加舒适、便捷的工作体验，促进了企业的可持续发展。

园区智慧办公系统利用云计算、物联网、移动互联等技术，基于协同办公理念，打通人、物、事的业务流程数据，实现信息流、业务工作流的高度集成与融合，构建跨部门、跨地域的互联互通、相互协助的新型办公模式，将园区日常办公电子化、网络化、规范化、统一化，达到节约时间、节省成本、提高工作效率的目的。

下面以中国石油化工（钦州）产业园为例，介绍园区智慧办公系统的应用。

## 案例 30　园区智慧办公系统——中国石油化工（钦州）产业园

### （1）适用技术应用场景概况

中国石油化工（钦州）产业园是广西重点建设的工业园区，随着华谊钦州化工新材料一体化基地一二期、中伟钦州产业基地一期等重大项目顺利建成投产，中国石油广西石化炼化一体化转型升级项目列入国家规划布局并开工建设，华谊钦州化工新材料一体化基地三期甲醇制烯烃及下游深加工一体化项目、恒逸钦州绿色化工化纤一体化基地项目、桐昆钦州绿色化工化纤新材料基地一期项目、格派新能源电池材料一体化项目等龙头项目接连启动，产业集聚态势不断增强。随之而来的是园区管委会面临需要形成供给质量更优、要素保障更全、专业化水平更高的产业服务体系。

针对该现状，园区急需解决。园区政务繁忙，工作繁多，各项计划任务、专题会议、绩效考核任务、机关里各种事务现在都是线下处理，需要提高处理质量、提高效率，并通过数字化系统工具来管理。任务事项是否完成，事情任务的进度有没有回应，任务应该怎么做，都是摆在园区管理者面前的一道道难题。没有很好的系统性的流程，就不能确保所有的事情都有结果和回应。对员工任务处理没有数据分析，就不能全面、直观、透明化地展示员工的工作繁重度、工作效率、工作精准度和工作积极性。因此，园区需要一套相关的应用的任务管理信息系统，能够加快转变园区企业职能，并进一步提升行政效率。

### （2）可应用技术手段

现代任务管理系统的产品理念展现了数字化时代下企业管理与协作的全新风貌（图6-33）。其核心在于准确的任务分配与进展追踪能力，系统能够将复杂的工作分解为可管理的子任务，明确责任归属，设定合理的截止日期和优先级，确保每项任务都有专人负责。通过实时更新的任务状态，管理者与执行者得以同步获取最新进展，有效避免了信息滞后导致的效率低下。通过整合信息化工具确定以人为中心和以目标为导向进行任务分配管理、协作配合，基于混合云平台对系统平台数据进行数据管理分析，为园区运营和服

整合信息化**工具**
爬虫工具、视频工具、物联网设备

以**人**为中心
以岗位、职责为基本出发点
来构造网络工作场景

**混合云平台**
公有云平台　　私有云平台
在线服务+内容/知识　目标督办管理

以**目标**为导向
对重点目标、过程督办、
绩效评价等要素进行管理

沉淀工作**数据**，智能分析，提供决策支持

**图 6-33　现代任务管理系统产品理念**

务管理赋能。

然而，尽管现代任务管理系统在提升工作效率和优化团队协作方面发挥了重要作用，但在智能化程度和反映实际情况的准确性上仍存在一些瓶颈与缺陷，这些不足限制了系统效能的充分发挥。例如，智能化程度的局限性首先是当前任务管理系统普遍面临的一大挑战。虽然许多系统已引入了自动化任务分配、进度追踪等智能功能，但在复杂场景下的决策支持和异常情况处理上，仍然显得力不从心，无法为管理者提供可靠的决策依据。其次，反映实际情况的准确性是另一个亟待解决的问题。任务管理系统在收集和呈现任务数据时，往往侧重于任务的完成状态和表面进度，而忽视了任务执行过程中的细节和潜在问题。这不仅影响了数据的准确性，也可能误导决策方向，增加了管理风险。

### （3）中国石油化工（钦州）产业园实际技术应用

园区采用的智慧办公任务管理信息系统是一套适用于实施任务过程化、规范化、信息化的管理系统（图 6-34）。该系统真正地实现了园区内部管理办公、任务发布、任务协同、任务追踪，是迅速提升执行力的有力工具，实现了任务从派发至完成的全流程闭环管理。该系统通过将年度、季度、月度重点工作及督查清单纳入平台，对各项任务建立台账，以图表可视化进行动

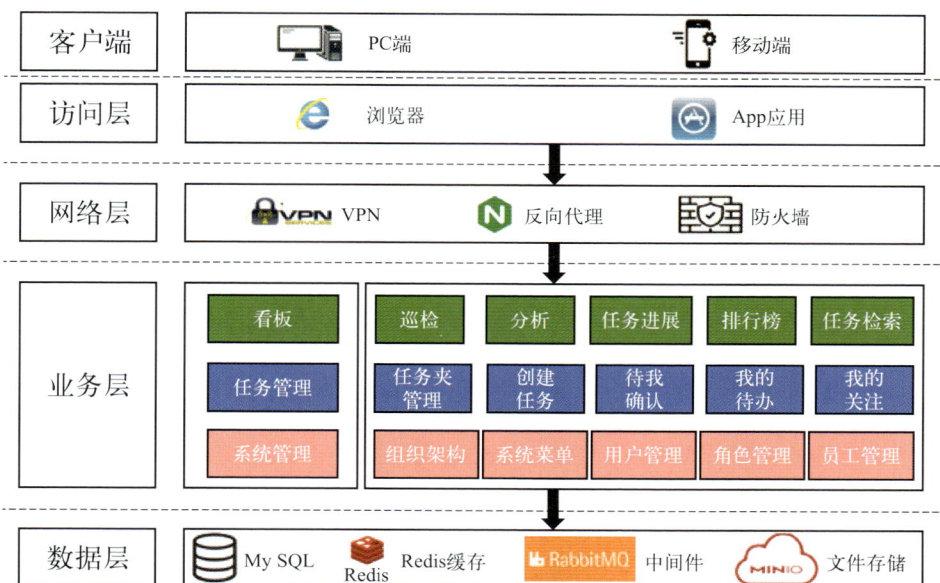

图 6-34 "事必成任务管理信息系统"架构

态跟进，对于推进较慢或滞后事项开展督查督办，并与园区企业现有绩效管理系统实现数据共享。系统支持多维度、高度定制化的数据统计和分析，综合各项工作任务情况，自动采取站内信息、短信通知、AI语音外呼等手段，对工作任务执行过程监管、动态感知、资源协调、进度督办。

为了克服现代管理系统的瓶颈与缺陷，"事必成任务管理信息系统"未来的发展方向着重于提升智能化水平和增强数据采集的全面性。从系统架构层面完善业务设计，通过划分层级，完善从系统管理到业务管理等多方位功能实现。在系统管理层面，通过AI、大数据的先进技术，增强系统的环境感知能力和情境理解能力，使其能够更准确地预测任务结果，智能地调整任务优先级，甚至主动发现并解决潜在问题。在业务管理层面，加强对任务执行过程的全面监控，不仅关注任务的完成状态，还要深入分析任务执行中的沟通记录、资源消耗等细节，以更真实地反映任务执行的全貌。同时，引入大数据校验机制和大数据采集技术，减少人为误差，提高数据的准确性和可靠性，从而为管理者提供更加客观、全面的信息支持，推动任务管理向更加智能、高效的未来迈进。

中国石油化工（钦州）产业园所采用的办公系统的任务管理系统主要围绕以下四个方面满足园区通过使用数字化、智能化手段和方法改变公共服务模式，改善公共决策质量，改进公共管理品质，优化工作流程，提升工作效能和提高公共监管水平的诉求。

① 在工作任务管理方面　系统满足了中国石油化工（钦州）产业园区各级领导对工作任务进展情况的掌握，过程详情查看以及进行关注、督办、点评等具体操作。实现对工作任务优化流程、精准指派、过程监理、监督落实。经济类任务需填写数字进度和查看任务完成进度条。

② 在任务精准分派、全流程监管层面　系统参照流程化、标准化的工业生产线管理模式，以任务为导向，可以将绩效系统、重大会议部署、领导重要批示等重点政务工作任务实施科学地分解定制、精准地下达转办和严格的过程管理，做到精准分派、全流程管理。细分自定义文件更好地对自己的任务进行分类。

③ 在园区智能化过程监督方面　系统综合各项工作任务的具体情况，自动采取站内信息、短信通知、语音外呼等手段，督促各项任务的执行，减少人为干预。

④ 在工作情况自画像统计分析方面　则是通过多维度、高度定制化的数据汇总和统计，汇总月度、季度、年度各职能局办、各人员的执行效能数据，用作绩效考核依据。通过员工、部门工作情况自画像，提升了员工、部

门画像功能，提炼出更多实际有参考价值的统计指标，全面地体现了员工的工作情况、个人素质及部门的工作情况、繁重度情况、部门运转情况等，以更直观的图表从各个维度展示员工、部门的各项指标。

### （4）适用技术应用效果

中国石油化工（钦州）产业园通过应用该套智慧办公任务管理系统，很好地解决了任务布置和执行的问题，有效地转变了工作作风，从"你要我上"变成"我要上"，更好地满足了管委会日常工作需要。目前系统应用已近一年，大幅提升了园区企业的工作效能，进而提升了整体管理水平，取得了良好的管理效益。

中国石油化工（钦州）产业园通过智慧办公任务管理信息平台的应用，为各职能部门、各层级人员提供了一个标准化的工作平台，用电子平台规范工作任务的下达、执行、反馈，形成"凡事有交代，件件有着落，事事有回应"的良好工作习惯，加强了园区对政务工作的执行能力。对园区内基础能力差的单位进行了补强，对基础能力好的单位进行了再拔高，高标准地夯实了政务工作基础，同时也加强了工作任务的管控。

一是移动办公提高了工作效率，加强了工作任务信息共享。对于管理人员而言，通过平台移动端办公，无论身在何处，只要有网络就可以随时掌握各项工作的进度情况，进行工作安排、任务分派、工作点评、任务督办。对于执行者而言，可以随时反馈工作进度，报告异常情况，获得上级及时的指导，少走、不走弯路，高效完成工作。

二是突破了管理瓶颈，进一步提高过程管控能力。通过系统平台的应用，将工作任务的执行过程透明化，解决了以往下达的工作任务"只见首尾，不见过程"的难点和瓶颈，避免因工作过程不能及时监管、指导而导致削弱应变能力的局面，从而从根本上突破了管理瓶颈，促进工作管理水平再上新台阶。

三是数字化工作为绩效考核提供了量化依据。通过"事必成任务管理信息系统"的应用，为各层级部门及人员详细记录各项工作情况，提供直观的工作能力模型图表，为绩效考核提供了量化的依据。

中国石油化工（钦州）产业园将传统工作处理的流程转为信息数字化，将"互联网＋工作服务"作为一种优化工作服务供给，促使传统工作处理发生了结构性的变革，实现以数据感知（民众诉求）、循数决策（公共资源配置）和依数治理（精准施策），同时也解决了机构内"怕、躲、推、脱、等"的痼疾。同时，园区的智慧办公任务管理系统采用模块化设计，预留了充足的可拓展性，能够有效地应对未来的需求变化和灵活扩展，可以方便地增加新功能、适应不同规模的工作负载或应对新的需求。

# 6.9　园区公共服务

化工园区作为危险化学品高度集中的区域，园区内企业的安全绿色发展模式显得尤为迫切与重要。作为化工产业的聚集地，园区承担着保障内部企业实现高质量、安全发展的重大责任。为此，化工园区需进一步推进安全生产管理的规范化进程，力求降低事故发生的概率并有效控制其潜在的影响范围。为实现这一目标，园区建设一个集多功能于一体的公共服务平台显得尤为关键。园区公共服务平台通过一系列创新举措，如舆情监控、安全培训以及精准招商引资等，全面赋能园区企业，促进园区企业健康、可持续发展。

① 在舆情监控方面　园区公共服务平台利用大数据与人工智能技术，实时监测网络空间中的相关舆情动态，及时捕捉潜在的安全隐患与环保问题，为园区管理者提供预警信息，确保问题能够得到迅速响应与妥善处理。

② 在安全培训方面　针对化工行业的特殊性，园区公共服务平台可以提供线上与线下相结合的安全培训服务，涵盖安全生产法律法规、应急处理技能等多个方面，全面提升园区企业员工的安全意识与应急能力，为企业的安全生产筑起坚固防线。

③ 在招商引资方面　园区公共服务平台通过精准分析行业趋势与市场需求，为园区吸引高质量、高附加值的化工项目入驻，协助企业解决入驻过程中的各种问题，助力企业快速融入园区生态，实现互利共赢。

下面以烟台化工产业园区为例，介绍公共服务功能在园区的应用。

## 案例 31　园区公共服务功能——烟台化工产业园

### （1）适用技术应用场景概况

烟台化工产业园位于烟台港西港区南侧，西至开发区大季家镇台上村、张家村；南至开发区横二路、纵六路；东至开发区开封路。园区面积 25.11平方公里，不仅是烟台市石化新材料产业的璀璨明珠，更是山东省高端石化产业发展蓝图中不可或缺的核心板块。烟台化工产业园区凭借地理位置与资源优势，已跃升为东亚液化石油气交易的领航中心，以及亚洲范围内规模最大、品类最全的聚氨酯与涂料原料供应基地，尤其以丙烯为基石，构建了下游产业链最为庞大的化工产业集群。

鉴于园区内原料的特殊性及生产工艺的复杂性，存在易燃易爆、有害健康等潜在风险，确保园区内企业的安全运营、保障员工健康及产业的可持续发展，成为了园区管理的重中之重。因此，构建高效、全面的公共服务平台，赋能安全管理，强化应急响应机制，促进环境友好型生产，不仅是园区当前发展的迫切需求，更是迈向未来、实现高质量发展的必由之路。

### （2）可应用技术手段

面对园区公共服务平台在舆情监控、安全培训及招商引资方面的需求，一般技术手段包括网络数据收集与监测、舆情及招商数据分析、培训效果评估与优化等，公共服务平台系统一般架构如图 6-35 所示。

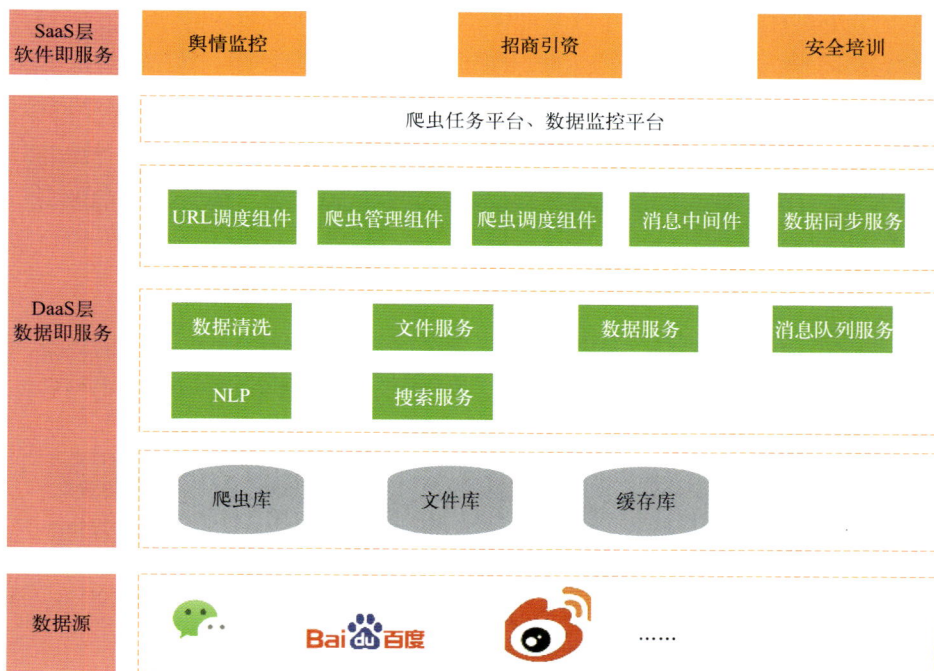

图 6-35　公共服务平台系统一般架构

① 在舆情监控方面　基于网络爬虫实时抓取社交媒体、新闻网站、论坛等多源数据，实现全面、高效的信息收集，结合情感分析与语义分析技术，对收集到的数据进行深度挖掘，识别公众情绪、热点话题及潜在风险，但不能有效地和园区企业数据做融合，进而进行有序的划分和组织，后续无法高效地搜索、访问、更新和维护信息。

② 在安全培训方面　一般采用在线培训方式提前将课程录制保存，企业可根据自身时间安排观看学习，支持倍速播放、章节标记、进度保存等功能，便于企业从业人员反复学习和复习。

③ 在招商引资方面　一般采用信息发布的方式，对外提供投资指南、政策解读、产业规划、园区介绍、成功案例等信息，吸引企业入驻。

### （3）山东烟台化工产业园实际技术应用

烟台化工产业园公共服务平台融合知识图谱、OCR 识别、大数据分析、仿真模拟、VR 体验及 AI 算法等多元化技术，自主建设了集舆情监控、仿真培训、精准招商引资于一体的综合性服务平台。通过平台的建设，实现了对园区内外海量信息的即时捕获与深度整合，促进园区企业高质量发展。

系统的技术架构如图 6-36 所示。

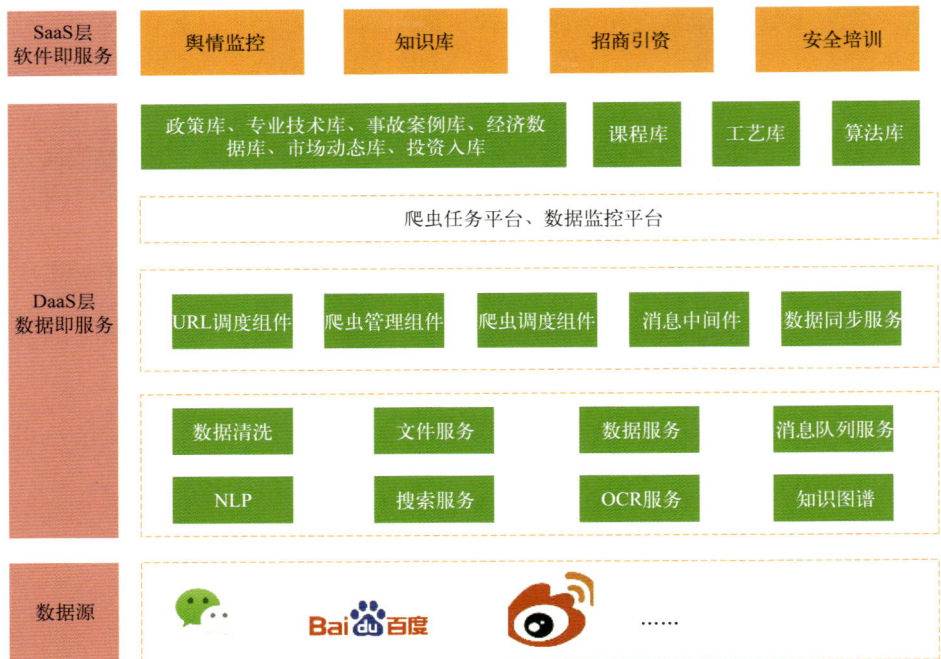

图 6-36　系统的技术架构

烟台化工产业园公共服务平台基于网络爬虫、情感分析、语义分析、视频课程、信息发布，增加了化工园区知识图谱、仿真培训、决策支持功能，新增功能增强了园区在舆情监管及招商上的决策智能化程度，同时能够实现多元化的化工知识培训。

① 在舆情监控方面　与传统技术相比，搜集的信息无法识别 PDF、图片、表格等格式信息，无法与园区危化品、企业、危险源等信息进行整合。通过结合 OCR 图像识别技术，实现对 PDF、图片、表格等格式文档信息的识别，再结合大数据技术对数据进行提取、融合、挖掘。通过融合知识图谱建立园区数据结构模型，充分整合政策、行业、园区、危化品、企业、危险源、人员、资料等多维度的数据资源，建立不同分析维度的数据模型，对化工品、企业等对象进行充分整合索引，对数据进行提取、融合、挖掘，为园区提供信息查询检索服务。基于园区产业结构、关注领域、历史行为等数据，实现政策变动提醒、相关技术更新通知、风险预警等服务。

② 在安全培训方面　采用仿真技术、实训基地、在线培训技术相结合的技术架构，实现线上化工安全技能培训、教学服务，线下实训基地实操训练，形成集线下培训物理空间、线上学习网络空间和培训信息管理空间于一体的综合性培训平台。相比于传统在线培训，无法使用户沉浸式体验设备生产场景，也缺乏即时的互动反馈，影响学员的学习积极性和解决问题的效率，线上学习的环境也无法提供足够的实践机会，特别是在模拟实体设备操作方面，导致员工实战操作不足，专业技能提升不到位。烟台化工产业园区公共服务平台通过借助 VR 技术模拟真实工作场景及操作流程，提供高度逼真的场景，使学员如同身临其境，有利于提高实践技能和应急处理能力，结合实训基地对于需要动手操作或实际演练的课程，提供线下实践机会，帮助企业员工提升实操技能与应急处理能力。

③ 在招商引资方面　通过网络爬虫收集并整合各类经济数据、项目信息、政策文件、市场动态等海量数据，利用大数据技术进行深度挖掘与智能解读。相较于传统招商引资网站，无法结合最新的经济及市场动态信息，只提供简单的园区或项目信息，不能很好地给投资者提供风险评估信息，平台结合网络爬虫、大数据技术对数据的收集、清洗、整合、建模和可视化呈现，使园区、投资者和企业进行精准匹配、趋势预测和风险评估。同时对于园区规划、项目现场等，基于 VR 技术可以线上虚拟参观，让投资者远程直观了解项目实景，提升招商吸引力，结合 AI 算法对投资者的需求、投资历史、行业背景等因素进行分析，智能化推荐符合投资意向的项目、政策或服务。

### （4）适用技术应用效果

烟台化工产业园公共服务平台，作为园区信息化建设的核心枢纽，深度促进了园区各企业间及园区与外部环境的互联互通与信息共享。不仅为园区管理者提供了即时、高效的数据支撑，还极大地推动了园区的科学化、协调化、可持续化发展进程。

系统建设实施后，舆情监控犹如烟台化学工业园区在网络空间的"智慧哨兵"，全天候不间断地捕捉政策变动、网站动态、网络媒体及社交平台的各类信息，确保园区管理者能够全面、迅速、精准地把握信息脉搏，为决策提供坚实依据。同时，平台还高效整合并管理园区内部的专业知识与信息资源，构建烟台化工产业园区的知识库与信息大脑，显著提升了园区的运营效率、安全防控能力及创新驱动力。

安全培训平台则是该平台的一大亮点，它创新性地结合了线上教育与线下实操培训，依托园区内的安全生产实训基地，融合 VR 仿真技术为园区企业量身定制了全方位、多层次的安全生产培训体系。平台建设实施后，不仅显著提升了园区企业员工的安全生产技能与素养，提高了园区化工行业从业人员在突发事件应急处置能力，强化了园区作业人员在突发事件、指挥与协调和现场处置的能力，为园区本质安全水平的提升及化工产业的高质量发展注入了强劲动力。

此外，招商引资模块建设实施后，更是为烟台化工产业园区的招商引资工作插上了智能化的翅膀，为园区构建了高效、智能、透明的一站式招商服务体系，助力园区精准定位、高效对接优质投资项目，为园区的持续繁荣与发展注入了新的活力。

综上所述，烟台化工产业园公共服务平台以先进的技术融合与创新的服务模式，强化了园区的信息化建设与管理能力，更为园区的长远发展奠定了坚实的基础。

# 6.10　园区交易系统

园区交易服务是以优化园区循环经济发展环境和服务企业为目标，依托云计算、人工智能、大数据、微服务、物联网等服务理念与技术，构建集信息流、物流、资金流于一体的园区一站式服务平台。通过线上线下渠道一体化的智能供需协同网络，为园区、企业及第三方客户提供需求发布、销售、预订、订单、交易、物流运输等资源信息共享和联动协同服务，提高园区资源流通率和利用率，加快商业信息流转，增强园区、企业与市场的深度融合，助力园区循环经济发展，助力企业降本增效、提高运营效率，实现园区、企业可持续发展。

下面以宁夏宁东能源化工基地为例，介绍宁东工业超市业务在园区的探索实践。

## 案例 32　园区交易系统应用——宁夏宁东能源化工基地

### （1）适用技术应用场景概况

宁夏宁东能源化工基地位于宁夏中东部，规划总面积 4450 平方公里，其中核心区面积约 800 平方公里，人口约 13.6 万人（含产业工人 10 万人），是中部和西部最大的化工园区。

在工业企业的发展过程中，安全、环保、提质、降本、增效，一直是企业不断探索和优化的目标。宁东化工类企业有 200 余家，涉及煤化工、新能源、化工新材料、生物医药、清洁能源、装备制造等行业，企业设备工艺复杂，备品备件需求量大，很多企业还停留在传统供应链采购模式，企业在采购过程中都面临着支付烦琐、信息不透明、采购品种复杂、供货周期较长等问题。

因此，以"共享共建"为核心，建设了宁东工业超市。采用 5G、大数据、云计算及物联网技术，打破空间和信息的壁垒，实现了"用户＋平台＋供应商"的无缝链接，帮助客户盘活现有库存，降低库存损耗，实现备件联储共享，为客户提供零库存、轻资产、无忧保障等服务。帮助客户降低企业采购成本、降低仓库资金占用、提升供应链采购效率、提升管理效益，以物联动，智慧共享，打造共赢能效生态圈。

### （2）可应用技术手段

面对园区企业降本增效的目标，为企业提供集交易平台、数字化工具、智能化服务于一体的综合数字化供应链解决方案。行业内一般的解决方案和技术手段包括通过建立数字化一站式采购服务平台，实现工业用品供应链的透明、高效、降成本，为客户提供辅料、易耗品、通用设备、备品备件等工业用品的采购服务，如图 6-37 所示。

从事工业品采购服务平台的公司目前的运营模式均是通过全国生态资源的整合，与全国企业客户的长期合作，建设全国总仓、中心仓，着力搭建覆盖全国"最后一公里"的交付网络，同时利用集采优势或者仓库批量备货，在上游供应商端拿到部分品类的优势价格，通过数字化采购交易模式，分别满足央国企、大型企业、中小微企业对数字化采购的服务能力需求，为下游客户打造从采购管理、采购执行、数据分析、支付结算到最终收款核单的全生命周期解决方案。

图 6-37　采购服务平台常规商品供应品类

### （3）宁夏宁东能源化工基地实际技术应用

宁东工业超市聚焦"以服务园区企业为根本，为园区企业创造价值"，做好园区一站式管家服务。宁东工业超市在目前行业模式的基础上，进行了本地化的服务创新，打造了助力企业数字化转型升级的一站式服务平台，为企业提供云基础设施、工业 SaaS、工业品超市、工业检维修中心、工业原辅料供应链、供应链金融、产业生态等全过程服务。

工业 SaaS 云平台基于平台 +App 的架构，以工业互联网平台为基础平台、结合工业控制平台、工厂模型平台、工业大数据平台、工业云平台，通过云应用商店，提供上百个 App 及其组合成的行业解决方案。工业 SaaS 平台系统架构如图 6-38 所示。

通过云端部署、SaaS 化服务、按需购买、轻量化应用的方式，降低企业数字化转型升级门槛，实现"小投入、快实施、大改进"。以公有云、混合云、专属云的部署方案，实现工业云、互联网、边缘端服务器、数采终端和移动端的统一架构，满足企业数字化发展不同阶段的应用部署场景要求。

① 搭建信息基础资源池"核心算力和存储资源"。提供基础设施、网络资源、云管平台、SaaS 应用、运营维护平台及安全设备计算存储等资源，从资本构成、技术资质、解决方案、国产替代等多维度构建立体安全可信体系。

② 坚持"架构领先、资源共享、按需分配、成本可控"的理念，建设丰富的工业应用场景，为园区建设工业一体化平台和大数据分析提供重要的

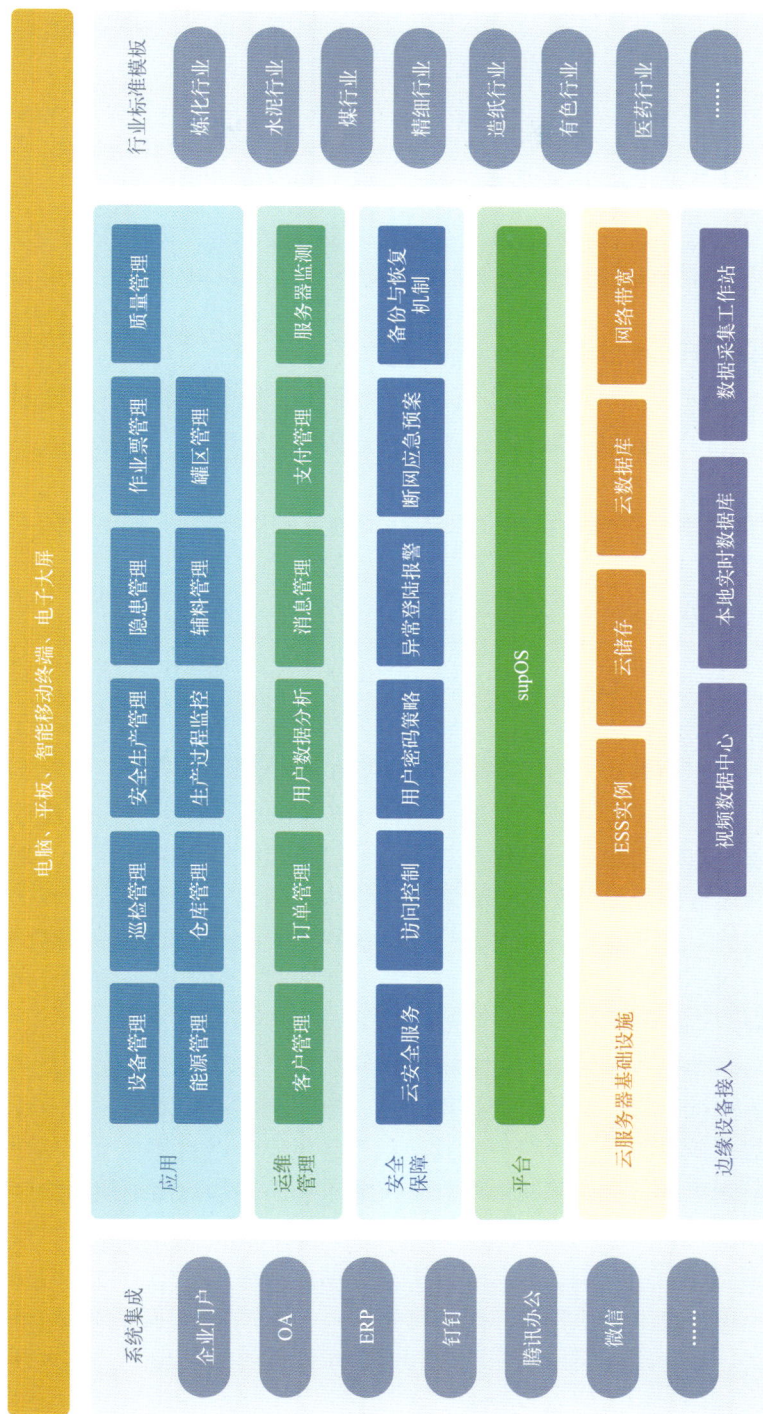

图6-38 工业SaaS云平台系统架构

算力支撑，在保障信息安全、云平台安全和租户安全的基础上，为政府、园区、企业提供云数据库、中间件、云网络等高阶服务。

③ 创新安全理念，提供安全套餐，企业按需付费，节省硬件投入和运维成本，减少自建机房压力，有效解决企业数字化关键技术薄弱、自身信息化平台服务能力不足等痛点问题。

宁东工业超市数字化采购系统通过对企业客户进行供应链数字化建设，与企业客户需求的商品品类和企业系统对接为最终目的，为客户实现降本增效。

企业传统采购目前遇到的问题如下。

① 采购特点　生产企业 90% 以上的 MRO 工业品物料每年只需要采购 1～2 次，这些工业品物料使用频率低，消耗企业采购部门大量的人力及时间成本。

② 订单成本　企业执行 1 张采购订单的流程成本，行业平均为 173 元（约 3 工时），效率低，流程成本高。

③ 库存闲置　企业中 50% 以上的 MRO 工业品库存是闲置的，库存资金占用大。

④ 库存周转低　MRO 工业品的年平均库存周转率小于 1 次，库存周转率低，影响企业现金流。

因此，企业 MRO 工业品采购有着巨大的提升空间。

针对企业传统采购目前遇到的问题，宁东工业超市在企业园区建设了本地工业品仓库，帮助企业集采代采，同时通过搭建数字化采购平台，帮助企业进行采购流程的梳理与优化。企业的数字化采购模式是一种低成本、高透明、高效率的采购模式，可以对整个交易流程进行全流域跟踪，对商品信息进行详尽了解，价格透明，可以根据工作需要随时系统下单采购，采购效率高。传统采购与数字化采购流程如图 6-39 所示。

数字化采购模式通过帮助企业梳理物料参数、物料品类、物料型号，从而帮助企业进行物料商品清单的整理归类。根据年度采购需求，为企业提供物料商品的统一报价，在确保产品质量和产品优势价格的基础上，平台与企业签署年度联储联备框架采购协议。协议清单中的采购商品上架到数字化采购平台，数字化采购平台通过协议接口与企业 ERP 采购系统进行对接，双方系统对接完成后，企业在生产经营中，根据商品需求计划，可随时在企业侧数字化采购平台上下单领用对应的物料商品。数字化采购流程可有效优化供应商开发、采购合同签订、采购执行、对账回款等流程环节，大大提高了采购流程效率。

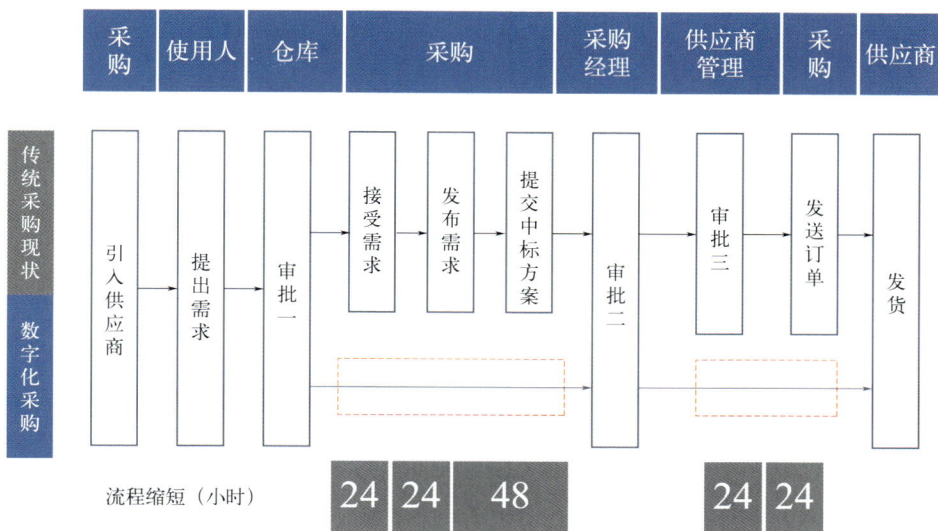

图6-39　传统采购和数字化采购流程

通过数字化对接系统无缝衔接企业采购系统，助力企业采购数字化转型。目前数字化采购系统主要模块介绍如图6-40所示。

**（4）适用技术应用效果**

工业品超市平台商品建设：28个行业商品大类、100万+商品SKU、1500+合作品牌、4000+生态合作伙伴、15000+合格供应商。

当前，已为园区近100+家生产企业提供服务，实现1600种SKU的供给、850个订单处理，总业务金额累计4500万。

通过宁东工业超市园区企业合作，企业仓储成本降低20%，采购成本下降10%，库存周转从60天降至30天以内，采购效率提升50%。通过数字化采购转型，全面实现降本增效。

宁东工业超市-工业检维修中心帮助企业设备备品备件实现"零库存"；通过设备管理系统、在线检测系统和日常运维相结合，企业设备故障率可降低80%以上；设备日常运维、检维修及时率提升50%。

宁东工业超市一站式服务平台，帮助客户实现自动化、数字化、智能化的转型升级。宁东工业超市基于大数据分析与预测，通过设备管理系统、调拨计划系统、库存健康系统、仓内补货系统，实现对企业备品备件需求的精准预测及高效就地化响应，企业可以利用平台实现库存盘活，仓储、人力、

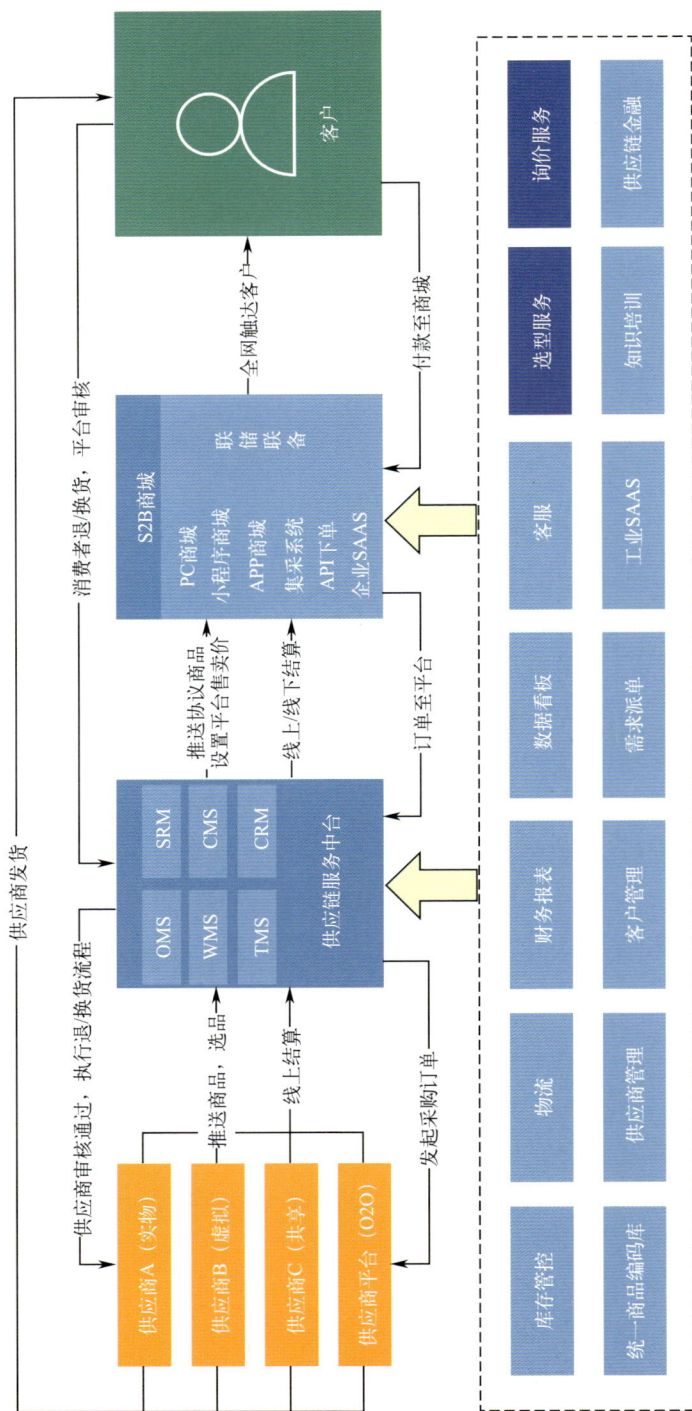

图6-40 数字化采购系统主要模块

渠道等闲置优质资源的互惠共赢。以更加灵活和高效的资源调配和协作机制为客户提供更为及时全面的个性化服务，帮助工业企业降库存、控成本，实现降本增效，真正以数字化供应链助力企业转型。

# 6.11　园区人工智能

当前，以 ChatGPT、文心一言为代表的大模型技术推动人工智能应用模式转变，人工智能在社会生产生活各个领域的应用场景日趋丰富、成熟。其中，大模型和视觉识别作为人工智能领域应用潜力较大的两项技术，在化工园区、化工企业的日常管理中得到了越来越多的应用。园区人工智能应用总体现状如图 6-41 所示。

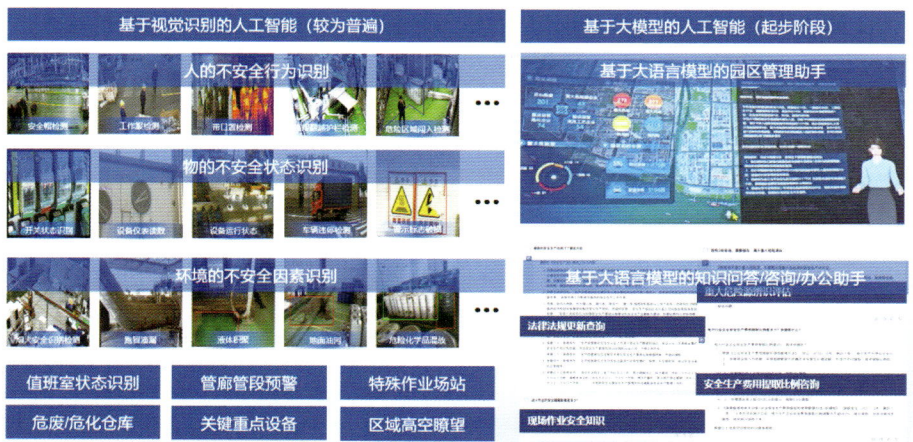

图 6-41　园区人工智能应用总体现状

大模型技术具有巨大的参数量、高精度的训练和强大的泛化能力，这使得它们在自然语言处理、内容生成和知识构建等复杂任务中表现出色。大模型能够解决当前许多化工园区系统分散建设、数据分散、无法有效整合分析利用的难题，通过大模型平台与园区多业务系统融合对接，进行已有数据的语义化理解，孵化政策知识问答助手、园区管理办公助手、安全生产应急助手、低碳环保管理助手、综合运营调度助手等贴合化工园区实际业务场景的应用，解决大模型面向化工行业、园区场景落地的"最后一公里"的问题。

视觉识别作为化工园区实际管理中应用较早的技术，被广泛应用于园区智慧安防、安全生产、应急管理等业务场景，通过视觉识别人的不安全行为、物的不安全状态及环境的不安全因素，结合环境监测、红外影像等各类识别模态，依托机器人、高空瞭望、视频监控等硬件载体，辅助人工进行隐患排查和风险处置，推动危险化学品企业及园区智能化管控。

下面以泰兴经济开发区为例，介绍人工智能技术在园区的应用。

## 案例 33　人工智能技术——泰兴经济开发区

### （1）适用技术应用场景概况

泰兴经济开发区于 1992 年 11 月被批准为省级开发区，是江苏省首批省级开发区，也是全国最早建设的专业型精细化工园区之一，作为全球精细化工产业集群合作基地，连续 9 年进入全国化工园区综合竞争力前 10 强。

泰兴经济开发区高度重视智慧化建设工作，建设了智慧化工园区管理平台，并进入智慧化工园区名录。在化工园区智慧化建设大力推进的过程中，存在部分 AI 安全风险识别场景准确率低、误报率高，模型自迭代不便、信息化系统建设繁多、存在数据孤岛等问题，具体如下。

① 部分场景 AI 识别准确率存在可优化空间。园区 AI 安全风险识别场景中的车间内人员佩戴安全帽、监控室离岗、睡岗、烟雾烟火识别等场景识别准确率存在可优化空间，当前整体准确率约为 30% ~ 40%。

② AI 安全风险识别模型不支持客户自行优化迭代。目前园区使用的 AI 安全风险识别平台，无法通过人员点选有效性的方式去进行模型自迭代，导致模型升级迭代困难。

③ 智慧化系统繁多，使用操作复杂，信息获取效率仍有巨大提升空间。园区智慧化管理工具以信息系统平台的方式进行呈现和应用，系统用户需要在多个业务系统、多个复杂功能模块、多个数据看板和数据报表之间提炼、总结、分析自身所需要的关键信息。

④ 业务系统存在数据孤岛。园区智慧化建设起步较早，到如今已经建设了大量业务系统，部分园区存在着系统不互通、数据不关联，数据孤岛现象严重，相当一部分数据的价值潜力没有得到释放，数据的归集、整合、利用工作仍有较大空间。

### （2）可应用技术手段

① 针对 AI 识别场景准确率低、误报率高、无法自行迭代优化　一般技术手段包括开展针对性素材训练、模型定期部署、特定位置屏蔽等方式，减少现场 AI 误报，提升准确率。

a.针对性素材训练主要实现方式为通过向 AI 模型提供大量现场实际生

产环境图片、视频素材，包括正常情况样本和异常情况样本，在获得一定数量的样本后，AI 模型能够在复杂的光影、遮挡条件下完成适应性调优，一定程度上能够减少误报、提高准确率。该策略需要花费大量时间来收集训练资源和针对性训练，使得整体交付周期延长，且使得 AI 模型无法适应更加复杂的环境变化。

b. 模型定期部署的实现方式为 AI 模型供应商在内部开发环境下进行自我迭代，对部分识别参数、轮训策略、抽帧策略进行优化，并向 AI 模型输入特定的样本资源，整体优化完成后，再统一向用户现场进行部署。该策略无法充分利用用户现场产生的识别结果数据，无法实时灵活地进行 AI 模型的更新。

c. 特定位置屏蔽方式主要用于部分无法规避的 AI 误报场景，例如，化工园区高空瞭望画面中的烟囱正常生产产生的水蒸气烟雾，部分厂商对特定的烟囱区域进行屏蔽，以过滤该区域正常生产产生的水蒸气报警。该策略存在忽略潜在异常的风险，且需要大量人工操作。

② 针对园区业务系统繁多、操作复杂、效率低下、数据孤岛　一般常规技术手段主要包括进行跨业务系统的业务整合和数据整合，主要的体现方式为"统一智慧平台"及"数据中台"。

a. 统一智慧平台是打通园区分散业务系统的有效抓手，通过将园区不同业务系统的流程、表单、分析策略进行打通，在统一的表现层进行统一的管理、办理，实现业务流程的闭环。该策略需要进行大规模的系统整合和建设，对于原有业务系统的资源存在一定程度的浪费。

b. 数据中台通过整合园区不同系统业务数据，实现跨表重组，便于进行整合分析和数据调用。该策略需要进行大量前期调研和数据结构设计，存在建设大量表单只为满足少量业务场景的资源浪费问题。

### （3）泰兴经济开发区实际技术应用

① 以多模态 AI 技术为核心，加强预训练，实现自迭代优化。

为解决 AI 识别场景准确率低、误报率高、无法自行迭代优化的需求痛点，提升智慧化工园区安全风险识别能力，加强 AI 模型的准确率，减少误报率，提升 AI 应用场景和应用能力，园区试点建设 AI 安全风险识别能力提升项目，以园区企业特殊作业过程中的动火作业、高空作业为关注点，利用 AI 识别算法，结合移动摄像头，监控企业作业过程中安全帽穿戴、登高绳穿戴、异常火光、异常烟雾、消防器材摆放、监管人员到位情况，以便于及早发现企业特殊作业过程中的不规范问题，及时制止，督促企业改正，如图 6-42 所示。

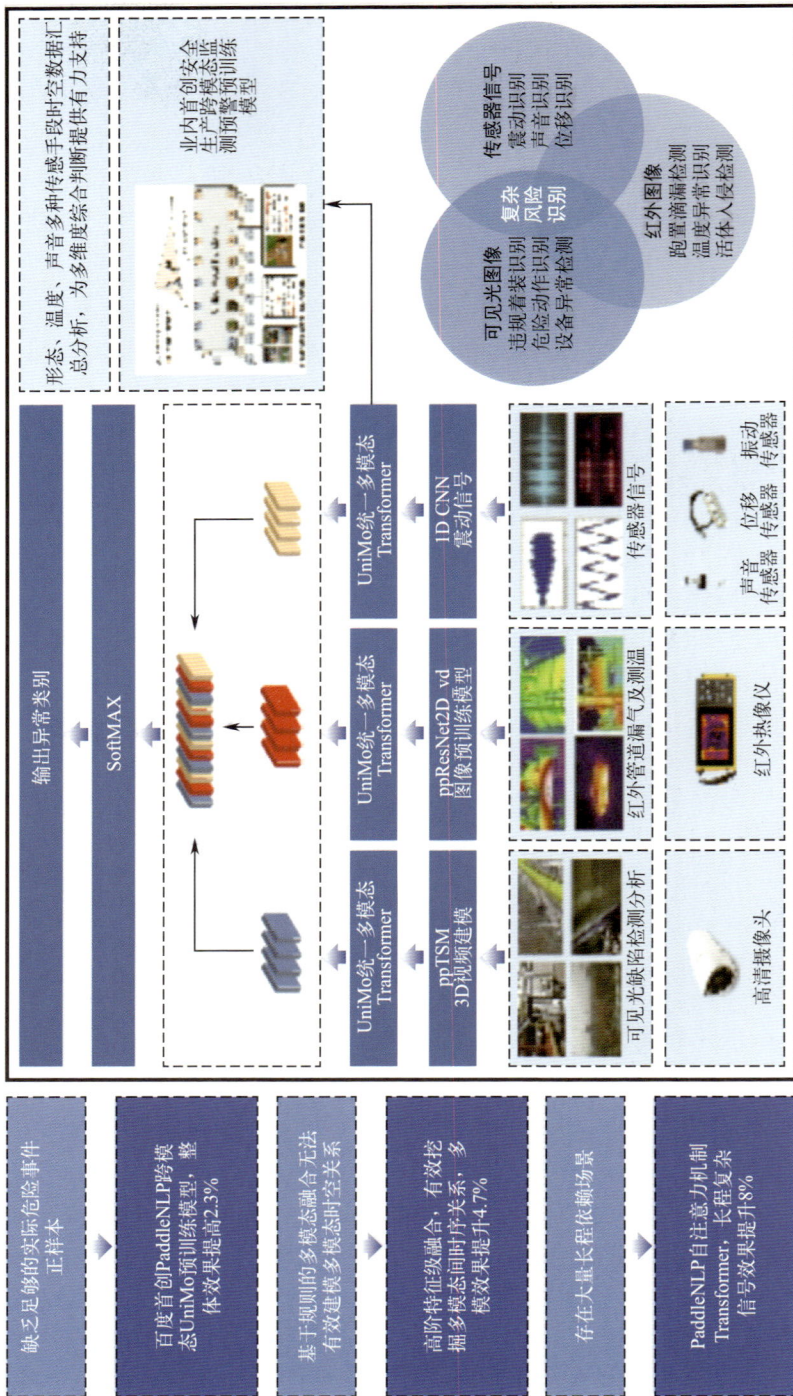

图 6-42 多模态 AI 分析能力减少误报，提高准确率

Construction and Management of
Smart Chemical Industry Park

针对传统视觉识别模型训练工作中无法找到足够数量的危险事件正样本这一痛点，百度首创 PaddleNLP 跨模态 UniMo 预训练模型，即使样本不足，也能使得识别效果提升 2.3%；多模态识别过程中实现了高阶特征级融合，挖掘多模态间的时序关系，识别效果提升 4.7%；针对特殊作业安全监管场景中存在大量长程依赖场景，以及各类交通、生产等复杂信号干扰的问题，在作业场景识别中使用 PaddleNLP 自注意力机制 Transformer，长程复杂信号效果提升 8%。

现场采用 CV 大模型对下游检测任务进行微调，所需标注数据相比传统模型下降 90%，泛化能力大幅提升，减少算力消耗和训练时间，如图 6-43 所示。

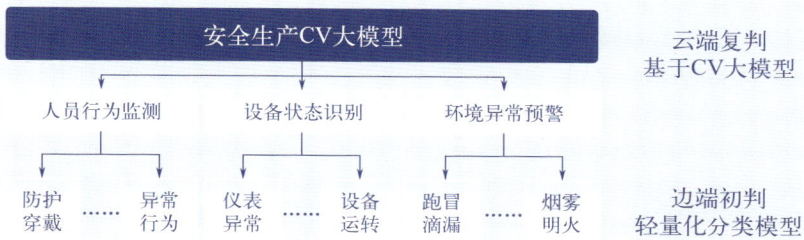

图 6-43　CV 大模型减少 AI 模型的适应性训练所需时间

针对传统 AI 模型无法自我迭代优化的痛点，现场交付的 AI 模型实现了模型自主迭代、自主训练、自主优化，基于后台训练中心不断进行自我主动学习，基于大模型能力进行样本聚类和自行分析，并结合半人工参与的智能标注与技能编排，不断让 AI 模型在实战中提升准确率和场景适应性。

② 以大模型重新定义化工园区智慧化管理工具。

大模型能够通过自然语言的方式，让化工园区用户直接和智慧系统进行交互，比如直接询问"当前园区的安全生产态势如何"，大模型能够理解用户这条问题的含义，并自主地从各类业务系统中整合用户所需要信息，成倍提升效率。

大模型能够自主学习园区已有的各类系统数据，通过提问者的语义，自主归纳、总结园区已有的各类跨系统数据信息，给出跨业务系统的数据融合分析结果及建议，这些建议往往是此前用户想要得到的，但受限于数据孤岛、业务系统不互通而无法分析出来的，大模型能够以这样的方式，成为化工园区真正的"智能管家"。

大模型支持对接结构化、半结构化和非结构化数据源，其中结构化数据包括数据库，数据流等；半结构化数据包括文档；非结构化数据包括图片等。

面向化工园区数智化应用场景，数据处理各个模块负责从接入的数据源提取和处理数据。

a. API 管理模块提供 API 接入能力，包括整合 API 地址、参数定义等元数据，支持 API 调用与请求转发。

b. 数据管理模块接入数据库元数据，同步数据，并支持数据 ETL，以便后续数据分析和问答。

c. 模型管理模块负责清洗数据并进行模型训练，获得模型以备应用调用。

d. 文档管理模块支持文档导入，进行文本提取，OCR 识别，文档结构信息提取和文档向量化，以支持知识问答。

用户通过助手与应用交互，应用通过 HTTP 接口调用预先编排好的思维链，思维链执行过程中，根据上下文调取元数据、向量和模型，通过 Meta 服务接入和管理 SQL 数据、流式数据源以及 CSV 等数据文件，向上提供数据源管理，语义化治理和数据分析。

化工园区实际管理业务中存在相当多需要快速反应的情况，如发生安全事故之下的安全应急 / 资源调度 / 快速处置、环保领域重点站点超标之后的快速排查和精准处置、部分紧急情况下的入园车辆放行 / 手续快速申报处理等。传统信息化的方式需要点击业务系统、生成流程工单、填写相关信息、查询相关资料、通知相关用户、形成信息业务流，完成应急处置 / 资源调度 / 下发工单 / 指挥作业等工作，让化工园区安全应急 / 环保管控等快速处置成为可能。

### （4）适用技术应用效果

① 多模态 AI、加强预训练、模型自迭代技术应用效果　以多模态 AI 分析为核心构建监测预警体系，提升复杂场景下"人的不安全行为、物的不安全状态、环境的不安全因素"预警精度（如复杂环境跑冒滴漏检测）；在此基础上，通过数据和业务的沉淀，释放安全知识的价值，依托知识图谱和大数据，利用业务建模构建安全画像，赋能园区安全管理，提升辅助决策能力。通过多模态 AI 分析，将 AI 内生到安全管理的业务中，实现 AI 与业务的深度融合，逐步构建企业智能化安全管控的全局，助力安全生产实现被动到主动、单点到全局、人防到技防。模型上线后整体准确率情况见表 6-1。

在实际业务过程中，识别场景有大量的管道、设施设备遮挡，识别条件相对恶劣。在恶劣状态下依然实现了 90% 以上的识别准确率，表示利用多模态 AI 识别技术为核心，加强预训练、模型自迭代技术相结合的方式，已经能够在复杂化工场景中进行应用。

表 6-1　模型上线后整体准确率情况

| 现场应用 AI 模型 | 使用一周时间效果 |
| --- | --- |
| 单人作业识别（现场≤1人） | 356 个报警，340 个有效，准确率 95% |
| 未佩戴安全帽 | 16 个报警，15 个有效，准确率 94% |
| 明火检测 | 14 个报警，14 个有效，准确率 100% |
| 登高未佩戴安全绳 | 121 个报警，120 个有效，准确率 99% |
| 烟雾检测 | 14 个报警，13 个有效，准确率 93% |

②　大模型技术应用效果　化工园区大模型应用的建设，充分接入园区已有的各类业务系统数据，通过自然语言交互问答的方式，显著提升了信息获取的质量和效率，提高了园区部分业务的快速处置能力，大模型现场应用效果见图 6-44，具体如下。

图 6-44　大模型现场应用效果

a. 人员减负、管理增效　曾经需要专门人员从各个系统查询数据报表，形成简报，汇总给园区领导；现在可依托大模型，让园区领导直接询问大模型，就可以得到分析归纳总结的信息。面向园区高级管理者的信息简报提供时间从半小时缩短为 3 分钟，基于智慧系统的业务建议分析从无到有，部分数据报表可直接通过自然语言交互生成，缩减了园区运维办公人员的数据处理时间。

b. 大模型助力园区智能升级　大模型将分散的、跨业务系统的数据进行了融会贯通，对于提问的分析维度更广，更能给出指导园区运营管理的建议。

c. 更短的响应时间　化工园区安全应急指挥系统从只能演练、不能实战变成了可以实战、可以指挥调度，其对信息的处理效率成倍提升。大模型可代替人工，根据用户下达的语义命令，自主判断应该调用哪些系统的 API，执行哪些业务系统操作，进行哪些表单流转，真正做到用几句话办完紧急事件，安全应急处置响应时间从 5 分钟缩短至 30 秒，让化工园区安全应急 / 环保管控等快速处置成为可能。

# 第7章

# 智慧化工园区
# 管理与运维

Construction and Management of
**Smart Chemical Industry Park**

# 7.1 组织机构

## 7.1.1 管理与运维的关系

在推广智慧化工园区管理过程中，经常会有一些园区提出：我们已经引入第三方运维服务机构，为什么还要实施智慧化工园区过程管理和考核？实际上，智慧化工园区不是一个传统意义的过程管理，不像单一的化工安全、环境保护那样，有"程序文件、管理手册"等，开展智慧化工园区管理是帮助化工园区管理机构建立以业务监管为核心的过程管理体系，与参与智慧化工园区管理相关的运维组织有直接或间接的关系，同时兼顾化工行业自有特点。运维服务机构、运维服务支撑机构是管理过程中的重要载体，目的是将智慧化工园区管理过程中的各管理要素进行覆盖，同时各机构对照本园区业务特点，进行合并或增减某些要素。

## 7.1.2 支撑机构及职责

智慧化工园区的管理与运维支撑机构至少应包括管理机构、运维服务机构、运维服务支撑机构三个方面。

### （1）管理机构及职责

管理机构为化工园区管理单位，一般是指园区管委会或园区管理办公室等机构。管理机构主要职责是制定智慧化工园区系统运维的工作目标和计划，开展系统运维的管理工作，定期依据备案的管理制度、管理流程及考核办法对运维服务质量进行监督检查，定期对运维工作进行评价指导，督促运维服务机构进行改进或调整；根据智慧化工园区建设内容，管理机构负责确定智慧化工园区系统运维方式，包括但不限于运维内容、频率、边界、周期及流程等；除此之外，管理机构还负责选择与管理运维服务机构及运维服务支撑机构，维度包括：资质信誉、技术水平、行业经验、持续经营能力、运维工具、知识库等。

### （2）运维服务机构及职责

运维服务机构是指系统管理机构授权或委托的机构，统一负责智慧化工园区系统平台的运维服务，运维服务机构可以是园区管委会职能部门、园区国有平台公司或是第三方专业服务机构。运维服务机构应协助管理机构完成系统运维，提供运维的需求分析、总体规划、实施与管控、评价与提升等服务，制定相关的管理制度、管理流程及考核办法并在管理机构备案；运维服务机构应统筹协调运维服务支撑机构，并根据系统运维管理活动或动作明确岗位，授予相应的管理权限，岗位包括但不限于运维服务机构管理负责人、技术负责人及操作负责人等，定义岗位职责，制作岗位职责说明书；运维服务机构应根据运维管理体系和系统运维需求，划分系统运维管理用户角色，明确具体的角色授权，角色包括但不限于管理员、操作员及审计员等，定义用户角色类型，制作用户使用说明书。

### （3）运维服务支撑机构及职责

运维服务支撑机构是指参与系统运维服务的相关方，包括但不限于网络运营服务商、硬件设备运维服务商、软件运维服务商、数据安全运维服务商等。运维服务支撑机构应配合运维服务机构完成一项或多项专业运维服务工作。

# 7.2　运维内容

## 7.2.1　概述

智慧化工园区在建设完成后就意味着进入运维阶段，是发挥智慧化工园区管理价值的重要阶段。智慧化工园区系统运维管理工作复杂并且周期时间长，需要管理机构、运维服务机构及运维服务支撑机构根据职责分工完成一系列工作，保障智慧化工园区的稳定运行。

智慧化工园区系统运维内容包括智慧化工园区自身所涉及的硬件设施、网络安全、软件系统及数据信息四个方面，按照属性分为预防性运维、预测性运维。针对智慧化工园区所涵盖的主要设施要遵循四项基本原则：讲计划、重控制、有反馈、能应急。在整个智慧化工园区运维管理进程中，根据具体目标制订工作计划（年度计划、月度计划），按照有关的技术标准、操作手册完成具体运维工作，做好工作记录留痕，控制运维工作质量，在过程中发现隐患、故障或需改善的问题及时向运维服务机构、运维服务支撑机构进行报告反馈，各方机构进行有效沟通反馈，同时，不断提升应急能力是运维过程中的重要保障措施。总而言之，要想智慧化工园区发挥管理、数据价值，做好主要设施运维以及应急响应处置是基础。

# 7.2.2 主要设施运维

## 7.2.2.1 硬件设施运维

承载智慧化工园区系统的硬件设施主要分为计算、存储、网络、环境监测、视频监控及办公等，每一类的设备制造商在出厂之时都会有相关基本运维要求，也可参考《数据中心基础设施运行维护标准》（GB/T 51314）建立符合本智慧化工园区自身运维管理体系及相关的技术体系。做好硬件设施基础运维是避免、减少故障发生的基础，保障智慧化工园区设备设施稳定可靠，硬件设施具体运维指标可参考下列清单。

### （1）物理外观

各类硬件设施所处的物理环境不同，会受到自然、人、物等因素破坏，做好基础变形、鼓包、腐蚀、破损、老化等情况检查记录，对于核查到的异常问题及时开展保养、修复工作，必要时及时换新，保护设备设施内部结构不受侵害。

### （2）清扫清洁

硬件设施是承载智慧化工园区系统感知检测、信号传输、运算存储的重要载体，所处的化工场景复杂，物理环境整体中涉及灰尘、水汽、腐蚀性因子较多，必须做好设备设施所处环境卫生、空间杂物等清扫清洁工作。有些设备设施对防尘防水要求较高，应及时进行内部清扫清洁检查，避免因灰尘、腐蚀等因素造成故障。

### （3）用电用网

涉及用电用网络的硬件设施做好用电接地、绝缘保护、接线端子连接、防雨防水、密封保护等情况检查工作，发现异常隐患及时采取处理措施，防止因供电、网络链路接触而引发应急状况。

### （4）标签标识

对智慧化工园区系统有关的设备设施进行标签粘贴，确保信息准确、完整，方便工作人员快速查找、知悉，统一粘贴位置，做好标签标识的日常检查，及时更换破损、污染、缺失的标签。

### （5）告警提醒

熟悉各类设备设施正常运行、故障提醒等状态的检查工作，设备设施出现异常故障时都会伴随异常灯光、声音、告警等信息提醒，及时辨识分析故障原因，根据有关技术标准、操作手册进行处置，确保设备设施恢复正常。

### （6）感知单元

智慧化工园区系统采集实时数据的感知单元是指在化工场景单元内进行数据采集，特别是环境检测设备。感知单元的量值传递的主要方法包括检定／校验、自校、能力验证和比对，是由上一级量值检定部门将自身的量值传递给低于其准确度等级的部门；感知单元的校准是对通用仪器和专用仪器中通用部门的检定／校验，依据的方法是国家或行业的检定规程，或者是部门编制的校验规程，由运维服务授权的检定机构或授权人员进行；感知单元的维修和保养以保持设备功能或性能，通过修理和更换配件以恢复设备功能或性能；感知单元的空白校准用空白样本去检测，是对设备的分析物样本进行测试；感知单元的检出限是对低浓度的分析物样本进行测试，在一定概率的条件下能测得的最低值、准确度和多点线性等校准，感知单元多点校准的基本原理是通过测量多个已知标准值和相应的测量值之间的关系，建立一个数学模型来校正测量系统的误差，保证数据的准确性。

### （7）功能使用

智慧化工园区系统设备设施在运行使用过程中，对设备设施具备的报警、信息发送、显示、统计、分析等功能进行监控、记录、验证及异常修复，对设备设施的管理权限、有关阈值信息进行合理配置，充分发挥其作用。

### （8）时间同步

对时间显示、同步有要求的设备设施，可以根据设备设施属性采取自动、手动等不同方式定期与标准时间校准，方便进行数据采集、统计、分析。

## 7.2.2.2 网络安全运维

为保障组成智慧化工园区的基础信息网络、大数据中心、物联网、工业控制及云计算平台等系统稳定运行，可参考《信息安全技术 信息系统安全等级保护基本要求》（GB/T 22239）、《信息技术 大数据 系统运维和管理功能要求》（GB/T 38633）做好网络、信息安全工作，满足网络安全等级保护2.0三级要求，建立流程审批、变更审批、授权管理及密码管理等运维管理体系及相关的技术体系。具体网络、信息安全工作项包括并不限于以下内容。

（1）设备维护管理

智慧化工园区系统涉及的所有重要设备，主要包括网络设备（交换机、路由器等）、计算机设备（服务器、台式机、便携计算机等）、保障设备（UPS、机房空调、保险柜、文件柜、门禁等）、传输线路（光纤、双绞线等）、安全设备（防火墙、入侵检测系统等），应根据网络安全管理相关的管理制度、操作手册等文件要求授权给专人负责，在使用、维护过程中严格按照有关操作流程、技术标准执行并做好记录留痕，严禁不相关人员进行操作。

（2）漏洞与风险管理

定期对智慧化工园区系统网络、信息进行风险识别，对不同等级的安全风险采取必要的措施降低风险值，优先解决高等级风险，根据安全事件的可能性和对业务的影响来平衡费用、时间、安全尺度等问题，将网络安全风险控制在可接受范围之内；对于风险管理过程中发现的漏洞，根据每个漏洞按照类别进行严重性、可利用性和导致攻击的可能性进行评估，并按照严重程度确定解决问题的优先级，对漏洞采取修复、缓解或者接受等措施，漏洞解决后应重新进行漏洞评估，确保采取的解决措施有效，避免新的漏洞出现。

（3）网络与账户管理

对智慧化工园区系统相关的网络设备（交换机、路由器、防火墙、入侵检测系统、漏洞扫描器、防病毒网关等）、账号密码（网络、服务器系统、数据库系统、中间件系统、VPN、应用系统等相关的需要通过账号密码认证登录的信息系统）进行管理。网络设备的初始配置可由智慧化工园区系统运维服务机构或专人根据配置/策略要求和"最小服务配置"原则完成并且记录备案，网络安全日常管理由智慧化工园区系统运维服务机构或专人执行，内容包括网络设备的日常巡检、配置维护、解决网络故障等。确保智慧化工园区系统网络信息安全，必须进行严格的账号管理，规范账号（含密码）设置、修改、保存的行为，确保智慧化工园区系统的安全。

（4）恶意代码防范管理

智慧化工园区系统应用中，多种途径都可能引入恶意代码，带来安全风险，应提高所有用户的防恶意代码意识，智慧化工园区系统运维服务机构或者指定专人负责对接入网络层、服务器、客户端的外来计算机或存储设备进行恶意代码检查等，应对恶意代码防范做出管理规定，包括防恶意代码软件的授权使用、恶意代码库的升级、恶意代码的定期查杀等，并将有关工作留痕记录备案。

### （5）安全事件管理

安全事件是指由于自然或者人为原因以及软硬件本身缺陷或故障的原因，对智慧化工园区系统造成危害或在智慧化工园区系统内发生对园区、企业造成负面影响的事件。根据类型可划分为有害程序事件、网络攻击事件、信息破坏事件、信息内容安全事件、设备设施故障、灾害性事件和其他信息安全事件，亦可根据影响程度划分为重大信息安全事件、较大信息安全事件和一般信息安全事件。使用者发现网络安全弱点或可疑事件应及时向管理机构报告，由管理机构分析判断安全事件等级，填写有关事件信息（事件名称、事件现象、发生时间、地点等）进行记录留痕，运维服务机构协同运维服务支撑机构组织相关人员对安全事件进行迅速、有效的处理，并对处置过程进行记录留痕。对于安全事件，在故障排除或采取必要措施后，由管理机构组织人员对实施情况进行跟踪验证，将安全事件全部过程信息进行记录留痕备案。

### （6）备份与恢复管理

为加强智慧化工园区系统重要信息的备份保护以及信息被损坏或丢失时的恢复能力，保证业务系统数据的完整性和可用性，须进行备份与恢复管理。需要备份与恢复的数据包括但不限于操作系统数据、应用软件、数据库系统数据、应用数据、网络数据等。运维服务机构应识别需要定期备份的智慧化工园区系统有关的数据信息，规定备份信息的备份方式、备份额度、存储介质、保存期等，制订并实施备份计划并保存备份过程中产生的文件。智慧化工园区系统数据损害、丢失或者进行数据恢复演练时，按照数据恢复流程启动、实施数据恢复程序，检查恢复后数据的完整性并进行确认，将过程进行记录留痕。

## 7.2.2.3 软件系统运维

保障软件系统的安全稳定运行，可参考《信息技术　大数据　系统运维和管理功能要求》（GB/T 38633）建立运行监控、安全防护及版本控制等运维管理体系及相关的技术体系。智慧化工园区软件系统运维方面包括操作系统、中间件、数据库、安全等，具体操作包括并不限于以下要求。

### （1）系统监控管理

监控系统运行状态，发现问题及时进行处理，确保系统的高可用性和稳定性。

### （2）系统安全管理

加强系统的安全管理，对各种可能的风险进行评估和防范，制定安全策略和应急预案，确保系统安全可靠。

### （3）数据库管理

做好数据库的管理和维护，包括数据库的备份、恢复及性能调优等。

### （4）代码与版本管理

做好软件代码管理和版本控制，包括代码仓库、版本及发布管理等。

### （5）系统文档管理

做好系统文档的管理，包括用户手册、操作手册、系统设计文档等。

## 7.2.2.4　数据信息运维

结合智慧化工园区系统内所涵盖的园区基本信息、企业基本信息、实时检测数据、视频监控数据，建立各类数据信息的对接、维护、更新及核验标准，保障智慧化工园区各功能模块的正常使用，有利于数据与化工园区管理服务应用价值的持续输出，具体内容包括但不限于以下要求。

### （1）基础数据运维

根据主管部门要求确定智慧化工园区系统需要的园区、企业基础数据信息内容，按照基础数据信息划分不同类型，制定基础数据信息的录入、维护及更新标准，保障智慧化工园区基础数据信息的时效性、一致性；园区、企业及时完成基础数据信息的录入，根据计划进行维护、更新，同时支持线上督促、提醒园区、企业对失效信息、错误信息进行更新与修正的功能。对基础数据信息的维护、更新工作进行记录留痕，以备后查，记录应包括维护时间、方式、人员、内容等。

### （2）实时数据运维

根据主管部门监管需求制定智慧化工园区安全、环保实时数据接入、维护及核验标准并严格执行，保障智慧化工园区实时数据的有效性、准确性，根据实时数据类型制订维护、校验计划，运维服务机构严格按照校验标准对化工企业安全监管数据进行校验、比对工作，针对安全监管数据因感知单元、网络传输、阈值变更导致不一致的情况分析原因，反馈给智慧化工园区管理机构、园区企业或运维服务支撑机构进行调整、修复，对调整、修复完成后的数据进行复核；实时数据的比对、校验工作做好记录留痕，以备后查，记录应包括校验时间、检验方式、校验人员及校验结果等。

### （3）数据报警与分析

根据园区监管要求设置智慧化工园区系统数据信息报警阈值、视频智能识别模型，结合《化工企业工艺报警管理实施指南》（T/CCSAS 012）和《工业场所有害因素职业接触限值　第 1 部分：化学有害因素》（GBZ 2.1）及本园区化工监管要求对报警信息进行风险分析、辨识，确定报警数据风险等级，并根据不同的报警级别设置不同的报警处置要求；不同级别报警信息采用不同的推送规则，对报警数据进行统计、导出，并能够对数据进行各维度的分析，智慧化工园区系统内每一条报警数据都有现实意义，每一条报警都应该闭环处置，根据报警处置要求，支撑保障报警信息的研判、反馈、跟踪及闭环等系统功能的正常运行。

### （4）工作报告输出

将智慧化工园区系统运维的数据信息编制并输出工作报告，例如日报、周报、月报等，亦可根据安全管理、环境保护、应急管理、封闭管理不同业务线条进行分类汇总，支撑专项工作报告编制。

# 7.2.3　应急响应

智慧化工园区系统对于管理机构来说，是帮助他们进行业务监管的工具、抓手，只有在使用时出现故障，他们才会感知到运维管理者的重要性，特别是在出现重大故障时，需要投入的费用、时间、资源非常大。而预测性运维、预防性运维可以理解成一名健康人进行保健养生，但是并不代表这个人不会出现重大疾病或者被他人伤害引发的紧急状态，智慧化工园区系统也可能出现突发故障，尤其是影响程度较高的故障，此时运维服务机构协同运维服务支撑机构快速启动应急响应并迅速解决。整体上运维服务机构、运维服务支撑机构要做至少以下三项具体工作。

### （1）建立应急预案

针对智慧化工园区系统所涉及的因素，能预判容易出现的故障或问题，并且有相对应的应急预案，运维服务机构协同运维服务支撑机构定期进行演练，确保一旦出现应急突发故障，能够有条不紊地按照预案进行响应和处置。

**（2）匹配应急服务装备**

出现应急突发事件后，要有必要的工具、网络通信、检测仪器等，"工欲善其事，必先利其器"。

**（3）储备备品备件**

网络、硬件设施出现故障损害基本属于不可逆的，短时间内无法恢复正常。运维服务机构及运维服务支撑机构要储备必要的备品备件，出现问题后直接替换掉故障、损害的设备，快速恢复正常运行。

### 7.2.3.1　异常问题分级

收集、分析、评估、判定智慧化工园区系统突发异常问题，结合异常问题可能产生的影响范围、程度，亦可参考《信息安全技术　灾难恢复中心建设与运维管理规范》（GB/T 30285）制定异常问题的级别、解决优先级、响应时间、响应资源等，记录汇总出现的异常问题，并结合对智慧化工园区系统影响的范围、程度不断进行完善及调整，优化应急处置流程，提升异常问题解决效率。

### 7.2.3.2　响应策略

发现异常情况时，对照异常问题启动相关应急预案，参照异常问题分级清单匹配有关应急资源，必要时段运维服务机构或运维服务支撑机构将有关权限、资源进行升级管理。

接到应急响应请求后，运维服务机构协同运维服务支撑机构相关人员在规定时间内到达事件现场或者远程参与，研究决定并宣布进入应急状态，启动应急预案。运维服务机构指定一名现场指挥，一旦指定，全体运行值班人员和现场技术人员都要服从现场指挥的领导，制定并实施完成现场处置技术方案。按照预案优先的原则，优先执行技术应急处理预案，在无预案的情况下，技术方案由现场指挥集思广益，予以确定。在实施技术应急预案时，记录留痕方案实施的过程。

## 7.2.4　协作处置

智慧化工园区系统出现异常问题优先由现场人员进行解决，若运维服务机构及运维支撑机构相关人员无法第一时间到达事件现场，则利用远程处理或者现场处理＋远程协助等多种方式处理，提升应急异常问题的处置效率，尽快恢复智慧化工园区系统稳定运行，减少影响。

# 7.3 运维制度

## 7.3.1 运维制度编制

智慧化工园区系统运维的目标就是管理机构基于化工园区的监管业务，根据智慧化工园区建设情况、系统运维总体规划，梳理出核心关键目标，参考管理、技术、资源、成本投入情况，进行分解关键指标和要求，按照时间周期制定具体的运维实施计划，运维服务机构就需要参考智慧化工园区运维的需求以及总体规划设计，依据职责分工制定运维制度，在编制运维管理制度时，应参考化工园区在建设与发展中理念以及原则，不得与之矛盾，充分参考质量管理、职业健康、安全管理、环境保护等有关国家体系认证的相关要求。

运维服务机构协同运维服务支撑机构编制完成运维制度体系文件，对于各方的工作边界、具体职责要在管理制度内进行明确，特别是运维服务评价考核内容，双方共识确认无误，将整体的运维制度文件提报运维管理机构审核，审核无误后对运维服务机构及运维服务支撑机构进行发布实施，管理机构对运维制度文件进行备案管理。

## 7.3.2 运维制度作用

运维制度主要用于规范管理制度、运维操作标准或手册及过程记录文档。管理制度是对智慧化工园区涉及的人员、流程、权限、奖惩等进行明确；运维操作标准或手册是对智慧化工园区的具体运维活动进行规范，保障各项工作执行质量；过程记录文档记录、证明在运维过程中的活动，进一步标准化运维实施过程管控的细节，要求三层体系文件对运维实施的质量进行控制。

运维制度作为实施管控过程中的重要参考和依据，要求运维管理实施过程中各项工作、流程都有据可依，具体内容有迹可查，方便后期在评价提升阶段作为工作优化调整的重要参考。

## 7.3.3 运维制度内容

运维制度框架如图 7-1 所示。

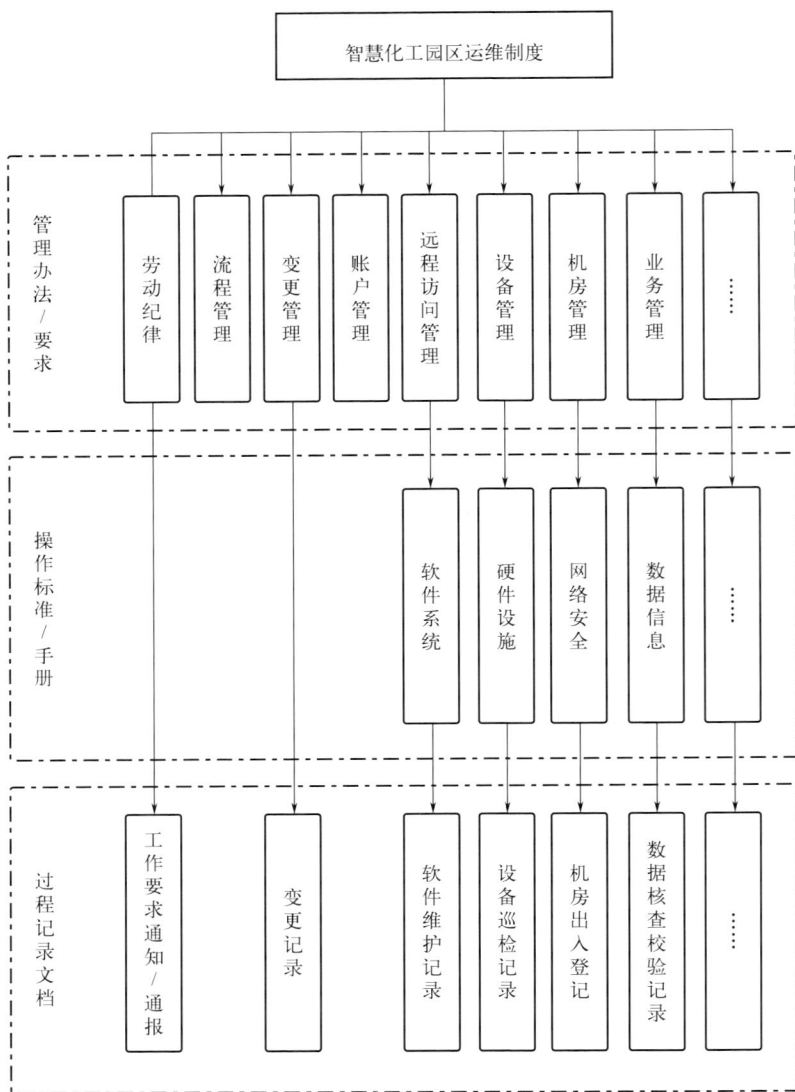

图 7-1　运维制度框架

为保障智慧化工园区各项工作的顺利实施，管理制度对智慧化工园区系统运维组织管理、岗位职责、劳动纪律、流程、机房、账户、远程访问、特殊权限、设备、变更等内容进行规范，同时不仅局限于所列内容，结合自身智慧化工园区系统运维的情况，针对智慧化工园区的封闭管理、安全管理、环保管理、办公管理等方面的内容，结合实际所涉及的工作、边界、要求、规范等进行扩展与补充。

硬件设施应根据设备厂家出厂的各项参数、操作流程、维护要求、禁忌情况、物理环境等制定具体操作维护标准或手册；对网络安全涉及的账号增删改查、安全漏洞处理、防范恶意代码、数据备份与恢复操作流程进行规范；软件系统监控预警指标、数据库日常维护与性能优化、软件版本控制等建立操作流程规范；对数据信息涉及的基本信息数据更新周期频次、实时数据比对校验的标准、报警数据的统计与分析、各项报告格式进行规范。

过程记录文档要求对管理制度执行、运维管理活动进行记录，文档编号、格式、存档等方面进行统一管理，包括工作要求的通知通报、变更记录、软件系统维护记录、设备巡检记录、机房出入记录、数据信息核验记录等。记录文档要求记录信息清晰完整，不允许存在错误、篡改等情况。

## 7.3.4　运维制度评估与修订

运维制度在执行过程中，或多或少存在与实际情况有偏差的情况，尤其是设备设施性能衰退、人员变更、社会成本增加、工作内容增加而导致各项管理制度与当下的不匹配、不适应，运维制度应在制定和执行过程中定期进行评估，保留评估和评审记录并进行备案管理。根据实际运维实施环境的变化及运维制度评估和评审记录，对运维制度进行修订和完善，并对有关版本更新情况进行说明解释。如管理机构、运维服务机构或者运维服务支撑机构存在较大变化时，考虑运维制度的重新制定，并保留版本修订记录。

# 7.4　运维流程

## 7.4.1　概述

当前，我国各行各业在信息化、智慧化建设方面如火如荼，特别是化工行业在安全监管、环境管理、封闭化等方面与智慧化融合得越来越深。本书结合 2018 年以来山东、浙江、江苏等省份智慧化工园区建设及发展情况，特别是在智慧化工园区后建设时期，运维管理方面的成功案例及经验，针对 IT 运维、化工产业的特点，整理了有关智慧化工园区系统运维实施流程、核心要素、关键节点等信息，便于有相关业务需要的园区管理者借鉴、参考。运维流程是智慧化工园区系统运维管理的整体脉络，同时为保障智慧化工园区系统运维能够有效运行，借鉴"PDCA"（Plan 计划、Do 执行、Check 检查和 Act 处理）循环持续改进运维管理工作。

## 7.4.2 总体规划

基于智慧化工园区建设、化工园区管理、安全监管、环境保护、园区封闭管理等相关政策文件要求，同时结合本园区在信息化、智慧化建设方面的特有内容，整理输出智慧化工园区系统总体运维需求（基础运维需求、重要运维需求），形成运维需求报告。智慧化工园区管理机构根据整体的需求报告制定运维管理的方针、规划文件。运维目标的制定应充分考虑管理机构的愿景、使命、价值观、指导原则以及当前智慧化工园区的状况，整体运维目标要明确具体，是可以实现的。基于整体运维目标确定智慧化工园区系统运维的实施计划，目标顺利实现、计划有序实施，要有具体的管理体系、技术体系做支撑。

运维管理体系规划基于《质量管理体系　要求》（GB/T 19001）、《信息技术服务运行维护服务能力成熟度模型》（ITSS）、《环境管理体系　要求及使用指南》（GB/T 24001）、《信息安全技术　网络安全等级保护基本要求》（GB/T 22239）等现行的标准体系，同时清楚地知道存在的风险与困难，形成符合自身管理的运维管理体系，通过具体的管理制度推进运维工作的顺利实施。运维管理体系文件包含但不限于目标计划、考核评价、奖惩、岗位职责、劳动纪律、交接班、安全保密等方面。

运维技术体系规划基于 GB/T 24407.1《信息技术服务管理》、GB/T 28827《信息技术服务运行维护》、GB/T 30285《信息安全技术　灾难恢复中心建设与运维管理规范》、GB/T33136《信息技术服务　数据中心服务能力成熟度模型》、GB/T 38633《信息技术　大数据　系统运维和管理功能要求》及GB/T 51314《数据中心基础设施运行维护标准》等现行的标准体系。同时充分结合本园区在信息化、智慧化建设方面涉及的硬件设施、软件开发、网络架构、信息安全等方面采用的技术路线，针对每一类的设备设施整理使用说明书、巡检维护标准、使用禁忌情况，正确对每一类设备设施进行操作、使用及维护，尽可能地延长其使用寿命。

## 7.4.3 实施管控

智慧化工园区管理机构、运维服务机构与运维服务支撑机构的负责人高度理解和认识开展运维管理实施的重要性及紧迫性，借鉴智慧化工园区系统运维在成熟园区实施管控阶段的做法与经验，尽快将运维管理模式、方法引入到自身园区，加快提升智慧化工园区的运维管理水平，进一步夯实化工园区在信息化、智慧化管理方面的基础。对已经开展运维管理的智慧化工园区不需要"另起炉灶"，可对照本书内的流程、要素进行完善和补充。开展运维管理工作要覆盖智慧化工园区的所有要素，通过评价考核、优化改善等活动，不断提升运维管理水平。

### 7.4.3.1 过程控制

#### （1）整体管理

在智慧化工园区系统运维过程中，管理机构、运维服务机构及运维服务支撑机构要在计划执行、具体操作方面高度统一，管理机构合理评估开展运维工作所需要的成本资金投入，监督管控运维服务机构及运维服务支撑机构整体的工作进度、质量，三方机构及具体负责人要对运维成本、进度、质量有足够支撑，重点把控核心要素的相互协调统一，同时兼顾与之相关的其他要素，避免因其中一环出现问题，导致智慧化工园区系统运维管理工作出现偏差，甚至出现不可逆的问题。资金投入是支撑实现运维进度、质量的前提，运维服务机构与运维服务支撑机构同时也要合理控制成本支出；运维进度是表征运维管理工作的核心指标，把控运维实施计划的执行进度，是实现智慧化工园区稳定运行的关键指数；工作质量决定了智慧化工园区管理水平，应避免、减少重复工作的发生，发挥智慧化工园区社会价值的有力保障。

#### （2）质量管理

对智慧化工园区系统运维管理工作进行质量管理，通过建立持续测试，从而改进质量，主要分为过程管理和技术管理两个层面。管理机构应采取适当的方法对运维管理体系运行过程进行监视，并在合适的时机进行测试，这种方式是为了验证管理体系实现规划的运维目标的能力，若验证不能实现，则有必要采取改进措施对运维过程管理实施调整；运维服务机构及运维服务支撑机构对具体的运维工作进行监视和测试，以验证具体运维工作的质量。这种监视与测试应依据规划阶段技术体系的要求，在运维实施过程中适时开展，除非得到管理机构的同意，否则不允许随意更改运维规划阶段的具体技术体系要求。在监视与测试过程中，若发现过程管理和技术管理存在不能达到运维规划阶段计划与目标的情况，管理机构、运维服务机构及运维服务支撑机构应采取改进措施消除隐患或经过有关授权继续进行运维管理工作。

### （3）风险管理

结合运维管理流程的各个环节、组成要素，以及常见的经验法、检查表、案例借鉴等，对目前开展的智慧化工园区系统运维管理工作风险进行标识。完全消除风险是不可能也是不实际的，平衡开展运维管理工作所需要投入的资金、资源、时间等，尽可能地将风险降低至可接受范围之内，如果是可接受风险，可保持已有的运维管理措施；如果是不可接受风险，则需要采取整改措施以降低、控制风险。整改措施的选择应兼顾管理与技术两个方面，同时加强残余风险的监视与监测，不断调整优化有关防范措施。如果开展运维管理的残余风险不可接受，而现实情况又要求必须投入运行，且当前没有其他资源能胜任，这时可以临时批准有关运维管理工作继续进行。在这种情况下，必须由管理机构、运维服务机构及运维服务支撑机构的相关负责人决定临时推进的时间段，制定出在此期间的应急预案以及继续处理风险的措施。在临时运行的时间段结束后，应重新评估残余风险的可接受度，如果残余风险仍然不可接受，则一般不应批准具体运维工作继续推进。

### （4）文档管理

根据管理制度、运维操作标准/手册及过程记录文档，开展智慧化工园区系统运维工作，进行记录留痕。可以利用纸质、电子及二者结合的方式进行，所有记录都应为原始记录，不允许存在长时间过后进行"补作业"行为。如若使用纸质文档，采用黑色碳素笔填写，不可出现其他颜色笔迹，记录要保证与现场一致，如实记录，字迹清晰，不得出现重新抄写和复印情况，填写时勿出现乱写乱画、涂黑掩盖等现象，填写人员需进行如实、详细填写，不得空项，记录使用完毕，保存期根据实际需求确定。

## 7.4.3.2　自查与改进

### （1）自查计划与方案

在推进智慧化工园区系统运维过程中，结合整体管理、质量管理、风险管理中的过程记录留痕，定期开展自查活动，运维服务机构与运维服务支撑机构协同开展相关的自查活动。自查计划与方案不应与现有运维管理工作相矛盾，规范自查过程中会用到的自查方法、自查边界、自查工具、调研表格等，自查方案应结合运维规划的目标、计划、关键数据、实际情况进行编制，方便参与人员操作使用。

### （2）输出自查报告

结合自查计划与方案的具体要求，认真核查智慧化工园区系统运维管理有关工作的开展情况，运维服务机构及运维服务管理机构应确定、收集和分析适当的数据，以证实开展智慧化工园区系统运维管理的适宜性和有效性，据实填写记录。数据分析应涵盖以下信息：管理机构满意度、与运维规划目标的符合情况、运维管理工作的具体情况等，参照有关运维规划的目标、计划、关键参数等指标，自查报告分析存在的问题与风险，判断是否存在与运维规划有偏差及运维失控的可能。

### （3）改进方案

根据自查报告内容，如若智慧化工园区系统运维管理工作开展良好，符合或者满足运维规划目标，则无须进行改进工作。反之与运维规划存在偏差，存在运维失控的可能，则需要找出具体问题清单，分析、研讨并确定改进方案。改进方案应明确改进方法、改进内容、职责分工、时间节点，评审确定采取的纠正措施、预防措施与存在的偏差问题相适应。

### （4）改进方案实施

结合自查报告、改进方案，对智慧化工园区系统运维管理工作内容进行调整完善，特别是涉及系统运维相关的管理制度、操作标准/手册，保证与原有的运维管理体系、技术体系一致，不得出现相互矛盾的情况。针对具体问题清单，采取纠正措施、预防措施，按照改进方案推进实施，在改进阶段应特别关注与问题相关的具体参数、异常情况，将改进阶段的进度、状态、变化情况如实记录，评估评判是否达到改进预期，确保顺利完成智慧化工园区系统运维管理改进工作，使之与运维规划目标、计划执行等情况处于正偏离的状态。

## 7.4.3.3　变更管理与控制

智慧化工园区系统运维管理运行阶段，通过过程控制、自查、改进后仍然与运维规划目标存在较大偏差，甚至存在运维失控的风险时，管理机构可结合实际情况采取必要的变更进行管理与控制。变更包括组织变更、核心人员变更、核心设备变更、技术路线变更等情况。结合智慧化工园区的运维规划目标、推进计划、考核指标等变更需求进行分析确定，评估变更的必要性和可行性，从而确定变更的内容、范围以及需要的资源。对变更会引起的后果进行判断分析，确定变更的先决条件及后续动作、变更后产生的影响大小；变更前须对变更目的、内容、影响以及系统运维管理服务机构人员职责权限进行审核，确保变更合理、科学地实施，按照建立的变更审批流程进行审批；变更实施过程中，对各系统运维业务的状态进行记录，收集汇总变更过程的各类相关文档，整理、分析及总结各类数据，形成变更总结。

### （1）组织变更

因某项因素或者多项因素造成运维管理工作与运维规划目标出现较大偏差、运维失控等情况时，管理机构可以对运维服务机构及运维服务支撑机构采取变更管理，采取合规的方式进行变更，避免因组织变更对智慧化工园区系统运维管理造成不可逆的影响，在实施变更时要制定详细的变更方案，应对可能出现的风险。

### （2）核心人员变更

运维服务机构、运维服务支撑机构的核心岗位人员变更一般有两种情况，一种是流程性人员变更，另一种是突发性人员变更。流程性人员变更相对来说有一定的缓冲期，对于各项工作交接、信息交接、权限交接都能有序推进；突发性人员变更相对来说较为复杂，因特殊事故造成的人员变更，就需要运维服务机构、运维服务支撑机构立即启动相关的应急预案，时刻关注运维管理工作的开展情况，调配综合素质同级或者更高的人员开展有关的工作。

### （3）核心设备设施变更

核心设备设施变更指的是网络、计算、存储、有害因子探测设施出现故障、损害、性能衰退的情况，基本属于不可逆的，如短时间内无法恢复正常，会造成智慧化工园区系统运维工作停滞、紊乱。运维服务机构、运维服务支撑机构应提前进行评估判断变更前后的风险变化，及时向管理机构提出变更说明以及应急预案。

### （4）技术路线变更

技术路线变更指的是在智慧化工园区系统运维过程中，由于技术发展、市场需求变化或企业战略调整等原因，需要对原定的技术路线进行调整或改变。技术路线变更涉及技术方案的修改、设备或材料的更换、系统架构的调整等方面，目的是提高技术水平、降低运维成本、提高产品质量或满足政策要求。进行技术路线变更时，需要进行充分的市场调研、技术评估和风险分析，以确保变更决策的科学性和可行性。在实施过程中，需要建立完善的流程和制度，以确保变更过程的可控性和可追溯性。同时，需要进行持续的监控和优化，以确保技术路线能够适应不断变化的市场需求和技术发展。

# 7.4.4　服务评价提升

为了持续优化智慧化工园区的系统运维管理，确保其服务质量和效率，需要建立一个科学、客观的评价体系。这一体系旨在评估运维管理的执行情况、服务能力以及核心指标的达成情况，从而为提升服务水平提供有力的支持。结合运维管理过程的目标、计划、核心要素开展，总体分为三个方面，运维管理各要素执行情况评价、运维管理服务能力评价以及运维核心指标考核。

## （1）运维管理各要素执行情况评价

与其他管理工作一样，智慧化工园区系统运维管理也是一个持续改进、不断提升的过程，而持续改进的重要内生动力之一就是运维管理各要素执行情况的定期考核评价。加强运维管理要全面、全要素，对硬件设施、网络安全、软件系统、数据信息维护情况进行全面审核评价，以发现运维服务机构及运维服务支撑机构内部在各项工作开展推进中存在的短板和不足，制定针对性的整改提升措施。确定评价量化指标、定量评价，通过评价的方式不断提高运维管理工作，没有具体的量化指标，运维服务机构、运维服务支撑机构就不会引起重视，更不会针对评价情况认真整改。确定考核周期、定期评价，一般情况下应该是每个系统服务周期评价一次，可以针对各要素的特点及稳定性，确定评价周期，管理机构评价应及时发现各要素存在的隐患或不足，以便尽快采取纠正措施、预防措施进行调整。

## （2）运维管理服务能力评价

为了智慧化工园区系统稳定、高效和安全，需要建立一套科学合理的评价指标，对运维管理服务能力进行全面评估。主要应包含以下维度。

① 故障处理能力　对于系统突发的故障，尤其是影响程度高的故障，要能快速应急响应并迅速解决。考核指标包括，故障响应时间、故障处理时间、故障解决率等。

② 系统稳定性　系统稳定性是衡量运维管理工作质量的重要指标，包括系统可用性、系统崩溃次数等。

③ 安全性能　考核指标包括信息安全漏洞的发现与修复、系统安全事件的响应时间等。

④ 效率与优化　运维管理的目标是提高系统的效率与性能，考核指标

包括系统资源利用率、系统响应时间等。

所有这些指标均符合《智慧化工园区建设指南》（GB/T 39218）的相关要求，确保了评价的科学性和规范性。通过这些指标的评估，可以全面了解运维管理的服务能力，进一步地提供明确的指导方向。

### （3）运维核心指标评价

开展智慧化工园区系统运维管理，对运维管理工作评价是确保运维规划目标、计划、核心指标顺利达成的重要手段，因此对运维管理规划目标、计划、核心指标进行评价，既增强了运维服务机构、运维服务支撑机构对运维管理工作的重视，又检验了各组织开展运维管理工作的成效。开展运维核心指标评价不仅仅是评价运维规划目标、计划，还需要将智慧化工园区系统涉及的硬件设施、网络安全、软件系统、数据信息运维建立核心指标评价体系。通过建立核心指标评价体系，结合实际情况对各项指标设置评价分，可以更全面、准确地评估智慧化工园区的系统运维状态，为其持续优化提供有力的支持。这不仅有助于提高园区的信息化、智慧化管理水平，还能确保其稳定、高效地运行。

在每个运维周期结束时，应对上述评价结果进行汇总和分析，形成一份详尽的评价总结报告。这份报告不仅可以帮助我们了解运维管理的现状，还可以为下一周期的运维工作提供宝贵的参考和建议。基于这份报告，可以制定针对性的改善措施，明确下一周期的资金投入和人员配置，以确保运维服务的持续优化和提升。

## 7.4.5　运维终止

智慧化工园区在开展建设与运维管理的过程中，因外界、内部等因素会存在转移、停用或废弃等情况时，就需要启动运维终止流程。因智慧化工园区系统涉及的系统模块、信息非常复杂，包括化工园区、企业以及个人信息等，在进行信息处置以及承载信息的设备设施处置时应符合有关规定，严格按照处置流程进行。

### （1）信息处置

根据终止运维服务的信息资产清单，识别重要信息资产、其所处的位置以及当前状态等，列出需转移、暂存和清除的信息资产清单；对可能会在其他运维服务中使用的信息，应将其安全地转移或暂存到可以恢复的介质中，并采用安全的方法清除要终止的系统运维信息；根据信息档案的重要程度制定信息资产的转移、暂存、清除的方法和过程，其中涉密信息应按照国家相关部门的规定进行转移、暂存和清除；记录信息转移、暂存和清除的过程，包括参与人员、处理方式以及目前信息所处的位置等。

**（2）信息存储介质处置**

根据运维服务的存储介质清单，识别载有重要信息的存储介质、所处的位置以及当前状态等，列出需清除或销毁的存储介质清单；迁移或废弃的存储介质内应不存留敏感信息，对设备的处理方式应符合国家相关部门的要求；根据存储介质所承载信息的敏感程度和涉密等级，确定对存储介质的处理方式和处理流程，存储介质的处理包括数据清除和存储介质销毁等，存储介质的处理方式和处理流程等的处理方案应经过主管部门审查和批准；根据存储介质处理方案对存储介质进行处理，记录处理过程，包括参与人员、处理方式、是否有残余信息的检查结果等。

# 7.5　运维案例

## 7.5.1　杭州湾上虞经济技术开发区智慧监管运维案例

### 7.5.1.1　园区介绍

杭州湾上虞经济技术开发区地处上海、杭州、宁波三大都市圈交会腹地，凭借得天独厚的区位优势，逐步成长为长三角一体化战略中的重要产业引擎。通过整合省级开发区资源，形成以新材料、高端装备、生物医药三大主导产业为根基，半导体装备与新能源汽车两大新兴产业为突破口的多元化发展格局。这里的高分子材料与高性能染料产业链深度融入全球市场，占据超 20% 的国际份额；智能机器人、精密仪器等高端装备领域吸引多家跨国企业设立研发中心；生物医药产业更构建起从原料药生产到基因检测技术的全链条体系，其中合同研发生产组织（CDMO）产能稳居华东地区前列。

在新兴赛道布局中，光刻胶、晶圆制造等半导体配套项目加速落地，新能源汽车领域则形成从电池材料研发到整车测试的完整生态圈，展现出强劲的创新活力。而在传统优势领域，汇聚百余家企业深耕医药中间体、氟化工及锂电池材料领域，打造出资源高效循环的产业模式，年产值突破 600 亿元，持续巩固其作为长三角化工产业转型升级示范区的引领地位。这一系列战略布局，推动了杭州湾南岸从传统制造基地向智能创新高地的跨越式发展。

图 7-2 所示为杭州湾上虞经济技术开发区（以下简称经开区）规划产业（化工部分）。

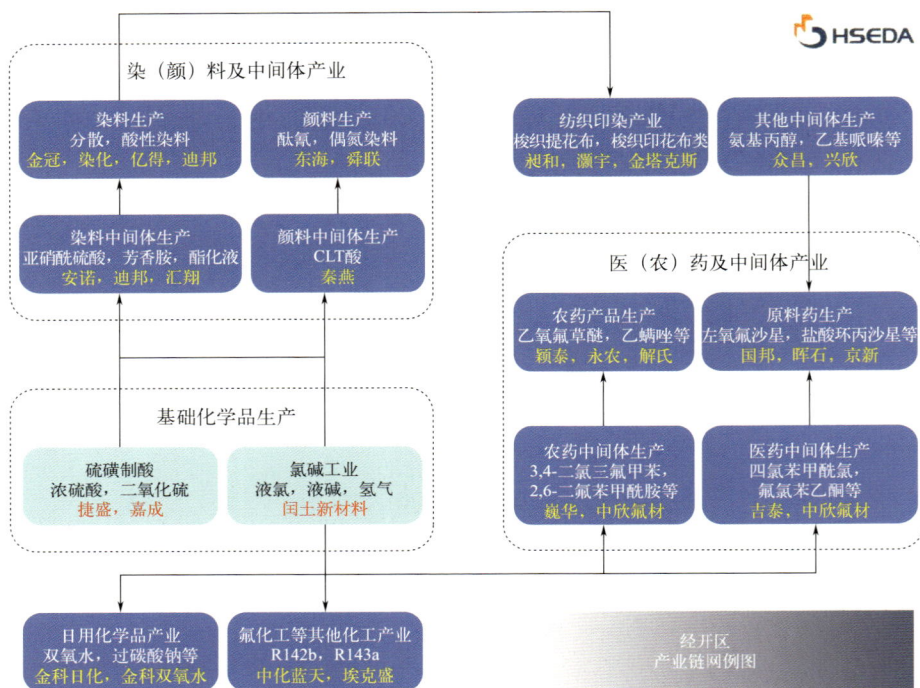

图 7-2 杭州湾上虞经济技术开发区规划产业（化工部分）

2017 年，经开区针对园内化工企业多且安全生产风险体量大、环境保护难度高、传统监管模式难以实现精细化管控的情况，为推动传统监管向智慧监管转变，筹划建设了以安全环保动态监管为基线，集危化品风险防控、生态环境监测、应急事故救援于一体的安全环保智慧监管平台。目前平台已完成三期建设，累计投入资金达 1 亿余元。2021 年，经开区被应急管理部遴选为"工业互联网＋危化安全生产"建设试点；2022 年，经开区被中国石油和化学工业联合会认定为"智慧化工园区"；2023 年 12 月，经开区被应急管理部安科院评选为"工业互联网＋危化安全生产"建设优秀案例，经开区的智慧监管体系已取得了一定成效。

### 7.5.1.2　运维团队介绍

2019年，经开区为保障智慧监管平台正常运行和协助园区开展智慧化监管工作，引入了第三方专业运维服务团队，为园区智慧监管平台提供7×24小时的驻场运维服务工作，如图7-3所示。

图 7-3　智慧监管平台运维团队工作场景

运维服务团队当前编制共16人，包括运维主管1人，主要负责运维团队行政管理及内外协调工作；运维专员12人，分成四个班次，每班3人，通过四班三运转的方式，主要负责平台7×24小时不间断值守及平台日常巡检维护工作；运维技术3人，主要负责平台软件、硬件、室外设备及网络的专业维护及异常问题处理工作。

目前，该运维团队已持续为园区开展专业运维服务超过4年时间，保障了园区监管平台的持续稳定运行，为园区实现智慧化监管提供了有效助力，服务能力获得了经开区的高度认可。

### 7.5.1.3　运维服务主要工作内容

#### （1）软件运维

软件运维工作的开展主要是通过各种能力培训，使运维团队熟悉并掌握园区平台各种信息化系统功能，能够熟练进行系统操作，并具备一定的系统讲解能力和故障处理能力。在日常运维值守过程中，通过每个运维班次对平台各信息化系统进行浏览查看，及时发现系统异常问题，能够处理的问题及时进行处置，如果系统问题较严重，超出运维团队能力，则及时通过工单系统将问题反馈至公司售后支撑团队进行解决，如图7-4所示。

图7-4　软件运维工作场景

　　通过运维值守工作，运维人员对系统运行过程中产生的各类预报警信息进行及时的收集和处置，根据园区建管实际需求，制定系统预警分级处置机制，不同级别的预警信息根据分级处置机制及时进行相应的预警信息推送和核实反馈，协助园区开展预警闭环工作。

　　针对在运维过程中发现的园区企业各类突发事件，制定平台运维值守应急处置规范，当园区平台确认有企业发生突发事件时，及时开展平台应急处置工作，通过平台各类软硬件系统，快速定位事故位置，并进行各种应急信息的快速查询和调取，帮助园区应急场景实现事故的快速处置和救援。

### （2）硬件运维

　　运维服务中的硬件运维主要是对园区平台的机房相关设备、室外设备、平台大厅设备等进行巡检和维护（图7-5）。通过日常的巡检，及时发现设备

图7-5　硬件运维工作场景

运行的异常情况，然后进行及时处置。当各类设备耗材部件达到使用期限，及时进行更新保养，使平台各种硬件设备始终处于正常稳定运行状态。当平台设备出现较严重故障，运维团队无法进行有效处置时，应及时通过工单系统将问题反馈至公司售后支撑团队进行解决。

主要硬件设备分类如下。

① 机房设备　智慧监管平台机房设备是支撑软件系统稳定、安全运行，并进行数据、视频的有效处理，以实现各类平台软件功能应用的设备，主要包括各种服务器、交换机、防火墙、备用电源等。

服务器是计算机的一种，但是它比普通计算机运行更快、负载更高，能够为其他客户机（如 PC 机、智能手机、ATM 等终端甚至是火车系统等大型设备）提供计算或者应用服务。智慧监管平台机房内的服务器主要有视频 GPU 服务器（图 7-6）、数据库服务器（图 7-7）、云服务器等。

图 7-6　视频 GPU 服务器

图 7-7　数据库服务器

交换机是用于电（光）信号转发的网络设备（图 7-8），它可以为接入交换机的任意两个网络节点提供独享的电信号通路。智慧监管平台机房中的交换机主要为光纤交换机和以太网交换机。

图 7-8 交换机

防火墙是一种最重要的网络防护设备（图 7-9），它位于两个（或多个）网络间，实现网络之间的访问控制，以保护智慧监管平台系统网络安全。

图 7-9 防火墙

备用电源，即 UPS 不间断电源，其内部含有储能和逆变器等恒压恒频装置，可以为机房各类硬件设施提供稳定电压和备用电源（图 7-10）。当市电突然断掉时，可以对机房隔离硬件设备起到保护作用，使其不被损坏和丢失数据。

图 7-10 机房备用电源

② 室外设备 智慧监管平台各类室外设备主要是为了实现对园区公共区域安全、环保等场景的有效管控，对各类异常情况进行实时监测并进行预警。主要包括道路监控、道闸、高空视频、各种环境监测设备等（图 7-11 ～图 7-13）。

Construction and Management of
Smart Chemical Industry Park

图 7-11　高空视频类室外设备

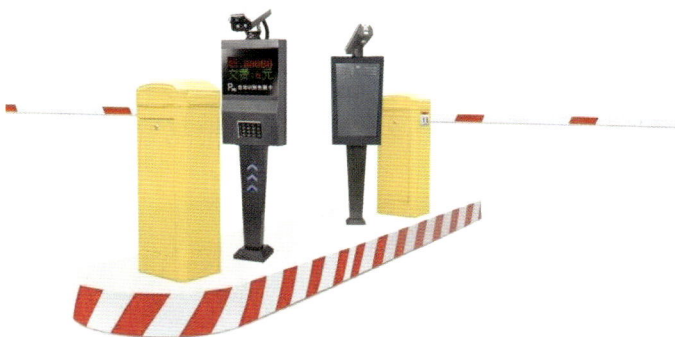

图 7-12　道路监控类室外设备

图 7-13　环境监测类室外设备

③ 大厅设备　主要是实现智慧监管平台图像、声音展示，并进行各种有效信息传达的各类硬件设备，主要包括系统显示大屏、音响类设备、通信会商类设备、办公类设备等（图 7-14 ～图 7-16）。

图 7-14　智慧监管平台显示大屏

图 7-15　音响类设备

图 7-16　通信会商类设备

④ 其他设备 主要是具有特殊用途的各类设备，主要包括无人机、平台车辆等。无人机设备主要是用于特殊情况下的园区河道巡检、突发事件应急处置等（图7-17）。平台车辆主要是用于运维人员进行室外设备巡检、企业现场出勤等。

图7-17 智慧监管平台无人机设备

### （3）网络安全运维

网络安全运维是指对园区平台系统定期开展数据备份、漏洞扫描、安全审计、网络专线维护等运维工作（图7-18），旨在保障系统运行安全和网络安全。另外，按照政府信息化系统安全政策相关要求，协助园区定期开展各种安全测评工作。相关运维工作通过制定相应的工作标准，规范工作落实，并及时形成工作档案，以便进行问题追溯。

图7-18 网络安全运维工作场景

#### 7.5.1.4　运维服务工作保障

运维服务工作的高效开展和有效落实需通过一系列的措施予以保障，经开区运维服务团队主要通过以下几项措施实现。

##### （1）人员保障

人员保障主要是指团队为满足运维服务需求而具备的专业素质保障。运维服务团队主要通过两个方面来实现团队成员的专业素质保障，一方面是严格准入，要求团队成员必须为全日制专科及以上学历，且必须是化工、计算机、网络、信息化相关专业；另一方面是每年制订培训计划和应急演练计划，通过定期开展内部培训和演练，使团队持续保持合格的服务能力水平。

##### （2）工作制度保障

为规范园区平台运维工作开展，针对园区实际监管需求，基于运维服务内容制定了一系列的规章制度和工作规范，打造运维标准化体系，从制度上对运维服务效果给予保障。

具体工作规范内容包括劳动纪律、工作交接、日常巡检、设施维护、能力培训、问题处置、应急处置等。所有运维服务相关工作内容均制定了标准化工作记录表格，及时形成工作内容记录，分级分类存档，以便进行工作追查溯源，同时也可有效配合园区管理部门开展智慧建管平台管理的审计工作。

##### （3）异常响应保障

运维人员通过日常的巡检发现平台各类异常问题，并对各类问题按照严重程度进行分级，结合问题等级进行不同的应急措施以实现高效的异常问题响应，确保平台系统运行正常（图7-19、表7-1）。

##### （4）运维服务考核

除运维团队自身的服务保障措施之外，经开区为了能够督促运维团队严格落实服务合同相关义务，实现园区平台运维

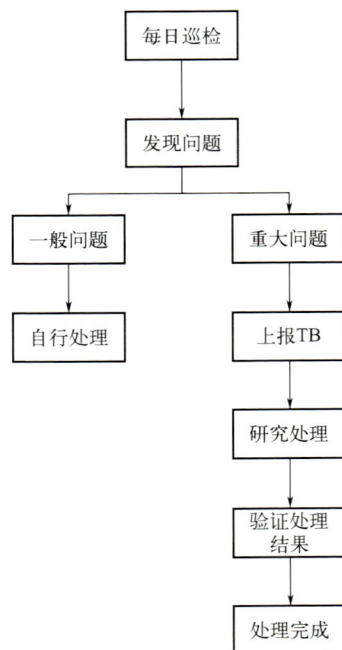

图 7-19　异常响应处理工作流程

表 7-1  异常响应分级管理标准

| 严重级别 | 定义 | 解决优先级 | 响应时间 |
|---|---|---|---|
| 致命 | 1. 系统崩溃<br>2. 核心功能完全丧失，并导致系统功能无法正常使用，比如经常遇到的图片打不开<br>3. 影响报警跟踪处理的问题，影响参观演示的问题 | 必须马上处理，优先级为非常紧急 | 直接电话沟通，问题清楚后立即启动响应，尽最大可能缩短影响时间，提报 TB 系统记录 |
| 严重 | 1. 平台主要功能错误，影响操作但不影响系统运行<br>2. 环境错误，例如说点位掉线、数据不准确，不同页面前后数据矛盾不一致<br>3. 性能低下<br>4. 接口问题 | 必须尽快修改，优先级为紧急 | 沟通清楚问题后需要启动响应，尽最大可能缩短影响时间，提报 TB 系统记录，在 24 小时内解决 |
| 一般 | 1. 次要功能错误（为实现主要功能而辅助的一些功能）<br>2. 功能界面校验错误（如提示信息不太准确、出现边界错误） | 需要修改，优先级为普通 | 提报 TB 系统，在 72 小时内解决，双方沟通清楚问题，就解决周期达成共识 |
| 轻微 | 1. 界面级错误（错别字、UI 问题、浏览器问题）<br>2. 微小的问题，对功能几乎没有影响 | 视情况进行修改，优先级为较低 | 提报 TB 系统，及时响应需在 7 日内解决 |
| 建议 | 1. 对系统性能有所提高的建议<br>2. 对功能实现不合理的建议<br>3. 按钮位置摆放不合理、用户操作不方便<br>4. 新的业务需求，拓展功能类建议、体验类，不在测试准出标准统计范围内 | 视情况进行修改，优先级为较低 | 提报 TB 系统，须在 7 日内完成响应，双方沟通清楚问题，就解决周期达成共识 |

价值，制定了运维服务考核机制。首先，由园区管理部门根据运维服务合同相关条款制定运维服务考核标准；其次，每季度由经开区组织园区平台相关管理部门对运维服务开展及落实情况进行评审考核；最后，以考核结果评价该季度运维团队的工作表现，并与运维服务团队的收入进行直接挂钩，以此督促运维团队持续落实服务价值。

### 7.5.1.5  运维服务价值体现

经开区智慧监管平台自成立以来，依托第三方的运维团队服务力量，保障了平台系统持续稳定的运行。智慧监管平台从正式运行以来，共计开展各类外界参观接待活动 2000 余次，平台均圆满地完成了接待任务，未出现任何系统异常情况。同时，由运维团队发现并及时开展应急处置的各类园区企业突发事件共计 60 余次，为经开区安全、环保的管理需求提供了切实有效的助力。借助智慧监管平台的持续稳定运行，园区化工企业安全报警数量和园区空气质量优良率连年改善，较好地发挥了园区智慧监管的价值。

# 7.5.2　烟台化工产业园智慧监管运维案例

### 7.5.2.1　园区介绍

烟台化工产业园于 2018 年 9 月经山东省政府批准设立，规划面积 27.4 平方公里，是黄渤海南岸高端低碳石化产业基地核心板块，被纳入国家高端石化产业发展战略。

园区内现已入驻企业 53 家，在经济方面，2022 年园区实现营收 1203 亿元，2023 年上半年营收达 628 亿元。自 2019 年以来，园区连续 4 年入围化工园区高质量发展前 30，在全国 643 家化工园区中持续进位至 17 位，其中石化利润率排名第一。园区同时获评"中国智慧化工园区""中国绿色化工园区""生态环境部第一批清洁生产审核创新试点""山东省化工产业智能化改造标杆园区""山东省智安化工园区"等荣誉称号。

园区以"六个一体化"为发展理念，按照高端化、绿色化、国际化发展方向，积极实施"双碳"示范工程，加快培育聚氨酯烯烃、高性能纤维、高品质显示材料和高性能黏合剂四大主导产业集群，致力打造世界领先的聚氨酯制造基地、国际一流的高端化工新材料和精细化学品研发制造基地。

烟台化工产业园具有良好的发展基础和区域优势，产业承载空间大、协同度高，承载能力强，发展前景广阔。

#### （1）区域优势

园区位于首批国家级开发区——烟台经济技术开发区，集中国（山东）自由贸易试验区烟台片区、中韩（烟台）产业园、山东省新旧动能转化综合试验区等国家战略于一身，是烟台黄渤海新区的重要增长极，政策叠加效应显著。

#### （2）交通优势

周边布局烟台港西港区、烟台国际机场、环渤海高铁"两港一站"等重大设施。烟台国际机场是国家一类航空口岸，与 69 个国际（地区）及国内城市通航，开通航线 121 条，是中国内地第 39 家千万级机场。烟台港西港区拥有 40 万吨矿石码头，可靠泊全球最大矿船，30 万吨原油码头和全省首条直输各炼厂的原油运输管道。随着环渤海高铁加快建设、烟大渤海跨海通道规划提速，将推动园区成为环渤海最具发展潜力和竞争力的区域。

**（3）集群优势**

已形成聚氨酯烯烃、高性能纤维、高品质显示材料、高性能胶黏剂四大主导产业集群，图7-20为园区产业链图谱。

① 聚氨酯烯烃　依托万华、韩国SK、美瑞等企业，延伸精细化学品、新兴材料等产业链条，保持MDI（二苯基甲烷二异腈酸酯）产能全球第一，TDI（甲苯二异腈酸酯）世界第三大供应商优势。

② 高性能纤维　依托泰和新材、华润化学等企业，打造集高性能纤维材料、先进复合材料等于一体的产业集群，保持间位芳纶产能全球第二位、对位芳纶产能全球第四位及国内规模最大的高性能纤维研发生产基地优势。

③ 高品质显示材料　依托中节能万润、九目化学等企业，集中发力技术攻坚，突破国外封锁，持续巩固壮大亚洲第一大液晶单体材料生产基地地位，扩大OLED（有机发光二极管）、OPC（有机光导体）材料产能从国内领先走向世界前列。

④ 高性能胶黏剂　依托德国汉高、美国富乐、德邦科技等企业，致力开拓电子装配胶、半导体封装胶等全球市场，保持品类、技术含量国内第一优势地位，高水平建设绿色高端胶黏剂产业化基地。

**（4）人才科创优势**

聚才引智推动园区高质量发展，2022年共有高层次人才3100名，约占园区总人员的25%。拥有52个市级以上科创平台，其中聚氨酯工程技术研究中心、芳纶工程技术研究中心等国家级科创平台9个，微电子封装材料与系统集成工程技术研究中心、显示材料工程研究中心等省级科创平台32个，与中国科学院兰化所、山东省先进材料与绿色制造省实验室等高端研发平台同频共振，是全国化工领域最重要的科创策源和技术转化园区之一。

## 7.5.2.2　园区智慧化建设情况

烟台化工产业园智慧园区项目已完成两期建设，累计投入资金约1亿元。一期项目于2019年10月份正式开工，2020年6月份完工。2021年1月份启动智慧园区二期项目建设，2021年11月份完工。同时，按照山东省化工园区环境保护相关政策要求，于2021年6月份启动有毒有害环境监测预警体系建设，2021年10月份完工。现已建成覆盖园区环保、安监、应急、封

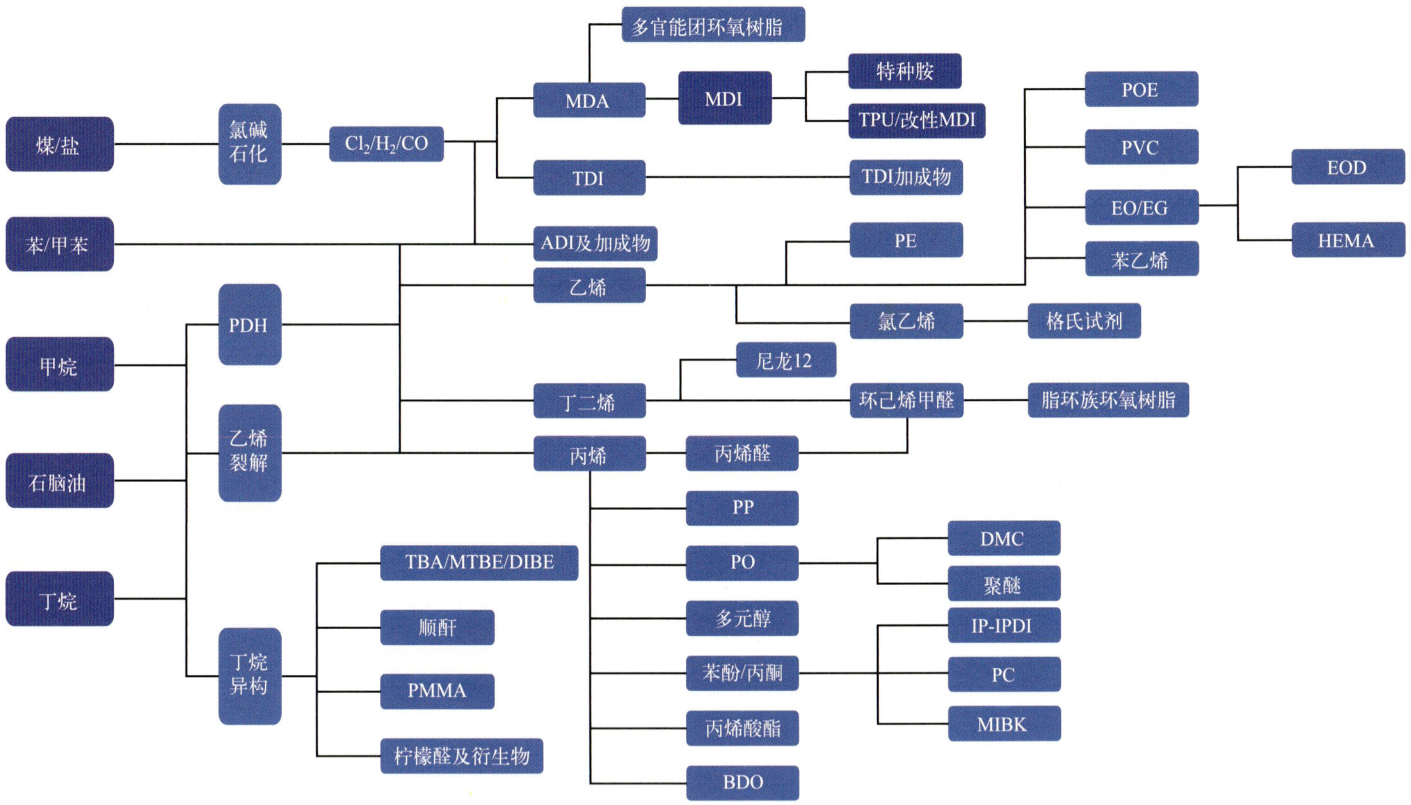

图7-20 烟台化工产业园产业链图谱

闭化、安防、公共服务、消防等各个管理方向，纵向贯通园区企业各类管控需求的综合型智慧化管理系统。

借助园区智慧化管理系统，园区在企业监管、园区治理、政策落实、数据挖掘等方面取得了良好的成效。通过实时数据库的数据收集、梳理、运用功能，建立了统一的数据处理及运算中心，保障各智慧业务模块的互联互通、数据融合和智慧应用。同时，利用物联网、互联网、视觉识别等技术，建设集成了一园一册、一企一册、智慧环保、智慧安监、智慧应急、智慧安防、智慧能源、公共服务、智慧消防、三维地图等业务管理平台，融合园区有毒有害气体环境监测预警系统及智慧化封闭管理系统，已搭建起集安全、环保、应急、消防于一体的园区智慧化管理体系。

### 7.5.2.3　智慧监管平台运维团队情况

随着园区智慧监管系统的不断扩充完善，依靠园区自身的能力来保障系统稳定的运行和有效的应用已无法满足，2020 年，园区引入了专业的第三方运维服务团队，为园区智慧监管系统提供 7×24 小时的驻场运维服务工作。

该运维服务团队当前编制共 10 人，包括运维主管 1 人，主要负责运维团队的日常人事管理及园区对接；运维专员 8 人，分成四个班次，每班 2 人，通过四班两运转的方式，主要负责平台 7×24 小时不间断值守工作；运维技术 1 人，主要负责平台软件、硬件、室外设备及网络的专业维护及异常问题处理工作。

烟台化工产业园智慧监管平台自成立以来，借助于专业的第三方运维服务力量，有效地保障了园区智慧监管平台系统持续稳定地运行和有效应用。

# 7.6　AI+ 运维展望

## 7.6.1　AI 定义

人工智能（AI）是一种模拟人类智能的技术，它可以通过机器学习、深度学习等算法来处理数据，实现自动化决策、语音识别等功能。

大模型是大规模语言模型（large language model）的简称。大模型是指大规模的深度学习模型，通常具有数百亿甚至千亿级别的参数量。大模型在自然语言处理、计算机视觉、语音识别等领域都有广泛的应用，如 GPT-3、

BERT 等。大模型的优势在于能够处理更复杂的任务，但也需要更多的计算资源和训练时间。

# 7.6.2 视频 AI 技术在园区运维中的应用

传统视频监控，安全生产管控不到位。摄像头作为重要的前端物联感知设备，一直是安防领域重点的监管手段。但是受已有条件的影响，在数以千计的摄像头监管需求下，如何做有效的监管分析，成为安防领域内的痛点。目前化工园区多采用传统视频监控手段用于监视、录像和回放，企业安全风险防范意识低，巡检人员有限，巡检覆盖率多数企业低于 2%，不能充分挖掘视频监控技术在质量管控与应急管理工作中的应用效果，无法有效发现潜在危险源。主要存在以下问题。

① 巡检不到位　依靠人力巡检，抽检覆盖率极低，且巡检员水平参差不齐，无法准确预判潜在危险源。

② 人员管理不足　工人个人防护物品佩戴不到位，脱岗、"睡岗"现象普遍，管理人员无法及时发现。

③ 安全管控不到位　工人缺乏安全意识，作业过程中经常出现违规操作，影响产品质量且极易引发安全事故。

④ 应急响应不及时　缺少健全的应急预警系统，当危险事故发生时，无法快速察觉与定位，引发严重后果。

针对传统视频监控安全生产管控不到位的问题，AI 视频智能应用技术应运而生。AI 视频实时监测系统，充分利用摄像头的感知设备，以 AI 模型智能分析为基础，人工二次研判为准则，在人的不安全行为、物的不安全状态、环境的不安全因素、管理的缺陷上提供了智能化的分析工具，并结合监管对象的管理规则，对不同监管对象灵活设置不同的监管模型、监管时间、监管范围及预警阈值，做到早发现、早处置，并让识别平台成为链接其他系统的枢纽环节。

另外，视频智能应用以"云 + 边 + 端"的部署方式，以中心 AI 算力云的形式提供核心算法服务，以边缘抽帧中心的形式满足对视频数据安全的需要，并减少对基础设施的投入成本，以 PC 端、Web 端、多终端模式，满足对监管结果的管理需求，辅助园区实现全方位的安全监管。

具体来讲，首先是通过建立智能识别模型，利用智能巡检代替人工巡检，模型种类主要包括安全着装识别、人员行为识别、环境风险识别、车辆识别以及特殊作业识别，具体模型详情如下。

### （1）未佩戴安全帽

员工进入危化品仓库或进行作业时须按要求佩戴安全帽，在发现有员工未佩戴安全帽出现在危险区域时（图7-21），可自动识别预警，提醒运维人员立刻关注处理，以防意外发生。

图7-21　未佩戴安全帽

### （2）未穿着工作服

可在含腐蚀性物质车间、危化品仓库等重点区域，监测员工工服穿着情况。有员工未按照要求穿着工装时（图7-22），可自动识别预警并提醒运维人员。

图7-22　未穿着工作服

### （3）打电话识别

可在需要监管员工打电话的任何区域进行识别，识别到工作人员打电话自动预警（图7-23）。

### （4）抽烟识别

可在涉爆车间、危化品仓库等重点区域识别人员吸烟现象（图 7-24），自动预警并提醒运维人员。

图 7-23　打电话识别

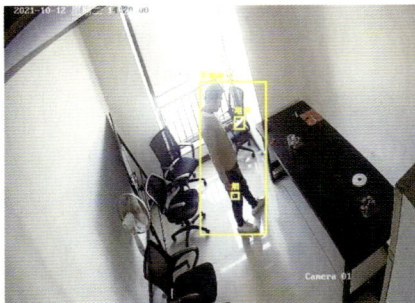

图 7-24　抽烟识别

### （5）区域警戒模型

在危化品仓库、硝酸铵仓库等重点管控的危险区域，可利用摄像头设置区域警戒限制，有工作人员违规闯入受限区域时（图 7-25），系统可自动预警并提醒运维人员。

### （6）明火识别

重大危险源车间等生产环境隐患区域监测，识别到明火自动预警并提醒运维人员（图 7-26）。

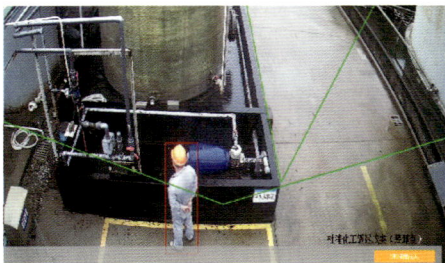

图 7-25　区域警戒模型

图 7-26　明火识别

### （7）白雾、黑烟识别

危化品仓库、固危废存储区等区域的烟雾现象全覆盖监测，可区分识别白雾和黑烟（图7-27），支持对常见的蒸汽区域进行屏蔽，同时支持常见误报智能屏蔽，能够有效地降低误报频次。

### （8）温度模型

针对红外标准温度显示格式的摄像头，实现红外监测区域的温度识别（图7-28），危废仓库等重点监管区域温度超出阈值时自动预警。

图7-27　白雾、黑烟识别

图7-28　温度模型

### （9）车辆模型

装卸区、危化品及固危废存储区等重点区域，监测渣土车、危化品车辆出现情况，通过画面内核心区域的多区域标识，实现去除公共区域内的误报情况（图7-29）。

图7-29　车辆模型

### （10）特殊作业识别

主要用于监管企业，可发现企业未提报作业计划私自进行作业的情况。目前支持动火作业、登高作业、吊装作业的识别（图7-30）。

图 7-30 特殊作业识别

### （11）人员跑动监测分析

利用可见光摄像头对涉及重大危险源企业的值班室监管区域全覆盖监测，实时分析人员跑动现象，通过画面内核心区域的多区域标识，实现去除公共区域的误报情况（图 7-31）。通过对人员跑动的智能识别，可提助运维人员快速发现企业值班室可能发生的异常情况，及早发现问题，启动对应策略。

图 7-31 人员跑动监测分析

### （12）人员聚集监测分析

利用摄像头对生产装置区、危化品存储区域、危废存储区域、出入口、值班室等区域全覆盖监测，实时分析人员聚集扎堆现象，并通过画面内核心区域的多区域标识，实现去除公共区域的误报情况（图 7-32）。

Construction and Management of
Smart Chemical Industry Park

**（13）中控室脱岗监测分析**

利用中控室、消控室值守区域内的摄像头画面实现覆盖监测人员脱岗现象，并通过值班室值班时间配置识别时间范围，减少误报情况（图 7-33）。因企业停车出现的中控室无人值班，不需要进行智能识别情况，运维人员可通过配置智能识别时间段进行过滤识别时间。

图 7-32　人员聚集监测分析

图 7-33　中控室脱岗监测分析

化工园区借助以上视频智能识别模型，通过园区的智能化系统，能有效地提升园区监管的质量和效率。通过由智能巡检代替人工巡检，可以使园区企业现场监管的覆盖率达到 100%，并且是高频率的巡检方式，可有效降低巡检人员工作量，使其有更多精力进行深度的监管分析。

不过，就目前行业现状而言，视频智能识别精准度需要进一步提高与优化，视频 AI 技术在化工园区安全监管方面的应用还有较长的路要走。

# 7.6.3　边缘计算技术在园区运维中的应用

目前智慧园区监管平台云计算采用集中化的模式，离终端设备（如摄像头、传感器等）较远，对于接入的重点区域视频和数据实时性要求高，而且园区相关系统的数据交互量比较大，把计算放在云上会引起网络延时变长、网络拥塞、服务质量下降等问题，而且终端设备通常计算能力不足，无法与云端相比。

在这一背景下，边缘计算应运而生。智能边缘计算平台（图 7-34）通过纳管用户的边缘节点，将云上应用延伸到边缘，在边缘对采集的数据、视频进行分析，联动边缘和云端数据，满足用户对边缘计算场景的远程管控、数据处理、智能化诉求；同时，在云端提供统一的边缘运维能力，帮助用户快速便捷管理边缘节点和边缘应用；通过 VPN 加密隧道，边缘业务和云上业务可以安全可靠地双向通信，实现完整的云边协同方案。通过在靠近终端设备的地方建立边缘节点，将云端的计算能力延伸到靠近终端设备的边缘节点，从而解决上述问题。

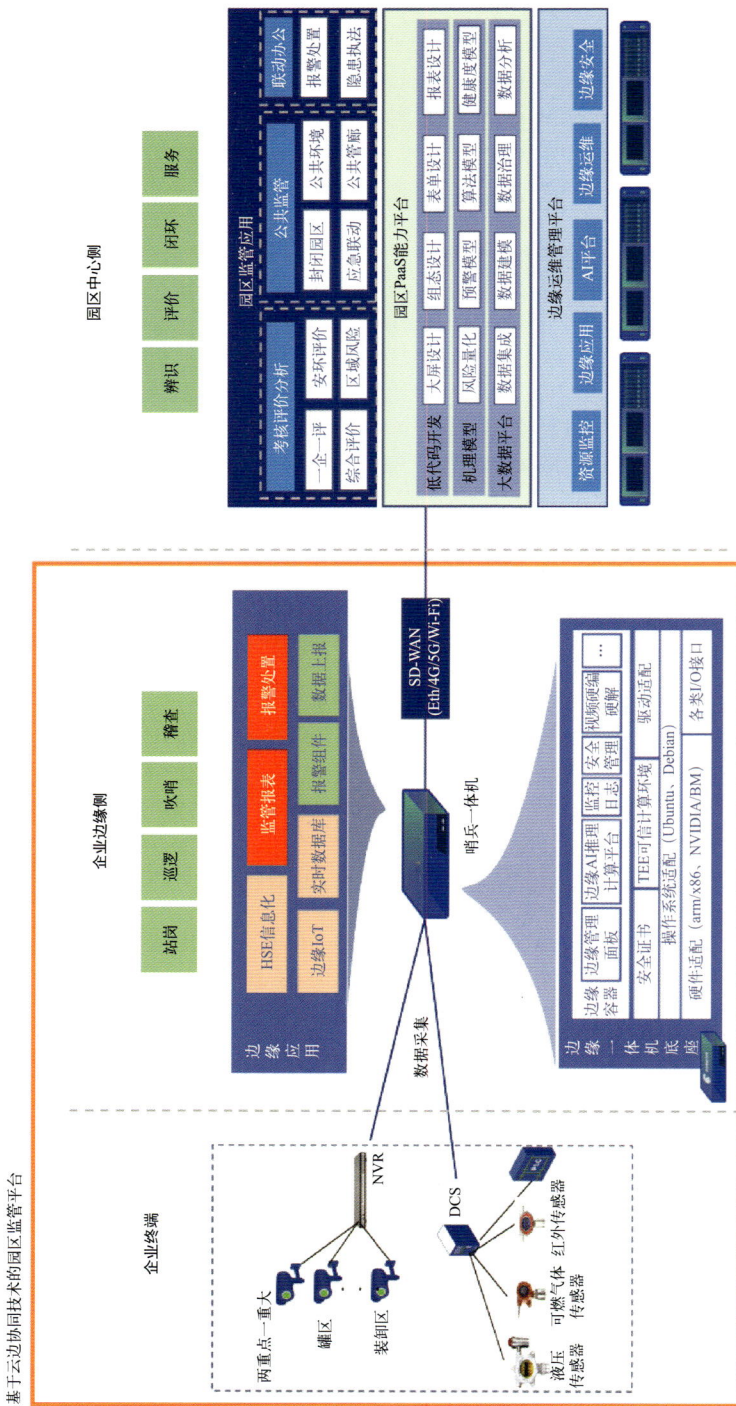

图 7-34 智能边缘计算平台

# 7.6.4 气云成像技术在园区运维中的应用

据应急管理部资料表明，2022—2024 年，尽管国家有关部门和企业在安全生产方面做了大量工作，但目前全国化工行业安全生产形势依然十分严峻，大大小小的安全事故不断发生。与国际先进企业相比，我国化工企业在过程安全、本质安全、智慧安全以及危害管理方面还存在不少短板，总结历史爆炸事故，绝大部分化工爆炸、起火事故都源于最初的泄漏。针对气体泄漏监测，传统方式采用定点式监测探头，局限性较强，能检测具体数值，但却无法查看泄漏气体的分布扩散情况。

在此情况下，大范围速扫的诞生，很好地弥补了这一短板（图 7-35）。大范围速扫又称气云成像系统（GCI），其利用专有的高光谱成像技术、独

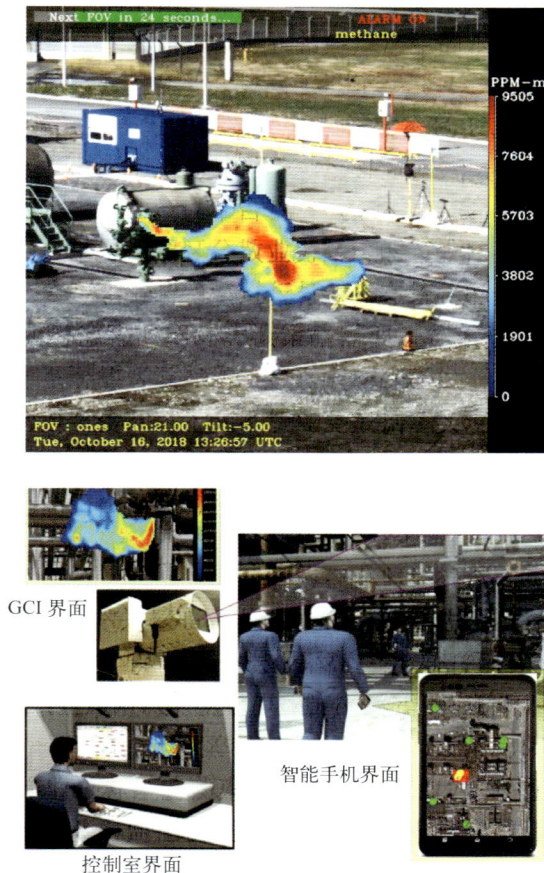

GCI 界面

控制室界面

智能手机界面

图 7-35 大范围速扫

创的探测算法，以及大数据存储与传输技术，是当今领先的商业化应用的全自动、全天候、可视化、大范围、数据化的智能在线立体式油气泄漏监测系统，可早期快速发现细小和零星的泄漏，并可定位泄漏源，测量泄漏气体体积及浓度，实时显示泄漏气体的羽流轨迹，并进行智能报警。

# 7.6.5　运维未来展望

随着人工智能技术的不断发展，AI 在化工园区监管中的应用将会越来越广泛，为化工园区的安全、环保、应急、高效管理提供有力支持。以下是在未来化工园区运维方面对一些 AI 应用场景的展望。

## （1）AI 与 AR 相结合的视频智能监控

AI 与 AR 的结合将使视频监控更加具象化（图 7-36），平台可集成 AR 标注工具，利用 AR 增强现实技术、数据接入组件，连接实时的生产数据和各类数据库。实现在查看视频的同时，将视频中的设备信息、关联的实时生产点位数据、监控数据、业务数据等进行实景标注，直观地将信息综合展示；同时，AI 还可以对监控数据进行智能分析，及时发现异常情况，提高监管效率，辅助用户进行报警研判。

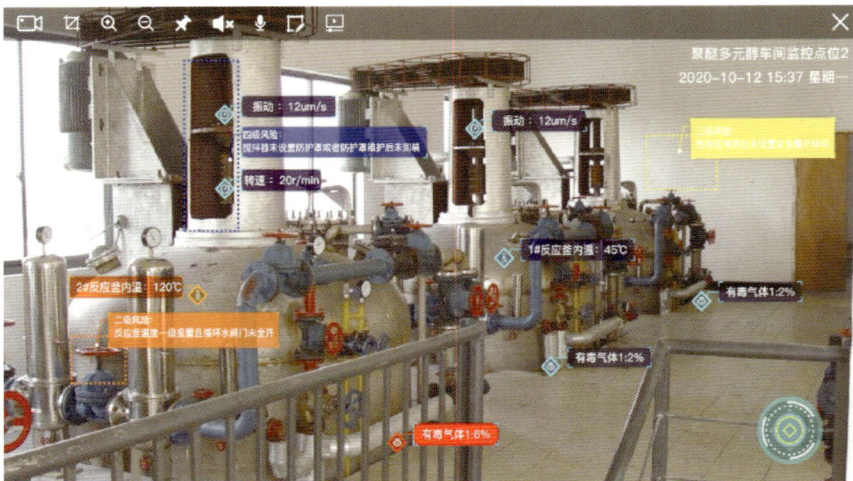

图 7-36　AI 与 AR 相结合的视频智能监控

## （2）物料智能检测

AI 可以通过化学分析、光谱分析等技术，对化工园区的各种气体、液

Construction and Management of
Smart Chemical Industry Park

体、固体等物质进行智能检测，实现快速、准确的检测结果。同时，AI还可以对检测数据进行智能分析，预测物质的变化趋势，为化工园区的安全生产提供有力支持。

### （3）深度学习和神经网络

深度学习是人工智能领域的重要技术，通过模拟人脑神经网络的工作原理，实现对大量数据的学习和模式识别。未来，深度学习和神经网络技术将继续发展，提高现有识别模型的准确性和泛化能力，真正实现技防代替人防，释放运维人员的工作精力，提升工作效率。

### （4）自然语言处理和语音识别

自然语言处理和语音识别技术将越来越普及，并在人机交互、智能助理、图像识别、语音识别等领域发挥重要作用。目前智慧园区平台系统接入的数据量以及功能比较庞大，而系统的使用效果过于依赖运营团队的人员素质和人员对系统的熟练程度，而人的工作状态往往是受环境影响而呈现波动，尤其是在应急情况下，运营人员容易出现失机难以保证发挥应有水平，从而影响系统平台发挥应有功能效果。未来，可以通过大模型深化在化工园区监管系统方面的应用，不断优化模型算法与训练，实现智能语音交互体验，给原有化工园区监管系统附加生命活力，使其成为"AI人"，以达到以语言交流代替烦琐的人工操作。即可以实现通过一句话查看系统中已有的任何信息，甚至是通过已有信息经过逻辑加工后的结果输出，大幅度提升系统平台的适用性。

### （5）智能融合通信

通过语音对话，融合通信系统可以实现自动拉回，就事故相关人员及救援人员形成线上临时救援指挥组，并共享事故区域所有视频、监测数据以及应急处置措施，辅助救援。

综上所述，化工园区监管方面的AI应用前景非常广阔，可以为化工园区的安全、环保、高效管理提供有力支持。未来随着技术的不断发展，AI在化工园区监管中的应用将会越来越广泛，为化工行业的发展带来更多的机遇和挑战。

# 第8章

# 智慧化工园区
# 发展趋势展望

Construction and Management of
**Smart Chemical Industry Park**

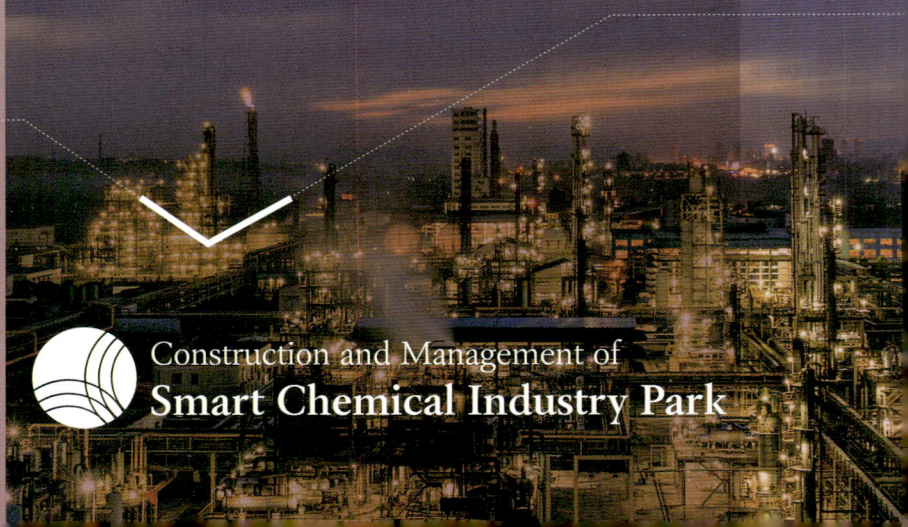

# 8.1 智慧化工园区建设展望

## 8.1.1 建设趋势

### （1）从人工手动录入到实时动态采集

受限于传感器技术的发展，当前既有化工园区系统的数据采集方式还比较传统，例如，在能耗监测领域，电、燃气、蒸汽等数据的录入还需要人工抄表，数据上送的及时性和真实性难以得到保障。随着计算机视觉、无人机、机器人等技术的普及，相信在未来化工园区各领域的数据获取将更加自动化智能化，更多地采用信息化技术实现实时采集、实时传输，多渠道汇集多领域数据信息，满足园区综合管理和服务的需要。

### （2）从被动监测预警到主动管理赋能

现有的智慧化工园区在数据监测预警领域往往只能实现越限告警的单一功能，并根据越限告警的幅度触发不同等级的告警。随着化工园区管理朝着精细化、科学化发展，这种简单直接的告警方式已经越来越无法满足管理人员的需要。一方面，现场传感器可能因为自身质量或维护原因产生误报，如果误报频率很高，将影响工作人员的正常监控。另一方面，企业在生产过程中的个别阶段可能出现短暂且正常的超温超压现象。现有的越限预警很难将这种正常情况下的越限告警与真实需要关注的故障告警信息进行区分。除此以外，个别异常情况有时并不会体现在单一数据的越限，而是正常阈值范围内的多项数据组合，而现有系统无法判别这一情况。在未来，随着数据采集更加全面，以及专业领域模型算法的不断涌现，针对监测预警的智能化功能将会在系统得到应用，可根据监测数值以及相关指标的变化，自动生成研判模型，在预告警发生时，帮助监控值守人员对告警现象进行预分析，并迅速提供分析结果，帮助工作人员做进一步研判。当系统运行时间较长，积累大量数据后，还可主动分析不同业务类型数据间的关联关系，甚至对数据的变化趋势进行预测，在安全生产风险管控、环境污染预警，以及应急指挥等方面均能发挥重要作用。

### （3）从多功能高配置到注重实际效果

国内智慧化工园区的建设工作其实还处于探索阶段，对自身的实际信息化需求，以及信息通信和仪器仪表技术所能达到的实际水平尚未有成熟的认识。随着管理单位在信息化建设领域的经验积累，以及标准规范的日益完善，智慧化工园区建设和运营管理规划将更加聚焦园区实际需求和实际成效。例如，在安全生产领域更清晰地明确人防和技防的使用场景，不再简单地追求自动化、智能化，而是对技防的效果有合理的预期，如果判断效果无法达到要求，则继续沿用已有的人防管理方式，提高资金使用效率，控制不必要的成本支出。

### （4）从静态业务功能到迭代升级演进

针对传统智慧化工园区项目交付后功能固化的问题，今后的项目建设一方面要提前对园区智慧化做好规划，另一方面要更加重视系统软件平台的扩展升级能力，通过增加可配置开放性方面的要求，使得小规模、低成本的升级迭代成为可能。当系统运营一段时间后，管理单位和运营单位的工作人员，可以根据自身实际需求，以及国家部委相关标准的变化，在短时间内对系统进行优化和修改。一方面让系统保持良好的易用性，另一方面紧跟国家最新规范要求，保障系统的实用性，不仅能够提高系统的使用率，还能够延长系统的使用寿命。

### （5）从系统数据互通到全局数据互通

为了扩展智慧化工园区系统的数据来源，为更多智能化应用积累数据基础，同时避免增加企业的数据填报负担，智慧化工园区系统在规划建设阶段，将更加注重与上级政府和园区企业相关业务系统的互联互通。例如，在安全生产领域，可尝试对接企业双重预防、二道门、人员定位等系统，获取企业风险管控、隐患排查、生产区域人员出入和定位数据。在环境监测领域，可尝试对接上级主管部门的环境质量监测、危险废弃物管理、污染物排放监测、污染物排放总量控制、刷卡排污等系统，通过获取这些系统数据，能够更为全面地了解园区环境质量和污染物排放情况，同时还能适当减少环保领域功能相对重合的软硬件建设投入，可谓一举多得。

### （6）从建设验收交付到长期运营管理

鉴于过去重建设、轻运营所带来的种种问题，化工园区在设计和建设阶段，就要对后期的运营管理工作进行规划。明确系统的使用主体和操作规范，问题故障的处理流程，运维管理的工作规范等。这样，在系统交付后，才能保证表单数据能够得到及时更新、告警信息能够得到及时处理、硬件设备能够运行在良好状态。总而言之，良好的运营管理工作是系统得到有效地使用，达到设计目标的有力保障。智慧园区系统的供应商在完成系统交付的中后期，将会与业主单位合作成立运营管理单位，主持运营管理的职责规划、人员培训、材料编制等工作。

### （7）从满足监管要求到提升服务能力

为保障国内化工产业和园区的高质量发展，智慧化工园区系统将不再只满足园区监管要求，还需要更多地为园区和企业在管理、运营和经营发展等方面提供服务能力，通过线上线下结合的方式在安全生产管理、生态环境保护、产业发展规划、二氧化碳减排等领域为园区和企业提供服务支撑。智慧化工园区系统不仅侧重风险管控，还需要进一步延伸到为企业提供全流程服务，促进企业高质量发展。园区和企业的外聘专家可在授权情况下，调取智慧园区系统积累的相关历史数据，从而对园企当前面临的问题进行更为精确的诊断。此外，智慧园区系统的运营单位还可自行外聘专家，通过对各类型管理和监测预警数据的分析，定期出具研究报告，为园区领导的管理决策提供科学依据。

### （8）从满足管理单位到服务各方用户

现有的智慧化工园区系统用户主要是园区管理单位，其作为出资建设单位，对园区系统的拥有绝对的所有权和使用权，但从最大化发挥智慧园区系统价值的角度，其使用者和受益方还应该扩展至园区各相关单位。例如，有的新入园企业尚未建设完善的安全管理系统，则可考虑直接使用园区系统承担相关功能。一方面，在将数据共享至园区的同时，减少了企业自身的信息化投资，达到了双赢的效果；另一方面，为园区和企业服务的环保管家、安全管家也可以通过智慧园区系统查询企业数据，了解企业情况。

### （9）从能源管理到碳排放管理的转变

智慧能源的动力引擎是科技创新，化工园区智慧能源管理的建设和服务是智慧能源技术成果典型的应用场景和示范。因此，化工园区亟须通过集成物联网、大数据、人工智能和云计算等先进技术，对园区内各类设备和能源消耗进行实时监测、分析和管理，实现能源利用的智能化控制。通过智慧能源管理系统，自动调节能源供应和需求之间的平衡，提高能源利用效率，降低能源消耗和浪费，减少对有限能源的需求，从而降低了环境污染和碳排放。为园区带来经济效益的同时降低能源成本，促进园区的可持续发展。

未来园区能源管理的发展可利用新一代信息化技术构建多种类型能源互联网络，实现"电、热、冷、气、水"横向多源互补，纵向"源—网—荷—储"多方协调，从而实现整个能源网络的清洁低碳与安全高效，推动整个能源产业的提质升级，响应国家"双碳"建设，减少能源浪费和碳排放，提升化工园区的社会责任与形象。

# 8.1.2 管理要求

### （1）推动多方参与建设

首先，推动政府信息系统和公共数据互联开放共享，引导研究机构、行业组织、生产企业服务机构等各方参与智慧化工园区建设，鼓励专门为化工企业、化工园区提供信息化服务的企业业务发展，激发各方参与智慧化工园区建设积极性。其次，鼓励在其他领域有过成熟信息化技术应用的企业向化工行业延伸，特别重视军民融合技术，如系统集成、卫星遥感等高端技术在化工行业的应用，为园区创造新的经济增长点。最后，探索建立政府扶持资金引导、市场化运作的投资服务体系，引导股权投资、创业投资等各类民间资本为智慧化工园区建设提供资金支持，解决智慧园区建设及改造成本过高问题。

### （2）鼓励多方数据共享

为提升园区服务能力，有效履行监管职责，同时避免形成"信息孤岛"及信息化领域的重复建设，应出台相关指导建议，鼓励当地政府、园区、企业三方共享智慧化工园区相关业务数据。重点包括企业安全生产、环境监测、应急资源、能源消耗、经济运行等领域。除此以外，还应对数据共享的内容、格式、接口等予以规范，围绕智慧化工园区形成统一的数据共享标准，从而提升各系统间数据对接工作的效率。同时，深化各垂直条线之间的横向数据共享，打通数据壁垒，深化国垂、省垂相关系统的衔接和功能复用，实现国家、省、市、县、园区、企业"六级"上下贯通，全面提升化工园区、化工企业数字化智能化管控水平。

### （3）助力新兴技术落地

安排专项项目资金，鼓励有条件的园区先行先试，从自身实际需求出发，开展新兴技术在园区的落地。尝试新一代仪器仪表、信息通信、行业机理模型等各领域先进技术，针对国内化工园区在安全生产、环境保护、节能减排等领域面临的实际挑战，为场景找技术，创新解决方案，探索国内智慧化工园区高质量可持续发展道路。

### （4）打造标杆园区样板

根据前期化工园区智慧化评价结果，对国内化工园区进行综合排名和分项排名。对于排名靠前的化工园区，可列为国内智慧化工园区优秀样板，鼓励其分享成功经验。面向国内其他园区介绍其针对自身发展过程中面临的各项挑战，如何利用信息化、智慧化手段解决当前难题，寻找破局之道，以及在建设和运营过程中的成功经验和注意事项。帮助其余化工园区找差距、找弱项、查缺补漏，实现国内智慧化工园区建设运营水平的整体跃升。

### （5）发展园区服务生态

为尽快提升化工园区管理运营的专业化、科学化水平，充分发挥信息化智慧化带来的建设成果，协助化工园区管理单位聚焦完善本职工作，获取外部专业化能力支撑，应支持外部专业机构积极参与化工园区服务支撑工作，整合供应商、服务商、安全管家、环保管家、能源管理、行业专家等各领域机构单位和市场主体，形成以园区管理单位为核心、专业化服务为支撑、智慧化信息系统为平台的化工园区服务生态。

### （6）培养数字化智能化人才

积极推进化工园区与院校、协会等打造工业互联网人才培训基地，为数字技术及数字经济培养最具有现代工业技术智能，又能掌握工业互联网人工智能大数据等新一代技术，信息技术同时兼具工匠精神的高端人才，为产业数字化，网络化，智能化发展提供根本保障。

# 8.2 智慧化工园区适用技术展望

智慧化工园区建设主要涉及 5G、云计算、物联网、大数据、人工智能、移动互联网、大模型、地理信息系统、融合通信和增强现实 / 虚拟现实等方面的技术，是这些技术在安全生产、环境管理和应急管理等业务场景的深度应用。业务关键技术主要有安全风险在线监测预警和智能化管控、环境质量和污染源监测监控技术、环境溯源分析技术、危险化学品运输车辆动态监控技术和能耗预警技术等。

## 8.2.1　5G

以 5G 为代表的新一代信息技术加速融入生产各环节，推动生产设备广泛链接、生产流程优化重塑、生产管理高效协同，大大激发数字化生产潜力，打破传统生产模式，提高资源配置效率和生产质量。

5G 支撑园区管理智能化转型升级。一是依托 5G 网络大带宽、低时延、高可靠特性，与人工智能、云计算、大数据等数字技术在视觉检测、远程协作、智能巡检、远程运维等应用场景深入融合，助力制造业企业提质增效。如 5G+ 视频分析提升人的不安全行为、物的不安全状态以及环境的不安全因素识别的效率、准确率及检测精度，并结合人工智能算法和采集数据不断提升模型的鲁棒性，提高视频分析标准化水平。5G+ 远程协作可基于 AR 眼镜实现跨地域、实景式交互，专家可通过现场实时画面远程指导现场人员进行设备的安装、检查、诊断和维修工作，有效提高设备维修和辅助装配的工作效率。目前这些应用已在制造企业形成规模化发展态势，产业各方积极推动相关技术产品、解决方案标准化、规模化推广。二是通过 5G 网络对园区管理要素进行广泛链接，对园区数据进行全面采集，打破信息交互壁垒，充分发挥数据要素价值，构建数据驱动的新型生产范式，实现生产柔性化、智能化升级。如 5G+ 智慧化工园区依托 5G 网络推动园区办公、安全环保管理、监控预警、工业控制等网络互通，实现 IT 和 OT 深度融合，激活各环节、各设备的生产数据潜力，驱动生产制造流程持续改进和提升，为企业精细化管理、精准化决策提供支持。

5G 带动安全环保管理模式创新，推动化工园区高质量发展。通过将巡检机器人、无人机等移动化智能化设备接入 5G 网络，代替巡检人员巡逻值守，将回传的声音、图片、视频等信息传输至巡检系统进行智能识别和分析，有效提升巡检效率和准确率，降低巡检人员安全风险和人力成本。如传统化工装置安全环保巡检主要依靠人力监测，作业安全风险高，利用 5G+ 无人机、5G+ 机器人可实现化工企业巡检少人化、无人化和智能化，在巡检过程中对设备状态、环境安全、人员行为进行实时监测和预警，将"事后"追踪转变为"事前"预警和"事中"告警，提高巡检效率和灵活性，降低人工误差和事故风险。

## 8.2.2　云计算

数字中国建设持续加强，云计算作为数字时代推进中国式现代化的重要

Construction and Management of
Smart Chemical Industry Park

引擎技术之一，成为构筑国家竞争新优势的关键技术底座。随着云计算技术在数字化转型中的不断内生，以及云计算作用逐渐在从数字化技术底座向数字世界操作系统的演进中得以深化，将在支撑实体经济发展、社会生产力变革、精神文明需求等国家综合实力要素方面持续发挥重要作用

战略上，全球主要国家云计算谋篇布局将更加深入。随着中美两国数字战略的持续升级，欧洲、亚洲的主要国家也纷纷提升数字战略布局。在数字经济全球大势之下，云计算的战略意义被以美国为首的主要国家提升至前所未有的高度，其战略内涵从增加机构运行效率升至增加国家综合实力，成为"兵家必争之地"。未来，随着全社会数字化速率的非线性抬升，云计算将经历一场自上而下的战略深化，各国将持续释放云计算政策红利，海内外头部云厂商将从前瞻性技术、应用能力、生态运化等多维度加速云计算全球化布局，云计算市场将开启第二增长曲线。

路径上，我国云计算发展"以终为始"，将更加关注对用户的实际赋能水平。经过十余年的发展，云计算本质已经发生根本改变：实现了由最初虚拟化技术向数字世界操作系统转变，完成了从以服务和资源交付向云原生化价值赋能的升华。云计算已经越过了以技术为核心，需求向下满足供给的发展阶段，走向以应用为核心，供给向上满足需求的发展阶段。未来，云计算技术的关注点将持续上移，松耦合、可组装、易操作的应用现代化能力将成为关注重点；云计算的发展重心将从上云走向用云管云，成本优化、系统稳定性云原生安全将成为发展要点；云计算的兼容能力将会愈发提升，一云多芯、一云多态将支撑云计算更好更快地适应于复杂的应用场景和业务需求；云计算 SaaS 服务生态不断丰富，将更加关注垂直行业 SaaS 服务能力，持续赋能中小企业数字化转型。

价值上，云计算作为向下打通算力使用新方式、向上实现应用能力现代化的关键技术，将对社会发展发挥更强更深的作用。当前，云计算作为数字经济的技术底座，对企业数字化转型持续发挥动能，如何无感知地面向用户提供多样化、可组装、易操作的现代化应用能力已经成为技术供给的重要目标，云原生的统一调度分发服务能力、多维应用部署等能力正在为大规模算力供给提供持续便利。未来，在东数西算、边缘计算、大模型计算等关键场景的计算需求下，实现跨架构、跨服务商、跨地域的异构算力资源接入、感知、调度变为刚需，利用云计算实现资源接入与一体化调度将成为算力互联互通的重要实现手段，为社会发展持续提供新型生产力资源池。

模式上，云计算将深度融合算力服务，推动数字经济高质量发展。随着人工智能发展步入大模型时代，智能驾驶、全真互联等应用场景加速创新，

打通异构算力壁垒、提供高质量确定性网络的算力发展需要正在从架构、技术、模式等方面冲击现有算力服务。而云计算技术和理念正成为算力服务发展的解决方案之一，推动算力服务向以数据为中心转化，促进关键技术创新升级，重塑供需对接商业模式，为算力产业发展提供多维保障。未来，云计算将与算力服务深度融合，其对屏蔽资源异构性，提供算力服务统一分发资源池，实现一体化感知、汇聚、调度、计量的模式价值将愈加凸显，数字经济乘数效应将在二者融合创新中不断放大。

云计算在化工园区内的应用，可以对物联网、GIS 提供强有力的支撑，可以使其更加庞大，信息更加全面。云计算应用于化工园区管理方案，国内已有过相应的探讨，通过在 IaaS 虚拟服务器中部署各类数据库，以实现各数据库安全访问；结合 PaaS 的数据库访问控制及交换服务，可以整合数据库资源，建立各类数据间联系；另外，通过 SaaS 的软件开发，可以建立其他智慧管理方案。具体到云计算平台的搭建方式，以下两类具备较高的可行性。一是在化工园区内由运营维护单位建立专门的私有云平台，该平台只供化工园区使用，且由化工园区进行运维。此平台对安全性的要求较低，但可以保证数据直接存放于化工园区内，方便调取。二是直接租赁大型云平台中心的计算资源，由平台中心服务商直接提供相关服务。该平台直接由平台服务商进行维护，具有较高的安全性能，但平台实际储存于化工园区之外。

# 8.2.3　物联网

物联网指的是在物品与物品之间实现信息交换及通信，以嵌入式智能技术、短距离通信技术、微机电技术为基础的物联网技术是"智慧园区"及园区智慧建设的核心技术。通过一些先进的感知及信息传输处理技术，如：RFID、WSN、云计算、传感器等，可以在园区安全生产、信息化管理、生态节能控制、配套管理等领域建立物联网，实现相关对象的实时监控与管理，有利于管理操作的精细化与智能化。物联网可以对园区内配套公共设施的使用情况进行监测，提醒管理人员进行重点维护，达到节省人力资源的目的。园区安全、环保、应急、封闭化、运输车辆和能源管理中大量数据的采集接入使用的是该技术。物联网在园区配套的运维上有很大的潜力，为化工区打造一张泛感知的神经物联网络，实现化工园区的智慧万物互联。

## 8.2.4　大数据

大数据又称巨量资料，是指数据资料量规模巨大到无法通过人脑甚至主流软件工具，在合理时间内达到撷取、管理、处理，并整理成为帮助企业经营决策等更积极目的的资讯。大数据具备 volume、velocity、variety 和 value 四个特征，简称为"4V"，即数据体量巨大、处理速度快、数据类型繁多和价值密度低。智慧化工园区平台深度挖掘各类数据资源和标准化治理，以园区管理和智慧化应用为导向实现多样的智慧园区应用，构建"人、车、事件"并轨融合分析的全息园区大数据智能化应用体系。实现人、车、物等要素并轨分析和规律精准刻画、管控要素的异常分析、各类要素和风险的精准预测预警预知预防。

## 8.2.5　AI 技术

我国人工智能技术和产业已经取得了长足的发展，"十四五"期间，人工智能技术创新将进一步加快，产业规模持续扩大，已经涌现出一批发展潜力大的优质企业和产业集群，成为引领经济高质量发展的重要引擎。

追求技术创新、聚焦工程实践、确保可信安全逐渐成为未来人工智能发展的重要方向。回顾近十年的人工智能发展历程，不难发现技术创新与工程实践相辅相成，算法和算力突破后带动了工具体系的发展，工具的成熟进一步又支撑了技术落地应用。当前，人工智能已广泛应用于人们日常生产、生活的方方面面，对其安全可信品质的需要已经提升到前所未有的高度，推动人工智能可靠可控地发展成为全球共识。

一是在新技术不断探索的同时，更加注重通过工程化的方式释放技术红利，并且确保安全可信。人工智能企业能否快速赋能各行各业，响应多样化需求，其关键因素在于企业的工程化能力。同时，安全可信技术的需求越发重要，当前围绕着数据保护已经催生了大量从事隐私计算技术的企业，未来围绕着人工智能稳定性、公平性等方面的技术也将会形成重要的力量。

二是在产业智能化进程中，传统行业的参与程度将越来越深入，甚至会主导整个产业的发展进程。产业发展重心已经开始从"人工智能+"向"+人工智能"转变，随着传统行业数字化进程的提升，将提供海量的数据和丰富的应用场景，为人工智能的应用打开新的空间。这些传统行业或领域中，人工智能渗透率更高的机构将会向整个领域内其他机构输出人工智能相关解决方案。

三是人工智能治理工作将越发关键，事关人工智能持续健康发展，统筹治理和发展成为必需。治理工作不仅切实关系到人工智能日常应用问题，也已上升为国际竞争与合作的重要议题。面临世界各国各地区不同文化背景、不同发展程度，如何有效地开展人工智能治理实践是重要的挑战。我国政府、行业组织、企业等已在人工智能治理方面率先开始探索，将安全可信的理念融入人工智能的全生命周期中，未来也将涌现出更多的实践范式。

在自学习的过程中，智慧化工园区需要与外界环境交互，从工业生产等行为中获取信息、挖掘模式，并进行自身的调整。智慧化的工业生产不再停留在人为设置的阶段，而是会像人一样自动感知工业生产的全过程，从中自发地提取出可用的信息，通过基于大数据分析技术的智慧化工园区大脑将所有系统变成一个整体，各系统间能智慧有机地协同联动。园区利用视频 AI 智能分析技术，实现对企业中控室无人值守、安全帽佩戴、重要区域/危险区滞留、人员倒地、人员跑动等情况实时监测分析，出现违规或异常情况及时留证备查。在智慧化工园区的建设中，深度强化学习基于前期的深度挖掘成果，能对环境、经济、用户体验等各方面出现的各类复杂问题进行快速建模，完成园区智能从基础的数据采集与展示，向敏锐感知、深度洞察与实时综合决策的智慧化阶段发展。

# 8.2.6　移动互联网技术

移动互联网是指移动通信终端与互联网相结合成为一体，是用户使用手机、平板电脑（Pad）或其他无线终端设备，通过速率较高的移动网络，在移动状态下（如在坐地铁、公交车等）随时、随地访问 Internet 以获取信息，使用智慧化工园区平台的各类业务服务。通过移动互联网，人们可以使用手机、平板电脑等移动终端设备实时掌握化工园区安全生产和生态环境综合态势信息以及视频监控信息，还可以使用各种移动互联网应用，例如，安全生产、环境管理、应急管理、封闭化管理、运输车辆管理、能源管理、办公管理和公共服务等。

# 8.2.7　大模型技术

大模型技术，通常指的是机器学习和人工智能领域中的"大型模型"，特别是指在自然语言处理（NLP）任务中所使用的大型预训练语言模型，这类模型因为有大量的参数、巨大的数据集进行训练以及其强大的处理能力和多功能性而被称为"大模型"。这一技术可以在智慧化工园区应急管理中发挥重要作用，尤其在应急准备、应急决策指挥、事后分析总结方面。

在应急准备阶段，大模型技术可以帮助化工园区管理者进行风险评估和预案设计。通过模拟工业过程和潜在的危险情景，大模型能够预测可能发生的事故类型、可能的影响范围以及可能导致的损害程度。这些信息对于制定针对性的应急预案和避免或减轻灾害损失至关重要。例如，结合气象数据、物料特性及工艺流程等信息，大模型技术能够预测化学泄漏在不同天气条件下的扩散趋势，帮助园区管理者优化撤离路线和应急资源配置。

在应急决策指挥阶段，大模型技术可实时分析事故发展态势，提供动态的决策支持。在事故发生后，基于实时数据的大模型能够快速评估事故影响，预测后续可能出现的风险，并提供应对措施建议。借助于这种技术，应急指挥人员能够快速做出科学决策，如何进行人员疏散、派遣应急响应小组、使用何种物质和设备控制事故等。

在应急事后分析和总结阶段，大模型可通过对事故发生的模拟和重建，分析事故原因、影响和应对过程的有效性，为园区决策者提供应急优化建议，从而不断优化应急预案和提高应急管理能力。

预计未来，大模型技术还将与更多前沿技术相结合，如增强现实、虚拟现实等，为应急管理提供更加直观和高效的工具，为智慧化工园区的持续安全和可持续发展提供有力支撑。

# 8.2.8　地理信息系统技术

地理信息系统（GIS）是在采集部分或整个地球表层（包括大气层）空间地理信息数据的基础上，对地理信息数据进行储存、管理、模拟及运算分析等操作的空间信息系统。园区中 GIS 的应用主要以 GIS 与空间分析及建模技术的结合为主。近来，GIS 技术正在研究如何将 GIS 与空间及建模技术结合，以便更深地挖掘 GIS 技术的应用。目前这种结合主要分为两种思路：一种思路是将 GIS 作为大数据环境系统，需要如更精确数据搜集与分析技术结合，提高 GIS 对空间对象地理信息数据的归纳、统计及分析。另一种思路则认为 GIS 作为空间地理信息系统，需与空间模型技术结合，建立一体化地理信息模型，提高 GIS 的直观性，方便 GIS 在更强理论环境中进行模拟。针对园区建设的应用，可以通过应用 GIS 与建模技术的结合，在园区智慧建设管理上提供以下几个方面的辅助功能：园区空间结构规划；园区交通规划；园区内在建工程分析；园区内空气质量区域分析；园区内质量问题多发区的分布等。

## 8.2.9　融合通信技术

融合通信技术是一种集成了语音、视频、数据和移动通信等多种通信方式的技术，它可以提供一个统一的通信平台，使得不同设备和系统之间能够高效、无缝地交换信息。在智慧化工园区的应急管理中，融合通信技术的应用至关重要，因为化工事故往往涉及多个部门和单位的协同工作，信息的实时共享对于有效应对紧急情况至关重要。

在应急调度指挥中，融合通信技术可以实现指挥中心与现场指挥员、救援队伍之间的实时语音和数据通信。通过一个集中的指挥平台，可以协调不同任务组、监控救援进展，并根据实际情况迅速调整策略。例如，对于火灾等紧急情况，指挥中心可以通过融合通信系统迅速地向现场应急队伍传达指令，同时接收来自现场的反馈，以及监控设备和传感器提供的实时数据。

现场实时监测数据或视频回传是融合通信技术在智慧化工园区中应用的另一个重要方面。通过补充部署移动式监测传感器和视频监控设备，可以实时精准检测化学物质的泄漏、温度变化等关键指标，回传事故现场清晰画面。融合通信技术使得这些监测数据可以即时传输到指挥中心和相关部门，使得决策者可以基于准确的信息做出迅速反应，及时采取措施以防止潜在的安全事故。

融合通信技术还可以支持移动终端的接入，如智能手机、平板电脑等设备，这些设备可以通过专用的应用软件接收警报通知、查看实时数据和获取最新指令。这种移动性大大增强了应急响应的灵活性，应急人员在离开指挥中心的情况下，也能及时了解情况并做出响应。

随着 5G 通信技术的普及，低延迟和高可靠性的网络将使得远程控制和自动化响应系统更加高效，为化工园区应急指挥中的快速决策和协调提供强有力的技术支撑。

## 8.2.10　增强现实 / 虚拟现实（AR/VR）

增强现实（AR）和虚拟现实（VR）技术是近年来快速发展的计算机仿真系统领域中的两个重要分支。它们通过与高级计算机视觉、图像处理和感知技术相结合，为用户提供了沉浸式的视觉和听觉体验，这一点在智慧化工园区的应急管理领域具有重要的应用潜力。

① 增强现实技术　是一种在现实世界的场景中叠加虚拟信息的技术。这种技术可以通过手机、平板电脑或专用 AR 眼镜等设备实现，将计算机生

成的图像、文字、音频和视频等信息叠加到用户的现实世界中。在应急管理中，AR 技术可被用来为应急人员提供实时的场景信息，如显示化学品泄漏源头的位置、风险区域的边界、安全通道的指引等，从而帮助应急人员快速理解复杂情境，做出迅速且准确的决策。

② 虚拟现实技术　通过头戴设备或全身追踪装备，将用户完全置于一个计算机生成的虚拟环境中。与 AR 不同，VR 提供的是一种完全从现实世界隔离出来的虚拟体验。在智慧化工园区的应急管理培训中，VR 技术能够创建真实的化工事故模拟环境，让应急人员在没有风险的条件下，进行事故应对、紧急疏散、救援操作等训练。这样的模拟训练不仅成本效益高，而且可以提供各种意想不到的紧急情境，以此提高应急人员的实战能力和心理承受力。

在实际的应急实战指挥中，AR 和 VR 技术可以相互补充使用。例如，实时 AR 视觉辅助可以帮助指挥中心的工作人员远程查看现场情况，并通过虚拟标记或指示向现场应急人员提供精确指导。同时，通过 VR 技术模拟的虚拟化工园区环境，可以帮助指挥人员提前规划最佳的应急响应路径，甚至在紧急状况发生前进行多次演练，确保每一步的应对措施都经过精心设计，减少在实际操作中可能出现的错误。

此外，借助于这些技术，智慧化工园区还可以构建一个全方位的应急管理系统，该系统能够集成实时监控数据、历史事故案例、应急预案等信息源，通过虚拟现实技术为决策者提供一个直观的操作界面，大大提升应急管理的效率和效果。

AR/VR 在智慧化工园区的应急管理中扮演着越来越关键的角色。难点在于将这些技术与现场操作无缝集成，保证技术的实时性和准确性。为了克服这些挑战，研究人员和开发者正努力提高数据处理速度，精确地整合传感器信息，并优化用户接口以提升用户体验。未来发展趋势将朝着实时数据分析和智能决策支持系统的方向发展，这将极大地提高应急响应的速度和有效性。预计 AR/VR 将在智慧化工园区的应急管理中得到更广泛的应用。

# 8.2.11　边缘计算技术

边缘计算是指在靠近物或数据源头的一侧，采用网络、计算、存储、应用核心能力为一体的开放平台，就近提供最近端服务。其应用程序在边缘侧发起，产生更快的网络服务响应，满足行业在实时业务、应用智能、安全与隐私保护等方面的基本需求。传统云端集中化的数据中心，因为距离终端设备和用户较远，数据往返延时大，网络拥塞等问题较为明显，边缘计算完美地解决了这些问题。

园区将接入的摄像头监控数据接入边缘计算服务器，将各种视频分析算法下沉到边缘服务器。摄像头采集到的视频流可以直接到达位于边缘服务器中的视频分析算法中，边缘视频分析算法可对视频流直接进行处理，有效提高了视频监控的分析能力和监管时效。

## 8.2.12 安全风险在线监测预警和智能化管控技术

针对安全生产风险管控困难的核心痛点，基于 AI、云计算、大数据等信息技术和化工本质安全技术的深度融合，创新风险管控评估体系，将生产过程中的监测监控设备、DCS、PLC、ERP 等系统在物联网的框架下进行整合，结合工业互联网、物联网、智能分析等技术形成"智能设备＋算法模型＋技术平台""工业互联网＋安全生产"等关键技术和设备，解决企业重大危险源、重点监管工艺、重点监管危化品装置的关键工艺参数的快速感知、实时监测、超前预警及应急联动处置的难题，实现安全生产管理的长效机制，达到人防、技防、物防的有机统一，保障我国化工产业可持续发展。

## 8.2.13 环境质量和污染源监测监控技术

园区通过实时采集环境质量、污染源、环保设施等信息，构建涵盖水、气、声、固、土、生态、气象等要素的全方位、多层次、全覆盖的生态环境监测网络，实现生态环境全面监测、及时预警、精准溯源、系统评价、智慧管理、科学治理。园区通过打造"测—评—溯—管—治"智能化动态闭环环保监管体系，以更加精细和动态的方式实现环境管理中的"智慧决策"，从而构筑"感知测量更透彻、互联互通更可靠、智能应用更深入、线上线下更畅通"的"智慧环境"物联网体系，实现环境监管智慧化、精细化、规范化水平，提高环境管理效能。使化工园区环境保护走向精准治污、科学治污、依法治污，助力化工园区环境全面改善。

## 8.2.14 大气污染溯源技术

利用园区各类监控预警数据、气象数据，建设园区、企业特征因子库，对园区环境质量监测数据实现实时跟踪溯源。当园区出现有毒有害气体异常释放事件时，根据各个监测站点监测到的数据信息和气象数据信息，在模型中输入主要的数量值（包括实时源项、气象等数据），便可通过扩散分析模型，输出可能性最大的有毒有害气体扩散预测结果，输出扩散覆盖的最大空间范围（最远距离）以及污染物质将在何时到达最近的居民区或其他环境敏感区等内容快速模拟出来。

## 8.2.15　危险化学品运输车辆动态监控技术

基于危险化学品运输车辆实时定位数据，掌握园区内危险化学品运输车辆的位置、行驶路线等实时动态，借助视频智能分析、测速和车辆定位数据，智能识别危险化学品运输车辆超速、违停、不按车道或不按时段通行等不安全行为。支持轨迹回放、不安全驾驶行为报警、车辆运行数据统计等功能。

## 8.2.16　能耗预警技术

对企业对标等节能工作进展进行监控，对企业能耗即将超过配置定额的情况进行预警，对在线监测设备状态进行监控，实现节能进展预警报警、企业用能超标预警报警、监测设备故障报警等功能。

随着信息技术的快速发展，智慧化工园区的建设与发展正日益倚重于前沿技术的融合和应用，未来的趋势将会更加侧重于利用高新技术提升应急响应的速度和效率，保障人员安全和环境保护，以及减少经济损失。

## 8.2.17　应急机器人装备

应急机器人装备正日益成为推动智慧化工园区应急管理创新的核心力量。在危险化学品生产、存储和运输过程中，一旦发生泄漏、火灾、爆炸等突发事件，传统的应急响应方式存在着诸多限制，比如人力救援的安全性和效率问题。应急机器人装备拥有环境自适应、多源信息融合、任务策略智能规划、自主智能侦查搜索等特点，可在高风险环境中执行侦查、监测、抢修和物资运输等任务，减少人员直接暴露在危险环境中的风险。

目前应急机器人装备有以下种类。

① 侦查与监测机器人　这类设备能够进入高风险区域，进行环境监测和数据收集。它们装备有传感器和摄像头，能够检测有毒气体、核辐射水

平、温度和压力等关键指标，实时将数据传回控制中心。

② 灾害评估无人机　无人机能够快速飞入事故现场上空，获取高分辨率的影像资料，帮助指挥中心评估灾害情况，判断安全区域和危险区域，指导地面救援力量有效部署。

③ 应急干预机器人　这些机器人具有执行特定任务的能力，如使用水枪灭火、喷洒中和剂、堵漏和拆弹。它们通常由遥控操作，可以在极端环境中工作，如火场、化学品泄漏现场等。

④ 物资运输无人车　在应急响应过程中，快速有效的物资供应至关重要。远程控制的无人运输车辆可以在危险区域内运输救援物资，如水源、泡沫、医疗包，甚至是机器人需要的电源模块。

应急机器人装备在化工园区应急指挥可发挥以下作用。

① 核辐射泄漏响应　在发生核事故时，侦查与监测机器人首先被派遣至现场进行辐射水平检测，确保人员不会进入高辐射区域。在获取足够信息后，应急干预机器人能够进一步执行密封泄漏源、清除污染物等操作。

② 化学品泄漏处置　一旦发生有毒有害物质泄漏，传统人员接近现场的风险极高。此时，无人机可以迅速飞到泄漏点上方进行监测，而应急干预机器人可以执行泄漏点的封堵作业，降低人员伤害的风险。

③ 火灾救援　对于化工园区中的火灾，无人机能够通过热成像摄像头迅速识别火源位置，而装备有水枪或泡沫喷射系统的应急干预机器人则可以进入高温区域进行灭火作业，避免消防人员直接暴露在危险之中。

应急机器人装备在智慧化工园区中发挥着日益重要的角色，但目前在实际应用中也存在诸多挑战，比如机器人的自主决策能力、环境适应性、远程操作的实时性以及安全性等问题仍需突破。未来发展趋势指向机器人智能化水平的提升，包括更精准的传感器、更强的数据处理能力和更灵活的机动性。此外，机器人与物联网、大数据、人工智能的结合将使得应急响应更为迅速和有效，提高化工园区在面对紧急情况时的应变能力。

值得期待的是，我国相关部门已经制定加快应急机器人发展的指导意见，突破无人机、机器人等装备集群协同作业关键技术，以及人机协同作业技术，加强云计算、人工智能、大数据等在应急机器人中的创新应用，提升机器人智能化水平。未来，我们可以预见到一个由高度智能化的机器人装备与人类应急响应团队协同组成的应急管理网络，在灾害和紧急情况下为人员安全和环保提供坚实的技术支撑。

总体看来，随着新一代仪器仪表、信息通信、行业机理模型等各领域技术发展，随着大数据、云计算、人工智能等前沿技术的不断成熟与融合应用，园区的智慧化程度将持续提升，为场景找技术，创新解决方案，是智慧化工园区适用技术的发展趋势。化工园区智慧应用边界也将不断拓展，最终构建起一个全方位、多层次、立体化的智慧生态系统。展望未来，智慧化园区建设必将深刻改变化工园区的现有管理和运营模式，成为推动园区发展、提升园区竞争力的重要力量。

# 附录

Construction and Management of
**Smart Chemical Industry Park**

# 附录1
# 智慧化工园区部分相关政策

① 2015 年，工业和信息化部印发了《工业和信息化部关于促进化工园区规范发展的指导意见》（工信部原〔2015〕433 号），文件提出"鼓励有条件的园区全面整合园区信息化资源，以提升园区本质安全和环境保护水平为目的建设智慧园区，建立安全、环保、应急救援和公共服务一体化信息管理平台"。

② 2020 年，生态环境部发布《关于印发〈关于推进生态环境监测体系与监测能力现代化的若干意见〉的通知》（环办监测〔2020〕9 号），文件提到"强化高架源、涉挥发性有机物排放、涉工业窑炉等重点污染源自动监测，推动重点工业园区、产业集群建立挥发性有机物、颗粒物监测体系，开展排污单位用能监控与污染排放监测一体化试点，拓展污染源排放遥感监测"。

③ 2021 年，应急管理部发布《应急管理部办公厅关于印发〈"工业互联网＋危化安全生产"试点建设方案〉的通知》（应急厅〔2021〕27 号），文件提出"在工业互联网的环境下，支持化工园区及企业加快部署大范围速扫监测预警装备，快速监测化工园区危险气体浓度、反演重构危险区域复杂危险气体泄漏空间场分布，实现园区危险气体浓度场数据的远程、大范围、快速监测和传输"。

④ 2021 年，工业和信息化部发布《工业和信息化部　自然资源部　生态环境部　住房和城乡建设部　交通运输部　应急管理部　关于印发〈化工园区建设标准和认定管理办法（试行）〉的通知》（工信部联原〔2021〕220 号），文件要求化工园区应按照"分类控制、分级管理、分步实施"要求，结合产业结构、产业链特点、安全风险类型等实际情况，分区实行封闭化管理，建立门禁系统和视频监控系统，对易燃易爆、有毒有害化学品等物料、人员、车辆进出实施全过程监管。化工园区应根据自身规模和产业结构需要，建立完善的安全生产和生态环境的监测监控和风险预警体系，相关监测监控数据应接入地方监测预警系统。

⑤ 应急管理部于 2022 年 1 月发布《化工园区安全风险智能化管控平台建设指南（试行）》，文件主要内容包括：平台建设基本要求，安全基础管理、

重大危险源安全管理、双重预防机制等系统功能要求，旨在通过智能化管控平台的建设，提升化工园区的安全风险防控能力，借助数字化管理手段，实现安全基础管理的信息化、风险预警的精准化、风险管控的系统化，以及危险作业的无人化和运维辅助的远程化。

⑥ 应急管理部于 2022 年 2 月发布《关于印发〈化工园区安全风险评估表〉和〈化工园区安全整治提升"十有两禁"释义〉的通知》。该通知将"有信息化平台"作为"十有"工作之一，并提出了化工园区要按照《化工园区安全风险智能化管控平台建设指南（试行）》要求建设安全风险智能管控平台，具备安全基础管理、重大危险源管理、双重预防机制、特殊作业管理、封闭化管理、应急管理六大功能。

⑦ 2022 年 3 月，《工业和信息化部　国家发展和改革委员会　科学技术部　生态环境部　应急管理部　国家能源局　关于"十四五"推动石化化工行业高质量发展的指导意见》（工信部联原〔2022〕34 号）发布，提出"石化、煤化工等重点领域企业主要生产装置自控率达到 95% 以上，建成 30 个左右智能制造示范工厂、50 家左右智慧化工示范园区"。

⑧ 2022 年 7 月，《工业和信息化部　国家发展改革委　生态环境部　关于印发工业领域碳达峰实施方案的通知》（工信部联节〔2022〕88 号）发布，该方案旨在加快工业绿色微电网建设；建设绿色低碳工厂；打造绿色低碳工业园区；主动推进工业领域数字化转型；推进"工业互联网＋绿色低碳"等。

⑨ 2023 年 8 月，应急管理部办公厅、财政部办公厅联合发布《关于加强重点化工产业集聚区重大安全风险防控项目建设管理的通知》，提供共计 10 亿元的中央补助资金支持化工园区安全风险智能化管控平台建设，同时对系统架构、网络架构、数据体系、安全基础管理、重大危险源安全管理、双重预防机制、运维保障体系等规定了详细的技术验收评分要求，指导平台建设。

⑩ 2023 年 11 月，应急管理部发布的《化工园区安全风险排查治理导则》（应急〔2023〕123 号）明确要建设符合《化工园区安全风险智能化管控平台建设指南（试行）》（应急厅〔2022〕5 号）要求的化工园区安全风险智能化管控平台并有效运行。

⑪ 2024 年 1 月 16 日，工业和信息化部、国家发展和改革委员会、财政部、自然资源部、生态环境部、国务院国有资产监督管理委员会、国家市场监督管理总局、中国科学院、中国工程院印发《原材料工业数字化转型工作方案（2024—2026 年）》，提出"推进产业园区智慧化建设""化工园区和生产企业普遍设立'首席数据官'，基本建立分级分类数据的全生命周期安全管理制度"的要求。

# 附录 2
# 智慧化工园区适用技术目录
# （2021—2024 年）

附表一　2021 年（第一批）智慧化工园区适用技术目录（排名不分先后）

| 序号 | 技术名称 | 技术领域 | 申报单位 |
|---|---|---|---|
| 1 | 危险化学品安全生产智能监测预警系统应用技术 | 应用层 | 南京安元科技有限公司 |
| 2 | 云计算平台 | 基础层 | 华为技术有限公司 |
| 3 | 视频监控及人工智能视觉分析 | 基础层 | 华为技术有限公司 |
| 4 | 统一身份验证技术 | 平台层 | 北京思路智园科技有限公司 |
| 5 | 工业园区有毒有害气体预警体系建设技术 | 应用层 | 广东中联兴环保科技有限公司 |
| 6 | 危险气体光谱视觉感知测控预警系统技术 | 基础层 | 南京智谱科技有限公司 |
| 7 | 化工企业综合画像与评估 | 应用层 | 匠人智慧（江苏）科技有限公司 |
| 8 | 基于三维模型的园区地下管网管理系统 | 应用层 | 正元地理信息集团股份有限公司 |
| 9 | 化工园区环境管理智慧应用技术 | 应用层 | 广东中联兴环保科技有限公司 |
| 10 | 环境空气和有毒有害气体小型监测站 | 基础层 | 艾若科有限公司 |
| 11 | 突发事件应急平台体系关键技术 | 应用层 | 北京辰安科技股份有限公司 |
| 12 | AI 视频智能应用 | 应用层 | 北京思路智园科技有限公司 |
| 13 | 基于实时数据分析的园区软封闭管理技术 | 应用层 | 中化能源科技有限公司 |
| 14 | 基于人工智能技术的化工园区视觉识别应用 | 应用层 | 匠人智慧（江苏）科技有限公司 |
| 15 | 无线智能传感器 | 基础层 | 浙江翰德圣智能再制造技术有限公司 |
| 16 | ASP+ 微服务应用开发与运行支撑平台 | 平台层 | 北京神舟航天软件技术有限公司 |
| 17 | 园区智慧消防战术训练三维仿真电子沙盘与数字化预案管理技术 | 应用层 | 北京神州安信科技股份有限公司 |
| 18 | 时空数据统一管理服务技术 | 平台层 | 正元地理信息集团股份有限公司 |
| 19 | 面向多源数据融合的物联网应用技术 | 平台层 | 浙江航天恒嘉数据科技有限公司 |
| 20 | VOCs 在线监测技术 | 基础层 | 山东海慧环境科技有限公司 |
| 21 | 基于精准定位的工业安全生产信息化管理系统 | 基础层 | 青岛安然物联网科技有限公司 |

| 序号 | 技术名称 | 技术领域 | 申报单位 |
|------|----------|----------|----------|
| 22 | 化工园封闭管理平台 | 应用层 | 江苏腾瑞智联数字科技有限公司 |
| 23 | 基于 PK 体系构建的自主可控危险化学品风险监测预警技术 | 基础层 | 中国电子系统技术有限公司 |
| 24 | 封闭式园区管理系统 | 应用层 | 深圳市科皓信息技术有限公司 |
| 25 | 融合通信系统 | 基础层 | 深圳震有科技股份有限公司 |
| 26 | 智慧园区安全环保应急平台一体化系统咨询与诊断 | 应用层 | 江苏南大环保科技有限公司、江苏洋井石化集团有限公司 |
| 27 | 安全生产多源、异构感知数据的智能采集技术 | 平台层 | 江苏海内软件科技有限公司 |
| 28 | 化工园区 5G 专网通信技术 | 基础层 | 云智数联科技有限公司 |

### 附表二 2022 年（第二批）智慧化工园区适用技术目录（排名不分先后）

| 序号 | 技术名称 | 技术领域 | 申报单位 |
|------|----------|----------|----------|
| 1 | 智慧化工园区二三维一体化平台 | 平台层 | 北京超图软件股份有限公司 |
| 2 | 模块化数据中心机房 | 基础层 | 华为技术有限公司 |
| 3 | 工业园区双碳智慧管理技术 | 应用层 | 中科三清科技有限公司 |
| 4 | 基于红外多（高）光谱的气体泄漏探测技术 | 基础层 | 北京伟瑞迪科技有限公司 |
| 5 | 化工园区安全生产风险管控技术 | 应用层 | 正元地理信息集团股份有限公司 |
| 6 | 工业园区恶臭污染物精细化溯源 | 应用层 | 广东中联兴环保科技有限公司 |
| 7 | 基于时空大数据的化工园区管线管廊安全管控关键技术 | 应用层 | 武汉众智鸿图科技有限公司 |
| 8 | Octopus 运维管理平台 | 应用层 | 上海数映科技有限公司 |
| 9 | 智慧园区工业全光网络技术 | 基础层 | 华为技术有限公司 |
| 10 | 基于数据过滤的重复报警处理应用技术 | 应用层 | 清云智通（北京）科技有限公司、江苏洋井石化集团有限公司 |
| 11 | 智慧化工园区安全风险智能管控平台 | 应用层 | 南京安元科技有限公司 |
| 12 | 园区大气污染智能溯源技术 | 应用层 | 北京雪迪龙科技股份有限公司 |
| 13 | 危化品运输车辆全流程监管技术 | 应用层 | 正元地理信息集团股份有限公司 |
| 14 | 企业安全生产行为智能评价及其应用 | 应用层 | 匠人智慧（江苏）科技有限公司 |
| 15 | 光谱探测与识别技术 | 基础层 | 浙江航天恒嘉数据科技有限公司 |
| 16 | 基于云边协同的化工园区风险监管技术 | 应用层 | 北京思路智园科技有限公司 |
| 17 | 广谱多频雷电辐射探测预警装置 | 基础层 | 安徽轩澜科技有限公司 |
| 18 | 基于智能化技术在特殊作业过程监管应用 | 基础层 | 浙江碳策智能科技有限公司 |
| 19 | AI 工业智慧安全监管技术 | 应用层 | 上海湃道智能科技有限公司 |

| 序号 | 技术名称 | 技术领域 | 申报单位 |
|---|---|---|---|
| 20 | 一种有限空间安全作业在线监控预警系统的技术及应用 | 基础层 | 汉威科技集团股份有限公司 |
| 21 | 园区危化品生命周期传感数据智能采集技术 | 应用层 | 江苏海内软件科技有限公司 |
| 22 | 分布式多通道 VOCs 在线监测预警系统 | 基础层 | 广州禾信仪器股份有限公司 |
| 23 | 基于三维可视化的公共管廊智慧管理系统 | 应用层 | 成都蓉视通科技有限公司 |
| 24 | 数据流 AI 芯片在智慧化工的应用 | 基础层 | 深圳鲲云信息科技有限公司 |
| 25 | 工智道化工数字化管控平台 | 应用层 | 上海异工同智信息科技有限公司 |
| 26 | 化工园区智慧化综合服务系统及其应用技术 | 应用层 | 匠人智慧（江苏）科技有限公司 |
| 27 | 智能可监管的企业班组安全培训管理的 SAAS 软件（班组小易） | 应用层 | 北京神州安信科技股份有限公司 |
| 28 | 园区危险源事故后果在电子沙盘中的模拟分析构建技术 | 应用层 | 江苏海内软件科技有限公司 |
| 29 | AR 实景标注系统 | 应用层 | 北京思路智园科技有限公司 |

## 附表三　2023 年（第三批）智慧化工园区适用技术目录（排名不分先后）

| 序号 | 技术名称 | 技术领域 | 申报单位 |
|---|---|---|---|
| 1 | 数字孪生化工园区空间数据采集及建模技术 | 应用层 | 正元地理信息集团股份有限公司 |
| 2 | 融合通信指挥管理平台 | 平台层 | 华为技术有限公司 |
| 3 | 化工园区大气走航监测技术 | 基础层 | 聚光科技股份有限公司 |
| 4 | 化工园区安全风险智能化管控平台 | 应用层 | 北京帮安迪信息科技股份有限公司 |
| 5 | 化工园区水环境综合管理与风险防控技术 | 应用层 | 匠人智慧（江苏）科技有限公司 |
| 6 | 化工园区环境空气型 VOCs 在线监测技术 | 基础层 | 中科安环科技产业（成都）集团有限公司 |
| 7 | 碳管理及能源管理应用技术 | 应用层 | 横河电机（中国）有限公司 |
| 8 | 傅里叶红外被动大范围速扫监测设备 | 基础层 | 山东聚远科技公司 |
| 9 | 智慧化工园区应急管理与救援指挥平台 | 应用层 | 安元科技股份有限公司 |
| 10 | 无线智能安全阀实时状态监测系统 | 基础层 | 北京晓安数智科技有限责任公司 |
| 11 | 危化品运输车辆监管平台适用技术 | 应用层 | 浙江航天恒嘉数据科技有限公司 |
| 12 | 基于流程引擎实现及流程可视化的特殊作业管理 | 应用层 | 卡奥斯化智物联科技（青岛）有限公司 |
| 13 | 基于云边协同的化工园区特殊作业智能巡检系统 | 应用层 | 北京思路智园科技有限公司 |
| 14 | 基于多模态 AI 的管廊智能巡检 | 应用层 | 北京百度网讯科技有限公司 |

| 序号 | 技术名称 | 技术领域 | 申报单位 |
|---|---|---|---|
| 15 | 园区异味管控技术 | 应用层 | 北京雪迪龙科技股份有限公司 |
| 16 | 基于激光光谱与视频成像耦合的气体泄漏全域可视监测技术 | 基础层 | 汉威科技集团股份有限公司 |
| 17 | 管廊管网三维可视化技术 | 基础层 | 江苏大塔网络科技有限公司 |
| 18 | 西门子工业 5G 远程通信技术与工业网络安全 | 基础层 | 西门子（中国）有限公司 |
| 19 | 一种恶劣环境下高稳定可靠的窨井流量监测技术及应用 | 基础层 | 深圳宏电科技有限公司 |
| 20 | 北斗高精度人员定位系统 | 应用层 | 上海华谊信息技术有限公司 |
| 21 | 基于精准预警与分级推送的安全风险智能管控技术 | 应用层 | 深圳科皓信息技术有限公司 |
| 22 | 园区智慧化环境监管技术 | 应用层 | 安徽中普信息技术有限公司 |
| 23 | 安全监管系统适用技术 | 应用层 | 东土科技（宜昌）有限公司 |
| 24 | 恶臭异味监测预警系统 | 基础层 | 北京科尔康安全设备制造有限公司 |
| 25 | 化工园区危废耦合协同监管技术 | 应用层 | 江苏海内软件科技有限公司 |
| 26 | 智慧园区全要素数字孪生技术 | 应用层 | 山东潍大软件有限公司 |

### 附表四 2024 年（第四批）智慧化工园区适用技术目录（排名不分先后）

| 序号 | 技术名称 | 技术领域 | 申报单位 |
|---|---|---|---|
| 1 | 华为智慧化工园区 FusionCube 一体化计算中心 | 基础层 | 华为技术有限公司 |
| 2 | 智慧化工园区工业互联网公共服务平台 | 应用层 | 安元科技股份有限公司 |
| 3 | 化工园区危险废物全生命周期管理系统 | 应用层 | 江苏汇环环保科技有限公司 |
| 4 | 化工园区危化品泄漏傅里叶红外遥测成像技术 | 基础层 | 中国科学院合肥物质科学研究院、合肥弘谱时代科技有限公司 |
| 5 | 化工园区突发事件应急管控集成技术 | 应用层 | 匠人智慧（江苏）科技有限公司 |
| 6 | 基于大语言模型的化工园区数据整合与智慧升级技术 | 基础层 | 北京百度网讯科技有限公司 |
| 7 | 园区封闭管理分级管控技术 | 应用层 | 正元地理信息集团股份有限公司 |
| 8 | 新型园区风险管控数字化平台 | 应用层 | 北京华企动力信息技术有限公司 |
| 9 | 瑶光 1 号高精度定位系统 | 基础层 | 罗维智联（北京）科技有限公司、清华大学天津电子信息研究院 |
| 10 | 长三角精细化工园区场地环境监管预警与污染防治决策支持系统 | 应用层 | 江苏省环境工程技术有限公司、江苏滨海经济开发区沿海工业园管理委员会 |

| 序号 | 技术名称 | 技术领域 | 申报单位 |
|---|---|---|---|
| 11 | 基于"工业互联网＋危化安全生产"应用的人员定位安全管理系统 | 应用层 | 清研讯科（北京）科技有限公司 |
| 12 | 化工园区智慧蒸汽热网源网协同调度管理平台 | 应用层 | 常州英集动力科技有限公司 |
| 13 | 化工园区封闭化智能管控一体化平台 | 应用层 | 北京帮安迪信息科技股份有限公司 |
| 14 | 基于多部门协同的化工园区线上安全培训空间系统 | 应用层 | 北京思路智园科技有限公司 |
| 15 | 基于人工智能的化工园区 VOCs 大数据准确性识别算法 | 应用层 | 上海市多介质协同治理工程技术研究中心 |
| 16 | 慧视智眼数智融合技术 | 平台层 | 浙江大华技术股份有限公司 |
| 17 | 西门子 COMOS Mobile Worker 数字化 AR 智慧工厂运维平台 | 应用层 | 西门子（中国）有限公司 |
| 18 | 基于 AI 智能分析的特种作业管控技术 | 平台层 | 深圳市科皓信息技术有限公司 |
| 19 | 基于知识图谱的化工产业分析平台 | 应用层 | 卡奥斯化智物联科技（青岛）有限公司 |
| 20 | 广域空间数字孪生技术 | 平台层 | 中移（上海）信息通信科技有限公司 |
| 21 | 海量告警清洗技术 | 基础层 | 苏州海旭科技有限公司 |
| 22 | 一种基于人工智能技术的工业生产安全监测管理系统 | 应用层 | 长沙尖山数智科技有限公司、北京大学长沙计算与数字经济研究院 |
| 23 | 激光拉曼光谱气体分析多组分在线检测及热值检测技术应用 | 应用层 | 四方光电（武汉）仪器有限公司 |
| 24 | 基于光学气体成像（OGI）的气体泄漏探测与预警技术 | 基础层 | 浙江航天恒嘉数据科技有限公司 |
| 25 | 化工园区封闭管理技术方案 | 应用层 | 江苏欣华天泰安全系统工程有限公司 |
| 26 | 智能应急辅助决策系统 | 应用层 | 浙江智汇元数字技术有限公司 |
| 27 | 化工园区分布式工业互联网操作系统 | 应用层 | 普奥智能设备（宜昌）有限公司 |
| 28 | 化工园区大气环境监测溯源技术 | 应用层 | 罗克佳华科技集团股份有限公司 |
| 29 | 针对危化品运输停车业务的数字孪生同频监测技术 | 应用层 | 中远海运物流有限公司 |
| 30 | 化工园区智慧应急管理系统应用技术 | 应用层 | 东土科技（宜昌）有限公司 |

[1] 杨挺.化工园区建设与管理.北京：化学工业出版社，2022.

[2] 中国石油和化学工业联合会化工园区工作委员会.化工园区"十四五"发展指南及 2035 中长期发展展望.

[3] 付宇涵，王丹，等.中国工业互联网发展历程与展望.科技导报，2021，39（12）：116-117.

[4] 杨挺，刘厚周.智慧化工园区建设现状及未来发展趋势研究.化学工业，2024，（42）：61-68.

[5] 杨挺.中国化工园区建设管理的"六个一体化".化工进展，2021，40（10）：5845-5853.

[6] 杨挺.建好智慧化工园区，有助于推动我国化工园区和化工产业的高质量发展.中国石油石化，2022，（3）：40-43.

[7] 马从越.智慧化建设助力化工示范基地减污降碳绿色发展.新型工业化，2023，13（05）：9-17.

[8] 中国信息通信研究院.人工智能发展报告（2024 年）.

[9] 数据中心基础设施运行维护标准：GB/T 51314—2018.

[10] 信息安全技术 网络安全等级保护基本要求：GB/T 22239—2019.

[11] 信息技术　大数据　系统运维和管理功能要求：GB/T 38633—2020.

[12] 化工企业工艺报警管理实施指南：T/CCSAS 012—2022.

[13] 工作场所有害因素职业接触限值 第 1 部分：化学有害因素：GBZ 2.1—2019.

[14] 信息安全技术 灾难恢复中心建设与运维管理规范：GB/T 30285—2013.

[15] 信息安全技术 网络安全等级保护基本要求：GB/T 22239—2019.

[16] 危险化学品经营企业安全技术基本要求：GB 18265—2019.

[17] 智慧化工园区建设指南：GB 39218—2020.

[18] 化工园区智慧化评价导则：HG/T 6313—2024.

[19] 工业物联网 数据采集结构化描述规范：GB/T 38619—2020.

[20] 信息技术 大数据 大数据系统基本要求：GB/T 38673—2020.

[21] 化工园区智慧化评价导则：HG/T 6313—2024.

[22] 智慧化工园区一体化平台建设导则：DB51/T 3117—2023.

[23] 智慧化工园区建设规范：DB32/T 4454—2023.

[24] 智慧化工园区建设导则　第 1 部分：支撑平台：T/CPCIF 0365.1—2024.

[25] 智慧化工园区建设导则　第 2 部分：大数据中心：T/CPCIF 0365.2—2024.

[26] 智慧化工园区建设导则　第 3 部分：空间数据库：T/CPCIF 0365.3—2024.

[27] 智慧化工园区建设导则　第 4 部分：安全管理系统：T/CPCIF 0365.4—2024.

[28] 智慧化工园区建设导则　第 5 部分：环境管理系统：T/CPCIF 0365.5—2024.

[29] 智慧化工园区建设导则　第 6 部分：应急管理系统：T/CPCIF 0365.6—2024.

[30] 智慧化工园区建设导则　第 7 部分：能源管理系统：T/CPCIF 0365.7—2024.

[31] 智慧化工园区建设导则　第 8 部分：物流（道路运输）管理系统：T/CPCIF 0365.8—2024.

[32] 智慧化工园区设计、建设、验收规范：T/HNPCIA 27—2022.

[33] 智慧化工园区系统运维管理要求：T/CPCIF 0366—2024.

[34] 化工园区智能化水平评估规范：T/SDHCIA 017—2021.

[35] 工业和信息化部贯彻落实《国务院关于积极推进"互联网 +"行动的指导意见》的行动计划（2015—2018 年）：工信部信软〔2015〕440 号.

[36] 国务院安委会办公室 应急管理部关于加快推进危险化学品安全生产风险监测预警系统建设的指导意见：安委办〔2019〕11 号.

[37] 关于推进生态环境监测体系与监测能力现代化的若干意见：环保监测〔2020〕9 号.

[38] 工业和信息化部 自然资源部 生态环境部 住房和城乡建设部 交通运输部 应急管理部 关于印发《化工园区建设标准和认定管理办法（试行）》的通知：工信部联原〔2021〕220 号.

[39] 工业和信息化部 国家发展和改革委员会 科学技术部　生态环境部 应急管理部 国家能源局　关于"十四五"推动石化化工行业高质量发展的指导意见：工信部联原〔2022〕34 号.

[40] 应急管理部办公厅关于印发《"工业互联网 + 危化安全生产"试点建设方案》的通知：应急厅〔2021〕27 号.

[41] 应急管理部办公厅关于印发《化工园区安全风险智能化管控平台建设指南（试行）》和《危险化学品企业安全风险智能化管控平台建设指南（试行）》的通知：应急厅〔2022〕5号.

[42] 应急管理部关于印发《化工园区安全风险排查治理导则》的通知：应急〔2023〕123号.

[43] 工业和信息化部等九部门关于印发《原材料工业数字化转型工作方案（2024—2026年）》的通知：工信部联原〔2023〕270号.

[44] 国务院安全生产委员会关于《安全生产治本攻坚三年行动方案（2024—2026）》的通知：安委〔2024〕2号.

[45] 危险化学品重大危险源监督管理暂行规定：国家安全监管总局令第40号.

[46] 应急管理部关于印发《化工园区安全风险排查治理守则（试行）》和《危险化学品企业安全风险隐患排查治理导则》的通知：应急〔2019〕78号.

[47] 关于提升危险废物环境监管能力、利用处置能力和环境风险防范能力的指导意见：环固体〔2019〕92号.